다산의 행정개혁

-현대적 해석과 평가-

김영평 · 홍준현 편

도서출판 대영문화사

이 책은 2005년 정부재원(교육인적자원부 학술연구조성사업비)으로 한국학술진흥재단의 지원을 받아 연구되었음(KRF-2005-079-BS0134).

발 간 사

오늘에 보는 다산의 행정개혁

참으로 다행한 일이다. 전혀 없었던 일은 아니지만 다산 정약용에 대한 연구는 사회과학 분야에서는 많지 않았다. 대체로 인문과학 분야에서 더 열심히 연구하는 경향이었다. 그러나 이제는 연구 분야가 확대되면서 행정학자들이 중심이 되어 200년 전 다산의 행정개혁에 대해 오늘의 잣대로 천착해 보는 연구 업적이 책자로 나왔으니 얼마나 다행한 일인가.

1936년은 다산의 서세(逝世) 100주년이 되는 해였다. 거의 대부분의 다산 저술은 간행되지 못하고 필사본으로 겨우 전해지고 있던 때였다. 희대의 학자 다산의 저술이 간행되지 못한 사실에 안타까움을 금하지 못하던 당시의 국학자들이 중심이 되어 간행에 노력을 기울인 결과 1938년에 『여유당전서(與猶堂全書)』라는 이름으로 76책의 거질(巨帙)이 인쇄되어 간행되었다. 구해 보기 힘들던 다산의 저서가 공간(公刊)되면서 이른바 '다산학(茶山學)'이라는 학문의 연구 붐이 일어난 것은 필연적인 일이었다.

당시 그 일을 주도한 사람들 중에서도 가장 큰 공이 있는 분은 국학자 위당(爲堂) 정인보(鄭寅普)였으며, 간행에 교정(校正) 책임을 맡아 전체 저술을 통독하고 최초로 '다산학'의 개괄적인 내용을 후학들에게 제시해 준 분도 정인보였다. 책의 간행에 앞서 다산의 학문 내용이 어떤 것인가를 국민에게 알리기 위해 위당은 언론에 대단한 글을 발표했다. 1934년 9월 10일부터 9월 15일까지 6일간에 걸쳐 「다산선생의 생애와 업적」이라는 장문의 글을 동아일보에 발표했다. 이 글 한 편이야말로 다산 연구의 나침반임은 첨언할 필요가 없다(이 글은 1955년에 문교사에서 간행한 『담원국한산고』에 실려 있다).

이 글에서 위당은 첫째, 다산선생 한 사람에 대한 고구(考究)는 조선 역사의 연구요, 조선 근세사상의 연구요, 조선 정신의 밝아짐과 어두워짐, 전체 조선의 성쇠존멸에 대한 연구라고 말해 다산학의 범위와 그 내용의 가치가 어느 정도인가를 밝히고 있다. 둘째, 다산 정약용은 근세조선의 유일한 정법가(政法家)라고 규정하여 정치학·법률학에 뛰어난 사회과학자였음을 설명했다. 셋째, 다산의 정신력과 학자로서의 자세를 말하면서 왜 그가 위대한 학자인가를 밝혔다. 다산이 독특하게 위대함은 조선이라는 나라와 그 안에서 살아가는 백성과 자신을 구별해 생각하지 않았기 때문이다. 그의 천재성은 둘째로 하고 다산의 한 가닥 정신이 오로지 나라와 백성에 있었기에 남이 모르는 것을 알아냈고 남들이 미치지 못하는 세계에까지 도달함은 재능보다는 정성된 마음에서 나왔다고 했다.

다산의 행정개혁에 관한 이번의 연구는 정인보의 주장을 학술 이론으로 뒷받침해 주고 있다는 점에서도 큰 업적이라고 말할 수 있다. 왜 그가 유일한 근세조선의 정법가임을 이 연구서는 밝혀 주고 있고, 나라와 백성을 자신처럼 아끼고 사랑한 정성된 그의 마음에 대해서도 훌륭히 밝혀 주고 있다. 19세기 초엽, 조선이라는 전제군주국가에 살던 다산, 더구나 18년이라는 유배 생활 속에서 저작된 그 많은 사회과학 서적에 담긴 애민(愛民) 정신이나 국가개혁 및 행정개혁에 긍정적인 부분은 부각시키고 당시의 시대적 한계나 인간적 한계를 벗어나지 못하고 부정적인 측면을 탈피하지 못한 점까지를 지적해 준 내용은 다산학 연구에 좋은 자료가 되리라 믿는다.

애초에 다산은 『경세유표(經世遺表)』부터 저술했다. 자신이 밝힌 대로 유표의 저작 목적은 '신아지구방(新我之舊邦)', 즉 오래된 우리나라를 통째로 뜯어고치자는 데 있었다. 그러나 그러한 거대한 개혁은 혁명이 아니고는 불가능한 개혁인데, 유배객으로서 감당할 수 있는 일이 아니었다. 그래서 그 저술을 중도에 그만두고 『목민심서(牧民心書)』의 저작으로 옮겼다. 『목민심서』의 저작 목표는 '인금지법이목오민야(因今之法而牧吾民也)'였다. 현행법의 테두리 안에서라도 우리 백성을 구제해 보자는 의도에서 그 책을 저작했다. 기득권층의 반발, 개혁 주체 세력의 부재, 사회적 조건과 환경의 미비 등 여러 가지 제약 때문에 근본적인 개혁, 즉 경세유표적 개혁은 불가능하다는 우려에서 현실적으로 개혁이 가능하다고 믿어지는 목민심서적인 개혁을 주장하게 된 것이다.

이러한 의도를 명확히 파악한 연구자들의 주장은 옳게 여겨진다. 『경세유표』는 거시적이고 대폭적인 변화를 시도하고 있는 반면, 목민심서적 개혁은 가능한 미시적이고 소폭적인 변화를 통해 백성의 안위를 도모하고 있다.…… 『경세유표』의 개혁은 보편성을 찾기가 쉽지 않다. 이와 대조적으로 『목민심서』의 여러 대목은 현대적 맥락에서 원용할 만한 부분이 적지 않다."(「개혁의 보편성에 대한 함축」 부분)라고 하여, 다산의 의중을 연구자들이 제대로 파악하고 있다. 실제의 행정이나 행정개혁에서 『목민심서』의 가치를 행정학자들이 찾아낸 점으로도 이 연구의 가치는 크다고 본다.

다산은 '일표이서(一表二書; 經世遺表, 牧民心書, 欽欽新書)'라는 경세학 분야의 저술이 있지만, 육경사서(六經四書)에 대한 연구서로서 232편에 달하는 방대한 저작이 있다. 위의 글에서 정인보가 지적했던 대로 다산의 경학(經學)은 민중적 경학이어서 어떤 특수 분야를 치켜 세우려는 학문이 아니고 경학이면서 정법(政法)이었다. 사서육경에 대한 주자(朱子)의 성리학적 해석을 뛰어넘어 모든 경전을 실용적인 논리로 해석하여 현실 정치나 사회사상에 원용하려는 뜻에서 연구된 학문이 다산의 경학이었다. 그렇다면 다산 경학을 통한 행정사상이나 행정개혁에 대한 이론까지 천착할 수 있었다면 더욱 가치있는 연구가 아닐까라는 생각을 해본다.

다산학 전체를 전문적으로 연구한 분들이 아닌 사회과학 분야의 행정학자들이 이만큼 높은 수준의 다산 행정개혁 논리를 연구해 낸 점은 높이 평가한다. 이번 연구를 계기로 다산 학문 전체를 통한 행정개혁이나 행정사상에 대한 심도 깊은 연구가 계속되기를 기대해 마지않는다.

2010년 5월

다산연구소 이사장 朴錫武

머리말

학문 발전이나 과학의 역사를 보면, 새로운 탐구나 이론의 출현이 필연적인 이유보다 우연한 기회나 호기심에서 비롯되는 일이 드물지 않다. 우리의 다산에 대한 관심도 사실은 다산연구소가 2004년에 개설되면서 비롯됐다. 이 연구에 참가한 몇몇 연구자는 다산연구소 관계자들과 친밀한 사이였다. 다산연구소에서 우리에게 다산행정학의 연구를 종용했다. 다산의 중요 저술인 『목민심서』나 『경세유표』 등이 정부개혁에 관한 것이니, 행정학도들이 연구해 주어야 할 대상이라는 것이다. 이렇게 다산행정연구모임이 시작되었다. 2004년 말 겨울부터 다산연구소의 세미나실에서 격주로 모임을 가졌다. 추운 지하실에서 손을 호호 불어가면서 당대의 다산학의 대가들로부터 강의를 들었다. 그 때 우리에게 강의를 해 주신 분은 박석무(다산연구소 이사장), 김기엽(성균관대 교수), 임형택(성균관대 교수), 김상홍(단국대 교수), 이동환(고려대 교수), 송재소(성균관대 교수), 그리고 김태영(경희대 사학과 교수) 등이었다. 물론 다산연구소에서 그분들을 소개해 주었다. 대학 강의에 모시기도 어려운 분들이 아무런 보상도 없이 미련한 행정학자들을 다산의 학맥으로 이끌고자 흔쾌히 시간을 내어 주셨다. 이 자리를 통해 그분들에게 제자의 마음으로 심심한 감사를 드린다. 그분들의 가르침이 있었기에 우리가 다산의 정신에 쉽게 접근할 수 있었다.

여러 사람이 공동 연구를 하는 일은 혼자서 연구하는 것보다 장점이 많다. 우선 혼자서 연구를 하면 여러 가지 자잘한 핑계로 쉽게 게으름을 피울 수 있다. 이와 대조적으로, 공동 연구에서는 다른 동료들의 사회적 압력 때문에 꼭 해야 할 숙제를 미룰 수 없다. 그래서 우리의 다산행정 연구도 생각보다 상당히 빠르게 진척되었다. 그보다 더 분명한 장점은 연구 선배나 스승을 모시기가 아주 용이하다는 것이다. 혼자라면 감히 뵙자는 말씀을 올리기도 어려울 처지이지만, 여러 사람이 공동 연구를 한다면 모시는 정당성도 뚜렷하고 체면도 서는 일이다. 여기서 공동 연구의 장점을 마냥 늘어놓을 계제는 아니지만, 그래도 우리가 경험한 장점 하나는 빼놓을 수 없다. 공동 연구에서는 서로 토론을 하기 때문에 혼자서는 쉽게 빠질 지적 함정에서 빠져나오도록 내미는 손이 항상 기다리고 있다는 점이었다. 그래서 우리는 서로 즐겁게 다산을 논구했다.

이렇게 진행하던 다산연구모임은 좀 더 과감한 도전을 시도했다. 2005년 한국학술진흥재단의 인문사회 기초연구과제로 응모해 선정된 것이다. 이 연구는 이후 3년간 적지 않은 연구비 지원을 받았다. 조금은 여유로운 연구를 진행할 수 있도록 도와 준 한국학술진흥재단에 감사드린다. 우리의 연구 결과는 2007년도에 한국학술진흥재단의 우수성과 연구과제로 선정되는 영예를 얻기도 했다. 이 연구에는 김영평, 김성기, 채경석, 송하중, 최병선, 조성한, 최홍석, 문명재, 홍준현, 김태영(경희대 행정학과: 역사학과 김태영과 동명이인임), 심준섭, 진종순, 명성준, 김성현, 정재동(연령순) 등이 참가했고, 연구책임자는 홍준현이었다. 아울러 이 연구의 장래를 짊어질 젊은 학문 후속세대로서 지루할 수도 있는 토론에 항상 동참하고 드러나지 않게 연구를 도와 준 조교는 조병훈, 김근식, 김민종, 김주경, 박선주, 박지형, 유현지, 이보라, 임민혁, 정원희, 허성영 등이었다. 그들의 헌신적 동참에 치하를 보내는 바이다.

우리의 다산행정 연구는 단순히 고전을 읽고 이해하는 방식이 아니다. 이 연구에 참여한 대부분의 행정학자들은 다산의 원저인 한문을 읽지 못한다. 예컨대, 베버(Max Weber)를 연구하려면 필연적으로 독일어 원전이어야만 가능한 것은 아니다. 영어 번역본을 통해서도 얼마든지 그의 관료제이론을 연구할 수 있다. 이와 마찬가지로 우리의 다산행정연구는 번역본을 통해 이루어졌다. 우리 연구는 번역본의 부분적 오역 가능성에 얽매이지 않고, 다산의 개혁사상과 개혁 방향에서 오늘날 행정학으로는 무엇을 배울 수 있는가를 찾는 데 모아졌다. 때로는 다산이 직접 언급하지 않은 문제까지도 현대 행정학의 관점에서 교훈을 추출할 수 있었다.

잘 알려져 있다시피, 다산 정약용 선생의 방대한 저술이나 시대를 앞선 개혁사상은 조선 시대를 대표할 만한 지성적 과업으로 꼽힌다. 최근에는 다산 현상이라 할 만큼 다산콜센터, 다산부대, 다산목민대상 등 다산을 인용하는 사례가 많아졌다. 다산의 시문학적 업적이나 다산의 사상에 대해서는 상당한 분량의 연구 업적이 쌓여 있다. 행정학 분야에서도 100여 편의 연구 논문, 70여 편의 학위 논문, 그리고 10여 편의 단행본이 저술되었다. 이들은 대부분 단편적이고 탐색적이었다는 인상을 주었다.

우리가 이 연구에서 시도한 노력은 다산의 저술이 오늘날의 행정학에서 바라보면 "무슨 의미인가?"를 추적하는 데 초점을 두었다. 그것도 적지 않은 학자들이 주기적으로 만나 토론하면서, 서로의 관점을 수정해 통합된 시각을 마련하려고 애쓴 보람의 결실이다. 따라서 다산의 행정사상을 거시적 관점에서 그의 인간관에서 출발해 국가관과 사회관을 도출하려는 시도와 함께 미시적 관점에서 조직관리와 리더십에 대한 이해에서부터 각 분야의 개혁 방안에 대한 실용성까지를 논의의 대상으로 삼았다. 나름대로 다산의 행정사상과 개혁 방안을 현대 행정학의 시각에서 재해석하려는 집단적 노력이었다. 그만큼 학자 개인의 주관적 편견을 배제할 수 있었다. 아마 우리가 알기로는, 다산에 대한 행정학 논의에서 공통적 시각을 견지한 공동 연구는 이번이 처음일 것이다.

이 연구는 장기간에 걸쳐서 이루어졌기 때문에 거의 모든 내용이 한국행정학회 등의 학술대회에서 발표되고 토론되어 다듬어지는 과정을 거쳤으며, 부분적으로는 연구의 내용들이 학술지에 발표되기도 했다. 이 내용은 따로 제시했다. 우리의 노력을 많은 사람들이 공유할 수 있도록 하기 위해 책으로 편집하기로 했으나, 일의 무게를 분산하기 위해 「다산의 행정사상」은 최병선과 심준섭이 그리고 「다산의 행정개혁」은 김영평과 홍준현이 편집의 책임을 맡기로 했다. 여기에 실린 모든 글에 책임 집필자의 이름을 밝히고 있으나, 우리들끼리의 수많은 토론과 논쟁의 산물이라는 점을 밝혀둔다.

짧지 않은 세월 동안 공동의 노력에 동참해 주신 동료 학자들께 감사와 존경을 보낸다. 이렇게 두 권의 책으로 내놓게 되고 보니, 우리 모두의 승리가 분명해 보인다. 끝으로 어려운 여건 속에서도 이 책의 출간을 기꺼이 수락해 주신 대영문화사의 임춘환 사장님께 감사를 드린다.

2010년 5월
『다산의 행정사상』과 『다산의 행정개혁』 편집인 일동

학술지에 이미 발표된 내용의 소개

「다산의 행정사상」

제2장 "인간관, 사회관, 국가관":「정부학연구」제12권 제2호, 2006.

제3장 "조직관":「정부학연구」제12권 제1호, 2006.

제7장 "의사결정론":「정부학연구」제12권 제2호, 2006.

제8장 "사회복지 이념":「정부학연구」제12권 제1호, 2006.

「다산의 행정개혁」

제3장 "인사관리":「정부학연구」제12권 제1호, 2006.

제4장 "성과관리":「한국행정연구」제16권 제3호.

제5장 "교육훈련":「정부학연구」제14권 제1호, 2008.

제8장 "재난관리":「정부학연구」제12권 제2호, 2006.

제9장 "공공 부문의 갈등관리":「정부학연구」제12권 제2호, 2006.

제11장 "지방행정 체제":「정부학연구」제12권 제2호, 2006.

목 차

표 · 그림 목차

제1장 다산 행정개혁의 시대적 배경

홍준현 · 김영평

1 시대적 배경

다산(茶山) 정약용(丁若鏞)은 영조 38년인 1762년에 태어나 헌종 2년인 1836년에 세상을 떠났다. 다산은 정조 7년인 1783년부터 성균관에서 공부해 28세 되던 1789년에 문과에 급제하고 벼슬길에 올랐으며, 사헌부 지평, 사간원의 정언, 홍문관의 수찬, 경기 암행어사를 거쳐 사간원의 사간, 승정원의 동부승지, 병조참의에까지 이르렀다. 그러나 선교사 주문모 사건에 연루되어 곡산부사로 좌천되었고, 1800년 정조 사후에는 강진으로 유배되었다(이을호, 1986).

다산이 생존했던 조선의 상황은 임진 · 병자의 큰 난리를 경험한 후 모든 제도가 붕괴되고 백성의 삶은 피폐해져, 기존의 체제나 사상으로는 나라를 다스리고 백성들을 풍요롭게 할 수 있는 방법이 없을 지경이었다(박석무, 1996). 다산이 살았던 18세기 후반에서 19세기 전반까지의 정치사회적 현실은 영조와 정조대의 다소 개혁적이었던 시기를 제외한다면 당파 대립과 세도정치로 얼룩진 혼란스러운 상황이었다. 양반들은 정권 획득을 위한 경쟁과 투쟁에 몰두해 있었고, 조선의 통치철학이었던 주자학은 더 이상 국가의 기강을 바로잡는 이론이기보다는 오히려 당쟁을 조장하고 양반들의 특권만 인정하는 비윤리적 이념으로 전락해 버렸다. 정치사회적 환경의 혼탁은 관료의 극심한 부패와 국정 전반의 무질서를 초래했다. 정치는 몇몇 세도 가문이 독점해 정치 기강이 문란해지고, 그에 따라 지방행정의 난맥상이 가속화되어 백성들의 생활은 극히 비참해졌다.

순조 임금이 등장하는 19세기에 접어들면서 붕당정치마저 무너지고, 노론(老論)이 장악해 왔던 왕실은 외척들에 의한 세도정치가 시작되자 사회적 통제력을 상실했다. 마침내 사회 내의 신분적·경제적 모순이 누적되고 극대화하여 폭발의 단계에 접어들었다. 당시의 불안정한 시대 상황은 안으로는 소수 외척 세력의 권력 독점으로 노론이라는 특정 당파 이외에는 전반적으로 소외가 심화되었으며, 특히 서북지역의 소외에 따른 대중의 항거는 마침내 1811년 홍경래의 반란으로 폭발했다(김광진, 1989).

사회의 혼란은 백성에 대한 수탈로 이어졌으며, 특히 토지세를 의미하는 전정, 국방비를 의미하는 군정, 춘궁기에 쌀을 빌려 주고 이자를 붙여 갚게 하는 환곡, 이 삼정(三政)의 문란이 대표적이다. 어린아이에게도 어른의 세금을 받는 황구첨정(黃口簽丁)이나 사망자에게도 군포를 받는 백골징포(白骨徵布)는 말할 것도 없고, 심지어 태중의 아이도 명목에 올려 징포를 거두어가는 불법이 자행되고 있었다. 빈민의 구제를 위해 설치된 환곡 제도조차 고리대로 농민을 수탈하는 것이 관습화되었다. 이로 인해 백성들의 생활이 파탄에 빠지는 것은 물론 국가 재정도 어려움을 겪게 되었다. 이를 바로잡기 위해 암행어사가 수시로 파견되었지만, 이들이 제 역할을 하지 못하고 뇌물을 받는 일도 반복되었다(장동희, 2003). 이러한 삼정의 문란은 결국 다산의 사후인 1862년 진주민란을 비롯해 전국적인 농민 봉기를 유발했다.

이처럼 조선 후기 사회는 정치사회적 측면뿐만 아니라 사상적 배경도 매우 혼란스러운 시기였다. 이러한 조선의 현실을 다산은 "온통 썩어 문드러진 부란(腐爛)의 상태"라고 표현했다. 다산이 가장 심각하게 고뇌한 문제는 사회적 모순의 현실이었다. 다산은 33세 때 경기도 암행어사로 연천 지역을 돌아보면서, 다 허물어져 가는 집에서 찢어진 옷을 걸친 농민들의 궁핍상을 목격하고 극도에 이른 지방관리의 부패상을 관찰했다. 이런 현실 속에서 다산은 사회 제도와 기강의 전면적 개혁을 여러 방면에서 모색했고, 그것을 자신의 필생의 과업으로 삼았다. 다산은 국가의 책임과 관리의 의무에 대한 절실한 각성을 요구했으며, 사회 문제의 고질적 환부를 도려내기 위한 실학적 인식을 하게 되었다. 무엇보다도 "온통 썩어 문드러진" 당시의 법 제도를 일신하는 일이 그의 최대 관심사였다. 그래서 사회개혁을 위한 제도의 재구성을 치밀하게 설계함으로써 『목민심서』와 『경세유표』를 비롯한 조선 후기 실학의 경세론을 집대성했다 (최병선, 2006).

이 장에서는 이러한 시대적 상황 속에서 도출된 다산의 행정개혁안을 하나하나 구체적으로 살펴보기에 앞서 이러한 제도개혁안이 나오게 된 다산의 사상적 배경을 살펴보고자 한다.

2 인간과 사회에 대한 다산의 인식

기존 법 제도에 대한 다산의 비판은 그의 인간관에서 출발한다. 다산은 기존 성리학에서와는 달리 인간의 이기심과 욕망을 지극히 자연스러운 것으로 인식했다. 다산은 이기성(利己性)이 인간의 본성이며, 사유재산권의 보장이 인간의 이기성 발현의 기초라고 인식했다. 다산은 여러 저술에서 조선 사회를 썩어 문드러지게 만들고 있는 것은 잘못된 법 제도인데, 그것이 인간 본성에 부합되고 백성이 더 나은 삶을 스스로 개척해 나가도록 돕는 것이 아니라 권력가와 특권층의 탐욕에 봉사하게끔 되어 있기 때문이라는 점을 수없이 강조했다. 다산이 주장한 부국강병책의 요체는 소인(小人)의 재물에 대한 욕심에 부합되는 제도 설계로서 조세 부담을 최소화시키는 안민책(安民策)과 관리들의 벼슬 욕심을 충족시키는 제도 설계로서 공평한 인재 등용의 기회 확대를 통한 지인책(知人策)으로 요약할 수 있다. 다산이 제도개혁의 필요성을 제기하면서 특히 강조한 것은 공정한 조세 제도의 확립, 관(官)의 무자비한 수탈 기회의 차단, 제한된 범위에서나마 사유재산권의 보장, 관직 참여 기회의 제공, 이를 통한 직능 분야에서의 경쟁 유도 및 생산력의 극대화 등으로서, 이 모두가 이기성이라는 인간 본성에 대한 다산의 이해에서 우러나온 것임은 물론이다(최병선, 2006).

다산은 이러한 인간성에 반하는 제도로 인해 당시 조선의 경제사회가 발전하지 못한다고 보았다. 백성의 안정된 경제적 삶을 보장해 주는 사유재산권이 확립되어 있지 않기에 농업생산력이 저하하고 산업발전이 정체되었다고 보았으며, 이러한 생각들은 정전제(井田制)의 확립 및 공평 부세(賦稅)의 원리에 대한 논의로 이어지게 된다. 또한, 다산은 기술 발전이 이루어지지 않는 이유를 적절한 경제적 유인의 부재에서 찾고 있다. 백성들의 삶을 피폐하게 만들고 잘살고자 하는 의욕을 꺾는 원인 역시 이것에서 찾고 있다. 즉, 다산은 기술이 뛰어난 사람들에게 경제적 이익을 부여해 주어야만 기술자들이 모여들 것이며, 엄정한 성과 평가를 통해 이들에게 경제적 이익에 더하여 관직에의 참여 기회를 제공하는 등 충분한 보상을 부여할 때 기술이 진흥될 수 있다고 보았다(최병선, 2006).

3 국가에 대한 다산의 인식

다산은 "천리(天理)에 비추어서 합당하고 인정(人情)에 시행해도 화합하는" 예(禮)의 정신과 법 제도로 나라를 다스리고 백성을 지도하는 국가를 이상적인 국가로 보았다. 인간이 자의로 법을 만들어 "위엄으로 겁나게 하고 협박으로 시름하게 하여 백성들이 벌벌 떨며 감히 범하지 못하도록 하는 것"으로는 이상적인 나라를 만들 수 없다고 보았다(최병선, 2006).

더 나아가, 다산은 민(民)의 존재를 재인식하면서 정치 의식과 현실의 근원적인 개혁을 요구하는 경세론을 펼친다. 그는 『원목(原牧)』에서 "목(牧)은 민을 위해 존재한다"라고 하여 위민사상을 주장했다(금장태, 2001: 220). 상고 시대에는 원래 민(民)이 있었을 뿐 목(牧)이 없었고 법률도 민의 편익을 위해 아래의 작은 사회 단위에서 점차 위의 큰 사회 단위로 올라가며 제정되던 것이 황제로부터 자기 욕심대로 법을 만들어 내려가면서 "그 법이 모든 군주를 높이고 민을 낮추며 아랫사람에게서 긁어다가 윗사람에게 붙여 주는 것이니 오로지 민이 목을 위해 살아가는 것같이 보인다"(與猶堂全書, 原牧)라고 비판한다.

『탕론(湯論)』에서는 좀 더 적극적으로 민이 정치의 주체적 지위를 지니고 있음을 지적한다. "탕(湯)이 걸(桀)을 쫓아낸 것이 옳은 일인가? 신하로서 임금을 쳤는데도 옳은 일인가?"라는 문제를 제기하여 역성혁명에 대해 신하로서 임금을 친 것을 비판적으로 검토한다. 그는 "옛날에는 아래에서 위로 추대했으니 아래에서 위로 추대하는 것이 순리인데, 지금은 위에서 아래로 임명해 내리니 아래에서 위로 추대하는 것은 역이다"(與猶堂全書, 湯論). 그러므로 천자가 백성의 뜻에 어긋났을 때 이를 갈아세우는 것은 당연한 것이다. 다산은 정치 권력의 원천이 백성에 있고, 이 권력의 주체가 백성들임을 파악하고 있다(김성기, 2006).

다산은 『원정(原政)』에서 "정치란 바르게 하는 것이다"라고 하여 왕도정치를 추구했다. 다산이 그린 왕도정치 사상에 나타난 국가의 역할을 정리해 본다면 ① 토지의 균분, ② 소득의 균분, ③ 정의의 실현, ④ 상벌의 균형이다. 이와 관련하여 다산은 국왕이 정치에 대한 올바른 생각과 신념을 갖는 것이 선결 요건이지만, 이에 못지않게 중요한 것이 국왕의 뜻을 굽히거나 왜곡함이 없이 제대로 펼칠 수 있는 행정체제를 구비하는 것이라고 강조했다. 그러면 세상의 모든 일은 "마치 망건의 윗부분을 팽팽하게 묶어야 아래가 쫙 펼치는 것처럼" 바로잡아질 것이라고 보았다. 선한 국왕의 존재도 중요하지만 멸사봉공(滅私奉公)의 자세로 헌신하는 신하를 중용하되 국왕을 주도면밀하게 통제할 수 있어야만 왕정사상을 실천에 옮길 수 있다고 보았던 것이다 (최병선, 2006: 28-29).

또한 다산에게 탄탄한 국가재정의 확보는 왕도정치 실현을 위한 대전제였다. 그런데 탐관오리의 수탈과 농간이 이것을 가로막는 가장 큰 요소이고, 따라서 원악향리(元惡鄕吏)에 대한 근본 대책을 마련해 이들을 통제하지 못하는 한 민생의 안정은 기하기 어렵고 국가재정의 누수 현상 또한 방지하기 어렵다고 보았다 (최병선, 2006: 30).

4 공직에 대한 다산의 인식

다산은 공직을 왕권 유지 기구와 국가 발전의 주체로, 또한 민생에 대한 봉사 기구로 보았다. 다산은 정치가 백성을 위해 지성을 다해야 한다고 하지만, 국가는 왕의 것이고 국왕의 뜻을 고루 실현하기 위한 일사불란한 국가 지배·통치 체제가 확립되어야 하는 것으로 보았다. 따라서 공직은 어디까지나 왕권을 유지하기 위한 도구로 인식했다. 그래서 효제자(孝弟慈)를 바탕으로 한 천속(天屬)의 윤리를 국가 운영에 적용하려 하는 가부장제적 국왕의 친정 체제를 강조하는 것을 볼 수 있다. 이는 가례를 천리(天理)에 합하고 인정에 합한 방례(邦禮)에 그대로 전환하여 치민(治民)의 논리로 삼고자 하는 데서도 찾을 수 있다 (김성기, 2006).

다산은 민본적인 위민사상에서도 백성의 능력은 믿지 않은 듯하다. 『경세유표』 호전6조의 권농에서는 "백성이 지극히 어리석고 농사의 이치는 지극히 정묘하다. 이 이치에 밝고 널리 아는 군자가 토지와 농구의 개량을 가르치지 않으면 안 된다"고 지적하여, 다산은 선진 지식과 기술을 도입하고 보급하는 것도 공직의 역할로 보았다. 그리하여 다산은 이용감(利用監)을 설치해 선진 지식과 기술을 청나라에서 수입하고 이를 통해 산업 육성 정책의 실시를 강조했다. 경전사(經田司)를 두어 전지와 호적 그리고 부세를 전담시키고, 사축서(司畜署)를 두어 목축을 전담케 하고, 사광서(司鑛署)를 신설하여 금은동철의 광산을 개발하고 중국으로부터 제련술을 배워 전국에 보급할 것을 제안했다(최병선 외, 2006: 24).

또한, 국가는 국법을 중시하고 백성의 생활을 존중해야 한다(以尊國法 以重民生)는 말로, 다산은 공직이 민생을 위한 기구여야 한다고 표현했다. 그리하여 공직은 부국유민(富國裕民)을 실현해야 한다는 것이다(김성기, 2006).

5 평등에 대한 다산의 인식

다산의 평등 개념은 계급을 완전히 타파하는 것을 의미하지는 않는다. 『목민심서』의 예전 등에서 보면 "족(族)에는 귀천이 있으니 마땅히 그 등급을 구별해야 하고 세력에는 강약이 있으니 마땅히 그 정상을 살펴야 한다"라고 하여 귀천·강약의 신분 체계를 긍정적으로 보는 입장을 보여 주고 있다(곽효문, 1995).

그렇다고 해서 다산이 불평등을 신봉하는 것은 아니었다. 다산의 불평등은 기회의 평등을 강조하는 것이다. 다산은 노비 계급 이외의 백성에 대해서는 평등주의적 사상을 강조하여 본인의 능력에 따라 벼슬도 할 수 있어야 한다고 주장했다. 이는 민본·위민 사상은 존재하지만 실질적으로 평등 의식이 결여되어 있는 유학의 전통에서 볼 때 매우 예외적인 것이었다(윤사순, 1985). 더 나아가 다산은 사농공상(士農工商)의 신분 구조에서 '사(士)'라고 해도 도(道)를 배워 벼슬을 하지 않는다면 다른 계층과 마찬가지로 생산 활동에 참여해야 한다고 주장했다(조성한, 2006). 또한 다산은 백성이라면 누구나 사(士)가 될 수 있다고 주장하여 '기회의 평등'의 가치관을 보여 주기도 했다. 그는 『통새의(通塞議)』에서 "인재를 뽑는 데 가장 좋은 방법은 동서남북에 구애됨이 없고 멀거나 가깝거나 귀하거나 천하거나 상관없이 시행되어야 한다"고 했다(장동희, 1997).

6 지방 제도에 대한 다산의 인식

다산의 지방 제도 개혁 구상은 재지사족(在地士族)과 향리층 중심의 향촌 자치적 전통을 거부하고 왕→목민관→민으로 직접 연결되는 체제를 지향했다. 이것은 양반 사족 중심의 정치를 지양하고 왕권을 강화하여 왕명이 지방관을 통해 민에게 직접적으로 연결되는, 그리고 왕과 민이 목민관을 통해 원활하게 소통되는 체제라고 할 수 있다(김기승, 2005).

정약용은 아전(衙前)을 지방정치의 강력한 행위자로 이미 수령의 통제를 벗어나 있다고 보았다. 물론 당시 정조도 기본적으로 "간사한 향리와 교활한 하리(下吏)는 백성들의 좀"(正祖實錄, 戊辰)이라고 하여 아전의 폐단을 인식하고 있었다. 그럼에도 불구하고 정조는 아전 문제가 수령의 선정(善政)에 따라 좌우될 수 있다고 보았다.

그러나 정약용에 의하면, 당시의 아전은 결코 수령정치의 종속 변수로 볼 수 없을 만큼 강력한 정치 세력이었다. 지방행정에서 아전의 역할과 권한은 지대한 것으로 수령의 통제를 실제로 벗어나 있었고, 심지어 국왕의 경장(更張) 정책까지도 성공시키거나 좌절시킬 수 있는 구체적 방법을 알고 있는 세력이라고 보았던 것이다(박현모, 2003).

7 다산 개혁사상의 현대적 가치

정약용은 그의 사상과 철학에 비추어 볼 때 당시의 시각으로 보면 굉장한 선각자라고 할 수 있다. 다산의 사상이 시대를 앞서갔던 점은 잘 알려진 사실이다. 그 때문에 그는 17년간 유배를 당했다 해도 과언이 아니다. 성리학이 지배하던 당시는 모든 자연 관계와 사회 관계가 고정되어 있는 것으로 보았다. 그렇기 때문에 변화와 갱신을 모색하는 것은 거의 금기시되었다. 사회적 신분을 거부하는 것은 자연의 이치를 거부하는 것과 같은 것으로 보았다. 이런 사상이 주류를 이루던 사회에서 다산의 주장은 파격적인 것이었다.

지금의 시각에서 보면, 그의 주장도 왕도정치를 인정하고 있으며, 왕권 강화를 통한 개혁을 주장한다. 이 주장을 오늘날의 입장에서 보면 지방자치를 비롯한 자율적 자기 통치의 원리를 거부하는 것이다. 그는 사회적 신분 계급의 차별을 인정하고 있다. 사실상 그의 대표적인 저서인 『목민심서』의 가정도 목민관의 우월적 지위를 인정하는 오늘날의 입장에서 보면 엘리트주의에 입각한 개혁을 주장하는 저술이다.

그러함에도 그의 개혁사상이 오늘날에 중요한 가치를 지니는 것은 소인(小人)의 욕구를 인정하여 이기심을 이용한 동기부여를 강조하고 경자유전(耕者有田)의 소유권을 부여함으로써 생산력 증진을 도모했기 때문이다. 대인(大人)과 군자(君子)의 길만 중요한 것으로 보던 시대에 보통사람들의 힘을 인정하고 그들의 정상적 욕구를 통한 변화의 초래를 주장한 점은 탁견이 아니라고 부정하기 어렵다.

그의 주장은 당시의 지배 계급에게는 위협적인 것이어서 유배를 당할 수밖에 없었다는 점에서 볼 수 있듯이, 만일 그가 왕도정치의 폐기를 주장하거나 사회 계급 차별의 폐해를 전파했다면 생명을 부지하기 어려웠을 것이다. 그러나 그는 이런 주장의 일단을 아주 간접적으로 『탕론(蕩論)』과 『원목(原牧)』에서 보여 주고 있다. 상이하(上而下)가 아니라 하이상(下而上), 즉 인민의 추대로 지배자가 천거되는 것이 하늘의 이치라는 주장에서 우회적으로 자신의 깊은 사상적 원류를 암시하고 있다.

그의 주장이 오늘날에 더 빛나는 것은 사물과 관계에 대한 인식의 근대성에서 찾을 수 있다. 성리학적 주장은 인간 사회와 자연 현상을 하나의 유기체로 보았기 때문에 자연의 질서나 사회 질서를 객관적으로 이해하기 어려웠다. 그러나 다산은 인간과 자연을 이분법적으로 이해하며, 자연 현상과 사회 관계를 관찰 대상으로 객관화했다. 이것은 인식론적으로 근대성의 시작이라 할 수 있다. 분명하지는 않지만, 그의 형제들이 천주교에 깊이 관여한 점으로 미루어 볼 때 그도 상당한 정도 서구의 계몽사상을 일찍 섭렵했고, 따라서 근대적 인식 방법을 습득할 기회를 가졌을 것으로 보인다. 따라서 대부분의 조직개혁이나 지방정부 운영의 개선에서 우선 사실 관계를 확인하고 인과적 연관성을 따진 후에 개선 방안을 제시하고 있다. 현대의 시각에서 보면 상당히 과학적인 주장을 전개하고 있다.

다산 자신이 『방례초본(邦禮草本)』의 서문에서 밝히기도 했지만, 그의 『경세유표』에 제시된 개혁안은 실현가능성이 아주 낮은 제안이다. 그럼에도 불구하고 오늘날 그의 주장이 높이 평가되고 있는 것은 제안의 실현가능성 때문이 아니라 그것의 인식론적 실험성 때문이다. 즉 객관적 현실에 대한 진단을 거쳐 문제를 발견하고, 그들을 개선하기 위해 일정한 기준—예컨대 주례(周禮)—을 제시하며, 오늘날의 용어를 빌리자면 사고 실험 또는 시뮬레이션을 전개하고 있다. 이러한 논구 방법 자체가 자신의 주장의 정당성을 객관화시키는 방도이면서, 당시대의 한계를 극복하는 접근법이었다.

우리가 오늘날 다산을 새롭게 읽어야 하는 이유도 그의 주장이 오늘날에도 타당성을 지니기 때문이기보다 시대를 앞서 고뇌하는 지성의 값진 모형을 볼 수 있기 때문이다. 그러고도 그가 추천하는 『목민심서』의 개혁안들은 오늘날에 적용해도 손색이 없는 내용을 적지 않게 담고 있다. 그것은 시대를 뛰어넘어 그의 과학적 탐구 방법이 오늘날의 사고 방법과 크게 다르지 않기 때문일 것이다.

참고 문헌

곽효문(1995). 정약용의 복지 이념에 관한 연구. 『한국행정사학지』, 4: 105-127.

김광진(1989). 다산 정약용의 사회 경제사상. 『정다산 연구』, 서울: 한마당.

김기승(2005). 다산 정약용의 부국강병형 국가개혁 사상: 『경세유표』를 중심으로. 『한국사학보』, 19: 61-93.

김성기(2006). 다산의 공직관과 공직윤리론. 2006년 한국행정학회 동계학술대회 발표 논문.

박석무(정해렴 편역)(1996). 『다산논설선집』, 서울: 현대실학사.

박현모(2003). 정약용의 군주론: 정조와의 관계를 중심으로. 『정치사상연구』, 8: 7-30.

윤사순(1985). 다산의 인간관: 탈성리학적 관점에서. 한우근 외. 『정다산 연구의 현황』, 서울: 민음사.

이을호(1986). 정약용의 행정사상. 『한국학보』, 12(4): 242-245.

장동희(1997). 다산 복지행정사상의 특징과 현대적 의의. 『한국행정사학지』, 5: 201-217.

장동희(2003). 『경세유표』를 통해 본 다산의 인사행정 개혁론. 『한국사회와 행정연구』, 13(4): 1-15.

조성한(2006). 다산의 생산적 복지 이념 및 정책. 『정부학연구』, 12(1): 83-106.

최병선 · 조병훈(2006). 다산의 인간관, 사회관, 국가관 연구: 산업경제 분야 제도개혁안을 중심으로. 『정부학연구』, 12(2): 7-48.

제2장 조직관리

정재동 · 김성현

1 서 론

시대를 막론하고 해당 국가의 관료제 기구는 시대의 상황과 문제점을 동시에 반영하고 있다. 즉 관료 제도와 운영 방식은 한 사회의 지배 이념에 상응하는 것이며 사회의 역사적 성격을 일정 부분 반영한다. 반면에 이에 대해 문제점을 제기하고 구조를 개편하려는 관제개혁(官制改革)의 요청은 현재의 관료 기구가 어떠한 병폐를 가지고 있는지를 보여 주는 잣대가 된다. 이러한 측면에서 특정 시대에 논의된 개별적 인물의 개혁안은 진공 상태에서 등장한다기보다는 해당 시대의 현황과 문제점을 모두 담고 있음과 동시에 지향점 역시 살펴볼 수 있는 자료가 된다.

이 장에서는 다산(茶山) 정약용(丁若鏞)이 저술한 『경세유표(經世遺表)』를 중심으로 당시 조선 시대의 관료제가 지니고 있었던 문제점과 이에 대한 다산의 비판을 고찰하고 그가 언급했던 기구개편론을 통해 조직관을 이해하고자 한다. 이러한 이유는 다산의 기구개편론이 현재의 정부 조직관리 및 개혁의 흐름에 적지 않은 시사점을 던져 줄 수 있기 때문이다. 물론 조선 시대와 현재의 시대적 상황 변수를 충분히 고려하지 않고 개혁가의 내용만을 분석하는 것이 오류의 가능성을 높일 수 있지만 그가 당시의 시대적 상황과 한계를 인식하고 있었음에도 불구하고 매우 근대적인 조직관을 유지하고 있었다는 사실은 현재의 정부개혁에도 적용될 수 있다는 가능성을 보여 주는 것이다.

다산의 관료 기구 존폐론을 이해하기 위해 우선 조선 시대 관료제에 대해 풍부한 기술을 한 『경세유표』를 중심으로 고찰하고 이와 관련된 기존의 문헌을 살펴보았다. 특히 『경세유표』 중에서 관료의 급수 조정과 왕권 중심의 기구에 대한 비판을 제시했던 부분에 대해서는 구체적인 분석을 시도해 논의했으며, 필요한 부분에 대해서는 『경세유표』뿐만 아니라 『목민심서』와, 『원목』 등의 1차 자료와 이를 토대로 분석한 2차 자료들을 활용했다.

2 조선 후기 관료 기구의 실태

조선 시대의 관료 체제는 건국 초기에는 관직의 기강이 유지되었으나, 임진왜란을 겪는 후로는 점점 혼란스러워지기 시작하여 급격한 부패의 타락상을 나타내게 되었다. 18세기 말~19세기 초에 오면서 삼정의 문란, 당쟁의 격화, 과거 제도의 부패 등으로 관직 기강의 해이는 극에 달했다.

다산은 이러한 혼란스러운 시기에 국정을 전반적으로 개혁할 의지로서 많은 개혁적 논의를 제시했는데 그 중에 하나가 관료제 개혁이다. 다산의 관료제 개혁 이론의 주류를 이루는 저서는 『경세유표』인데 그는 이 저서의 서문에 해당하는 『방례초본(邦禮草本)』 인(引)편에서 먼저 개혁에 대한 반대 세력에 관해 깊은 우려를 표명했다. 개혁에 관해 반대 세력이 있는 것은 예나 지금이나 마찬가지인데 그는 효종도 공법(貢法)을 고쳐서 대동법으로 했고 영조도 노비법과 군포법을 고쳤음을 예로 들면서 잘못된 법은 반드시 고쳐야 한다고 주장했다. 그는 개혁해야 할 당시의 상황에 대해 자신의 입장을 아래와 같이 설명하고 있다.

> 무릇 국가를 창건한 초기에는 법을 능히 고치지 못하고 말속(末俗)을 그대로 따르는 것을 큰 도리로 삼으니 이것이 예나 지금이나 공통된 병통이다. 그래서 우리나라 법은 고려 법을 따른 것이 많았는데 세종 때에 와서 조금 줄이고 보탠 것이 있었다. 그 후 임진왜란 이래로 온갖 법도가 무너지고 모든 일이 어수선했다. 군영을 여러 번 증설하여 나라의 경비가 제대로 되지 않고 전제(田制)가 문란해져서 세금 징수가 편중했다. 재물이 생산되는 근원은 힘껏 막고 재물이 소비되는 구멍은 마음대로 뚫었다. 이리하여 오직 관서를 혁파하고 인원을 줄이는 것을 구급(救急)하는 방법으로 삼았다. 그러나 이익이 되는 것이 더디나 말만큼이라면 손해되는 것은 산더미 같았다. 관직이 정비되지 않아서 정사(正士)에게 녹(祿)이 없고 바람직하지 못한 풍속이 크게 일어나서 백성이 시달림을 받았다 (經世遺表 引, 全書 5).

개혁이 요구되는 상황에 대해 다산은 그의 개혁안을 열다섯 가지로 정리했고, 이 원칙은 변경할 수 없다는 불가역론에 의해 뒷받침되었다. 이 중에서 관료제 개혁과 관련된 내용만을 중심으로 살펴보면 다음과 같다.

1. 관직을 120개로 한정하고 육조(六曹)에서 각각 20관서를 거느리도록 하는 것
2. 관계(官階)를 9품으로 정하고 정(正)과 종(從)이라는 구별은 없었는데 오직 1품과 2품에만 정과 종이 있도록 하는 것
3. 고적(考績)하는 법을 엄하게 하고 고적하는 조목을 상세하게 하여 당우(唐虞) 시대의 옛 법대로 회복하는 것
4. 3관(館)과 삼천(三薦)하는 법을 혁파해서 신진과 귀천을 구별하지 말도록 하는 것
5. 대과와 소과를 합쳐서 하나로 만들고 급제 36인을 뽑는데 3년 만에 대비하여 증광, 정시, 절제 따위 법을 폐지해서 사람 뽑는 데는 제한이 있도록 할 것
6. 문과와 무과에 정원을 서로 같게 하고, 과거에 급제한 자들은 모두 관

직에 보임되도록 할 것

7. 전지 10결 머리에 1결을 취해서 공전(公田)으로 하고 농부에게 조력토록 하며 세를 별도로 거두지 않는 것(經世遺表 引, 全書 5)

위의 논의에서 보듯이 다산의 열다섯 개 개혁 내지 조직개편의 원칙은 불필요한 인원 및 기구 확대의 반대와 효율성의 극대화를 추구하고 있다. 또한 위의 원칙이 일단 결정되고 추진되면 불가역론을 강력하게 주장함으로써 탄력적인 운영의 가능성을 허용하지 않았다. 물론 그가 주장한 대부분의 논의의 기반이나 판단 기준이 중국에서 비롯되었다는 점에서 일정 부분 인식의 한계가 있으며 실증적이고 과학적인 접근이라고 보기는 힘들지만 당시의 시대적 상황을 감안한다면 위에서 언급된 개혁의 원칙이 얼마나 급박한 것이었는지를 쉽게 추론할 수 있다.

3 다산의 조직개혁에 관한 논의

1) 기구개편론의 내용

(1) 관료 인원의 정비와 기구 확대론

① 관료 인원의 정비

다산은 나라가 창건된 후 점차 정치 권력과 관료제의 기강이 해이해져서 모든 일이 부진하니 마땅히 법령을 개정하고 관직을 정리해 나라를 빛나게 해야 한다고 하면서 행정기관 운영에 관한 기본 원칙으로서 관직을 120개로 한정하고 육조에서 각각 20관서를 거느리게 하는 것은 불가역(不可易)이라 하여 국정을 처리하는 기관 운영에 관한 기본 원칙을 설명하고 있다. 이것은 본래 『주례(周禮)』의 육관 제도(六官制度)에 근거한 것으로서 관직 수가 총 360(각 조 60개임)개이다. 그런데 우리나라의 경우는 3분의 1로 그 규모를 축소한 것이다.

그는 이에 대해 다음과 같은 논의를 전개하고 있다.

> 주례 육관에 소속된 것은 각각 60이며, 한(漢)나라 정현(鄭玄)의 주(註)를 보면 "주례 육관 소속은 총 360인으로서, 이는 천지, 사시, 일원성시의 도수를 본떠서 한 것으로 이야말로 천도(天道)가 구비된 것이다." 주례는 천자(중국)의 예이고 우리나라는 중국보다는 규모가 작은 나라이니 그보다 수를 적게 해야 한다(經世遺表, 天官吏曹, 全書 5).

그는 각 조에 귀속되는 기관의 수를 고정시킨 이유를 다음과 같이 밝혔다.

> 진실로 일에 일정한 수효가 없으면 어지럽게 되는 원인이 된다. 세상의 변화는 일정함이 없고 임금의 욕심도 한정이 없다. 만약 입법 당초에 흐리멍덩하기만 하고 천작(天作)으로 된 쇠뭉치 같은 현상이 없다면 두어 대(代)를 넘지 않아서 보태고 줄이며, 없애고 일으키게 될 것이다. 따라서 기강이 문란하여 문제가 되니, 조금이라도 살피지 않으면 반드시 무너지게 될 것이다. 지금 육관에 소속된 기관을 120개로 한정했으나, 나라의 온갖 일을 이 숫자에서 반드시 가감할 수 없다는 것은 아니다. 그러나 이와같이 한 다음이라야 법제가 가능한 것이다. 향제(鄕制)를 정하는 데도, 5족(族)이 주(州)가 되고 5주가 당(黨)이 되며…… 관직 제도만이 어찌 그렇지 않겠는가? 법을 정한 다음이라도 만약 변통하지 않을 수 없는 것이 있으면 20이라는 숫자 안에서 혹 양분하여 그 반분을 줄이거나 아니면 하나로 합치면서 한 가지는 그냥 두는 것이다(經世遺表, 天官吏曹, 全書 5).

다산이 각 조(曹)의 기구 정비를 거론한 가장 큰 이유는 관료의 인원 수의 제한에 있었다고 볼 수 있으며 이는 당시 관직의 남설이 상당히 심각했음을 반증하는 것이다. 『경국대전』에는 계층별 각 아문에 따라 관료의 인원 수가 배치되어 있으나 당시에는 통치자(왕) 또는 통치

집단(당시에는 집권 세력으로의 붕당)의 압력에 따라 임시로 인원 수가 변경되었다고 보이는데 그것은 대개 감소보다는 증가하는 쪽이었다. 한 예로 그의 개혁안에 의하면 호조(戶曹)에 배치된 관원이 판서 1인, 참판 1인, 참의 1인, 정랑 2인, 좌랑 4인, 서리(胥吏) 20인 등으로 되어 있는데, 당시의 서리가 60인으로 되어 있는 것을 20인으로 감축한 것을 다산은 다음과 같이 설명한다.

> 호조의 사무가 비록 복잡하지만 서리의 정원이 이렇게 많을 필요는 없다고 생각한다. 『주례』는 천자의 예이나 대사도 부사의 정수가 18인에 불과한데 하물며 작은 나라이겠는가? 이것은 대개 호조는 이록(利祿)이 풍족한 까닭으로 차차 증가되어 이에 이른 것이었다. 구전에는 38인인데 『속전』에 60인으로 되었으니 이것으로도 알 수 있다. 하물며 현재는 경전사·판적사 따위, 별도 아문을 차린 것이 많고 그곳 서리는 모두 호조에서 갈라져 나간 것으로 이번에는 서리를 다만 20인만 배정했다(經世遺表, 地官戶曹, 全書 5).

그가 기구의 증설을 방지하고 관원의 수를 제한한 것은 예산의 절감을 통해 국가재정의 건실함을 기하고 백성의 부담을 적게 하며 행정 기구의 효율적 운영을 높이기 위해서였다. 따라서 다산은 『경세유표』를 통해 육조의 기구를 정비함과 동시에 각 조의 소속기관에서 진행해야 할 업무의 내용과 업무 처리의 방향까지 제시했다. 그는 육조에 소속된 120개 기관에 대한 필요한 사항을 구체적으로 기술했다. 그 기술의 내용은 피상적인 것이 아니고 현실적 여건과 역사적 전통을 감안한 것이었다. 조선 시대의 관료 체제는 관료의 상하 계급 관계가 엄밀히 규정, 제한되는 매우 엄격한 관료 체제를 이룬 점에서 그 특징이 있다. 관료의 품급은 크게 9급으로 나눠진다. 각 품(品)에 정(正)·종(從)의 구별이 정1품에서 종9품에 이르는 18품급으로 되어 있다. 그 위에 각 품계에도 상하의 구별을 두었다. 그래서 문무 관료는 각기 36

〈표 2-1〉 다산의 관급 분류표

품계	정종	계서상의 명칭
1품	정(正)	대부(大夫)
	종(從)	대부
2품	정	대부
	종	대부
3품		대부
4품		정사(正士)
5품		상사(上士)
6품		중사(中士)
7품		중사
8품		하사(下士)
9품		하사

자료: 經世遺表, 天官吏曹.

단계로 세분된 계서에 속하게 된다. 이와 같은 관료 체제의 확립은 고려 말부터 내려오던 여러 명목의 명예직이나 대우직을 정리하면서 이루어진 것이다. 이와 같은 현상은 국고의 낭비와 백성에 대한 착취가 횡행하는 원인이 되므로 다산은 종래의 복잡한 품계 분류 방법을 대폭 수정하는 데 중점을 두었다. 관계는 9품으로 한정하고 정·종의 구별은 없애되, 오직 1품과 2품에만 정·종이 있도록 함이 마땅하다고 보았다. 그러므로 3품 이상은 대부로 되며, 4품 이하는 정사로 한다. 즉 4품과 5품은 상사이고, 6품과 7품은 중사이며, 8품과 9품은 하사로 되는 것이다(經世遺表, 天官吏曹, 全書 5). 다산의 직급 분류는 <표 2-1>과 같다.

다산은 위와 같은 직제와 정원을 제시하면서 조선 초기에 520명의 문관이 있었다고 하지만, 조선 시대 실제 관인의 총수를 알기는 매우 어렵다. 더욱이 17~18세기 이후 당쟁의 격화와 노론의 일당 전제는 조선 양반 관료 체제를 붕괴시킨 결과가 되었고, 특히 세도정치의 결과로 문벌정치가 강요되면서 관료제는 그 기강을 완전히 상실하게 되었다. 즉 세도를 잡은 파벌에 의해 관료 기구의 고관현직(高官顯職)이 독점되다시피 하여 정치의 기강은 문란해졌다. 이러한 문제점은 누구나 절감했을 터이지만 그 근본적인 시정책은 제대로 강구되지 않았다. 정약용은 이와같이 파탄되어 가는 조선 시대의 관료 체제를 재건하기 위해 그 대책으로 정원론(定員論)을 주장한 것이다(배병삼, 1996).

② 관료 기구의 확대

다산의 관제개혁안은 관직이나 기구의 무조건적 축소를 주장한 것이 아니라, 필요한 경우에는 기구를 신설 또는 확대하는 것에 대해 논하고 있다. 당시의 관제 개편은 주로 국가 경비의 절감을 위해 이루어졌으며 그 내용은 관서의 폐지 내지 축소, 인원의 감축 등을 위주로 하고 있었다.[1)]

이러한 실정에 대해 다산은 관서를 혁파하고 관원을 줄이는 것은 이익은 적고 손해가 커 구급의 방법이 될 수 없으며 관제가 제대로 갖추어지지 않으면 결국은 백성에게 피해가 돌아가게 된다고 하여 반대했다. 그는 필요한 관직은 적극적으로 설치해야 한다고 주장했다. 국력이 빈약하므로 관직을 증설해서는 안 된다는 논리에 대해서는 오히려 국력이 빈약하기 때문에 부국강병에 관계된 관직을 설치할 필요가 있다는 논리로 반박했다(經世遺表, 冬官工曹, 利用監). 결국 국민 편익이나 국부 증진과 관련된 기구는 증대시킬 필요가 있는 반면에 그러한 기능을 수행하지 못하고 세금을 낭비하는 형식적 기구는 과감하게 축소할 필요가 있다고 주장했다. 『경세유표』에서는 기존의 기구보다 39개의 아문(衙門)을 증설하고 있다. 이러한 증설의 방법에는 새로

1) 정조 24년 4월에 시행된 기구개편 역시 경비 부족이 가장 핵심적인 이유였다(강석화, 1989: 211).

운 기구의 신설, 이전에 혁파되었던 아문의 부활 및 임시 기구들의 정식 아문으로 승격 등이 있다. 한편 아문의 증가는 호조와 형조 그리고 공조에 집중되어 있다. 증설된 아문 39개는 형조에 13, 호조에 10, 공조에 9, 예조에 6, 병조에 2의 개수로 배당되어 있고 증설된 아문이 각 조에서 차지하는 비율은 형조 65%, 호조 50%, 공조 45%, 예조 30%, 병조 10% 순이다(강석화, 1989: 212).

이 같은 관료 기구의 증설과 배치에는 대체로 다음과 같은 세 가지 목적이 있었다.

첫째, 다산은 관료 기구 자체를 사회개혁의 추진 수단으로 삼고자 했다. 그는 궁극적인 사회개혁은 정전제 실시를 통해 완성된다고 보았다. 정전제가 이상에 접근하기 위해서는 우선 양전사업을 통해 전국의 토지 면적을 구체적으로 확인할 것과 구일세법(九一稅法)의 실현을 위한 모전(模田)의 확보 및 공전(公田)의 설치를 제안했다. 다산은 이 같은 사회개혁을 추진하기 위해 영조의 균역법 강행의 예를 들어 왕의 결단이 필요함을 역설하고 있지만 실제로는 직접 개혁을 추진하는 관료들의 역할을 더욱 중시했다. 호조에 신설할 것을 주장한 경전사는 정전제 실시의 전제 조건이 되는 양전사업과 공전 설치를 담당하는 기관이다. 이 같은 중요한 기능을 수행하는 기관이지만 국왕 직속기구로서 관료행정 체계와 별도로 설치하기보다는 호조에 귀속시켜 관료제 내부의 운영 논리에 따르도록 설계했다. 이것은 결국 관료와 관료조직의 힘에 의해 사회개혁이 가능하다는 다산의 조직관을 반영하는 것이다.

둘째, 다산은 관료 기구가 통치 질서 확립을 위한 사회통제 기능을 가져야 한다고 보았다. 그 같은 기능을 행사하는 기구는 주로 형조에 설치되며, 장서원과 권계사(券契司)는 그 대표적 기구이다. 장서원(掌胥院)은 향리를 비롯한 이서층(吏胥層)을 단속하는 기관인데 다산은 이서들을 행정 체제의 말단에서 사익을 추구하는 집단으로 보았으며,

통치 질서의 확립을 위해 이서층을 통제하는 전담 기구가 있어야 한다고 생각했다. 권계사는 궁실・전원・노비 등의 매매, 저당에 관계된 문권(文劵)을 관장하는 기구이다. 다산은 이러한 중요 재산의 거래가 사문서로 이루어져 사기사건이 잦았고 쟁송이 일어나는 일이 많다고 비판하면서 관에서 문서식을 규정하고 문권을 인쇄하여 비치한 후 거래가 있을 경우에 반드시 공용 서식에 따른 규격화된 문서만을 이용하도록 해야 한다고 했다. 이 같은 다산의 구상은 근대적인 관료제의 발상일 뿐만 아니라 관료 기구의 행정력이 국민 생활에 적극적으로 개입함과 동시에 공권력이 관여하는 영역을 넓혀 관료 기구가 사회 질서 체계 확립을 위한 중심 기구의 기능을 할 수 있게 하려는 목적이 있었다.

셋째, 다산은 관료 기구가 국부를 증진시킬 수 있는 기능을 갖추어야 한다고 보았다. 국부 증진을 위해 다산은 먼저 과학기술을 개발하고 보급하는 기구의 설치를 제안했다. 그는『경세유표』서문에서 이용감을 개설하고 북학(北學)을 의논하고 부국강병을 꾀해야 한다고 주장했으며 공조(工曹)를 중심으로 수레와 선박・도자기 등의 제작과 기술 보급, 동전 주조・도로 관리 등을 담당하는 기관에 비중을 둔 것으로 이를 뒷받침했다. 특히 다산은 과학기술을 이용한 기기(器機)의 규격화를 강조했는데 수레, 선박, 동전, 병기뿐만 아니라 건축 자재와 가옥까지 규격화할 것을 제안했다. 과학기술의 개발 보급과 아울러 다산은 국가의 수입원을 확대할 것을 주장했다. 다산은 자원을 철저히 개발해 세원을 증가시킬 필요성이 있음을 다음과 같이 강조했다.

> 지금은 산림과 천택(川澤)을 버려두고 수입하지 않으면서 오직 농사하는 백성만 벗기고 족친다. 이리하여 공사간(公私間)의 쓰임이 모자라고 상하가 아울러 곤란을 받는데, 오직 탐관오리와 토호들이 이를 독차지하니, 나라의 무법함이 이에까지 이르렀는가? (經世遺表, 同官工曹)

즉, 원칙적으로 공적인 영역에 속하는 천연자원을 국가의 수입원으로 이용하지 못해 그 자원이 사익을 추구하는 탐관오리나 토호간민(土豪奸民)들에게 독점되었다는 것이다. 그 결과 농민에게만 부세가 편중되어 공용은 공용대로 부족하고 민생도 더욱 고통받게 되었으므로 이를 해소하기 위해서는 반드시 관에서 자원을 관리하고 개발을 담당해야 한다는 주장이다. 천연자원의 개발을 위해 다산은 호조의 속과였던 은색(銀色)을 사광서(司礦署)로 승격시켜 자원을 관에서 직접 관장하고 금, 은, 동에 대한 채굴을 엄금해야 한다고 했다. 또 산림행정을 관장하는 기구와 임목 및 각 지방 특산 산림자원을 관리하는 기구를 신설해 산림에서 나오는 생산물을 관리하고 여기에 세를 부과해 국가 수입을 증대시켜야 한다고 역설했다. 세원을 확대하기 위해 다산은 호민(豪民)들이 전국 대천(大川)의 어류를 사점하는 것을 금지하고 국가가 관장하며 이에 대해 체계적인 징세를 해야 한다고 했다. 결국 다산은 외척이나 토호 등 사적 집단이 국가의 정치 권력이나 경제력을 장악해 사회 모순이 심화되어 가고 있던 현실을 극복하기 위해 관료 기구가 중심이 되어 공권력을 확보하고 사회의 현실에 적극적으로 개입해 사회개혁을 추진하려 했다(강석화, 1989: 216).

(2) 기구 신설론

다산이 신설을 주장한 이용감(利用監), 산학서(算學署) 등의 기관들을 보면 모두 과학의 발전, 국가 재원의 확보, 이용후생의 장려, 관기(官紀)의 단속을 통한 백성의 안정된 생활의 보장 등이 그 목적이었고, 그가 폐지를 주장한 사헌부, 사간원, 예문관, 규장각 등의 기관들은 국가 발전에는 아무런 이익이 없고 오히려 예산을 낭비하고 발전을 저해하는 기관들이었다. 앞서 언급했듯이 다산이 추진하는 조직개혁의 기준은 부국강병과 이용후생이었다. 국력의 소모를 방지하고 국력을 신장시키기 위한 것이 다산의 개혁관의 기조였으며, 국가개혁에 관한 기본 저서인 『경세유표』의 서문에서도 부국강병을 강조하고 있다.

① 이용감(利用監)

다산은 15개조의 불가역론을 주장했는데, 그 마지막 조에서 이용감을 신설해서 부국강병책을 도모해야 한다고 주장했다.

> 기술이 있는 자를 대접하면 과학기술이 발달하게 되는 이치를 말하는데 진실로 기예가 정밀한 자의 그 봉록이 증가하면 사방에서 인재가 몰려올 것이다. 농기가 편리하면 힘을 적게 들여도 곡식은 많고, 직기가 편리하면 힘을 적게 들여도 먼 지방 문화가 정체되지 않으며, 인중(引重)·기중(起重)하는 법이 편리하면 힘을 적게 들여도 견고해질 것이다. 이것이 이른바 온갖 기술자들을 모이도록 하고 또한 재용(財用)은 넉넉하게 되는 이치이다(經世遺表, 同官工曹).

이렇게 기술 발달의 필요성을 강조한 다산은 이용감을 신설하는 것이 바람직하다고 보았는데 여기서 그의 조직관에는 중상(重商) 정책적 색채가 짙다는 것을 알 수 있다. 이용감의 구성은 수리에 밝고 기술에 능한 자를 선발하는데 특히 연구원 4명 중 2명은 중국말에 능한 자로 사역원(司譯院)에서 선발하고 2명은 수리에 정통한 자로서 관상감(觀象監)에서 선발한다는 것이다. 그래서 이들을 해마다 북경에 파견해 기술을 습득하거나 돈으로 그 기구를 매입해 온다는 것이다(정윤재, 1999).

> 구입 대상이 되는 과학 기구 내지 기술은 벽돌 굽기, 수레 제작부터 시작하여 기중기, 톱, 방아, 각종 농기구, 직기, 병기, 화기 등 국가 번영 내지 일반 백성의 생활에서 필요한 모든 기기(器機) 내지 기술을 총망라하고 있다. 이런 풍속을 수집해 와서 이용감에 제출하면 감(監)에서는 솜씨 있는 공장(工匠)을 모아 그 법을 시험 삼아 제조한다. 그리하여 성과가 있는 자는 제조와 공조판서가 만든 것을 고찰하고 으뜸으로 된 자는 혹 감목관이나 찰방을 제수하고 혹은 현령이나 군수를 제수한다. 그리고 큰 공이 있는 자는 승격해서 남·북한 부사로 삼으며 혹은 그 자손

을 녹용한다. 이와같이 하면 10년을 넘지 않아서 반드시 성과가 있을 것이며, 나라가 부유해지고 군사도 강해져서 다시는 천하의 비웃음을 당하지 않을 것이다(經世遺表, 同官工曹).

결국 다산은 과학기술의 후진은 국력의 후진을 말하는 것이고 국력의 후진은 외세에 의한 침탈을 당할 수밖에 없다는 사실을 상기시키고 있다. 당시 북학파를 중심으로 해서 이용후생(利用厚生)을 내세운 실학자들은 모두가 중국의 선진 기술 도입을 역설했고 그 점에서는 다산도 역시 마찬가지였다. 다산은 적어도 물리적인 면에서는 역사 속에서 진보와 발전의 과정을 볼 수 있는 것으로 생각했다. 고대보다는 중세가, 중세보다는 근대가 더 물질적인 발전을 보여 주는 것이라고 생각했다. 이용감의 신설은 다산의 이용후생 정신을 국가를 위한 현실정치에 직결시키려는 것이다.

② 전도사(典堵司)·전궤사(典軌司)·전함사(典艦司)

전도사의 설치 목적은 왕실을 제외한 일반 주택 건설에서 가옥의 구조를 통제하기 위한 것이었다. 『경세유표』 전도사의 기록을 보면 왕도를 구성하는 가옥의 구조를 설명하고 있으나 전국적으로 시행할 것을 전제로 하고 있다고 봐야 한다. 그는 주택 건축은 등급을 두어서 허가하되 갑·을·병 3등급의 집에는 대부(大夫)가 있고, 정·무·기 3등급의 집에는 적사(適士)가 살며, 경·신·임 3등급의 집에는 서민(庶民)이 있도록 한다. 주택 건축을 할 때 9등급으로 구별하여 등급마다 가옥 구조의 치수를 일정하게 해서 허가를 하게 되면, 나무를 자를 때부터 가옥 등급에 따라 재단하게 되므로 목재의 낭비가 없고 매매 등의 거래를 하는 데도 표준이 될 수 있고 또 과세의 표준이 된다는 것이다. 그는 예를 들어 다음과 같이 말했다.

북경에서 집을 짓는 자는 무릇 창호를 낼 때에 먼저 문틀을 설치하고

> 저잣거리에 가서 창을 사오는데 꼭 들어맞지 않는 것이 없으니, 이것이 왜 그런가? 그것은 가옥의 제도에 각자 치수가 있어, 감히 어김이 없기 때문이다. …… 이것이 이른바 도(道) 있는 나라라는 것인데, 전도(典堵)하는 관청을 설치하지 않을 수 없다(經世遺表, 冬官工曹).

한편 전궤사의 설치 목적은 운송 수단의 보급을 꾀하기 위한 것이었는데, 수레의 제작과 사용에 관한 업무를 관장하는 기관이다. 다산은 수송 수단에 대단한 비중을 두고 있는데 그는 나라가 가난해지는 이유가 수레가 없는 것이 그 이유 중의 하나라고 말할 정도로 수송 수단을 중시했다.

> 일반 생활 관계에서 수레를 사용하지 않음으로써 그 불편한 것은 말할 수가 없고 혹 군사를 일으키면 군량이 모자라기도 하는데 만약 임진란(1592) 같은 때에는 굶주린 백성을 채찍질해서 군량을 나르고, 경중을 져다 나르면서 울부짖기도 하고 넘어지기도 해서 차마 볼 수가 없었으니, 수레를 쓰지 않을 수 없다(經世遺表, 冬官工曹).

수레는 신분 등급에 따라 사용하는 크기를 제한하되 3등급 즉 세 종류로 제한해서 제작하도록 하고 이것도 주택 건축과 같이 사용자의 신분을 나타낼 뿐만 아니라 이용을 하다가 가령 바퀴가 고장이 났을 때 등급에 따른 바퀴를 구입하면 그대로 사용할 수 있게 한다는 것이다. 당시에 다산이 전 국민에게 수레 사용을 제안했지만 우리 민족은 개혁에 대해 매우 느린 편이다. 도회지에서도 지게로 짐을 운반해 주고 돈을 버는 이른바 '지게꾼'이 없어진 것은 1970년대에 이르러서였고, 대개 1960년대까지 우리나라 농촌의 보편적인 운반 수단은 지게가 많은 비중을 차지하고 있었다.

한편 전함사는 함선을 관장하는 기관이다. 당시에도 이와 유사한 조직이 있긴 했지만 이것을 전함사로 개칭하고 그 조직을 강화하는 주장을 펼쳤다. 다산은 일반 함선과 군함의 제작에 관해 상세하게 기록하고 있는데 여기에서 특기할 것은 배의 제작을 9등급으로 나누어 등급별 배의 크기를 완전히 규격화하되 이것에 위반하는 배는 몰수하고 부수며 그 소유자는 형벌로 다스려야 한다는 것이다. 이러한 엄격한 규격화의 원칙에 대해 다산은 다음과 같이 언급했다.

> 규격화의 이로운 점으로 첫째, 나무를 등급에 따라 재단하게 되므로 목재와 인력을 절약할 수 있고, 둘째, 폐선도 그 부족을 등급에 따라 사용할 수 있고, 셋째, 상인들이 화물을 맡길 때에 알맞은 배를 선택하기 쉽고, 넷째, 과세의 표준으로 삼을 수 있다는 것이다(經世遺表, 同官工曹).

주택이나 수레, 배 등의 제작을 일정한 기준으로 한다는 논의를 한 것은 합리적·합법적 관료제의 전형적 특징으로도 매우 중요한 의미가 있다. 규격화, 표준화, 규모화 같은 특징은 조직의 효율적인 운영을 제도화하기 위한 주장이다.

③ 임형시(林衡寺)·택우시(澤虞寺)

임형시는 신설 기구인데 당시에는 산형시(山衡寺)에서 소나무 벌채만 허가제로 해서 세금을 징수했으나 임형시를 신설해 여기서는 송림(松林)뿐만 아니라 기타 목재의 벌채에도 세금을 부과하고 수렵을 통제해 과세를 해서 국고에 보탬이 되도록 한다는 것이다(經世遺表, 同官工曹, 全書).

택우시는 나라 안의 큰 못을 관장하는 기구로 못을 관장하는 권한은 삼공(三公)에게 예속되었는데 이것을 독립 기관으로 만든 것이다. 택우시에는 법적으로 결정된 큰 못에서 수산물을 채취하고 호리수역주민(豪利水域住民)에게 세금을 과세해서 국고를 늘리자는 것이다. 다산이 이런 개혁안을 마련한 것은 백성에게 세금을 부과해서 세수를 늘리자는 데 그 목적이 있는 것이 아니고 오리(汚吏)와 토호(土豪)들이 그 이익을 독차지해서 백성을 괴롭히는 것을 중단시키고 이익을 얻은 자에 대해 세금을 골고루 하여 국고를 충실히 하자는 데 그 근본 목적이 있었다(이상익, 1996).

④ 장서원(掌胥院)

장서원은 국가의 서리(胥吏)를 감시 감독하는 기관이다. 조선의 역사는 왕권을 정점으로 하는 관료 세력이 백성을 상대로 수탈하는 것이 일상화된 역사였다고 할 수 있는데 그것도 왕조의 후기에 이를수록 그 정도가 극심해졌다. 그리하여 다산은 그의 개혁안에 장서원을 설치하면서 자신이 향리론에서 폐단을 경고했지만 서리들의 폐단을 시정하지 않으면 나라가 망할 형편에 이르렀으므로 특별히 이들을 감시 감독할 장서원을 설치해서 법규를 엄히 하고 감독을 철저히 한다면 대강이라도 질서를 바로잡을 수 있을 것이라 했다.

다산은『목민심서』호조에서 아전이 농간을 부리는 작태를 번질, 입본, 가집, 암류, 반백, 분석, 집신, 탄정, 세전, 요합, 사혼, 채륵 등으로 나열하면서 이러한 것은 모두 서리들의 붓끝에서 놀아나고 주판을 굴리는 대로 돌아간다고 했다. 여기에서 열거한 관리들의 농간인 열두 가지 조목은 해마다 되풀이되는 관례로서 한 톨의 곡식이라도 백성에게 나눠 준 것이 없다는 것이다. 다산은 자신이 유배지에서 10여 년을 거처하며 창고로 가는 길을 내려다보았는데 백성이 곡식섬을 받아 지고 가는 것을 보지 못했다고 말하고 있다.

장서원을 운영하는 방식에 대해 다산은 다음과 같이 언급한다. 첫째, 전지(田地)와 인구의 수를 감안하여 정원을 책정하되 큰 읍(邑)이라도 30명을 초과하지 않을 것, 둘째, 향리는 세습을 피하고 다섯 세대에 이른 다음에야 가능하게 할 것, 셋째, 향리는 친형제끼리는 함께할 수 없고 8촌 이내에는 3인을 초과할 수 없게 할 것, 넷째, 돈과 곡식을 출납하는 권한이 있는 사무는 이웃 고을 아전이 전지(轉地) 근무하게 할 것, 다섯째, 이방의 임무는 매년 변경해 12년이 지난 다음에 재임토록 할 것 등이다(經世遺表, 秋官刑曹, 全書 5). 다산은 지방행정의 쇄신을 위한 방안으로 지방의 목민관에게는 개인적인 덕성에 호소해 경제적으로 절약과 청렴을 요구하고 서리 단속은 법으로 엄하게 다뤄야 한다고 주장했다.

(3) 기구 폐지론

① 예문관(藝文館)·규장각(奎章閣)

예문관은 임금의 말씀과 명령을 초안하는 기관이다. 다산은 예문관의 업무는 홍문관(弘文館)에서도 할 수 있기 때문에 이를 혁파해야 한다고 주장한다. 이와 관련하여 다산은 다음과 같이 언급했다.

> 관직을 설치하고 직장을 분담하는 것은 국가를 이롭게 하기 위함인데 문장의 재주를 위주로 하는 청직(淸職)은 모두 세상 도리를 해치고 나라 정사를 병들게 하기에 족하며 이 관직을 가진 자에게 그 성격을 영화롭게 하고 그 자손에게 덕을 입히는 데에 불과할 뿐이지 국가에는 해가 크다(經世遺表, 春官禮曹).

규장각은 어제문자(御製文字)를 소장하는 기관이다. 다산은 역대 임금이 편찬한 서적은 이미 명산에 감춰져 있으므로 실효성이 없다는 것이다. 이와 관련하여 다산은 다음과 같이 언급했다.

> 예문관과 규장각에는 명칭만 화려하고 그 자리에 인원만 증원되어 있었지 실제로는 아무 필요 없음은 물론 비생산적인 데다 국가 예산만 낭비하므로 그런 관직들은 모두 혁파하고 실제 일을 요량해서 실속 있는 관직을 세워서 실속 있는 정사를 해야 한다(經世遺表, 春官禮曹).

임금이 관각(館閣)을 맡은 신하를 두었으므로 무릇 조정 신하로서 이 벼슬이 아닌 자는 비록 문학과 문장이 무리에서 뛰어나다고 하더라도 감히 관각에 간여하지 못하게 해야 한다고 주장했다.

② 대간(臺諫)

다산은 국가에 아무런 이익이 없고 오히려 크게 해독을 끼치는 기관으로 관각과 대간을 들었다. 그는 백성의 생활이 안정되는 것, 임금이 바르게 처신하도록 하는 것, 관료의 기강을 바로잡는 것 등 나라를 제대로 다스리려고 하면 관각과 대간 따위의 벼슬을 없애야 한다고 주장했다. 관각의 혁파에 관해서는 전술한 바이고 다산이 대간의 혁파를 주장한 것은 당시 사헌부에서 고유 업무 외에 임금에게 간할 수 있는 권한을 관장하고 있었는데 사헌부의 이 권한과, 임금에게 간하는 것을 전업으로 하던 사간원이 그 대상이었다.

다산이 대간이라는 직위, 즉 임금에게 간청할 권한을 전담하는 직제를 철폐하자는 이유는 다음과 같다. 첫째, 조선 시대의 신하들이 갖춘 능력이나 심중을 발표할 수 있는 기회를 박탈한다는 것이다. 임금이 대간이라는 신하를 두었기 때문에 무릇 조정 신하로 이 벼슬이 아닌 자는 비록 충심과 나라를 걱정하는 마음이 있다고 하더라도 한 마디의 말도 하지 못했다. 논의하는 한 마디 말도 감히 내지 못하게 되는 것을 알고 있으므로 또한 관심을 두지 않는다고 했다. 둘째, 언론의 자유가 제한되어서 올바른 의견이 제기될 수 없다는 것이다. 지금까지 몇 사람에게 언론하는 지위를 부여해서 대부분의 관료들이 "이것은 대간의 일인데" 하여 좋아하지 않는다. 이에 온 세상 사람이 입을 다물고 제 책임이 아닌 말은 하지 않으니 천하 사람의 입을 막는 것으로 이보다 더 심한 것은 없다고 했다. 셋째, 필요 없는 직위를 존치시켜 국가 예산을 낭비한다는 것이다. 이것은 앞의 관각의 폐지 이유에도 해당하는 사항인데 관각과 대간의 폐지 이유로서 재무와 병무 등의 국정을 처리하는 데 아무런 능력이 없는 자도 이 직책을 맡을 수 있다는 것이다. 그리고 관기(官紀)를 문란케 하고 인재의 진출을 막는 것이 청직(淸職)이 하는 소행이라는 것이다. 본래 청직이란 홍문관과 예문관을 일컫는 것인데 다산의 관직론에서는 관각과 대간을 한가지로 청직이라 표현하고 있다.

다산은 결과적으로 이 청직을 없앰으로써 제 직책을 다하지 않고 자리만 차지하여 녹을 먹는 것이 부끄러운 줄을 알고, 청직을 없앰으로써 하늘이 임금을 세우고 수령을 낸 것은 본디 백성을 다스리도록 한 것임을 알게 될 것이며, 청직을 없앰으로써 문벌만 숭상해 비천한 사람은 재질이 있어도 벼슬길이 막히는 악습이 쇠퇴할 것이며, 청직을 없앰으로써 자신과 뜻을 같이하는 사람은 당으로 하여 반대 편의 사람은 공격하며, 반대 편의 사람은 죄에 몰아붙이고 자기 편의 사람은 아부하고 결합하는 버릇이 없어질 것이라고 말했다.

홍문관이나 규장각 등을 폐지할 경우 그 업무는 홍문관에서 관장토록 한다고 했는데 대간의 경우에는 그 전담 기구가 없어졌기 때문에 승정원, 홍문관, 국자감, 사헌부 등도 모두 간쟁할 수 있도록 하고, 임금 앞에 출입하는 자는 간쟁하는 책임이 자신에게 있다는 것을 알게 하고 말세의 폐단을 한 번에 바로잡는 것을 그만두어서는 안 된다고 했다. 다산은 주나라 때의 예를 들면서 당시에는 삼공육관(三公六官)이 모두 간관(諫官)이었는데 별도로 한 관청을 설치하여 전적으로 간쟁을 관장토록 한 것은 한나라 때부터로 이것은 언론을 개방하기보다는 오히려 언로를 차단함으로써 더욱 좁게 한 것이라고 했다.

다산은 관료 기구의 효율적 운영을 위해 언로를 넓히고, 실무 기능이 없는 청직을 폐지할 것을 주장했다. 청직이란 시대에 따라 의미가 약간씩 달라지는 것이지만 대체로 이조 전랑직(銓郎職)과 삼사, 예문관 등의 관직을 지칭하는 것으로 이 직은 청선(淸選)을 통해서만 선발되었다. 청선에는 청망(淸望)을 거친 사류(士類)만이 참여할 수 있었고 이를 거치면 관계(官階)를 초월해 승진이 되고 고위 관직에 이르는 길이 보장되어 있는 요직이었다. 이 가운데 전랑은 홍문관 부제학 이하 유신(儒臣) 가운데에서만 선발되었으며 당하관(堂下官)의 인사권을 장악하고 이 인사권을 바탕으로 삼사의 언론 및 공론을 좌우하는 관직이었다. 전랑에 대해서는 그 직위의 독립성을 보장하기 위해 인사 이동시 현직자가 후임자를 추천하여 지목하는 자대제(自代制)가 시행되었다.

예문관의 경우에는 청선을 보장하기 위해 유림회천지규(儒林回薦之規)가 시행되고 있었다. 이는 신임 유림학사를 선출할 때 참석자 전원의 의견이 합일된 인물만을 선발하는 방식이었다. 이와같이 자대제와 한천법(翰薦法)으로 청선이 보장되고 있던 이른바 청직이 크게 붕괴된 시기는 영조대였다. 영조는 공론 및 언론에 의한 정국 운영을 거부하고 탕권을 안정시켜, 자신이 탕평의 실적을 거두기 위해 청직의 혁파를 기도했다. 영조는 이랑자대제(吏郎自代制)와 한천법을 혁파하여 위계질서의 강화, 왕권의 정점으로 하는 기강의 확립을 통해 직업적 관료제에 접근하려 했다. 그는 이러한 의도 아래 이랑자대제를 폐지하여 이랑의 권한을 제거하고 이판(吏判)이 인사권을 장악하도록 했으며 홍문관에서 차례대로 모두 추천되도록 하여 경쟁이 필요 없는 관료 기구의 일부로 만들었다.

그러나 영조대 청직 혁파 정책은 결과적으로 왕과 외척 관계로 연결된 세칭 탕평당(蕩平黨)이라는 세력의 지나친 비대화를 초래했다. 이에 대해 정조는 초야의 사림 인사들을 끌어들이기 위해 문풍(文風)의 진작을 강조하면서 청요직 재건 정책을 꾀했다. 그러나 정조의 청요직 재건 정책은 영조 이전의 상태로 돌아가는 것은 아니어서 이랑자대제는 회복된 후 정조 득의(得意)의 탕평이 실시되고 정권이 안정되자 다시 혁파되었으며 한천법의 복구 주장은 받아들여지지 않았다. 정조는 그 대신 사림 세력을 대변하고 공론만을 주장하는 청직이 아니라 왕의 측근에서 왕권 강화를 위한 이론적 기반을 마련해 줄 수 있는 고문기관 내지 학술기관의 설립을 꾀해 규장각을 설치함으로써 새로운 성격의 청요직을 수립했다. 규장각은 왕과 밀접하게 연결되었으며 그는 규장각과 초계문신제(抄啓文臣制)를 통해 자신의 친위 세력이 될 수 있는 인재를 계속 양성하려 했다. 그러나 정조 사후에 규장각은 열성어제(列聖御製)를 봉안하는 명목상의 기능만을 수행하게 되었고 정국은 외척에 장악되었다(안외순, 2001).

다산은 국정에 관계된 실무의 올바른 이행을 관료 기구의 기능 중 첫째로 생각했다. 그는 "왕자(王者)가 관직을 설치해서 국정을 분담시킨 것은 하늘의 일을 대리하는 것이다. 삼공육경 이하 모든 관리는 군덕을 돕고 기강을 세우며 예악(禮樂)·형정(刑政)·갑병(甲兵)에 이르기까지 모든 마음을 다해야 한다"고 하여 관리들은 국정에 관계된 모든 일에 힘써야 할 것을 규정했다. 다산은 이른바 청직이 실무에 대해서는 아무 기능도 하지 못하면서 문사(文詞)에 재주나 부리며 당론의 온상이 됨을 비판하고 그 폐지를 주장했다. 즉 재부(財賦), 군사(軍事), 옥송(獄訟) 등 실무 관직에 대해 밝지 못하고 문학이 뛰어나지도 못하며 언관의 기능도 발휘하지 못하면서 백성과 국가에는 오히려 해가 되고 오로지 신하 개인의 영달에만 약간의 도움이 되는 청직은 관료 기구 운영의 정상화를 위해 반드시 폐지해야 한다는 주장이다. 청직 폐지와 관련해 다산은 규장각의 폐지와 초계문신제의 혁파를 주장했다. 그는 열성어제를 봉안하고 일성록을 담당하는 규장각의 기능이 다른 관아의 기능과 중복되는 경우가 많고 소장된 서적도 홍문관과 특별히 다른 것이 아니므로 규장각을 별도로 세워 또 다른 청직을 마련할 필요가 없다고 했다(經世遺表, 春官禮曹, 弘文館).

다산 자신도 초계문신 출신이며 규장각에서 여러 차례 일했고 규장각 월과(月課)에서 보인 문재를 통해 정조의 총애를 받았던 인물이다. 또 처음 유림회권(儒林會圈)에서 약간의 문제는 있었으나 예문관 검열, 사간원 정언, 사헌부 지평 등 청직과 언관직을 두루 지냈다. 이러한 관직 경로를 경험한 그가 규장각을 혁파하고 청직과 초계문신제를 폐지할 것을 주장한 것은 당시 정국의 변화 및 다산의 개인적 경험과 밀접한 관련이 있다. 즉 영조대 청요직을 폐지한 것이나 정조대왕과 근밀한 청요직을 설치한 것은 각각 그 기반이 된 집단의 성격이나 왕권과의 연계 형태는 달랐지만 모두 관료 가운데 특정한 집단과 왕이 사적으로 연결되어 정치가 운영된 것이었다. 세도정치 역시 왕과 특정 세력 집단 간의 사적인 연결 관계가 극단화된 것이라 할 수 있다.

이같이 왕이 관료 가운데 특정 집단과 사적으로 연결되어 성립된 정권이나 그 정권에 의해 추진된 정책은 왕의 죽음과 함께 붕괴될 수 밖에 없는 것이었다. 따라서 국가의 지속성 있는 정책은 기대할 수 없었다. 그러므로 다산은 척족(戚族)에 의해 정치가 좌우되는 것을 반대했으며 이에 못지않게 왕과 관료 기구 사이에도 서로 일정한 거리가 유지되는 정치 구조를 이상으로 생각했다. 즉 왕권이나 외척 세력, 특정 당파 등의 사적 영향력을 완전히 배제한 독자적인 관료 체제의 확립이 국정을 올바르게 운영하는 데 필수적인 것이라고 인식했다.

(4) 체제정비론

① 궁부일체론과 관료 체제 정비

다산은 군주의 지위를 전국적인 질서 체계의 정점에 서 있는 절대적인 것으로 상정하고 왕권 강화의 입장을 표방했다. 그러나 그의 입장은 단순히 절대왕권을 추구한 것이 아니며 영·정조대 탕평 정책에서 추진되었던 왕권 강화책과도 일정한 거리가 있는 것이었다. 여기에서는 『경세유표』에서 구상하고 있는 관료 기구의 조직 체계를 검토해 군왕과 관료 기구의 관계, 왕권의 행사 경로 등을 알아보고, 다산이 상정했던 실질적인 권력의 주체는 어떠했는가에 대해 확인하려 한다.

대전 체제(大典體制)는 국왕을 정점으로 하고 의정부와 육조가 기본 골격을 이루고 있다. 그러나 일반 행정기구 이외에 왕명 출납 기구인 승정원과 언론을 담당하는 대간 등 정치적 비중이 큰 기구와 군영

아문들은 병렬적으로 국왕에게 직속되어 있었다. 행정 기구인 육조의 경우에도 체계상 의정부에 예속된 것은 아니었으며 직계권을 가지고 의정부와 관계없이 국왕에게 직속되어 있었다. 이 같은 체제는 관료 기구 사이의 상호 견제에는 유리했지만 일원적이고 능률적인 행정 체제의 운영에는 불리한 것이었다. 따라서 왕권과 신권의 상호 관계가 변함에 따라 군권이 전제적으로 행사될 가능성도 있었고 반면 왕과 사적 관계에 있는 인물이 군영을 장악하는 등 요직을 독점하고 정권을 단속할 여지도 있는 것이었다.

한편『경세유표』에서 구상된 관료 기구의 구성은 기존 아문들이 모두 육조 체제 속에 재배치되어 있다. 이는 모든 관원은 육관에 예속되고 오직 삼공만이 육관의 위에 있다는『주례』의 원칙에 따른 것으로 왕을 정점으로 하고 의정부를 통해 권력이 일원적으로 행사되도록 하여 행정의 본체인 육조를 중심으로 하는 관료 체제를 강화시키려는 것이다(經世遺表, 天官吏曹). 절대왕정을 표방하는 정치 체제에서 관료 기구의 강화는 일반적으로 왕권의 강화와 직결된다. 특히 언론을 담당하는 대간까지 행정 체제 속에 포함되어 특별한 지위를 상실한 것은 왕권의 강화를 위해 관료 기구의 강화를 꾀한 것으로 해석될 수 있다. 그러나 다산이 구상한 관료 체제는 왕권의 절대성을 무조건 보장하는 것과는 거리가 있다. 그러한 측면이 가장 두드러지게 나타나는 예로서 승정원과 군영아문, 왕실 관련 아문들의 재배치를 들 수 있다. 당시 승정원은 왕명의 출납을 관장하는 국가 최대의 기밀기관이었다. 승지는 국정에 관한 일을 직접 상주할 수 있었고 관리의 고과에도 간여할 수 있었다. 또 비변사에도 참여해 국정의 결정에 깊이 관계했다.

이같이 정치적으로 중요한 역할을 하던 승정원을 다산은 이조에 예속시키고자 했다. 이는 명령 전달 체계가 행정 기구에 부속되어 의사결정 통로가 일원화됨을 의미하는 것이다. 즉 행정 체제 이외에 어떠한 정치 기구의 존재도 부인함으로써 왕명의 전달과 집행 모두가 관료 기구를 통해서만 이루어지도록 한 것으로 절대왕권에 대해 제약적 성격을 갖는 것이라 하겠다. 군영 아문의 경우, 다산은 이름만 남아 있던 5위를 3위로 재정비하고 금군청(禁軍廳) 장졸들을 여기에 분속시켜 왕궁의 경비를 담당케 하고자 했으며 이 3위의 도총관(都摠管)은 병조판서가 겸직하게 했다. 또 중앙군에 해당하는 5군영을 3군영으로 재편성하여 도성 수비를 맡기고자 했으며 이 3군영의 대장 역시 병판이 겸임하도록 했다. 즉 친위 군영과 도성 수비군 등 중앙군의 지휘권을 모두 병판이 장악하도록 한 것이다. 이는 권력의 실질적 행사를 보장해 주는 물리력 또한 관료 기구가 장악하게 하는 조치로서 왕권의 절대화 및 왕과 사적 관계에 있는 인물에 의한 정권의 전단을 원천적으로 봉쇄하려는 의도가 내재된 것이다(조성을, 1993).

육조 소속 아문들이 재배치된 내역을 보면 대전 체제에서 호조와 예조에 분속되어 있던 왕실 관련 업무 담당 아문들이 모두 이조에 집중되었다. 그 결과 이조는 인사 담당 기구라는 고유 업무 이외에 왕실에 관계된 제반 업무를 총괄하게 되었다. 다산은 이에 대해 "주례 천관(이조)의 본디 직분은 왕실의 일을 관장하는 것"이라 하면서 궁부일체론(宮府一體論)을 근거로 내세웠다.

궁부일체론은 궁중(宮中)과 부중(府中), 즉 왕실과 행정 기구가 하나로 통일되어 운영되어야 한다는 주장이다. 국왕이 국가의 경제력이나 물리력을 사적으로 소유함을 배제하고 왕과 사적 관계에 있는 세력이 정치적 영향력을 행사하는 것을 거부하는 것이 요체인 정치 이념이다. 결국 왕을 공권력의 대표적 존재로 내세우되, 실권은 관료집단과 행정 기구가 장악하여 정국을 운영하려는 입장이다. 정치개혁기에 공권력을 확보하고 중앙집권적이며 일원적인 행정 체제와 정치 질서를 이루기 위해 표면상 군주의 절대성을 부각시키되 실질적으로는 권력이 자의적으로 행사됨을 막고 권력이 공적 기구를 통해 행사되도록 하려는 사상가들의 공통적인 주장이기도 하다. 조선의 경우 정도전

(鄭道傳)의 가신이 중심인 정치체제론, 이익(李瀷)의 의정부 기능 복구론 등은 그 입장이나 개혁 대상은 차이가 있으나 모두 왕권의 절대화나 왕과 사적으로 연결된 세력에 의한 정치의 전횡을 반대하고 있다. 다산이 주장한 육조 체제의 강화나 궁부일체론의 의미도 같은 맥락으로 파악할 수 있다. 즉 국왕과 사적으로 연결된 외척 세력이 권력을 장악하고 정치를 전횡하는 상황에서 공권력 회복을 위해 명목상 왕권의 절대성을 강조하지만 실제로는 관료 기구를 통해서만 권력이 행사될 수 있도록 하여 관료 기구가 국가 권력의 실질적 주체가 되도록 하려는 것이었다.

② 의정부의 기능 회복

의정부는 국가의 최고 정무기관이지만 이러한 규정은 의정부 재상이 행정의 중심임을 형식상 표방하는 것일 뿐 소관 사무의 경중을 참작해 직접 처리하거나 상급 관청으로서 각 조의 사무 집행을 감독하는 등 실질적인 기능이 명확하게 규정되어 있는 것은 아니었다. 실제로 의정부가 권력 관계에서 차지하는 비중은 크지 않았으며 상황에 따라 유명무실할 수도 있었다. 의정부는 비변사가 설립되어 군국기무를 장악하자 위축되어 갔고 임진란을 거치면서 비변사의 권한이 강화되자 더욱 명목만 남게 되었다. 비변사는 중종대에 설립되었으며 임진·병자란 후 그 편제와 기능이 계속 확대되어 국가의 모든 정령을 주관하게 되었다. 정조 19년(1795)까지의 경과를 보면 공조를 제외한 오조의 판서, 5영대장, 4도유수(都留守), 대제학 등이 제조를 겸임하고 있었다. 그 결과 의정부와 육조는 모두 정무 기구와 행정 실무 기구라는 각자의 고유한 기능을 잃게 되었으며 행정의 명령 계통은 서지 않고 각 조의 전문성과 독립성은 사라지게 되었다. 이러한 폐단에 대해서는 비판이 계속되어 폐지 요구가 끊이지 않았으나 비변사는 계속 확대되기만 했다.

다산은 의정부의 업무에 대해 구체적으로 설명하지는 않았지만 『경세유표』의 전체 내용을 보면 정2품 이상 고위 관직자에 대한 인사권 행사가 의정부 업무 가운데 가장 중요한 것으로 규정되어 있음을 알 수 있다. 즉 의정부가 중추부(中樞府)의 영사(領事)와 판사(判事)를 비롯해 육조의 판서와 참판, 한성판윤과 각 사의 제조 등에 대한 고적(考績)을 담당하도록 한 것이다. 이같이 의정부의 권한을 강화하는 한편 다산은 비변사를 혁파할 것과 중추부를 실직화할 것을 주장했다. 중추부는 원래 일정한 직장이 없으며 소임이 없는 문무당상관을 우대하기 위한 정1품아문이었다(강석화, 1989: 210). 그러므로 중추부에서 변무를 총괄하는 것이 올바른 것이라고 생각했지만 다산은 중추부가 변무 담임을 구실로 다시 비변사처럼 권한이 커질 것을 방지하려 했다. 인적 구성상 중추부의 영사와 판사는 원임대신(原任大臣)만으로 충당하고 지사와 동화사는 육조판서 등 주요 관직의 우두머리가 겸임할 수 없게 했으며 군국기무에 관한 중요 사항을 논의할 경우 의정부 삼공이 그 회의를 주관하도록 함으로써 중추부의 독자적 운영을 차단했다. 즉 행정 운영부서와 변무 담당부서를 구분해 운영하되 인적 구성이나 실제 운영상 행정부서가 군무부서보다 우위에 서도록 하려는 것이었다. 이와같이 의정부의 편제를 개편해 여타 기구의 우위에 위치하도록 하고, 고위 관직에 대한 인사권을 장악하도록 하며, 군국기무에 대해서도 최종결정권을 갖도록 하려는 다산의 구상은 비변사라는 다수합의제 기구에 의해 장악된 정무 기능을 복구시켜 의정부를 국정의 최고 기구로 강화시키며 의정부 이하의 행정 체제를 일원화시키려 한 것이다.

2) 기구개편의 지향점

지금까지 살펴본 다산의 기구개편론에서 몇 가지 지향점을 찾을 수 있다. 첫째, 다산의 관료제 기구개편의 목적이 무엇인가에 대한 점이다. 즉 다산의 관료제 기구개편의 방향이 과거보다 더욱 왕권을 강화하기 위한 것인지 아니면 오히려 백성의 권력을 회복하기 위한 것인지에 대한 논의가 있을 수 있으나 이는 다산의 다음 논의를 살펴보면 알 수 있다.

> 통치자(牧)가 백성(民)을 위해 존재하는가? 백성이 통치자를 위해 존재하는가? …… 통치자가 백성을 위해 존재한다(與猶堂全書, 原牧).

물론 다산이 가진 백성 중심의 사고 방식이 서구 사회에서의 민주주의(民主主義)를 의미한다기보다는 백성이 국가 운영의 기반이며 효율적 통치의 수단이라고 보았기 때문에 민본주의(民本主義)의 성격에 가깝다고 볼 수 있지만 백성이 정치 권력의 중요한 변수임을 인식하고 있었다.[2] 이러한 점에서 관료제 기구의 개편은 왕권 강화를 위한 것이 아니며 오히려 왕권을 적절하게 통제하고 자의적인 권력 행사를 방지함으로써 백성의 삶을 편안하게 하는 데에 중점을 두었다(안외순, 2001: 73-74). 권력 기반으로서의 백성에 대한 중요성은 다산의 주요 저서인 『탕론』에서도 드러난다. 다산은 『탕론』에서 “탕(湯)이 걸(桀)을 쫓아낸 것이 옳은 일인가? 신하로서 임금을 쳤는데도 이것이 정당한가?”라는 문제를 제기하고 이에 대해 자신의 견해를 밝혔다. 그는 최고통치자가 역할을 제대로 수행하지 못했을 때 통치권을 박탈하는 것은 정당하다고 주장했다. 그의 이러한 시각은 최고통치자가 그 자체로 의미 있는 것이 아니라 백성을 위해 존재할 때만 의미 있다는 점을 확실히 보여 주고 있다(장승희, 2002: 85).

둘째, 기구개편론에서 다산이 근본적으로 생각한 조직 원리는 계층

2) 다산은 통치 권력의 기원에 대해 권력의 정당한 기원이 백성들 간의 합의와 추대를 통해 탄생되는 것이고 백성들은 계약 형태를 통해 권력자를 탄생시킨다고 보았다(이상익, 1996: 15). 이러한 점에서 일부 학자들은 다산의 사상이 근대 서양의 사회계약론과 유사한 것이라고 평가하기도 한다(정윤재, 1999: 100).

제의 원리라고 볼 수 있다. 즉 『경세유표』 천관이조(天官吏曹) 편에서 행정조직의 편성에서 위는 적고 아래는 많은 인력을 배치해야 한다는 순리를 주장했다. 즉 높은 관직이 적고 낮은 관직이 많은 것이 천지의 법칙인데 조선의 관료제는 오히려 그 반대가 되어 천지의 법칙을 어기고 있다고 비판했다. 따라서 다산은 행정계층제의 조직 구조는 정상적인 피라미드형이어야 행정의 능률과 기강을 바로잡을 수 있다고 생각했다. 다산이 주장하는 계층제의 원리는 단순히 구조론적 시각에서 조직의 표면적 모습보다는 권력이 질적인 면에서 효율적으로 배분되어야 함을 언급한 것에 가깝다. 왕과 관료 간의 언로를 차단하는 중간조직의 권력이 비대화되어 있는 것은 계층제의 원리에 벗어나는 것이므로 이러한 구조가 관료제의 정상적 기능을 방해한다는 주장도 이를 뒷받침한다. 관급의 조정을 주장하는 부분에서도 계층제적 원리가 통용되는데 그는 『경세유표』 천관이조 편에서 현재의 36개로 세분되어 있는 관직의 계급을 11개 단계로 대폭 축소할 것을 주장했다. 즉 계급을 9품으로 한정하고 정·종의 구별은 없애되, 오직 1·2품에만 정·종의 구별이 있도록 하여 총 11계급으로 축소할 것을 주장했다. 그 이유는 지나치게 많은 계층이 민을 위한 행정 및 관리에 역기능을 하고 있다는 인식을 바탕으로 한다(조윤선, 1997).

셋째, 기구 폐지를 주장하는 대상이 주로 왕의 언로를 차단하는 형식적 기구나 백성의 삶을 피폐하게 만드는 기구였다는 점에서 조직 내부의 민주성에 중점을 두었음을 알 수 있다. 다산의 기구 폐지론에서 특히 주목할 사실은 관각과 대간 제도의 폐지에 관한 주장이다. 즉 홍문관, 예문관의 기능을 통합하여 일원화해야 한다는 주장과 사헌부의 기능 중 간쟁의 기능과 사간원의 폐지에 관한 주장이다. 관각의 일원화는 행정의 효율성이라는 이념에 일치되는 주장이라 하더라도, 사헌부와 사간원이 가지는 간쟁 권한의 폐지를 주장한 점에서는 의외라고 할 수 있다. 그러나 다산은 사헌부의 경우는 그의 고유 기능, 즉 관리의 비행을 조사하고 그 책임을 규탄하며 기강을 바르게 하는 일 외에 임금에게 간청할 수 있는 권한만을 대상으로 논하고 있다. 폐지 주장의 논거는 언론의 개방을 위해 만들어 놓은 제도가 오히려 언론의 자유를 제한하고 있으며, 간쟁의 기능을 특정 기관만으로 한정해 실제의 업무 담당부서의 의견 개방을 막고, 재무 및 국방 등 국가 전문 업무의 처리에 능력이 없는 문외한들이 간쟁만을 하게 되므로 관기를 문란케 하고 인재의 진출을 막는다는 논거를 제시하고 있다. 이에 대한 정책 대안으로 다산은 간쟁의 권한을 승정원, 홍문관, 국자감, 사헌부 등에도 부여해 임금 앞에 출입하는 모든 사람이 간쟁의 책임이 있다는 책임 의식을 제도화하고자 했다. 즉 다산은 통치자와 실제 업무 담당 부서 및 자문기관과의 언로를 개방함으로써 간쟁기관과 업무 담당기관 간의 제도적 구분을 폐지하고자 했다. 일반적으로 제도 자체를 놓고 조선 시대의 정책결정 과정을 분석해 보면 관각과 대간은 매우 훌륭한 제도로 평가받고 있는 것이 사실이다. 그러나 다산이 관직론에서 분석하고 있는 실제의 운영 상황을 보면 국가 통치 및 중요한 정책결정에 합리적인 정책 대안을 제시하고 비판하는 기관의 역할보다는 당쟁을 위한 간쟁기관으로 전락해 왔다는 것을 엿볼 수 있다. 이러한 현실 분석을 바탕으로 개혁안을 주창하고 있음이 여기서도 증명된다(강대섭, 1994: 188).

다산의 조직개혁론에서 특이할 만한 것은 백성에 대한 관료들의 수탈을 방지하기 위한 행정 내부감사기관의 신설 주장이다. 다산은 『향리론(鄕吏論)』, 『목민심서』 호조곡부 등에서 아전들이 백성을 수탈하는 작태를 상세히 열거하고, 이들의 수탈을 방지하지 못하면 나라가 망할 것을 경고하고 있다. 따라서 이들의 감시 감독을 위한 기관으로 장서원을 설치하여 지방행정의 통제를 철저히 할 것을 주장했다. 물론 현대의 관료 조직에서는 내부 감사 기능을 위한 직제 마련은 보편적인 것이나 당시로서는 다산의 이러한 제안은 국정 쇄신을 위한 획기적인 제안이었다.

넷째, 기구개편의 또 다른 목적은 매우 실용적 측면이라 할 수 있는 국가 발전, 부국강병, 이용후생에 있었다. 즉 과학기술이 발달하지 못하면 부강한 나라가 될 수 없으며, 경제적으로 잘살 수 있는 나라가 되지 못하고, 국력이 쇠약하여 외세의 치욕을 당할 수밖에 없다고 단정하고 있다. 따라서 선진 과학기술을 도입하기 위한 직제, 즉 이용감의 신설을 주장했으며, 가옥의 구조를 통제하기 위한 전도사를, 또 운송 수단의 원활화를 위한 행정 전담 기구로서 전궤사의 신설을 주장했다. 다산이 주장한 행정 조직관리의 외형상의 목표는 행정의 간소화이다. 행정의 간소화를 통해 그가 실현하려고 한 것은 현대 행정용어로 말하면 능률성, 효과성 같은 현실적이고 실용적 목표이다(백철현, 2002).

앞서 살펴보았듯이 다산은 관료 기구개편 논의를 통해 국부를 증진하고 여기에서 발생하는 편익이 백성에게 주어지는 뚜렷한 전략적 목표를 가져야 한다고 주장했다(오창택, 2002). 반면에 기존의 왕의 활동을 기록하고 보관해 단순히 왕을 보좌하는 기구, 즉 단순히 왕의 권력을 유지하고 보좌하기 위한 기구들은 철저하게 혁파해야 할 것을 역설했다.[3] 또한 다산은 왕이 아닌 백성을 지향하는 조직의 전략 목표에 기반해 기구의 신설 및 정비를 주장하고 기존 기득권을 보호하는 권력 기구의 폐지를 요구함과 동시에 이러한 기구들이 모두 규격화에 기반한 효율성을 지향해야 한다고 주장했다. 결국 다산의 조직 기구개편의 기준은 "외적으로 백성을 지향하는 조직 목표와 내적으로 합리적인 왕권 통제에 기반한 운영 방식"을 결합한 것이었다.

---

3) 물론 배병삼(1996: 343)의 경우에는 다산이 '개방지상주의적 독재자'인 요순의 역할 모델에 중점을 두었음을 강조하면서 그가 왕권의 강화에 개혁의 초점을 두었다고 언급하지만 이는 일관되게 백성을 중심으로 한 다산의 지배적 사고를 반영하는 주장이라고 보기는 어렵다.

4 해석과 시사점

지금까지 살펴본 다산의 기구개편론을 정리하면 다음과 같다.

첫째, 다산의 기구개편론의 중심은 왕권 통제와 대민을 위한 조직개편에 있었다. 즉 다산은 군주의 지위를 전국적인 질서 체제의 정점에서 있는 절대적인 것으로 상정하고 왕권 강화의 입장을 표방했다. 그러나 그의 입장은 단순히 절대왕권을 추구한 것은 아니며 영·정조대 탕평 정책에서 추진되었던 왕권 강화책과도 일정한 거리가 있다. 오히려 『경세유표』에서 구상한 관료 기구의 조직 체계를 검토하면 관료 기구의 강화를 통해 오히려 왕권을 적절하게 통제하는 데 목적이 있음을 알 수 있다.

둘째, 기존의 대전 체제(大典體制)에서의 관료 기구 체계와 『경세유표』에서의 관료 기구 체계는 조직개편의 방향이 상이하다. 대전 체제는 국왕을 정점으로 의정부와 육조가 기본 골격을 이루고 있다. 그러나 일반 행정기구 이외에 왕명 출납 기구인 승정원과 군영아문(軍營衙門)은 병렬적으로 국왕에게 직속되어 있었다. 행정 기구인 육조의 경우에도 체계상 의정부에 예속된 것은 아니었으며 직계권(直啓權)을 갖고 의정부와 관계없이 국왕에게 직속되어 있었다. 이 같은 체제는 관료 기구 사이의 상호 견제에는 유리했지만 일원적인 행정 체제의 운영에는 불리한 것이었다. 특히 왕과 사적 관계에 있는 인물이 군영을 장악하는 등 요직을 독점할 수 있는 여지도 있었다.

반면에 『경세유표』에서 구상된 관리 기구를 살펴보면 기존 아문들이 모두 육조 체제 속에 재배치되어 있다. 이는 의정부를 통해 권력이 일원적으로 행사되도록 하여 행정의 본체인 육조를 중심으로 하는 관료 체제를 강화시키려는 것이다. 단적인 예로 당시 최고 권력기관이면서 왕명 출납을 관장하던 승정원도 이조에 예속시킬 것을 구상했다.

이는 행정 체제 이외에 다른 정치 기구의 존재를 부인하여 왕명의 전달과 집행 모두가 관료 기구를 통해서만 이루어지도록 한 것으로 절대왕권에 대해 제약적 성격을 갖는 것이다. 또한 사병(私兵)처럼 간주되어 온 친위 군영과 도성 수비군 등 중앙군의 지휘권을 모두 병조판서가 장악하도록 구상했다. 이는 권력의 실질적 행사를 보장해 주는 물리력 또한 관료 기구가 장악케 하는 조치로 왕권의 절대화 및 왕과 사적 관계에 있는 인물에 의한 정권의 전단을 원천적으로 봉쇄하려는 의도가 내재되어 있다. 결국 다산의 조직관은 어떠한 방향의 기구개편이든지 그 조직의 목적은 왕이나 왕의 언로를 차단하는 사적 집단을 위한 것이 아니라 왕을 충실히 견제할 수 있는 행정 체제와 이를 통한 백성들에게 있음을 알 수 있다.

셋째, 관료 기구의 개편을 주장했는데 이는 그의 조직관이 도구적 측면에 있음을 알 수 있다. 즉 관료 기구의 모습이 어떠하든지 관계없이 그 조직의 목적은 국가의 효율성과 국부를 증진하고 왕권을 적절하게 통제하는 데 있다. 당시 대부분의 관제 개편안은 국가 경비의 절감이라는 모토 아래 관서의 폐지 내지 축소, 인원의 감축을 위주로 하고 있었다. 반면에 다산은 관서를 무조건 줄이는 것은 피해를 백성에게 돌리는 결과를 초래한다고 주장하며 오히려 관료 기구의 확대와 축소의 이분법적 논의가 중요한 것이 아니라 존폐의 여부가 왕이 아닌 백성을 중심으로 판단되어야 한다고 강조했다. 특히 이 중에서 통치 질서의 확립과 사회 통제를 담당하는 형조의 확대, 백성을 위하고 국부를 증진하기 위한 기구의 신설 및 확대—이용감(利用監)—등이 이에 해당된다.

물론 이 장에서 제시하는 조직관은 역사적인 고찰이기 때문에 당시 다산이 가졌던 조직관을 이해하는 데 필요한 정보를 제공하는 데에 주안점을 두고 있다. 따라서 현재 정부 모습을 구체적으로 어떻게 설계해야 될지를 논의하는 데 충분한 대안적 함의를 제시하지 못한다는 한계를 지니고 있다. 이러한 한계점에도 불구하고 이 글은 우리의 역사적 인물을 통해 당시의 관직 생활에 대한 실제적 경험과 이를 토대로 한 저술에서 드러난 행정관을 어느 정도 살펴보았다는 점으로도 나름의 의의가 있다. 더욱이 서구 지향적인 학문적 풍토를 감안할 때 이러한 작업은 한국 행정학의 토착화 측면에서도 매우 중요하다. 서구 특히 미국을 주요 매체로 하여 도입된 한국의 행정학이 아직도 한국의 풍토에 접목해 충분한 내실화를 거두지 못하고 있는 실정에서 피상적이나마 200여 년 전에 우리의 행정 현실을 고민하고 이에 대한 대안을 모색하고자 했던 한 관료의 저술을 고찰해 보는 것은 토착화의 출발점을 달리한다는 점에서 의의가 있다. 다산 외에도 다양한 사적 고찰을 통해 향후 좀 더 체계적이고 심층적인 내용 고찰과 비교론적 연구가 활성화되어야 할 것이다.

참고 문헌

강대섭(1994). 다산의 관료제개혁론에 관한 연구. 경상대 대학원 박사학위 논문.

강석화(1989). 정약용의 관제개혁안 연구. 『한국사론』, 21: 175-236.

곽효문(1995). 정약용의 복지 이념에 관한 연구. 『한국행정사학지』, 4: 105-127.

곽효문(1997). 정약용의 인간행정개혁론. 『한국행정사학지』, 5: 219-241.

배병삼(1996). 조선 후기 개혁사상의 고찰: 정조와 정약용을 중심으로. 『한국정치학회보』, 320-346.

백철현(2002). 정약용의 민권의식과 민본주의론으로의 이행 가능성에 관한 연구. 『한국행정사학지』, 12: 1-25.

안외순(2001). 다산 정약용의 정치권력론의 성격. 『동방학』, 7: 59-95.

오세철 · 박상언 역(1994). 『조직사회학』, 서울: 현상과인식.

오창택(2002). 정약용의 민본행정 사상에 관한 연구. 『한국행정사학지』, 11: 141-168.

이상익(1996). 정약용의 사회사상의 새로운 지평. 『철학』, 5-32.
이을호(1986). 정약용의 행정사상. 『한국학보』, 12(4): 242-245.
장승희(2002). 다산 정약용의 공직윤리 연구. 『동양철학연구』, 30: 77-103.
정약용(다산연구회 역)(1993). 『역주 목민심서』 1~6. 서울: 창작과비평사.
정약용(이익성 역)(1997). 『경세유표』 Ⅰ~Ⅲ. 서울: 한길사.
정윤재(1999). 정약용의 자작적(自作的) 인간관과 왕정개혁론: 조선 후기 정치 권력의 공공성 문제와 관련하여. 『한국정치학회보』, 33(4): 83-104.
조윤선(1997). 정약용의 사회개혁 방법론: 법치적 관점에서. 『사총』, 46: 87-111.
조성을(1993). 정약용의 지방제도 개혁론. 『동방학지』, 77, 78, 79, 567-585.
조성을(2002). 정약용의 형정관. 『학림』, 23: 1-20.
최창현 역(1993). 『행정조직이론』. 서울: 대영문화사.

제3장 인사관리

송하중 · 김태영

1 서 론

다산(茶山) 정약용(丁若鏞)의 개혁론(改革論)은 조선 후기와 오늘날의 현실 사이에 존재하는 차이 때문에 직접적인 교훈을 얻기에는 미흡하지만 개혁론을 뒷받침하고 있는 비판 정신과 전인적(全人的) 인간관(人間觀)은 오늘날의 행정을 이해하고 발전시켜 나가야 할 지표를 설정해 줄 수 있는 중요한 단서가 될 수 있다. 예컨대, 다산이 주장한 인사행정 분야의 개혁 역시 현대 행정이 고민하는 문제에 대한 나름대로의 시사점을 제시할 수 있다고 본다.

다산은 당대의 사회적 위기에 대한 해결책을 제시하면서 인사 제도의 문제를 당시의 사회가 안고 있던 사회 구조의 모순으로 파악하고, 인사개혁을 통해 다른 사회 문제를 해결하고자 했다. 다시 말해, 다산의 인사개혁론은 인사 제도의 개혁을 통해 사회 제도라는 상부구조의 개혁까지도 시도했다는 점에서 그 토대와 상부 구조 사이의 변증법적 종합에 대한 인식을 기반으로 하는 것이었다. 다산의 저서 중 『경세유표(經世遺表)』는 국가 전반적인 제도개혁을 다루고 있으며, 인사행정과 관련된 대부분의 내용도 이곳에 기술되어 있다. 『목민심서(牧民心書)』의 경우 지방정부 수준의 인사행정 및 일선 실무자에 대한 것이 기록되어 있으며, 일선 공무원의 몸가짐, 청렴과 부패 방지, 대민 관계

등에 대한 내용들은 『목민심서』에 잘 정리되어 있다.

이 장에서는 『경세유표』와 『목민심서』에 나타난 다산의 인사행정 개혁 방안들을 살펴보고, 현대 우리나라 인사행정에 어떠한 시사점을 제시할 수 있는지 살펴보도록 하자.

2 조선 후기의 인사행정 실태

조선 후기는 근대 사회로 나아가는 과도기적 시대 상황으로, 세도정치와 정치 체제의 문란으로 민생의 고통은 형언할 수 없을 정도였다. 또한 중앙과 지방의 관원들은 부정부패에 휩싸여 있었다. 이로 인해 음직과 남행과 같은 비정기적인 방법을 통해 관직에 진입한 자의 수가 많아지면서 만성적 인사 적체에 시달리게 되었다. 이러한 현상은 직급이 높아질수록 더 심해서, 정2품 이상의 정원은 10여 자리밖에 되지 않았다. 따라서 조선 왕조는 관직의 수를 제한할 필요가 있었고, 또한 신분상·지역상 등의 이유로 관직 진출의 기회를 제한했다(김춘식, 2000: 191).

조선 시대에는 신분 계층에 따라 관계(官階)·관직(官職)으로 나가는 길이 달랐으며, 고관의 자제에게는 관계·관직을 획득하고 승진하는 데 특전을 인정했다는 점에서 가문(家門)의 우열에 따른 차별이 있었다. 한편 조선 시대의 관료는 양반 이외에 종친(宗親), 중인(中人), 양인(良人)도 될 수 있었다. 그러나 신분과 적서차별(嫡庶差別)이 있어서 당상관은 종친과 양반 이외에는 되기가 어려웠다. 조선 후기에 접어들수록 차츰 관계와 관직은 분리되어 갔다. 또한 관원(官員), 관직, 관계 사이의 괴리를 완화하기 위해 행수법(行守法)이 시행되었다. 각 관직에는 소정의 품계가 정해져 있는 것이 원칙이었으나 예외로 행(行)이라 하여 품계가 높은 사람을 낮은 관직에 임용하거나, 또는 수(守)라 하여 품계가 낮은 사람을 높은 관직에 임용하는 경우도 있었다. 이러한 행수법은 관계와 관원의 괴리를 낳는 행태를 보이기도 하여 지배층의 불만을 야기했다.

조선 후기 관직 등용의 부정부패는 18세기 이후 당쟁의 격화로 인한 정치사회적 혼란과 함께 증폭되었고, 세도정치에 따른 관기 문란과 매관매직(賣官賣職)의 풍조에 편승해 19세기 이후 그 문란상이 더욱 극심했다. 일반적으로 과거 급제자의 적체가 큰 사회 문제로 대두된 조선 후기에 수령직의 상당 부분이 음관(蔭官)에 의해 점유되었다. 19세기에는 외방 거주자보다 서울에 거주하는 자가 크게 증가해 서울에 거주하는 자들이 수령직을 독점해 갔다. 이 밖에도 조선 시대의 인사제도 자체의 구조적 문제와 관료들을 통제하기 위한 통제 기제의 미비는 당시 인사를 공정하게 행할 수 없는 원인이 되었다.

3 다산의 인사행정 개혁

1) 행정조직의 개혁

조선 시대의 관직 분류 체계를 살펴보면, 고려 시대 이래 조선 말까지 계급 제도를 적용해 9품(品)으로 나누고, 각 품을 정종(正從) 2품으로 나누어 모두 18관계(官階)를 이루었다. 그리고 여기에 추구해서 품계마다 상·하위(上·下位)의 구별을 두어 문·무(文·武) 관료는 36단계로 세분된 계서(階序)에 속하게 되었다. 이와 같은 관료 체제의 확립은 고려 말부터 내려오던 다양한 명목상의 명예직(名譽職)이나 대우직(待遇職)을 정리하면서 이루어진 것이었다(장동희, 2003: 5).

> 생각건대, 관계(官階)는 9품(品)으로 한정하고 정(正)·종(從)의 구별은 없이 하되, 오직 1품과 2품에만 정·종이 있도록 함이 마땅하다. 이러므로 3품 이상은 대부(大夫)가 되며, 4품 이하는 정사(正士)로 한다. 즉 4품·5품은 상사(上士)이고, 6품·7품은 중사(中士)이며, 8품·9품은

하사(下士)가 되는 것이다. 그런즉 정랑은 본래 5품이었으나 지금은 4품 상사로 만들고, 좌랑은 본래 6품이니 중사이다(經世遺表, 天官吏曹).

다산은 이러한 조선 시대의 관직 분류 체제에 대해 종래의 품급(品級)은 정·종의 구별이 지나치게 번잡하므로, 간소화할 필요가 있다고 했다. 종래의 관계(官階)를 개혁해 9급으로 하되 정·종의 구별은 1·2급에만 두고, 3급 이하에는 두지 않아야 한다고 주장했다. 또한 높은 관직의 수는 적고 낮은 관직의 인원이 많은 것은 천지 간의 떳떳한 법이라고 주장하며, 관계의 숫자는 줄이되, 높은 관직의 인원이 하위 관직의 정원보다 많아서는 안 된다고 주장했다. 그리고 이는 고칠 수 없는 불가역(不可易)이라고 말하며, 이 원칙은 결코 허물어져서는 안 된다고 주장했다.

다산은 왕명을 받는 것은 9명(命)[1]뿐이라는 『주례(周禮)』의 예를 들면서, 우리의 제도는 그렇지 못하니 잘못이라고 지적하며, "옛것을 거슬러 지금에 통할 수 있는 것이 좋다"라고 주장했다. 이러한 주장은 단순히 옛것을 좇아야만 한다는 것이라기보다는 현재의 관계가 너무 복잡하고 문제가 많기 때문이라는 생각을 반영한 것일 뿐만 아니라, 조선 후기에 나타난 위인설관(爲人設官)의 문제를 지적한 것이기도 하다.

조선 후기의 시대적 상황을 살펴보면, 양반 수의 증가로 관직의 수가 급격히 증가했을 뿐만 아니라, 돈을 주고 관직을 사는 이른바 매관매직도 유행했다. 따라서 공직 임용에서도 뇌물 제공 등과 같은 관료사회의 부패가 성행했으며, 이러한 당대의 상황을 개혁하기 위한 하나의 수단으로 관직 개편을 주장했던 것이다.

---

1) 주대(周代) 관계 질서의 등급.

2) 인사행정의 개혁

(1) 과거 제도 개혁

조선 후기의 과거(科擧) 제도는 신분제의 붕괴와 더불어 매관매직(賣官賣職)과 위인설관(爲人設官)이 난무했다. 이러한 당시에 상황에 대해 선각자들은 우리나라의 과거 제도의 문제점을 지적하면서, 개혁의 방향을 제시하기도 했다. 율곡 이이(李珥)의 경우 '인사(人事)가 만사(萬事)'라는 생각을 했다. 율곡이 이상적으로 생각한 인사 제도는 사람의 능력과 자리가 걸맞도록 사람을 등용하는 것이었다. 능력 있는 자는 순서를 기다리지 말고 임용하고, 적임자는 오랫동안 같은 자리에 머물도록 하면서 연공(年功)보다는 능력에 따라 승진도 시키고 좌천도 시켜야 한다고 주장했다(이동인, 2004: 14). 다산 또한 과거제에 관해 다른 경세사상가들(유형원, 이익, 홍대용 등)과 마찬가지로 비상한 관심을 가지고 개혁론을 전개했다. 그는 실학의 집대성자로서의 면모를 과거제 개혁론에서 보여 주며, 방대하고 독창적인 수많은 대안을 제시하고 있는 것이 특색이다. 그는 당시 과거제의 폐단을 예리하게 지적했을 뿐만 아니라 그에 대처하는 과감한 처방을 내리고 있다. 다산에 의하면, 과거 제도는 고려 광종 때에 후주인 쌍기(雙冀)의 건의를 받아들여 처음 시작되었으나, 잘 활용하지 못했다고 『경세유표』에서 말하고 있다.

> 우리나라는 옛날에 과거 제도가 없었는데, 고려 광종(光宗) 때 후주 사람 쌍기가 사신을 따라왔다가 병이 나서 돌아가지 못하고 머물면서 과거법을 가르쳐 주었다. 그러나 배웠어도 자세하게 하지 못했고, 본받았으나 정밀하게 하지 못해 다만 선비를 모아 글을 시험해서 진사를 삼을 뿐이고, 그 규모와 절차는 옮겨 오지 못했다. 지금 우리나라 과거법이 중국과 같지 않은 것이 열 가지인데, 첫째는 천거하지 않아도 응시해서 선비가 응시하는 데 정원이 없는 것이고, 둘째는 학사 행정에 관원이 없고

교수가 간여하지 않는 것이고, 셋째는 대·소과에 시험 과목 등이 달라서 공부하는 데에 전일하지 못한 것이고, 넷째는 한 가지 기예로 뽑아 요행으로 차지하는 것을 금하기 어려운 것이고, 다섯째는 시각이 너무 길므로 차술(借述)의 여가가 있음이고, 여섯째는 고사, 선발이 정밀하지 못해 사의(私意)가 멋대로 흐를 수 있고, 일곱째는 시권(試券)을 반포하지 않으니 잘함과 못함을 징험하기 어렵고, 여덟째는 잡시(雜詩)가 너무 잦아서 수업할 날짜가 없음이고, 아홉째는 경과(慶科)가 연달아서 요행을 넘보는 문이 열려 있는 것이고, 열째는 명경(明經)을 주로 했으나 선발해서 등용에는 길이 다른 것이다(經世遺表, 春官修制, 科擧之規).

다산은 조선의 과거 제도가 중국에서 실시하는 과거 제도보다 절차와 내용의 정밀함이 부족하다고 판단해, 당시의 과거 시험이 우수한 관료를 선발할 수 있는 제도적 장치가 될 수 있는지에 대해 의문을 가졌다. 또한 정약용은 시험 절차상의 폐단에 앞서 당시의 과거 시험이 문벌과 지역 차별이 심해 진정한 능력 본위의 인재가 선발되지 못했기 때문에 국운이 시들고 있다고 지적했다. 이러한 이유로 다산은 무엇보다도 먼저 과거제를 개혁해야 한다고 주장했다. 다산의 과거제 개혁론을 구체적으로 살펴보면 다음과 같다.

① 기회 균등과 능력 본위의 선발·임용

조선 시대에는 과거 시험의 응시에 엄격한 신분 제한이 있었을 뿐만 아니라 출신에 따라 승진에도 한계가 있었다. 따라서 다산은 당시의 이러한 상황에 대한 문제점을 인식하고 있었을 뿐만 아니라, 인재의 선발에서도 출신, 문벌, 지역에 따른 차별이 심각하다는 것을 비판했다.

소민(小民)이라 하여 등용하지 아니하고, 중인(中人)이라 하여 등용하지 아니하고, 관서(關西)·관북(關北) 사람이라 하여 등용하지 아니하고, 해서(海西), 개성(開成), 강화도(江華島) 사람이라 하여 등용하지 아니하

> 고, 관동(關東)과 호남(湖南) 사람의 반을 등용하지 아니하고, 서얼(庶孼)이라 하여 등용하지 아니하고, 북인과 남인은 등용하지 않는 것이 아니면서도 등용하지 않음과 같습니다. 등용될 수 있는 것은 오직 수십 가구의 문벌 좋은 사람들뿐인데, 그 가운데에는 사건에 연루되어 등용될 수 없는 사람들이 또한 많습니다.

다산은 관직을 선발할 때 기회 균등의 보장과 능력에 의한 임용을 주장했다. 그리고 능력이 있는 자는 중앙의 고위관직에 임용되어야 한다고 했다. 이러한 다산의 주장은 오늘날 공직 임용의 원칙과도 일치한다. 과거 시험을 엄격하게 실시한 조선 중기까지만 해도 능력 있는 인재를 발굴하기 위해 많은 노력을 기울였으나, 조선 후기에는 문벌정치 및 당파싸움으로 이러한 취지는 점점 퇴색되어 가고 있었다. 따라서 그는 과거 시험이 진정 능력 있는 인재를 발굴하는 통로가 되기를 바라고 있었다.

② 천거제의 실시

천거제(薦擧制)는 본래 『논어(論語)』 자로편(子路篇)의 존현능사(尊賢能使)라는 유교적 정치행정 이념을 토대로 발전된 것으로 여기서는 "과거 응시자를 지방에서 추천하는 것"을 의미한 것이다. 중국에서는 천거제가 활성화되어 공직 임용에 중요한 임용 제도였으나, 우리나라에서는 이러한 천거제가 제대로 시행되지 않았다. 중종 10년(1515)에 조광조(趙光祖)가 등용되면서 현량과(賢良科)라는 추천 제도를 도입해 많은 인재를 천거로 뽑았으나, 조광조의 몰락과 더불어 이러한 개혁적 천거 제도는 거의 활용되지 않았다.

> 현인(賢人)을 천거하는 것은 수령의 직책이다. 비록 고금의 제도가 다르다 하더라도 현인을 천거하는 일을 잊어서는 안 된다. 학행(學行)과 이재(吏才)의 천거는 나라에 일정한 법전이 있으니, 한 고을의 착한 이를 덮어 두어서는 안 된다. 과거라는 것은 과목별로 천거한다는 뜻이다.

지금은 그 법에 비록 빠진 데가 있더라도 폐단이 극도에 이르면 변경해야 한다. 거인(擧人)을 천거하는 것은 목민관으로서 마땅히 힘써야 한다. 중국의 과거법은 지극히 상세하고 치밀해 그것을 본받아 행한다면 천거하는 것은 목민관의 직무이다. 과거의 향공(鄕貢)은 비록 국법은 아니라 하더라도 문학하는 선비로서 추천장에 기록해야 할 것이니 법에 구애될 것이 없다. 부내(部內)에 학행을 독실(篤實)하게 닦는 선비가 있으면 마땅히 몸소 나아가 그를 찾고 계절 따라 방문함으로써 예를 닦아야 한다 (牧民心書, 吏典六條, 擧賢).

다산은 이러한 우리의 현실이 "천하의 웃음거리가 되는 것이며, 그 잘못이 과거의 온갖 병폐를 이룬다"고 지적하고 그 보완 방법으로 천거제를 발전시킬 것을 주장했다.

③ 선발 절차와 정원의 개정

다산은 과거의 선발 절차를 개정하고 절차에 따라 정원을 주도면밀하게 배정하는 안을 제시했다. 다산이 제안한 내용을 살펴보면 다음과 같다.

첫째, 천거제를 도입해 주・군・현・읍(州・郡・縣・邑)에서 과거 응시자를 추천한다. 여기에서 선발된 자를 선사(選士)라 한다.

둘째, 선사(選士) 중에서 3분의 2를 응시자로 뽑는다.

셋째, 응시자를 성(省: 道를 말함) 내의 몇 개의 주(州)에 모아 시험하여 2분의 1을 뽑는다.

넷째, 주시(州試)에서 선발된 자를 성(省)에 모아 시험해 2분의 1을 뽑는다.

다섯째, 성시(省試)에서 합격한 자를 서울에 모아 시험(會試)해 반수 240명을 뽑는다.

여섯째, 회시(會試) 합격자 240명을 도시(都試)한 다음 6분의 1(40명)을 선발해 급제시킨다. 이때, 40명의 숫자는 무과(武科)의 경우도 동일하게 적용한다 (經世遺表, 春官修制, 科擧之規).

이와 같은 다산의 제안이 조선 시대 초기 이래의 제도와 다른 점은 중국 제도를 중심으로 하는 천거제의 도입을 주장한 것이다. 또한 과거시험의 절차를 대폭 엄격하게 적용하고, 단계별로 정원의 숫자를 줄여감으로써 인재 등용에 신중을 기하고 있음을 알 수 있다. 또한 최종 과거 합격자 수의 경우 이전의 33명의 합격생보다 많은 40명을 선발함으로써 거인(擧人)의 숫자를 줄인 것에 대한 양반들의 반발을 어느 정도 무마할 수 있도록 했다. <표 3-1>에서 보여 주고 있듯이 다산은 지방별 최종 합격자 수를 의도적으로 배분함으로써, 현재 인사행정의 중요한 이슈가 되고 있는 지역인재할당제를 도입하고자 했다. 결국 다산은 이러한 주장을 통해, 과거 시험의 선발 인원을 줄이고, 출신 지역

〈표 3-1〉 중외 거인(擧人)의 정원 (단위: 명)

문과(文科)	선사(選士)	거자(擧子)	주시(州試)	성시(省試)	회시(會試)
경성6부	960	640	320	160	80
봉천성	240	160	80	40	20
사천성	336	224	112	56	28
열동성	168	112	56	28	14
송해성	168	112	56	28	14
완남성	168	112	56	28	14
무남성	168	112	56	28	14
영남성	192	128	64	32	16
황남성	192	128	64	32	16
패서성	96	64	32	16	8
청서성	72	48	24	12	6
현도성	72	48	24	12	6
만하성	48	32	16	8	4
총수(總數)	2,880	1,920	960	480	240

자료: 經世遺表, 春官修制, 科擧之規.

에 따른 응시자의 불이익을 최대한 줄임으로써, 인재 등용에 신중함을 기하고자 했다.

이러한 다산의 주장은 기존의 과거제의 선발 절차를 좀 더 투명하게 하여 우수한 인재를 뽑기 위함이었다. 이러한 그의 주장을 정리하면 <표 3-1>과 같다.

④ 대과와 소과의 통합론

과거는 문관·무관·기술관을 뽑는 시험으로 구분되었다. 이 가운데 문관 채용시험은 생진과(生進科 또는 소과)와 문과(文科 또는 대과)로 나뉘었는데, 생진과에는 다시 4서·5경을 시험하는 생원과(生員科)와 시(詩)·부(賦)·송(頌) 등을 시험하는 진사과(進士科)가 있었다. 이 생진과는 우선 각 도에서 향시(鄕試 또는 초시)를 치러 과별로 700명씩 선발하고, 다시 이들을 대상으로 서울에서 복시(覆試)를 치러 과별로 100명씩을 뽑아 이들에게는 생원·진사의 칭호를 주었다. 생원·진사에게는 초급 문관에 임명될 자격과 함께 고급 문관 시험인 대과(大科)에 응시할 수 있는 자격이 주어졌으며, 아울러 성균관에 들어가 교육을 받을 수 있는 자격을 주었다. 대과(大科)는 소과(小科)를 거친 생원·진사 또는 성균관의 학생들이 응시할 수 있었다. 대과도 소과와 마찬가지로 초시와 복시가 있어 중앙에서 보는 복시에는 33명을 선발했다(변태섭, 1996).

다산은 이러한 과거제의 2단계 시험 제도에 대해 대과와 소과를 합쳐야 한다고 주장했다. 그는 당(唐)·송(宋)의 과거 제도에서는 대과·소과가 다르지 않으며 명(明)의 제도에서도 대과와 소과가 없고 다만 등제(等第)를 부여하는 데 차등이 있을 뿐이라고 밝히고 조선에서의 이러한 구별은 마땅하지 않으며, 그것은 의당 하나로 합쳐야 한다고 주장했다. 이러한 그의 주장은 관직에는 진출하지 못했지만, 향촌 사회를 이끌고 있는 향반(鄕班)의 수를 줄이고자 한 것이다. 조선 후기에는 중앙 및 지방 관직의 수가 늘어났을 뿐만 아니라, 생원·진사 등과 같은 향반의 숫자도 급격하게 늘어나고 있었다. 당시 양반들은 세금 감면 혜택을 많이 받고 있었기 때문에, 양반의 수적 증가는 조세의 문란을 야기했고, 또 신분 질서의 붕괴로 이어졌다. 따라서 다산의 이러한 주장은 당시의 폐단을 고치기 위한 양반 사회 구조의 개혁이라고도 할 수 있다.

⑤ 3년 대비제(大比制)의 고수와 부정기 시험의 금지

본래 과거는 식년(式年)을 정해 3년마다 정기적으로 실시하는 것이 원칙이다. 이와 같은 3년 대비제는 송나라에서 비롯했고, 우리나라는 자(子)·오(午)·묘(卯)·유(酉)년을 식년으로 정해서 3년마다 실시해 왔으며, 한편 부정기적으로 경과(慶科)·알성과(謁聖科)·별시(別試) 등의 시험을 실시해 왔다. 그러나 조선 중기 이후 정기 시험보다 부정기 시험이 너무 많아 합격자를 남발했고, 그에 따라 인사행정의 문란과 파당 간에 관직 쟁취를 위한 정쟁(政爭)이 심화되었다. 이러한 폐단을 시정하기 위해서는 3년 대비제를 엄격히 실시하는 것이 합당하며, 부정기 시험은 금지해야 한다고 다산은 주장했다. 당시는 관료들에게 지급해야 할 녹봉이 모자랄 정도로 국가재정이 궁핍한 상황이었다. 다산의 이러한 주장은 많은 부분이 공직 임용 숫자의 제한에 역점을 두고 있으며, 근본적으로 해결해야 할 우선 과제로 생각하고 있었던 것이다.

⑥ 시험 과목의 개편

관리를 선발할 때 필요한 소양을 어떻게 측정하는지는 어디에서나 중요한 문제 중 하나이다. 일반적으로 관리 임용을 하기 위해서는 시험을 보는데 시험 과목을 어떻게 정하느냐에 따라 좋은 인재를 선발할 수 있는 척도가 되는 것이다. 다시 말해 이는 관리의 직무 담당 능력과 소양을 알아보는 척도이며, 나아가 한 나라의 교육 제도와도 밀접한 관련이 있기 때문이다. 조선 시대의 과거 과목은 시대에 따라 변화가 있었지만, 『경국대전(經國大典)』의 규정을 보면, 생원과의 경우 오경의(五經義)와 사서의(四書疑) 2편, 진사과의 경우 부(賦) 1편, 고시(古詩)·명(銘)·잠(箴) 중 1편, 문과 전시(殿試)의 경우 대책(對策)·표(表)·전(箋)·잠(箴)·송(訟)·제(制)·소(訴) 중 1편으로 되어 있었다.

다산은 『주례(周禮)』를 시험 과목에 넣어야 한다고 제의했다. 『주례』는 주공(周公)이 그것을 기초로 하여 태평(太平)을 이룩한 책인데, 이것이 과장(科場)에서 쓰이지 않으므로 버린 책이 되었다고 했다. 『주례』를 읽지 않으면 선왕이 이룩한 치적의 규모와 절목을 증험할 수 없게 된다고 했다(장동희, 2003).

다산은 아울러 조선의 국사(國史)를 시험 과목에 넣어야 한다고 주장했다. 이것은 선례가 없는 것으로 그의 독창적인 아이디어라고 할 수 있다. 여기서 말하는 국사란 김부식의 『삼국사기(三國史記)』, 정인지의 『고려사(高麗史)』, 그리고 『동국통감(東國通鑑)』, 『국조보감(國朝寶鑑)』이라고 스스로 지칭했다. 이러한 제안으로 미루어 보면, 다산은 행정 제도 개혁에 『주례』를 이상적인 모형으로 생각했지만, 조선의 역사와 문화적 기반 위에서 주체적으로 발전 방향을 모색한 것이라는 점을 분명하게 알 수 있다.

⑦ 연령에 따른 임용 및 정년 제한

다산은 관리를 임용하는 과거 시험에 현재와 같이 시험 응시 연령 제한과 정년 규정을 신설할 것을 주장했다. 조선 시대의 경우 일정한 연령에 의한 퇴직 규정이 없었기 때문에, 국사를 원활하게 이루기 위해서는 어느 정도의 나이 제한은 필수라고 생각한 것이다. 그의 주장은 다음의 내용에서 알 수 있다.

> 50세가 되어서 그만둔 자는 치선(治選)으로 돌린다. 생각건대, 재주가

> 특이해서 조숙한 자는 15~16세면 선발에 충수될 만하다. 그러나 소년 등과를 옛사람은 불행이라 했으니, 20세가 된 뒤에 과거를 볼 수 있게 한 것을 고쳐서는 안 된다. 그러나 실의(失意)한 늙은 몸으로 옷깃을 끌며, 시정(試庭)에 들어와서 젊은 사람들과 기능을 경쟁한다는 것은 수치심이 있는 자가 어찌 차마 할 바이겠는가? 그 마음가짐이 비루하기가 이와 같다면 국가에서 이 사람을 뽑아서 어디에 쓸 것인가? 50세에 그만두게 하는 것은 단연코 그만둘 수 없는데, 하물며 치선법이 이런 사람을 처우하기에 족함이랴(經世遺表, 春官修制, 科擧之規).

당시 이러한 주장은 관료 사회에 엄청난 이슈가 될 수 있었다. 그는 관직의 세습과 세도정치가의 부패에 의한 관직 남발을 막기 위해 일정 연령에 의한 퇴직이 어느 정도 관료 사회의 개혁을 이룰 수 있다고 생각한 것이다.

(2) 근무성적 평정제도의 개혁

① 고적 제도

다산은 요순의 다스림이 훌륭한 것은 고적제(考績制)를 잘 운영했기 때문이라고 하면서 당시의 문란한 제반 행정 운영에 대한 행정감찰을 강화하기 위해 고적제의 개혁을 주장했다. 원래 고적제는 『주례(周禮)』에서 연유한 제도로 조선 시대의 경우에는 태종 원년인 1401년부터 실시되었다. 중앙관서의 경우는 당상관(堂上官) 또는 제조(提調)가, 지방은 관찰사가 매년 6월과 12월에 정기적으로 관하 관원들의 근무 성적을 평가하고 이조와 병조에 보고해 인사에 반영한 것이다. 평가는 담당 업무의 처리 능력에 중점을 두었으며, 그 목적은 관료들의 통제에 있었다. 특히 충성심과 성격을 알기 어려운 지방 관료의 경우에 더 강조되었다. 그는 고적제가 국가의 안전과 직결된다고 하면서, 고적제의 중요성과 그 개혁의 필요성을 강조했다. 즉 국가의 안전은 인심의 향방에 달렸고, 인심의 향방은 백성의 기쁨과 슬픔에 달려 있으며, 이는 수령이 '현명한가 현명하지 않은가'에 달려 있다고 했다. 또한 수령이 현명한가 현명하지 않은가는 감사(監司)의 고적에 달렸으니, 감사가 고과하는 법은 바로 천명과 인심이 지향하는 기틀이며, 국가의 안부가 결판되는 바탕이라고 서술했다(經世遺表, 天官修制, 考績之法).

다산은 고적에 대한 논의를 3단계로 발전하면서 완성했다. 그는 처음에 『고적의(考績議)』에서 6강(綱) 4목(目)을 제시했다. 그 후에 그것을 발전시켜 『경세유표』 고적지법(考績之法)에서 9강 6목으로 체계화했다. 마지막으로 더욱 발전시켜, 『목민심서』에서 12강 6목으로 발전시켰다. 여기서 『고적의』는 서론에 해당하며, 『경세유표』 고적지법은 총론에 해당하고, 『목민심서』는 세부적인 실천강령론이라 할 수 있을 것이다(장동희, 2003).

조선 시대에는 1년에 두 번씩 관리들이 고적했다. 다산은 이는 『주례』에 어긋난 것이므로 연말에 한 차례 고적하는 것이 타당하다고 주장했다. 이와같이 1년에 한 번 고적해야 하는 것은 관리들에게는 임무를 수행할 수 있는 충분한 기간이 주어져야 하고, 상사들도 고적에 필요한 충분한 자료를 수집할 수 있는 시간을 가질 수 있어야 하기 때문이다. 그리고 그는 수령은 꼭 책자 하나를 준비해 향리와 군교를 비롯해 하인에 이르기까지 잘한 것과 잘못한 것을 하나하나 기록해 두었다가, 연말(年末)에 평가해야 한다고 했다. 다산은 평가할 때 그 성적을 등급으로 나누어 위로 3등까지는 신년도 사무 분담을 할 때 요직을 맡기고, 4등으로부터 6등급까지는 상(賞)을 주는 데 차이를 두며, 7등부터 9등까지는 1년 동안 정직(停職)을 시키는 방법이 제일 좋다고 했다. 이와같이 한다면 관리들의 나태함과 부정을 막는 데 큰 힘이 되고 관리들의 사기를 진작시킬 수 있다고 했다.

② 문서관리의 중요성 강조

현대 행정에서 문서의 작성 및 관리는 가장 기본적이고도 중요한 사항이다. 조선 시대 역시 인사 및 행정에 관한 기록은 아주 중요했는데, 다산은 문서관리의 중요성을 다음과 같이 말하고 있다.

> 공적으로 보내는 문첩(文牒)은 꼼꼼히 생각해서 자신이 써야 할 것이요, 이속(吏屬)의 손에 맡겨 두는 것은 불가하다. 인명에 관한 문서는 지우고 고치는 것을 조심해야 하며, 도적의 옥사(獄事)에 관한 문서는 봉함(封緘)을 엄중히 해야 할 것이다. 무릇 위로 올리고 밑으로 내려 보내는 문첩들을 기록해서 책자를 만들어 뒤에 참고하도록 하며, 기한이 정해진 것은 따로 작은 책자를 만들어야 할 것이다(牧民心書, 奉公六條, 文報).

이는 공무원이 업무를 수행할 때 문서관리를 신중하고, 정확하게 해야 할 뿐만 아니라, 개인의 자유를 구속하는 문서는 엄중하게 다루어야 한다는 것이다.

(3) 근무 기강 확립 및 일선관료의 통제

① 근무 기강 확립

조선 시대의 경우 관(官)이 민(民) 위에 존재한다는 의식이 팽배해 있었다. 현대와 같이 국민 주권 사상이 자리잡지 못한 상황에서 정부 관료는 상당한 권한과 존경의 대상이었다. 하지만 이러한 관(官) 우위 사상은 백성들을 수탈의 대상으로 인식하게 했고, 따라서 폭정을 견디지 못한 백성들은 민란을 일으켜 관료들의 수탈에 대항했다. 다산은 공직자의 근무 기강이 확립되지 않을 경우 백성들의 피폐함을 직접 목격하고 공직자의 근무 기강 확립에 많은 노력을 기울였다. 이러한 내용은 『목민심서』에 잘 나타나 있다.

> 수신(修身)한 후에 제가하고 제가한 후에 치국하는 것은 천하에 공통된 원칙이다. 고을을 다스리려는 자는 먼저 자기 집을 잘 다스려야 할 것이다. 말을 많이 하지 말며, 갑자기 성내지도 말 것이다. 백성의 윗사람된 자는 그 한 번 움직이고 한 번 정지하며 한 마디 말하고 한 번 침묵하는 것을 아랫사람이 모두 살피어 미심쩍게 탐색하는 법이니, 방에서 문으로, 문에서 고을로, 고을로부터 사방으로 새어나가서 한 도(道)에 다 퍼지게 된다(牧民心書, 律己六條, 齊家).

> 도적이 생겨나는 것은 세 가지 이유가 있다. 위에서 위의(威儀)를 바르게 가지지 아니하고, 중간에서 명령을 받들지 아니하고, 아래에서 법을 두려워하지 않아서는 아무리 도적을 없애려고 해도 되지 않는다. 위의를 바르게 가지지 않는다는 것은 사신이나 수령들이 탐욕과 불법을 자행한다는 말이다(牧民心書, 刑典六條, 除害).

다산은 공직자는 먼저 자신의 마음과 몸가짐을 제대로 한 다음, 가정을 잘 다스려야 한다는 의미로 공무원들의 청렴결백을 강조했다. 또한 공직자는 말 한 마디가 백성들에게 엄청난 영향을 줄 수 있으며, 항상 백성들이 일거수일투족을 지켜보고 있으며, 모든 말과 행동은 만천하에 공개된다는 것을 명심해야 한다는 것이다.

② 일선관료 통제 방안으로 장서원의 설치

현대 행정에서 고객인 국민에게 가장 직접적인 영향을 미치는 것은 지방공무원 내지 직접 고객과 접하고 있는 일선공무원이라고 할 수 있다. 조선 시대에는 이러한 역할을 담당한 것이 서리(胥吏)였다. 서리는 아전(衙前)이라고도 불렀는데, 여기에는 경아전(錄事, 胥吏)과 외아전(鄕吏)이 있었다. 그런데 경아전은 품계를 받았으나, 외아전인 향리들은 녹봉(祿俸)이 법제적으로 규정되어 있지 않아 지방 자체의 경비 중에서 지급하도록 하는 관행에 맡겨져 있었다. 향리에 대한 이와 같은 대우는 그들로 하여금 법을 어겨서 사리사욕(私利私慾)을 도모케

하는 결과가 되어 여러 폐단을 자아내는 원인이 되었다(한우근, 1977). 서리들의 폐단에 대해서는 율곡(栗谷)도 심각하게 지적했으며, 조식(曺植)도 일찍이 우리나라는 서리 때문에 망할 것이라고 했다.

> 조종조(祖宗朝)에서 민생을 위해 깊이 염려한 것이 이와 같건만 지금은 이를 제쳐두고 시행하지 않으니 또한 어찌하겠는가? 내가 오래도록 민간에 있으면서 향리들이 하는 일을 익히 보았다. 나라를 병들게 하고 백성을 해롭게 하는 짓이 이루 형언할 수 없다. 그리하여 『향리론(鄕吏論)』 열 편을 지어서 그 폐단을 갖추어 말했거니와 진실로 이때라도 교정하지 않으면 앞으로 닥쳐올 화난(禍難)은 반드시 말하기도 어렵게 될 것이다. 나라가 다 망하고 백성이 다 죽은 다음이라야 그만둘 것이니, 내가 감히 실정에 지나친 말을 하는 것이 아니다. 그러므로 별도로 한 관청을 세워서 전적으로 열두 성(省) 향리를 관장하도록 함이 마땅하다는 것이다. 그 정원을 정하고, 조례를 반포하며, 그 한계를 엄하게 해서, 한 가지라도 위반하는 것이 있으면 곧 본원(本院)에서 거론하여 따지게 한다. 이렇게 한다면 거의 그 처음 발하는 불꽃을 없애고, 그 흘러가는 물살을 돌이킬 방법이 있을 것이다(經世遺表, 秋官刑曹, 刑官之屬).

다산은 당시의 지방행정이 문란하게 된 근본 원인이 서리의 부패에 있다고 진단하고, 이에 대한 대책으로 장서원(掌胥院)의 신설을 주장했다. 그가 이러한 문제 의식을 더 강하게 가질 수 있었던 것은 18년간의 유배 생활 속에서 몸소 보고들은 경험이 밑바탕이 이루고 있다고 할 수 있다(박승용, 1997: 201).

『경국대전(經國大典)』에서는 원악향리에 대해 지위를 이용해 악행을 저지르는 향리들의 유형과 그에 대한 사헌부(司憲府)의 처벌까지 규정되어 있다. 조선 초기에는 민생에 대한 염려가 깊어 이와같이 법을 제정해 놓았으나, 다산이 생활하던 조선 후기에는 사회 전반적인 부패 등으로 인해 이 법이 잘 시행되지 않았다. 따라서 악덕한 향리들이 나라를 병들게 하고, 백성을 해롭게 하는 것이 이루 형언할 수 없어서, 나라가 다 망하고 백성이 다 죽은 다음에라야 그치게 될 것이라고 했다. 이러한 현황에 대한 대책으로 향리들을 통제 감독할 수 있는 장서원의 설치를 주장했다. 또한 경저리(京邸吏)·영저리(營邸吏) 등의 폐단이 향리에 못지않으므로, 장서원의 주관 아래 법제를 마련해 통제·감독하도록 할 것을 주장했다. 이러한 다산의 논의는 한편으로는 아무리 훌륭한 정책이라도 정책의 실질적인 집행자인 하급 공무원들을 제대로 감독 통제하지 못한다면 그 실효성을 거둘 수 없다는 것이다. 그뿐만 아니라, 백성을 최고의 고객으로 생각하고 서민들의 고충을 해결해 주기 위한 다산의 애정과 관심의 표현이라고도 할 수 있다.

4 해석과 시사점

지금까지 다산의 인사행정 개혁론에 관해『경세유표』와『목민심서』를 중심으로 살펴보았다. 그가『경세유표』와『목민심서』를 저술한 당시는 격동기적 시대로서 다산은 당시의 사회적 병폐와 백성들의 고충을 해결하고, 나아가 자신이 생각한 이상국가를 만들기 위해 많은 개혁사상을 전개했다. 이러한 개혁사상은 당시 다산이 지니고 있던 신분적 한계, 다시 말해 경기남인으로서 노론 세력이 장악하고 있던 지배층에 대한 반발과 백성들이 더 살기 좋은 나라를 만들기 위한 이상이 한데 어우러져 나타난 것이라고도 할 수 있다. 이러한 다산의 개혁론은 현대 인사행정에도 많은 시사점을 던져 준다. 앞에서 살펴보았듯이 다산의 인사행정 개혁론은 현대 행정이 나아가야 할 방향에 대한 기반을 제공하고 있다.

첫째, 조직의 축소 및 정원관리를 통해 조직구조의 혁신을 도모했다. 그는 당시 매관매직(賣官賣職)과 늘어나는 관원(官員)들의 수를 줄이기 위해 육조의 소속기관들을 대폭 축소할 것을 주장했다. 또한 여러 계층으로 나뉘어 있는 계급을 대폭 축소해 행정의 비효율성을 최소화함으로써, 국가재정을 확보하고 나아가 부정부패를 척결하고자 했다. 이러한 그의 개혁은 현재 우리나라 정부의 모습과 비슷하다고 할 수 있다. 국민의 정부 이후 정부 기구의 축소를 통한 행정의 효율성 향상은 다산의 이러한 사상과 일맥 상통한다고 할 수 있다.

둘째, 과거 제도의 개혁을 통한 유능한 인재의 등용은 공무원 임용시험의 다양화와 연계될 수 있다. 현재 정부에서는 고시 제도의 개편과 더불어 6급 인턴 제도의 시행, 지역인재할당제, 개방형 임용제도, 고위공무원단의 도입 등과 같이 유능한 인재 도입을 위해 새로운 제도들을 도입하고 있다. 다산이 주장한 과거제의 개혁이 모두 현재의 개혁 방안과 일맥 상통하는 것은 아니지만 다산이 추구한 개혁의 방향은 현대 개혁의 방향을 설정해 주는 역할을 하고 있다.

셋째, 고적(考績) 제도의 개혁을 통한 관원의 근무성적평정 개혁은 매우 과학적이고도 엄정한 평가를 할 수 있는 평정 기법이다. 현재 우리나라 공무원 인사에 가장 큰 걸림돌이자 해결해야 할 과제가 바로 '공무원들의 성과를 어떻게 측정하고 평가할 것인가'이다. 많은 학자와 부처의 공무원들이 좀 더 공정하고 정확한 성과평가를 하기 위해 많은 노력을 하고, 성과평가 지표의 개발 및 여러 법적·제도적 장치를 마련하기 위해 노력하고 있다.

넷째, 다산은 『목민심서』를 저술하면서 목민관의 역할과 향리들의 관리와 감독을 중요한 덕목으로 생각했다. 이러한 그의 주장은 이 시대 공무원들의 청렴 사상의 강조에 많은 영향을 주고 있다. 다산이 살던 조선 후기는 향리와 같은 일선관료들의 부정부패가 만연한 상황에서 일선관료를 통제하기 위한 특별 기구를 설치하도록 주장한 것은 오늘날 감찰 기능의 중요성 및 강화와 연관성을 가지고 있다.

참고 문헌

곽효문(1997). 정약용의 인사개혁론 소고. 『한국행정사학지』, 5: 219-241.

김기승(2005). 다산 정약용의 부국강병형 국가개혁 사상 : 『경세유표』를 중심으로. 『한국사학보』, 19: 61-93.

김춘식(2000). 조선시대와 현대의 인사 적체 해소 방안 비교. 『한국행정사학지』, 9: 185-202.

문정식(2001). 조선시대 인사행정제도에 관한 연구. 『한국행정사학지』, 10: 141-163.

박승용(1997). 다산의 행정개혁론 연구. 『사회과학연구』, 1: 193-212.

백철현(1999). 『목민심서』에 나타난 다산의 행정개혁론. 『한국행정사학지』, 7: 91-120.

변태섭(1996). 『한국사 통론』. 서울: 삼영사.

오문환(2002). 다산 정약용의 근대성 비판: 인간관 분석을 중심으로. 『한국정치사상학회』, 7: 7-31.

윤재풍(1997). 다산의 경세학적 행정론의 특색과 현대 행정학적 의미. 『서울시립대학교 논문집』, 31(1): 145-191.

이동인(2004). 이와 정약용의 사회개혁 사상. 『동양사회사상』, 10: 5-31.

이상엽(2002). 조선 후기 지방행정에 있어서 수령의 역할과 부패 유발구조. 『한국지방자치학회보』, 14(3): 151-172.

장동희(2003). 경세유표를 통해 본 다산의 인사행정 개혁론. 『한국사회와 행정연구』, 13(4): 1-15.

장승희(2002). 다산 정약용의 공직윤리 연구. 『동양철학연구』, 30: 77-103.

정약용(다산연구회 역주)(1993). 『목민심서』, 서울: 창작과비평사.

정약용(민족문화추진회 편, 이익성 역)(2002). 『경세유표』, 서울: 한길사.

팽림(1994). 『경세유표』에 나타난 정약용의 실학사상. 『영남어문학』, 26: 307-326.

한영우(1998). 『다시 찾은 우리 역사』. 서울: 경세원.

제4장 성과관리

심준섭

1 서 론

인류 역사에서 국가가 형성된 후 정부관료제의 성과를 제고하기 위한 끊임없는 노력이 이루어져 왔다. 다양한 동기부여 방안과 보상 기제들이 제시되었으며, 관료제의 효율성과 책임성을 동시에 증진하기 위한 다양한 성과관리 시스템이 개발되고 또 진화해 왔다. 다산(茶山) 정약용(丁若鏞)은 『목민심서(牧民心書)』에서 "나라를 다스리는 일은 사람쓰기에 달렸다"라고 하면서 인사의 중요성을 강조했다. 나아가 다산은 "국가의 안위는 인심의 향배에 달려 있고, 인심의 향배는 백성이 잘살고 못사는 데에 달려 있으며, 백성이 잘살고 못사는 것은 수령의 현부(賢否)에 달려 있다. 또한 수령의 현부는 감사의 포폄에 달려 있으니, 감사가 고과하는 법은 바로 천명과 인심이 향배하는 기틀이며, 국가의 안위가 결정되는 근본이다"(考績議; 經世遺表, 千官修制, 考績之法)라고 하여 인사보다 중요한 것이 수령에 대한 성과관리라고 역설했다.

수령의 근무 성적 여하에 따라 국가 통치의 성패가 달려 있다고 믿었던 다산은 관료의 업무와 업적을 제대로 평가하는 제도, 즉 고적 제도의 합리적인 수립과 철저한 시행만이 요순 시대를 재현할 수 있는 유일한 길이라고 강하게 주장했다. 요순 시대가 태평성대였던 이유는 관료에 대한 업적평가가 매우 치밀하고 철저했던 결과라는 것이다. 이처럼 합리적인 성과평가 제도는 예나 지금이나 성공하는 정부의 필요조건이다.

1592년부터 5년에 걸친 임진왜란과 연이은 정유재란은 행정의 문란, 군정 및 토지 제도의 문란, 지방관과 향리의 부패와 약탈, 민심의 이반, 농민의 피폐와 농촌의 붕괴, 신분 제도의 혼란, 세도 정치 등 사회적 모순과 혼란을 심화시켰으며, 이로 인해 조선 왕조 전반은 피폐해져 갔고, 왕권 중심의 통치 체제는 붕괴 직전까지 다다랐다. 이러한 상황에서 다산은 정치, 경제, 사회, 행정 전반에 걸친 개혁을 통해 사회적 위기를 극복하고자 했다. 특히 백성의 참상을 지켜보며 고통의 원인을 찾으려고 했고, 이를 고위직 관리들에 대한 업적평가가 바르고 정확하게 이루어지지 못한 데 따른 것으로 보았다. 다산은 다양한 행정개혁 방안들을 제시했으며, 이 가운데 중앙과 지방관의 인사와 엄정한 성과관리를 통해 흐트러진 공직 기강을 바로잡고, 나아가 사회 구조 전반을 개혁하기 위한 동력으로 삼고자 했다. 특히 다산에게 조정의 관리인 경관(京官)과 지방관인 외관(外官)의 업무 실적을 냉정하게 고과하고 이를 인사 자료로 활용하는 일은 그 무엇보다 중요한 개혁과제였다.

이 장은 다산의 주요 저작인 『고적의(考績議)』, 『목민심서(牧民心書)』, 『경세유표(經世遺表)』 등을 중심으로 다산의 공직자 성과관리 사상과 시각을 연구하고, 이를 현대적 의미로 재해석하는 데 그 목적이 있다. 이 과정에서 조선 정치 체제의 전반적 틀을 담고 있는 『경국대전(經國大典)』에 제시된 고적제와 다산의 개혁적인 고적제의 차이점을 비교·분석함으로써 다산의 개혁관에 대한 이해를 돕고자 한다. 다산의 개혁 사상들이 시대적 한계를 뛰어넘어 현대 행정의 개혁에 던지는 시사점을 고려할 때 다산의 성과관리관 역시 현대의 시각에서 재조명하는 작업은 커다란 의미를 지닌다.

2 조선조의 고적 제도

1) 고적의 개념과 원칙

관리의 성과를 인사의 기초 자료로 활용하는 것을 고적(考績) 또는 고과(考課)라고 하며, 이러한 고적 제도의 기원은 고려 초기로 거슬러 올라간다. 고려 초기 중앙관리들의 고과를 위한 제도들이 마련되었으며, 우왕(1374~1388) 때 고적지법(考績之法)이 만들어지고 지방 수령에 대한 고과가 시작되었다. 이러한 고적 제도는 조선 시대에 들어와서도 지속적으로 발전했다.

조선 시대 문헌에는 오늘날 쓰이는 성과관리(成果管理)라는 표현을 발견하기 어려우며, 고과(考課), 고적(考績), 고공(考功), 등제(等第), 포폄(褒貶) 등이 당시에 통용되던 성과관리의 표현들이다. 이러한 표현들에 대한 좀 더 정교한 개념 구분을 시도한다면 다음과 같이 정리될 수 있다.

우선 『경국대전』에 나타난 고과의 의미를 살펴보면, 고(考)는 교(校)의 뜻이고, 과(課)는 계(計)·정(程)·시(試)의 뜻으로, 관원(官員)의 근무 성적(勤慢)이나 공과(功過) 등을 고찰(考察)·등제(等第)하여 포폄(褒貶)하는 인사행정을 뜻하며, 매년 두 차례의 도목정사(都目政事)로 실시된다(經國大典, 吏典, 褒貶). 여기서 도목정사 또는 도정(都政)은 이러한 두 차례에 걸친 정기 인사를 일컫는 말이다. 고공(考功) 역시 관리의 실적을 평정하는 것을 의미하며, 등제(等第)는 실적을 등급화하는 것을 의미한다.

한편 포폄은 고적 결과를 기초로 인사 조치를 취하는 것을 의미하는데, 구체적으로 포(褒)는 추미(推美), 즉 포상(褒賞)을 뜻하고, 폄(貶)은 원적(遠謫)을 뜻하여 흔히 파직(罷職)·평서(平敍) 같은 인사 조치를 의미한다.[1] 인사상의 조치를 취하는 행위를 또한 출척(黜陟),

이라고도 했다. 또한 포폄을 전최(殿最)라고도 하여 최상등을 최(最), 최하등을 전(殿)이라 칭했다. 한편 고적 결과를 기록한 문서는 공장(功狀), 고공계(考功啓), 고적장계(考績狀啓) 등으로 불렀다. 나아가 다산은 주적(奏積)과 고적(考績)을 구분하고 있는데, 주적은 관리 스스로가 자신의 공적을 보고하는 것을 의미했다. 반면에 고적은 감사에 의해 이루어지는 외부평가를 의미했다. 또한 오늘날 통용되는 일반적인 표현이기도 한 고찰(考察)이라는 표현도 자주 발견되는데 이 역시 평정의 의미로 쓰였다.

2) 『경국대전』에 나타난 조선의 고적 제도

조선의 고적 제도는 관리의 성과 및 근무 성적을 평정하는 제도로서, 고려의 고적지법(考績之法)에 토대를 두고 있으며, 태종 4년(1404)의 고과결사관법(考課決事官法)에서 시작되어(태종실록, 권7), 『경국대전』을 통해 완성된 틀을 지니게 된다. 실제로 『경국대전』에서 현대적인 성과관리 시스템과 유사한 원리나 내용들을 발견하기는 어렵지 않다.

조선 시대의 고적 제도는 1년에 6월과 12월 두 차례에 걸쳐 진행되었으며, 중앙의 관리인 경관(京官)과 지방관인 외관(外官) 모두 상·중·하의 3등급제로 평정이 되었다. 또한 평정의 결과를 인사행정의 기초로 활용하도록 했다. 중앙 관리인 경관에 대한 고적의 경우, 관료 자신이 속한 기관의 당상관(堂上官)·제조(提調) 및 소속 조(曹)의 당상관이 매년 6월 15일과 12월 15일에 상·중·하의 3등급을 매겨 조정에 보고하도록 했다. 다만 사헌부(司憲府)·사간원(司諫院)·세자시

1) 여기서 경관포폄(京官褒貶)에 대한 규정은 각기 관사의 속조당상관(屬曹堂上官)이 그 관사의 제조(提調)와 동의·계문(啓聞)하고, 제조가 없는 관사는 그 속조(屬曹) 당상관이 마감(磨勘)·계문하도록 되어 이 규정은 세종 6년(1424) 이후로 실시된 것이다(세종실록, 권24).

강원(世子侍講院) 소속 관리에 대해서는 등제포폄(等第褒貶)이 없었고, 상서원(尙瑞院)·사선서(司膳署) 관원에 대해서는 지신사(知申事, 도승지)가 이조 당상관과 동의 아래 시행하게 했다 (세종실록, 권52).[2] 중앙 관리는 부임한 지 만 30일, 지방관리는 만 50일이 된 후에야 등급을 평정받도록 했다. 고적의 기준으로는 결송도수(決訟道數), 즉 재판의 건수와 같은 단순한 형태의 평가지표가 활용되었다.[3]

지방 수령에 대한 고공은 각 도의 관찰사가 매년 6월 15일과 12월 15일 두 차례에 걸쳐 일곱 가지 기준(守令七事)에 따라 절도사와 논의하여 등급을 정해 포폄을 실시하되, 그 결과를 이조와 병조뿐만 아니라 왕에게 보고하고 인사의 기준 자료로 삼았다.[4] 이처럼 수령의 일곱 가지 고적 항목을 칠사(七事)라 했는데, 여기에는 당시 수령의 주된 업무인 농잠성(農桑盛), 호구증(戶口增), 학교흥(學校興), 군정수(軍政修), 부역균(賦役均), 사송간(詞訟簡), 간활식(奸猾息) 등이 포함되었다.[5]

---

2) 중앙의 경우 육조 가운데 이조의 고공사(考功司)는 문관의 공과(功過)·근만(勤慢)·휴가, 여러 관사(官司) 아전의 근무 일수, 향리 자손들을 분별 처리하는 등의 인사 및 성과관리 관련 사무를 관장했다.

3) "매 계절 마지막 달에 형조·한성부·개성부·장례원의 당하관은 그들의 송사처결(訟事處決)의 건수(決訟道數)를 왕에게 보고해야 한다. 매 계절 3개월 동안에 한성부·장례원에서는 소사(小事)는 30건을 기준으로 하고, 대사(大事)는 20건을 기준으로 하며, 형조에서는 소사(小事)는 50건을 기준으로 하고, 대·중사(大中事)는 30건을 기준으로 하되, 이 기준에 미치지 못한 자는 1품계를 강등시킨다. 개성부의 경우에는 건수에 구애되지 아니한다." 『경국대전(經國大典)』, 이전(吏典), 고과(考課).

4) 『고려사(高麗史)』를 보면, 우왕 원년에 교서를 내려 수령의 고적을 다섯 가지 기준으로 하니, 전야(田野)의 확장, 호구(戶口)의 증식, 부역(賦役)의 균평, 소송의 감소, 도적의 종식 등이었다. 이보다 앞서 현종 9년에 주부(州·府) 등 지방 관원이 봉행해야 하는 6조를 정했는데 ① 백성의 질고(疾苦)를 살피는 일, ② 향리의 유능·불능(有能·不能)을 살피는 일, ③ 도적 간활의 무리를 살피는 일, ④ 토호(土豪)들이 금령(禁令) 범(犯)함을 살피는 일, ⑤ 백성의 효·제·염결(孝·悌·廉潔)한 자를 살피는 일, ⑥ 향리의 전곡(錢穀) 방실(放失)을 살피는 일 등이었다. 창왕(昌王)이 즉위하자 조준(趙浚)이 글을 올려 청하기를, 전야의 확장, 호구의 증식, 소송의 감소, 부역의 균평, 학교의 흥륭 등 다섯 가지 일로써 주군(州郡)을 순찰하여 지방관을 내치고 승급시키는 기본을 삼자고 했다 (牧民心書, 赴任六條, 辭朝).

5) 수령을 칠사(七事)로 분등(分等)하여 포폄의 기준으로 삼는다는 규정은 이미, 『속육전(續六典)』에 언급되어 있다.

〈표 4-1〉 수령의 고적 기준 일곱 개 항목

구 분	의 미
농상(農桑)	농경과 양잠(養蠶)을 위한 뽕나무의 종식(種植)을 의무적으로 근면하는 일
학교(學校)	학업을 강습하는 교장으로 지방 향교 등 관립학교의 통칭
사송(詞訟)	고소나 송사(訟事)에 관한 일
간활(奸猾)	아전 등의 간사함과 교활함을 다스리는 일
군정(軍政)	군포의 부과 및 군역을 관리하는 일
호구(戶口)	인구를 조사하여 호적을 관리하는 일
부역(賦役)	공공근로 같은 노역의 부과

<표 4-1>에서 제시된 것처럼 수령의 근무성적 평정에 가장 중점을 둔 것은 일곱 가지 주요 업무에 대한 처리 능력이었다. 그러나 <표 4-2>처럼 실제 고적보고서에는 일곱 개 항목의 평정 결과를 구체적으로 기술하는 것이 아니라, 단지 짤막한 총평을 첨부해 상·중·하 3등급의 평정을 실시하도록 했다.

고적의 구체적인 절차와 방법을 살펴보면, 고적은 1년에 2차례 3등급제로 실시되었으며, 열 번 고적에 열 번 모두 상(上)을 받은 자는 상

〈표 4-2〉 수령 고적보고서의 제목 예시

제 목	해 석
감운손량(監運損糧) 비력소급(非力所及)	운송의 임무를 맡고 있을 때 양곡이 축나는 것은 어쩔 수 없는 불가피한 일이다.
간약위치(簡約爲治) 좌진유유(坐鎭有裕)	간약으로 정치를 삼고 있어서 진중에 앉았어도 힘의 여유가 있다.
산수지향(山水之鄕) 소요한묵(消搖翰墨)	산수가 좋은 지방에서 문필로 세월을 한가롭게 보낸다.

(賞)으로 1계급을 승진시켰고, 다만 당하(堂下)에서 더 올라갈 품계가 없을 때에는 관직을 올려 주되 목사(牧使) 이상의 경우에는 적용하지 않았다. 두 번 중(中)을 받는 경우 녹봉 없는 관리(無祿官)로 채용하고, 세 번 중(中)을 받게 되면 파직되었다. 또한 다섯 번 고과, 세 번 고과, 두 번 고과 할 것 없이 한 번이라도 중(中)을 받은 자는 현재의 직위보다 높은 직위에 임명되지 못했다. 예문관(藝文館)·성균관(成均館)·승문원(承文院)·교서관(校書館)의 7품 이하의 관리로서 중(中)을 받은 자는 그 정기 인사(都目)에서 벼슬을 주지 아니하며, 체아(遞兒) 벼슬을 가지고 있는 관아(官衙)의 전직 관원으로서 중(中)을 받으면 다음 차례의 포폄이 있기 전에는 등용하지 않았다. 또한 1년에 네 차례 정기 인사에서 중(中)을 받으면 인사 기간을 한 번 거르게 되며, 하(下)를 받으면 두 번 걸러서 취재(取才) 시험을 다시 보게 했다. 당상관인 수령에게는 더욱 엄격한 기준이 적용되었는데 한 번만 중(中)을 받아도 파직되었다(經國大典, 土官職, 褒貶).[6)]

3 다산의 고적 제도 개혁안

1) 고적 제도 개혁의 배경

다산은 당시 고적제의 개혁을 통해 중앙 및 지방 관료의 새로운 성과관리 모형을 제시했다. 특히 다산은 『주례(周禮)』의 고적 제도를 개혁 모델로 삼았으며, 이는 매너리즘에 빠진 조선의 관리들에 대한 각

6) 경관의 포폄에서 하등급의 성적을 받은 자 및 사적 범죄를 범해 파직된 자는 2년이 경과되어야 임용이 되도록 했다. 임금의 친족이나 공신으로서 하등급의 성적을 받은 자는 1년이 경과되어서야 임용되며, 당상관은 이러한 제한을 받지 아니했다. 고신(告身) 즉 임명장을 회수당했다가 도로 받은 자도 역시 파직된 날로부터 근무 일수로 계산한다. 또한 만 1년 동안에 병으로 만 30일 결근한 자와 왕의 친족이나 공신으로 십악(十惡) 외의 사적 범죄를 다섯 번 범한 자는 그 내용을 따지지 아니하고 왕에게 보고해 파직시키도록 했다(經國大典, 土官職, 考課).

성과 규율을 확보하고(배병삼, 2002), 당시 문란한 행정 운영에 대한 통제를 강화할 필요성에 따른 것이었다(장동희, 2003).

다산은 조선 시대 고적제의 운영 체계가 부실하며, 개인의 배경이나 교양·인품을 논하는 등 백성을 다스리는 일과는 무관하게 행해지는 것을 비판하고 고적제를 엄격히 시행할 것을 주장했다. 당시 죄를 지은 관료에 대한 처벌과 공은 세운 관료에 대한 포상이 규정에 따라 시행되지 못하면서 백성들의 정부에 대한 신뢰가 두텁지 못한 상황이었다. 이러한 상황에서 다산은 백성들에게 영(令)을 미덥게 하는 것이 수령의 가장 중요한 임무인데, 이는 오직 고적의 엄격한 실시를 통해서만 가능하다고 보았다. 다산은 『목민심서』에서 "우리나라 고공의 조목 중에 가장 좋게 여기는 것이 '조용하고 무리없는 정사에 한 고을이 아무 일 없는 듯하다(恬雅之治 一境晏如)'이니 나라꼴이 어찌 제대로 되겠는가"라고 하여 당시 수령의 무사안일주의를 통렬히 비판하고, 나아가 관료들의 무사안일이 엄격한 고적제의 미비에서 기인하고 있음을 지적했다.

고적제 개혁에 대한 다산의 고심과 애착은 『경세유표』에서 잘 드러난다. 다산은 "내가 15년간 남쪽에 귀양살이하면서 밤낮으로 단지 고적법만을 연구했다. 이 법을 실시해 성과가 없으면 내가 그 책임을 지겠다"(經世遺表, 千官修制, 考績之法)라고 언급할 만큼 고적제 개혁에 대한 강력한 의지를 보였다. 이러한 확신은 다산으로 하여금 "요순 정치=고적지법"이라는 등식을 제시하게 만들었다(배병삼, 2002). 다산은 『고적의(考績議)』에서 "낮과 밤이 같은 세상이란 요순 시대의 통치를 이르는 말인데, 그러한 정도에 이른 까닭을 살펴보면 오로지 고적 제도 한 가지일 따름이다"라고 말하고 있다. 이처럼 고적 제도가 국가의 안위를 결정할 만큼 중요한 것임에도 불구하고 당시 3등급의 고적 제도가 지나치게 단순하고, 분명하지 못하며, 너무 빈번하게 시행됨으로써 실효를 거두기 어렵다고 판단한 다산은 고적제의 개혁 모델을 제시하게 된다.

> 감사가 고공하는 법은 말에 따라서 가히 의논할 수 있다. 그 소략한 것이 이미 그렇기 때문에 실효를 기대할 수 없다. 상주(上奏)해서 그 방식을 고치도록 하는 것이 또한 옳을 것이다(牧民心書, 吏典六條, 考功).

다산은 엄격한 고적을 시행하게 되면 온갖 법도가 다스려져서 안민부국(安民富國)과 이용후생(利用厚生)의 효과를 반드시 1년 내에 볼 수 있을 것이라고 자신했다(考績議). 한편 고적제 개혁 방안은 지방행정의 핵심인 수령과 조정의 직접적인 연계를 강화해 중앙집권적 통치 질서를 확립하는 한편, 수령 중심의 행정 체계 운영의 효율성과 책임성을 강화하려는 의도도 내포되었다(곽효문, 1997).

2) 고적 제도 개혁안의 내용

다산이 제시한 고적 및 포폄 제도의 개혁안은 『경국대전』에 나타난 기존 제도와는 큰 차이를 보이며, 특히 기존 제도의 문제점들을 부각시키고, 이를 개선하는 데 초점이 맞추어져 있다. 다산은 자신의 고적제 개혁안이 "낱낱이 고적하고 은밀히 규찰해(詳考密察), 채찍질하듯 채근해 잘 되도록 권면하고 잘못된 것은 징계(策勤勸懲)"하는 데 초점을 맞추고 있음을 분명히 밝히고 있다(考績議).

고적제 개혁안의 주요 특징으로는 ① 고적 항목의 세분화: 평가 지표의 정교화, ② 주적과 고적의 균형: 자기평가, 상급자평가 및 외부평가의 균형, ③ 고적 기간의 연장 및 고적 대상의 확대. ④ 고적 방법과 절차의 정교화, ⑤ 고적과 출척의 연계: 평가와 성과의 연계 및 긍정적 보상과 부정적 보상의 균형, ⑥ 고적의 문서화와 고적보고서의 보관, ⑦ 공정한 고적을 위한 수령의 임기 보장 등이 포함된다. 이를 자세히 설명하면 아래와 같다.

(1) 고적 항목의 세분화: 평가 지표의 정교화

다산은 당시의 고적 제도가 지나치게 단순해 고적이 제대로 이루어지기 어려우며, 또한 고적이 효과적으로 진행되지 못한다고 비판한다. 특히 평가 항목이 지나치게 단순한 것이 큰 문제라고 지적한다. 외관인 수령의 경우 칠사(七事) 중심의 평가만으로 다양한 수령의 역할과 책임을 제대로 평가하기는 불가능하다는 것이다.

> 수령의 직무가 어찌 일곱 가지뿐이겠는가? 조정에서 일곱 가지 일만 기대하는 까닭에 수령의 할 일이 제한되어 버리는 셈이니 어찌 이 일곱 가지 범위를 넘어 그 밖의 것을 하려 하겠는가?(牧民心書 序文; 經世遺表, 千官修制, 考績之法)

이러한 문제를 해결하기 위해 다산은 평가 지표를 세분화하고 구체화할 것을 역설한다. 『경세유표』의 천관수제, 고적지법(千官修制, 考績之法) 편을 살펴보면, 수령의 업적을 정확하게 평가하기 위해 아홉 가지 대항목(綱)을 규정하고, 이 9강을 다시 여섯 개의 목(目)으로 구분함으로써 총 54개 조목으로 평가 지표를 세분화했다[7] (<표 4-3> 참조).

또한 『목민심서』의 이전6조 고공 편에서 9강 6목의 54개의 또 다른 고적 항목들을 제시하고 있는데, 이 항목들은 『경세유표』에서 제시했던 지표들과는 다소 차이를 보이고 있다[8](<표 4-4> 참조).

---

7) 윤재풍(1982)에 따르면, 다산의 고적제 개혁안은 3단계에 걸쳐 개선되고 구체화되었다. 장동희(2003)는 『고적의』를 서론으로, 『경세유표』의 고적지법을 총론으로, 『목민심서』를 실천강령론으로 보고 있다.

8) 윤재풍(1982)은 『목민심서』의 원래 목차 그대로 12강 6목의 72조목으로 고적 항목을 분류했으나, 다산은 『목민심서』 이전6조(吏典六條), 고공(考功)에서 9강 6목의 54조목이 고적 항목임을 분명하게 밝히고 있다.

〈표 4-3〉『경세유표』에 제시된 수령의 평가 지표

9강 \ 6목	1목	2목	3목	4목	5목	6목
율기(律己)	칙궁(飭躬)	여행(礪行)	상정(觴政)	색계(色戒)	감권(減眷)	병용(屛容)
봉공(奉公)	첨하(瞻賀)	선포(宣布)	보문(報聞)	공납(貢納)	예제(禮祭)	왕역(往役)
애민(愛民)	양로(養老)	자유(慈幼)	진궁(振窮)	애상(哀喪)	관질(寬疾)	구재(救灾)
이전(吏典)	거현(擧賢)	공사(貢士)	속리(束吏)	용인(用人)	문첩(文牒)	상벌(賞罰)
호전(戶典)	교민(敎民)	전정(田政)	부역(賦役)	시조(市糶)	농정(農政)	진휼(振恤)
예전(禮典)	제사(祭祀)	빈객(賓客)	예제(禮制)	예속(禮俗)	흥학(興學)	수문(敷文)
병전(兵典)	양병(養兵)	권무(勸武)	수병(修兵)	목마(牧馬)	조정(調丁)	비환(備患)
형전(刑典)	청송(聽訟)	단옥(斷獄)	신형(愼刑)	금제(禁制)	양형(量衡)	제해(除害)
공전(工典)	산림(山林)	천택(川澤)	해우(廨宇)	성랑(城廊)	도로(道路)	주차(舟車)

〈표 4-4〉『목민심서』에 제시된 수령의 평가 지표

9강 \ 6목	1목	2목	3목	4목	5목	6목
율기(律己)	칙궁(飭躬)	청심(淸心)	제가(齊家)	병객(屛客)	절용(節用)	낙시(樂施)
봉공(奉公)	선화(宣化)	수법(守法)	예제(禮祭)	문보(文報)	공납(貢納)	요역(徭役)
애민(愛民)	양로(養老)	자유(慈幼)	진궁(振窮)	애상(哀喪)	관질(寬疾)	구재(救災)
이전(吏典)	속리(束吏)	어중(馭衆)	용인(用人)	거현(擧賢)	찰물(察物)	고공(考功)
호전(戶典)	전정(田政)	세법(稅法)	곡부(穀簿)	호적(戶籍)	평부(平賦)	권농(勸農)
예전(禮典)	제사(祭祀)	빈객(賓客)	교민(敎民)	흥학(興學)	변등(辨等)	과예(課藝)
병전(兵典)	첨정(簽丁)	연졸(練卒)	수병(修兵)	권무(勸武)	응변(應變)	어구(禦寇)
형전(刑典)	청송(聽訟)	단옥(斷獄)	신형(愼刑)	휼수(恤囚)	금포(禁暴)	제해(除害)
공전(工典)	산림(山林)	천택(川澤)	선해(繕廨)	수성(修城)	도로(道路)	장작(匠作)

(2) 주적(奏績)과 고적(考績)의 균형: 자기평가, 상급자평가 및 외부평가의 균형

고적제의 개혁에서 다산이 고민했던 또 다른 과제는 자기평가, 상급자평가 및 외부평가를 균형 있게 실시하는 것이다. 특히 "이른바 업적보고(奏績)란 무엇인가? 스스로 아뢴 바가 있은 후라야만 고적(考績)이 있을 수 있는 것이다"(經世遺表, 千官修制, 考績之法)라고 하여 업적 평정의 유일한 방법은 자기평가인 주적(奏績)과 상급자평가인 고적을 결합하는 것이라고 역설했다.

경관의 경우 대표적인 공적을 스스로 선정해서 공적보고서를 통해 조정에 보고하도록 했다. 다만 직위에 따라 삼정승과 육조 판서의 경우는 27가지 항목의 업적을 보고하도록 했으며, 중·하대부는 9가지 조목만을 보고하도록 하여 차등을 두었다. 또한 실무를 맡은 기간이 짧은 경우에는 보고하는 업적의 수를 축소하도록 하는 융통성을 보였다 (經世遺表, 千官修制, 考績之法).

외관인 수령은 9강 6목의 54개의 평가 항목들 가운데, 9강 각각에서 세 가지 조목, 즉 총 27개 조목의 대표적인 공적을 스스로 골라서 감사(監司)에게 주적하도록 했다. 감사는 27개 조목을 고적하고 그 가운데 아홉 개 조목을 다시 선택해 소상히 기술하고 조목마다 장부(臧: 우수, 否: 미흡)를 평가하고 아홉 개 등급을 배정한 평가보고서인 고적장계(考績狀啓)를 조정에 올리도록 했다 (經世遺表, 千官修制, 考績之法). 이때 수령이 스스로 기록한 주적장도 동시에 조정에 올리고 조정에서는 이를 인사 담당기구인 이조에도 회부하도록 했다.

또한 주목할 점은 3년마다의 대비(大比)에서 관료의 최고 인사권자인 왕이 직접 지방관인 수령들의 평가 결과를 보고받도록 했다는 점이다. 왕이 친견하여 수령의 3년간의 누적 평가보고서를 직접 검토하는 자리를 마련하도록 한 것이다. 수령은 임금 앞에서 3년 동안 주적한 서장과 3년 동안 고적한 계본을 설명하고, 임금은 이러한 고적을 하루 5~6명씩 하도록 했다. 다산은 이를 반드시 지켜야 하는 엄숙하고 추상(秋霜)과 같은 법이라고 강조한다.

> 자(子)·오(午)·묘(卯)·유(酉)에 해당하는 해(年)에는 입춘 날부터 삼고 수령들을 불러보는데 매일 5~6인을 만나 입하 10일 전에 마친다. 주적장을 받기를 마치면 북도의 수령은 모름지기 교체되어 돌아올 때 보도록 할 것이다 이에 입하날 어사를 보내서 입동 전에 복명(復命)하도록 한다(牧民心書, 吏典六條, 考功).

이처럼 수령이 평가 항목 가운데 대표적인 공적 중심으로 스스로의 성과를 평정하고, 그 결과를 감사에게 보고하면 감사가 이를 검토하고 다시 중요한 항목만을 선택해 조정에 보고하는 자기평가 및 상급자평가 체계와 독립 감찰기관인 암행어사에 의한 고적 내용 실사의 외부평가 체계가 절충된 모형이 제시되었다. 나아가 다산은 감사의 고적장계와 수령의 자기 치적을 보고하는 주적 문서를 동시에 조정에 올리도록 했으며, 3년 단위로 왕에게 직접 업적을 보고하도록 함으로써 수령의 책임성 확보는 물론 수령에 대한 중앙통제를 강화하도록 했다.

이와 함께, 자기평가 과정에서 발생되는 평가의 객관성 및 공정성 문제를 보완하기 위해 외부평가 기관인 암행어사를 두고 수령과 감사의 고적 보고 내용을 실사하도록 함으로써 자기평가, 상급자평가 및 외부평가가 균형을 이루는 매우 정교한 시스템을 고안했다.

> 조정에서 반포한 54개 조항이 어사의 수중에 있고, 수령이 보고한 27개 조항이 어사의 수중에 있으며, 감사가 고적한 9개 조항이 어사의 수중에 있으니 이것들을 가지고 고을로 가서 그 허실을 조사하면 누가 떨고 두려워하지 않을 자 있겠는가(牧民心書, 吏典六條, 考功).

법을 정해 3년마다 암행어사를 지방에 반드시 파견하도록 함으로써 암행어사가 파견되지 않아 수령과 향리들이 부정을 저지르고도 처벌을 면할 수 있다는 그릇된 인식을 개혁하는 계기로 삼고자 했다(牧民心書, 吏典六條, 考功; 經世遺表, 千官修制, 考績之法). 이렇게 하면 탐

그림 4-1 **3년 대비의 고적 제도(수령의 경우)**

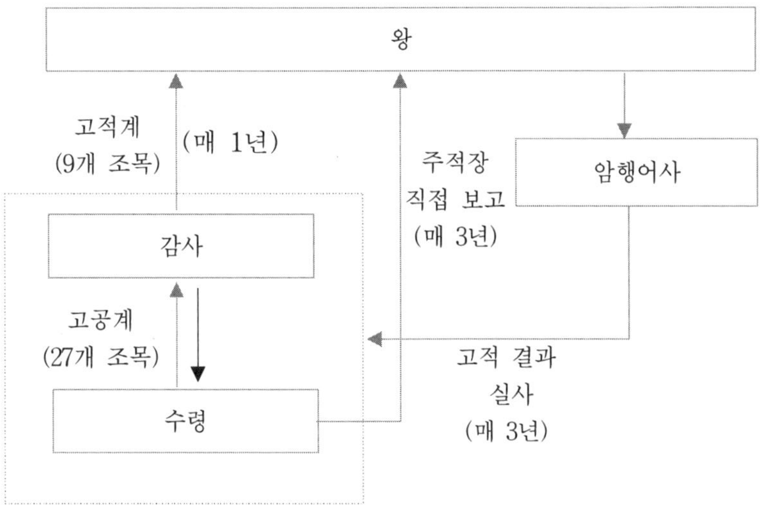

관과 간활한 아전들이 후환이 두려워 감히 방심하지 못할 것이라고 했다. 또한 감사와 수령이 동시에 재직하는 경우 감사는 명령 체계를 이용해 수령을 괴롭히거나 또는 온정주의에 빠져 수령의 잘못을 눈감아 줄 수 있는 위치에 있기 때문에 이러한 제약들로부터 자유로운 암행어사의 역할이 중요하다고 지적했다.

이상의 내용을 정리하면, [그림 4-1]에서 제시된 것처럼 '수령 → 임금'의 자기평가 체계, '수령 ⇄ 감사 → 임금'의 상급자평가 체계 및 '암행어사 → 수령(감사 포함)'의 외부평가 체계가 정교하게 결합된 평가 시스템을 제안했던 것이다.

(3) 고적 기간의 연장 및 고적 대상의 확대

다산은 올바른 고적을 위해 고적 기간을 연장해서 충분한 시간을 주고, 누적된 고적 결과를 종합하여 인사 조치를 실시할 것을 강조했다. 다산은 『경국대전』에 제시된 연 2회 고적을 비판하며, 『주례(周禮)』를 근거로 1년마다 축소해 고적을 실시해 등급을 정하며, 또한 3년마다 지난 3년간의 고적 결과를 종합해 인사 조치인 출척(黜陟)을[9] 실시할 것을 주장했다(經世遺表, 千官修制, 考績之法). 매년 두 차례 평정을 실시하는 것은 공적을 나타내기에는 짧은 기간이며, 따라서 매년 1회로 단축해 고적을 하도록 함으로써, 수령이 능력을 충분히 발휘할 시간을 부여하는 동시에 직무에 대한 책임성을 확보하며(곽효문, 1997), 평가자들에게는 고적에 필요한 충분한 자료 수집 시간을 제공하고자 하는 의도였다(송하중 · 김태영, 2006).

> 현재 우리나라 법제에는 경관이나 지방관들이 다 업적을 아뢰는 절차가 없으면서 1년에 두 번 평정하는 것을 가지고 외람되게 업적 평정이라고 운운하니 대체 무엇을 평정한다는 것인지 알 수 없다. 명목과 실지가 서로 부합되지 않는 것이 이보다 더 심한 것은 없을 것이다(經世遺表, 千官修制, 考績之法).

또한 일회성의 단기적 성과가 아닌 3년 동안의 연속적 · 누적적 평가 결과를 종합해 승진 여부를 결정해야만 공정한 인사가 될 수 있다고 보았다.

> 1년에 두 번 고과하니 또 어찌 자주자주 하는 것인가. 요순 시대의 사람들은 어질고 능하고 재주있고 지혜로운 것이 요즘 사람과 같지 않았지만 3년 이후에 그 공적을 따졌는데 요즘 사람들은 반년 이내에 고과를 하니 불가하지 않겠는가(牧民心書, 吏典六條, 考功).

다산은 새로 부임하는 수령에 대해 50일 만에 고적을 시행하는 것은 너무 짧은 기간이며, 따라서 신임 외관은 반년이 지난 다음에 고적

9) 출(黜)은 벼슬자리에서 좌천 또는 파면되는 것이고, 척(陟)은 승진하는 것을 말한다.

을 하고, 신임 경관은 90일 이후에 고적을 하는 것이 바람직하다고 했다.

이상에서도 강조한 것처럼 다산에게 엄격한 고적 제도는 곧 요순정치의 재현으로 간주될 만큼 중대한 개혁 과제였기에 왕을 제외한 모든 관리가 고적의 대상이 됨은 너무도 당연했다. 그런데 당시 대관은 고사하고 경관(京官)으로서 3품 이상인 하대부(下大夫) 이상은 모두 다 업적 평정을 받지 않았으며, 지방관으로서 관찰사와 절도사 역시 평정 절차가 규정되어 있지 않았다. 이러한 고적 제도의 미비가 국가를 피폐하게 만드는 가장 중요한 원인이라고 보았던 다산은 백성을 구원하고 왕권 중심의 통치 체제의 회복을 위해 지위 고하 구분 없이 국가의 녹봉을 받는 모든 사람을 평가해야 한다고 주장했다. 따라서 다산은 삼공(三公)이라 하여 국가의 최고 공신인 삼정승마저도 평정의 대상이 됨을 분명히 밝혔다(經世遺表, 千官修制, 考績之法). 삼정승을 포함한 조정의 관료와 지방의 수령 및 향임, 군교, 향승 및 군관, 아전, 관노 등 지위 고하를 막론하고 모든 관속이 평가 대상이 되었다.

(4) 고적 방법과 절차의 정교화

① 등급제의 세분화 및 객관적 기준을 통한 등급의 산정

다산이 제시한 고적제 개혁의 또 다른 핵심은 등급제 상대 평가이다. 물론 조선 시대에는 기본적으로 상중하 3등급의 평정 제도가 실시되었으나, 다산은 평정 대상의 품계에 따라 등급제를 세분화하여 비등급제, 3등급제, 5등급제, 또는 9등급제를 차등 적용하는 방안을 제시했다. 9등급제는 상중하 3등급마다 다시 상중하로 나눔으로써 상상(上上)에서 하하(下下)에 이르는 9개 등급으로 세분화하는 방안이다.

경관의 경우 정경(正卿) 이상의 고위직 관리에 대해서는 등급을 구분해 평정을 실시하지 아니하고 고적보고서에 기록된 내용의 진위 여

부만을 판단하도록 했다. 아경(亞卿) 이하의 품계에 대해서는 상·중·하의 3등급으로 차등 평가하도록 했다.[10] 반면 6조에 속한 세 등급의 사(士) 700여 명에 대해서는 상상에서 하하까지 9등급의 평정 제도를 적용하도록 제안했다. 외관에 대해서도 3, 5 또는 9등급을 차등해 적용하도록 했다. 외관 가운데 순영(巡營)과 중군(中軍)의 내막(內幕)과 비장(裨將)에 대해서는 3등급제를, 순찰사(巡察使)와 절도사(즉, 監司)는 5등급제를 적용하도록 했으며, 수령과 관속에 대해서는 9등급제의 적용을 받도록 했다.[11]

다산은 9등급제 평정의 경우 특히 상의 3등급과 하의 3등급에 속하는 사람들에 대한 평가를 세분화할 것을 주장했다. 그 근거로 중간 등급의 사람들은 자신이 해야 할 본분을 당연히 한 결과지만, 상과 하의 등급에 속하는 사람들은 상벌의 대상이 되므로 매우 엄격하게 할 필요가 있다는 것이다. 상의 3등급에 속하는 평정을 받은 관료는 승품과 승록 대상이 되며, 하의 3등급에 속하는 평정을 받은 관료는 강제 퇴출 대상이 되도록 했다. 특히 죄가 가벼운 경우에는 단순히 면직을 하지만, 죄가 중한 경우에는 태형, 장형, 노역형, 유배형 등의 형벌에 처하도록 했다.

다산은 또한 등급을 위한 평정에 객관적이고 공정한 기준을 적용할 것을 강조했다.

> 이상 아홉 가지 일을 모두 잘한(臧) 자는 최상등[上上]을 주며 아홉 가지 일을 다 잘못한(否) 자는 최하등[下下]을 주며 그 중 어쩌다가 한 가지 잘못이 있는 자는 상중을 삼으며 그 중 어쩌다가 잘된 것이 한 가지 있는 자는 하중(下中)을 삼는다. 이처럼 순서를 배정하되 다 잘잘못

---

10) 각 등급의 구체적인 명칭은 상고(上考), 중고(中考), 하고(下考)이다.

11) 순찰사와 절도사에 대해 5등급제를 실시하는 이유는 원래 평가 대상 인원이 적은 상황에서 강제로 상과 하에 3등급을 나누게 되는 경우 억지 평정을 할 수밖에 없다는 것이다(經世遺表, 千官修制, 考績之法).

의 숫자로써 그들의 고하(高下)를 매긴다(經世遺表, 千官修制, 考績之法).

수령의 경우 고적하는 아홉 가지 강령 가운데 우수한 사례와 미흡한 사례의 수를 비교해 등급을 산정하도록 함으로써 평정을 객관화하며, 그 결과 성과의 서열화와 등급화가 가능하다고 보았다.

② 등급별 인원의 강제 배분

등급제와 함께 등급별 인원의 분포도 고려 대상이 되었다. 다산이 제시한 등급제는 중앙 관리와 지방관 및 관속 등 모두에게 적용되며, 동시에 다산은 등급별로 강제적으로 인원 배분을 하도록 하는 강제 배분법을 제안했다. 등급제 평정을 실시하고 그 결과에 따라 인원을 강제 배분하면서 경관과 외관의 경우 상등(상위 3등급)과 하등(하위 3등급)의 인원 비율을 달리할 것을 주장했는데, 외관(지방관)은 경관에 비해 엄격하게 적용할 것을 강조했다. <표 4-5>와 <표 4-6>은 『경세유표』와 『목민심서』에 나타난 경관과 외관의 고공표를 재정리한 것이다.

〈표 4-5〉 경관의 평정표

고공표	상			중			하		
	상	중	하	상	중	하	상	중	하
이조원사	1	1	1	3	36	3	1	1	1
호조원사	1	2	3	6	75	6	3	2	1
예조학사	1	1	1	3	35	3	1	1	1
병조원사	1	1	2	4	50	4	2	1	1
능묘관	1	2	3	6	68	5	2	2	1
3국(局)	1	2	3	6	70	6	3	2	1
형조원사	1	2	2	5	64	5	2	2	1
공조원사	1	2	3	6	70	6	3	2	1

자료: 經世遺表, 千官修制, 考績之法.

〈표 4-6〉 외관의 평정표

고공표	등급	상			중			하		
		상	중	하	상	중	하	상	중	하
순찰사와 절도사(27인)	5등급	1			3	19	3	1		
수령 (경기도 37개 고을)	9등급	1	1	2	4	21	4	2	1	1
수령 (전라도 53개 고을)	9등급	1	2	2	5	33	5	2	2	1
아전 (30인의 경우)	9등급	1	2	2	3	14	3	2	2	1
향승과 군교	5등급	1인 이내						1인 이내		

자료: 『경세유표』와 『목민심서』에서 재정리.

전체적으로, 다산은 중간 등급에 해당하는 인원의 비율을 최대로 하고 최상과 최하 등급으로 갈수록 인원 비율이 낮아지도록 일정한 규칙을 적용했는데, 1/10은 상등급, 1/10을 하등급으로 분류하고, 가장 많은 8/10을 중등급으로 분류하도록 했다. 또한 상상, 상중, 상하 세 등급 인원의 합이 중상과 일치하고 하상, 하중, 하하 세 등급의 합이 중하와 일치하도록 했다. 이와 함께 규칙을 적용해 남는 수는 상등을 주도록 함으로써 벌보다 상이 많도록 했다. 다산은 이러한 규칙을 반드시 지켜야만 고적이 제대로 실시될 수 있다고 강조했다. 이러한 등급 분포는 오늘날의 '정규 분포'와 흡사하며 백분위 상대 평가 결과와도 매우 유사하다(신유근, 2006).

경관 가운데 대부(문관은 4품 이상, 무관은 2품 이상)의 경우 3등급의 등급별 강제 배분을 적용하지 않지만, 사(士)의 9개 등급을 결정할 때에는 반드시 등급별 정원제를 적용하는 강제배분제를 실시할 것을 주장했다. 평정에서 평가자에 대한 관대화의 경향을 인지했던 다산은 인원을 강제 배분하도록 함으로써 인정에 의한 평가를 방지하고자 했다(經世遺表, 千官修制, 考績之法). 다만 신임 경관의 경우 최초 3년간은 고적을 하는 대신 기예(예컨대 문신은 글쓰기, 무신은 활쏘기)를 심사받도록 함으로써, 신임 후 고적으로 인한 지나친 성과 집착의 문제를 극복하고자 했다. 다만 기예에 대한 심사 역시 9등급으로 하도록 했다. 외관인 수령과 아전에 대해서는 9등급의 강제 배분을 실시하도록 했으며, 또한 수령에 대해서는 도(道) 단위의 지역별로도 등급별 인원을 강제 배분할 것을 제안했다.

물론 다산은 강제 배분에 의한 상대 평가를 실시하는 과정에서 발생하는 문제들도 충분히 예견했다. 경관의 경우 모두 다 성과가 우수한 경우와 반대로 모두 다 미흡한 경우 평가가 제대로 이루어지지 못하며(經世遺表, 千官修制, 考績之法), 외관의 경우 어진 수령이 부족한 경우와 또 포악한 수령이 많은 경우에도 강제 배분을 실시하면 잘못된 평정이 뒤따를 수밖에 없음을 인식했다(牧民心書, 吏典六條, 考功).

그러나 다산은 이러한 문제점이 있음에도 강제 배분에 따른 상대 평가의 장점이 훨씬 크다고 역설한다. 비록 관리들이 비슷한 성과를 거둔 경우에도 강제 배분을 통한 등급의 구분은 가능하며, 더 중요한 점은 관리들이 좋은 평정 결과를 얻기 위해 오히려 열심히 노력할 수밖에 없다는 것이다. 특히 수령이 자신의 치적을 왕에게 직접 보고하는 주적(奏積) 제도에서 공적을 세우려 노력하지 않을 관리는 없다는 것이다(牧民心書, 吏典六條, 考功).

(5) 고적과 출척의 연계: 평가와 성과의 연계 및 긍정적 보상과 부정적 보상의 균형

다산이 관료의 성과관리에서 강조했던 또 다른 이슈는 긍정적 보상과 부정적 보상의 균형 및 등급별 보상의 세분화였다. 특히 다산은 승진과 같은 긍정적 인센티브가 배제되면 충분한 동기부여를 할 수 없으며, 반대로 처벌과 같은 부정적 인센티브가 배제되면 징계를 할 수 없기 때문에 근무 태만이 초래될 수밖에 없음을 강조한다. 나아가 두 가지 상반되는 보상 체계 가운데 특히 중요한 것이 긍정적 인센티브임을 강조한다.

> 대저 사람을 부리는 법은 오로지 권·징(勸懲) 두 글자에 있다. 공이 있음에도 상이 없으면 백성을 권면할 수 없고 죄가 있음에도 벌이 없으면 백성을 징계할 수 없다. 권면하지도 않고 징계하지도 않으면 만민이 해이해지고 백사가 무너지게 되니 백관과 여러 이속들도 다를 바 없는 것이다. 지금에 죄에는 벌이 있지만 공에는 상이 없다. 이 때문에 이속들의 버릇이 날로 간악한 데로 나아가는 것이다(牧民心書, 吏典六條, 考功).

고적 결과에 따른 등급별 보상의 세분화 측면에서 살펴보면, 경관과 외관에 차이는 있으나 평정 결과가 우수한 상등급(1~3등급)은 긍정적 보상을 제공하며, 반대로 평정 결과가 미흡한 하등급(7~9등급)은 부정적 보상을 제공하는 것이 주된 내용이다. 이는 징계나 처벌과 같은 부정적인 유인책만으로 관료의 성과를 관리하는 데는 한계가 있으며, 따라서 동기부여를 위한 긍정적 보상이 반드시 결합되어야 함을 보여 준다. <표 4-7>은 다산이 제시한 고적 결과에 따른 보상 체계를 재정리한 것이다.

평가 결과가 우수한 경우 경관은 품계를 올리는 승품과 가은(加恩), 녹을 증액하는 등의 보상을 제공하고, 평정 결과가 나쁜 경우 면직뿐만 아니라 태형, 장형, 노역형, 유배형 등의 처벌을 하도록 했다. 외관의 경우는 평정 결과가 우수한 경우 요직의 위임, 활이나 화살 등의 포상과 같은 긍정적인 인센티브를 제공하고, 반대로 평가 결과가 나쁜 경우 정직뿐만 아니라 강제퇴출 제도인 면직과 강제 노역을 하도록 했다.

이처럼 다산은 고적과 출척의 연계, 즉 근무성적 평가 결과와 인사의 연계를 강조했다. 다산은 매년 연말에 한 차례 고적을 실시하고, 3

〈표 4-7〉 고적 결과에 따른 보상 체계

고공표	등급	상			중			하		
		상	중	하	상	중	하	상	중	하
삼사(경관)*	9등급	승품/가은	녹 증액	포상	상벌 없음	상벌 없음	상벌 없음	처벌 ***	녹 삭감	면직/형벌
아전**12)	9등급	최상 요직 임용	차상 요직 임용	차상 요직 임용	차상 요직 임용	박한 직위 전보	6개월 정직	1년 정직	1년 정직	1년 정직/강제 노역

* 출처: 經世遺表, 千官修制, 考績之法에서 재정리.

** 출처: 牧民心書, 吏典六條, 考功에서 재정리.

*** 처벌은 태형 30대에 해당하는 속전(贖錢)을 바치는 것.

년마다 그 누적된 결과를 반영하여 경관과 외관을 대상으로 출척(黜陟), 즉 인사 조치를 실시하도록 함으로써 평가가 반드시 성과와 연계되도록 했다. 경관인 삼사의 경우 3년 동안 점수를 합계하여 최고점인 관리는 승진시키고, 최하점인 관리는 면직시키도록 했다. 3년 동안에 품계가 세 번이나 오른 경우 그 품계 위에 또 한 급을 승급하도록 했다. 외관은 경관에 비해 훨씬 더 엄격한 고적 규칙을 적용하도록 했다. 삼고수령(三考守令)은 세 차례에 걸쳐서 고적을 받은 수령으로 이들은 고적의 결과인 주적장(奏積狀)과 고적장계(考績狀啓)에 따라 승진이나 정직과 같은 인사 조치가 이루어졌다.

> 3년마다의 대비(大比)에서 삼고수령은 이미 교체되었든지 교체되지 않았든지 불문하고 모두 상경해서 임금이 부르는 것을 기다려 직접 자기 주적장을 보고하도록 한다. 3년 동안의 주적장 및 3년 동안의 고공계를 수령이 모두 직접 안고 임금 앞에 나가 무릎을 꿇고 읽되 혹 임금이 묻게 되면 즉시 그 자리에서 덧붙여 아뢰도록 한다(考績議).

12) 향승과 군교는 자리가 많지 않아서 옮겨 줄 자리가 없으면 활이나 화살, 필묵 따위로 차별을 두어 시상을 하고 모두 첩문(帖文)을 주었다(牧民心書, 吏典六條, 考功).

한편 평가 결과가 뛰어난 경우 특별 승진이 가능하도록 함으로써 성과 우수자에 대한 배려도 했다. 이는 당시의 행수법(行守法)에 따라 품계가 낮아도 능력이 뛰어난 경우 상위 품계의 관직에 보임되는 인사 제도와도 부합한다.

3년 만에 체임하는 것이 더딘 듯하나 3년 만에 고적하는 것은 요순이 정한 법이다. 3년이 못 되어서, 공적도 없는데 어찌해서 별안간에 전임하고 승진시키는 것인가? 그러나 특이한 공능(功能)이 있는 자는 대신이 특히 주청해서 승진시키기도 하고, 임금이 특히 발탁해서 임용하기도 하여 이 제한을 받지 않는다(經世遺表, 千官修制, 三班官制).

(6) 고적의 문서화와 고적보고서의 보관

다산은 관료의 근무성적 평정 결과를 고적장계에 기술·보고할 때 그 내용이 지나치게 단순함을 비판했다. 앞의 <표 4-2>에서 제시된 것처럼 당시 고적 결과 보고서의 제목이 보통 4절(節) 2구(句) 여덟 글자에 불과해 그 내용이 지나치게 단순하며, 따라서 이러한 상황에서 엄격한 고적은 당연히 불가능하다는 것이다. 다산은 <표 4-2>에 예시된 따위의 제목은 모두 일을 보지 않고 녹봉을 축내고 자리를 병들게 하는 자의 제목이라고 강하게 비판한다. 따라서 글자 수에 구애받지 말고 수령의 잘잘못을 세세히 기록하는 것이 바람직하다는 것이다. <표 4-8>은 다산이 예시한 바람직한 형태의 고적장계를 표로 재구성한 것이다.

이와 함께 다산은 고적 결과를 반드시 문서로 기록·보고할 것을 주장했다.

문건 보고는 냉혹한 말로써의 보고보다는 못하다. 그러나 고금이 그 방법을 달리해야 하는 만큼 경관은 위로 대신으로부터 밑으로 말단 직책에 이르기까지 다 문건으로 보고를 허용하며 오직 지방관에게는 위로

〈표 4-8〉 수령의 고적장계의 예시

평가 항목	평가 내용	평정
율기(律己)	가권(家眷)을 데리고 오지 않았고 자제와 친우들을 모두 내아(內衙)에 두고 정당(政堂)에 나오지 못하게 했다.	장
봉공(奉公)	문보(文報)가 기한을 넘기지 않았으며, 관아 이민(吏民)이 지시 사항을 기한에 앞서 실천한 자에 대해 관에서 시상을 했다.	장
애민(愛民)	양로연을 하는데 인구를 부르기를 너무 심하게 해서 백성들이 혹 말이 있었다.	부
이전(吏典)	공사(貢士) 7인을 했는데 모두 공론에 맞았고 성시(省試)에 발해(發解)한 자가 다른 고을에 비해 유독 많았다.	장
호전(戶典)	상평창(常平倉) 곡식의 곡가를 정하는 데 억지로 5푼을 감해서 백성들이 혹 말이 있었다.	부
예전(禮典)	향교(鄕校)에 출입하는 자들이 명륜당(明倫堂)에서 싸움질을 했는데 사정에 끌려 다스리지 않으매 선비들의 습속이 무너졌다.	부
병전(兵典)	무사들이 교련을 받는데 한결같이 제식을 준수하여 그 무예가 정통하고 숙달되었다.	장
형전(刑典)	송사(訟事)를 처리할 때 백성들로 하여금 원고와 피고를 대질시키고 판결이 난 다음에 송사에 패한 자를 다스리니 수십 년 미결 상태의 송사가 많이 해결되었다.	장
공전(工典)	황폐한 저수지 일곱 곳이 모두 메워져 있는데 파낼 생각을 하지 않았다.	부
평정 결과	이상 '장(臧)'이 5개 조목이고 '부(否)'가 4개 조목이니 '중중'으로 매긴다.	

* 장(臧): 우수, 부(否): 미흡.

감사로부터 밑으로 변장(邊將)에 이르기까지 다 연말에 그의 업적 보고서를 올리게 할 것이다(經世遺表, 千官修制, 考績之法).

또한 평정 대상의 성과관리기록부를 비치해 두고 모든 향임(鄕任)

과 군교(軍校) 및 아전과 하례(下隷)들의 고적과 관련된 모든 공과를 세세히 기록하도록 했다(牧民心書, 吏典六條, 考功). 이를 통해 감정이나 선입견에 의한 평정의 오류를 최소화하고 객관적 평정이 가능하도록 했다. 또한 평정 결과의 수용성을 제고하는 데도 기여했다. 이와 함께 수령의 고적보고서인 주적장을 감영에서 함부로 폐기하는 행위도 금하도록 했다. 이는 특정인을 의도적으로 고적에서 제외하거나 고적이 자의적으로 이루어지는 폐단을 막기 위한 조치였으며, 정실인사를 예방하는 데도 기여했다.[13)]

> 수령의 주적장을 감영에서 없애는 것은 불가하다. 비록 9등급의 고적이 보고된 고적장에 따르지 않았더라도 그 문서는 의당 조정에 올리도록 한다. 법을 원래 이같이 하면 감사는 필시 그 실적을 감히 은폐하고 사사로이 그 사람을 깎아내리지 못할 것이다(經世遺表, 千官修制, 考績之法; 牧民心書, 吏典六條, 考功).

(7) 공정한 고적을 위한 수령의 임기 보장

다산은 당시 3년으로(세종실록, 52권 2장) 임기가 정해져 있음에도 불구하고 실제는 1~2년에 불과했던 수령의 임기를 6년으로 해야 한다고 주장한다. 수령이 먼저 오래 수령 직위에 있은 후에나 고적이 가능한 것이지, 임기가 짧은 경우 제대로 된 고적은 불가능하다는 것이다. 수령의 빈번한 교체는 지방의 이속과 향리들을 수령이 적절히 통제하기가 매우 어려우며, 또한 고적 역시 제대로 이루어지기 어렵다고 보았다.

> 20년 이래 수령들이 자주 교체되어 오래가 봐야 2년이요 나머지는 혹

13) 요즈음 관례를 보면 아전과 노속(奴屬)으로 신관(新官)을 모시고 오거나 내행(內行)을 모시고 온 자는 그 명년에 반드시 좋은 자리를 얻게 되는데 이는 사적인 일로 공적인 상을 수여하는 셈이다(牧民心書, 吏典六條, 考功).

> 1년에 끝나기도 한다. 이 법이 고쳐지지 않으면 이민(吏民)들이 항구적인 계책이 없고 고공의 법도 웃음거리만 될 뿐이다(牧民心書, 吏典六條, 考功).

따라서 하등으로 면직되는 경우에도 1년 단위로 고적을 하게 되면 적어도 1년의 임기가 보장되며, 2번의 중등으로 면직되던 것을 3년 대비까지는 임기를 유지하도록 함으로써 업무 수행의 지속성과 독립성을 보장해 주고자 했다.

4 해석과 시사점

200여 년 전 다산 정약용은 엄격한 성과관리의 중요성을 인식하고 당시 중앙 및 지방 관리의 성과관리 시스템인 고적제에 대한 개혁안을 제시했다. 비록 다산의 성과관리 개혁안들이 실제 정책에 반영되지 못한 한계는 있으나, 이러한 다산의 개혁 사상에 대한 체계적인 연구를 통해 오늘의 개혁 노력들이 전통으로부터 얻을 수 있는 유용한 시사점을 도출하고, 한국적 맥락에 좀 더 적합한 성과관리모형의 이론적・역사적 기반을 마련할 수 있을 것이다. 다산의 고적제 개혁이 오늘의 성과관리에 던지는 중요한 함의들은 다음과 같이 요약된다.

첫째, 공무원 성과평가 시스템의 정교화이다. 다산에게서 고적제 개혁의 핵심 과제는 좀 더 객관적이고 구체적인 평가지표의 개발을 포함한 정교한 평가모형의 개발이었다. 마찬가지로 현재 행정에서도 가장 핵심적인 개혁 과제 중의 하나는 공무원의 성과를 제대로 측정하고 올바르게 평가하는 일이다. 이러한 상황에서 다산의 평가지표의 객관화 및 정교화, 평가등급제의 세분화 노력은 현재의 평가모형 개발 원칙과도 일치한다.

둘째, 내부평가와 외부평가의 균형의 필요성이다. 다산은 수령 스스로의 자기평정인 주적과 상급자인 감사에 의한 평정인 고적을 포함하는 내부평가는 물론 암행어사에 의한 외부평가의 정교한 결합을 강조했다. 특히 관료 스스로 자신의 업적을 보고하는 주적이 외부기관에 의한 평가에 선행되어야 함을 강조한 점은 최근 강조되는 자체평가 중심의 평가 체계 개선 노력과도 부합한다.

셋째, 근무성적 평가 결과와 인사의 연계이다. 다산은 우수 등급을 받은 관리는 반드시 승진시키고, 최하위 등급을 받은 관리는 반드시 해임시키도록 했다. 무능한 공직자에 대한 퇴출 제도가 엄격히 시행될 수 있어야만 요순 정치가 재현될 수 있고, 그렇지 못하면 백성은 도탄에 빠지고 나라는 피폐하게 된다고 역설했다. 이는 최근 공직사회 개혁을 위해 여러 자치단체들에서 앞다투어 실시하는 공무원 강제퇴출제와 정확히 일치하고 있으며, 평가 시스템 측면에서 오히려 지금의 공무원 퇴출제보다 더 정교한 평가 시스템으로 여겨진다(박석무, 2007).

새로운 정부가 출범할 때마다 변화와 개혁은 공직사회의 가장 중요한 화두이다. 그러나 개혁의 모델과 이론들을 미국을 비롯한 서구 선진국들로부터 차용하는 데 급급함으로써 우리 현실에 적합한 한국적 모델을 만드는 데는 상당한 한계를 드러내 왔다. 다산의 고적제 개혁안은 한국적 맥락에서 관료제의 효율성과 생산성을 제고하기 위한 성과관리모형을 개발하는 단초를 제공하며, 무비판적으로 서구의 모델에만 주목하기에 앞서 선현의 지혜를 다시 떠올리게 하기에 전혀 부족함이 없다.

참고 문헌

곽효문(1997). 정약용의 인사행정개혁론. 『한국행정사학지』, 5(1): 219-241.
박석무(2007). 공직자도 퇴출해야 한다. 『풀어쓰는 다산 이야기』, 다산연구소.

배병삼(2002). 다산의 유학세계: 고적제의 정치학. 『동양정치사상사』, 1(1): 101-138.

송하중·김태영(2006). 다산의 인사행정개혁에 대한 이해. 『정부학연구』, 12(1): 7-29.

신유근(2006). 『전통과 사람관리』. 서울: 서울대학교출판부.

윤재풍(1982). 다산의 행정사상. 정산 김운태 박사 회갑기념 논문집, 『한국정치행정의 체계』, 서울: 박영사.

장동희(2003). 『경세유표』를 통해 본 다산의 인사행정 개혁론. 『한국사회와 행정연구』, 13(4): 1-15.

정약용(다산연구회 역주)(1984). 『역주 목민심서(牧民心書)』. 서울: 창작과비평사.

정약용(민족문화추진회 편, 이익성 역)(2002). 『경세유표』. 서울: 한길사.

제5장 교육훈련

진종순

1 서 론

다산(茶山) 정약용(丁若鏞)의 관리 교육훈련과 관련된 저술은 한마디로 "윤리적이며 실무 능력을 갖춘 관리의 양성"이 목적이었다. 따라서 다산의 관리 교육훈련 방안은 그의 국가개혁 또는 행정개혁이라는 큰 틀의 일부분으로 이해되어야 한다. 즉 그의 관리 교육훈련 방안은 왕권 중심 사회개혁의 주체가 될 전문성을 지닌 윤리적인 인적 자원의 확보라는 기능을 수행하는 것을 목표로 하고 있다(임재윤, 1999: 31). 구체적으로 다음과 같이 다산의 관리 교육훈련 방안을 정리할 수 있다(임재윤, 1999). 우선 엘리트를 양성하는 태학(太學)의 위상을 강화한다. 그리고 엄격한 절차에 따라 선발된 선사(選士)로 하여금 예비선사인 학도를 교육시키도록 함으로써 하급자를 관리하는 기회를 부여한다. 또한 선사의 교육 영역을 5대 영역으로 세분하여 전문성을 높이도록 하고, 향삼물(鄕三物)의 교육을 통해 윤리적인 관리를 양성한다. 하지만 일종의 예비 관리인 양반에 대한 엘리트 교육과는 달리, 일반 백성은 단순한 교화의 대상으로 인지된다.

다산의 저서에 현대의 공무원 교육훈련 제도와 직접 연관되는 내용은 많지 않다. 즉 관리로 임용된 후의 공식적인 교육훈련 과정은 거의 언급되고 있지 않다. 관리의 역량을 제고하기 위해 교육훈련 과정을 개설하기보다는 단순히 업무 실적에 따라 상벌을 주는 것에 그치고 있으며, 개인의 자율적인 학습이 주를 이룬다.[1] 이러한 인식은 다음의 글에서도 잘 드러난다.

> 생각건대, 3년 만에 고예(考藝)하면 신진들 포부의 허실이 나타난다. …… 만약 문신으로서 전혀 글을 짓지 못하거나 무신으로서 전혀 활줄을 당기지 못하면, 그 차술(借述)·대사(代射)임을 밝혀서 아뢰어 과방(科榜)을 삭제한다. 그렇지 않은 자는 비록 하지하(下之下)에 놓였더라도 면직시키지는 않고, 다만 녹을 감하고 벌번(罰番)을 세우며 홍문록을 할 때에 참여시키지 않을 뿐이다(經世遺表, 天官修制, 考績之法).

그렇다면 다산의 행정사상과 관리의 교육훈련 제도와 관련해 어떻게 시사점을 이끌어 낼 것인가? 이는 일종의 엘리트 교육인 양반 교육이 공무원 교육훈련과 유사한 의미를 가졌다고 볼 때 가능할 것이다.[2] 물론 조선 후기에 들어서는 인사의 적체로 인해 그 의미가 많이 퇴색되었으나, 조선 시대의 양반은 현대의 공무원 임용을 위한 인재풀과 같이 언제든지 관리 임용이 가능한 하나의 상비군으로서 기능했던 것으로 보인다. 이런 의미에서 과거(科擧) 합격은 이미 속한 인재풀에서 관리로 임용될 가능성이 커졌다는 의미이지, 전 국민을 대상으로 하는 현대의 공무원 임용 고시 합격과는 다소 차이가 있다고 이해해야 할 듯하다. 조선 시대에는 과거 이외에도 현대의 추천제, 개방형 직위제와 유사한 천거제(薦擧制), 남행(南行), 음직(蔭職) 등의 등용문

---

1) 현직 관리의 실력 연마와 정진을 격려하기 위한 일종의 승진 시험인 중시(重試)가 있었으나, 10년에 한 번 정도 실시되었으므로 실제로 효과가 있었다고 보기는 힘들다(문정식, 2001).

2) 조선 시대의 호적이 남아 있는 대구 지방의 기록인 호구 총수(戶口總數))에 따르면, 다산이 살았던 1783년 정조 7년에는 양반 37.5%, 상민 57.5%, 천민 5% 정도의 비율을 이루고 있었다. 이는 숙종(1690년) 당시 양반 9.2%, 상민 53.7%, 천민 37.1%와 큰 차이를 보여 준다. 여기에서 양반이란 사대부 중 3대 내에 진사 이상의 관작을 딴 경우를 의미한다.

이 있었는데 이를 보아도, 양반에 대한 엘리트 교육은 현대의 공무원 교육훈련과 어느 정도 일맥 상통한다고 볼 수 있을 듯하다.

이 장은 관료의 교육훈련에 관한 다산의 행정사상을 해석하기 위해 우선 그가 살았던 조선 후기의 사회 상황을 살펴본 후, 관리의 교육훈련과 관련된 다산의 서술, 특히 천거제와 과거제를 고찰한다. 조선 시대의 천거제는 현대의 개방형 직위제와 유사한 역할을 했으며, 다산의 관리교육 사상을 설명하는 데 중심이 된다. 다음으로, 다산의 관리 교육훈련 방안을 그가 강조한 실무 중심의 교육훈련, 인성교육, 참여적인 학습을 중심으로 살펴본다. 마지막으로, 이러한 분석을 토대로 그의 관리 교육훈련 사상과 방안이 주는 시사점을 도출한다.

2 조선 후기의 관리 임용

다산이 본 조선 후기 경학(經學) 연구의 가장 큰 문제점은 과거의 시대상을 감안하지 않고 조선 후기 현재의 관점에서 고전의 단어를 해석한다는 것이었다. 이로 인해 단어 본래의 뜻이 왜곡되고, 결국 문장의 의미도 곡해된다는 것이다(배병삼, 1996). 이러한 다산의 시각은 오늘날 그의 저서를 해석하는 데 시사점을 제공한다. 즉 다산이 과거의 학문을 연구하기 위해 그랬듯이, 현대에 다산의 사상을 올바르게 해석하기 위해서는 그가 살았던 조선 후기의 사회를 살펴보아야 한다. 이러한 논지에서 이 글은 다산의 관리 교육훈련 방안을 살펴보기 전에 조선 후기의 사회상과 제도를 살펴보기로 한다.

18세기 말에서 19세기 초까지 조선은 상업이 발달하면서 빈부 격차가 심화되고 향촌 사회가 급격히 해체되었다. 이러한 변화 속에서 경제력을 갖춘 상인 세력과 중인·서얼 등은 자신의 사회적 지위를 상승시키려 노력하고 있었다. 기존의 사회 질서가 해체되는 상황이었던 것이다(곽효문, 1997). 하지만 동시에 백성의 수탈 체제는 고려 시대 이래로 조선 시대까지 제도화되어 지속되었고, 조선 후기 임진왜란과 병자호란의 양대 전란을 겪은 이후 상황은 더욱 악화되고 있었다(이익성, 1997: 41). 다산은 당시의 사회를 "털끝 하나 병들지 않은 곳이 없는 나라, 지금이라도 고치지 않으면 반드시 나라가 망한 다음이라야 고칠 수밖에 없는"(經世遺表, 邦禮艸本, 序) 상황이라고 묘사했다. 따라서 이러한 심각한 사회 문제는 절대로 "충신과 지사가 팔짱을 낀 채 방관하고 있을 수 있는 일"(經世遺表, 邦禮艸本, 序)이 아니라는 것이다. 실로 조선 후기 사회는 왕권의 약화와 당쟁의 격화, 그리고 이에 따른 극심한 부패 사회의 전형을 보여 준다.[3]

다산은 조선 후기 사회 문제의 원인을 여러 가지로 진단하고 있는데, 특히 인사행정과 관련된 경우에는 관리 임용 제도의 폐단이 그 원인이라고 분석했다.[4] 부정한 경로로 관리가 된 경우, 자신이 투자한 돈(뇌물)을 회수하기 위해 다시 농민을 수탈하게 되어 결국 전 사회적인 문제인 이른바 삼정(三政)의 문란으로 비화됨을 지적한 것이다.[5] 다산은 고려 광종이 후주인 쌍기의 건의를 받아들여 도입한 과거제를 조선이 제대로 시행하지 못했다고 지적한다. 인재를 선발하기 위해 선비들을 모집하여 그들의 글을 시험했으나 제도의 시행에 필요한 세밀한 구조와 절차를 도입하지는 못했다는 것이다(經世遺表, 天官修制, 考績之法; 장동희, 2003: 9). 특히, 조선 후기에 이르러 과거 시험은 과도하게 규격화되고 형식화되었다.

---

3) 조선 시대 관료 제도의 약화는 왕권의 약화로 직결되었다(강석화, 1989: 199, 201).

4) 고위층 자제에게 해택을 주는 별과(別科)의 증가는 고위층의 자제가 구태여 성균관에서 교육받을 필요성을 줄였으며, 따라서 하위 계급의 사람이 성균관에 입학하게 되어(조성을, 1995) 결과적으로 기존의 질서가 파괴되는 현상을 가져왔다.

5) 조선 후기에는 어떤 경우 약 500개의 관직에 임용되기 위해 2,330명의 후보자가 대기하고 있었다고 한다. 관리의 평균 재직 기간이 20여 년이라고 할 때, 얼마나 많은 대기자들이 얼마나 오래 기다리고 있었는지 짐작할 수 있다. 그 당연한 귀결로, 관직을 얻기 위한 치열한 경쟁이 당쟁의 형식으로 벌어지게 되었다(곽효문, 1997: 227). 조선에서는 관리의 퇴직 후에도 신분과 생활을 보장해 주었는데, 그 인원이 정식 관리 수의 4~5배에 이르렀다고 한다(문정식, 2001).

> 한(漢)·위(魏)·당(唐)·송(宋)에서 아래로 명(明)·청(淸)에 미치도록…… 대략 선발한 다음에 천거가 있고 천거가 있은 다음에 시험이 있었던 것은 그렇지 않았던 때가 없었는데, 오직 우리나라의 법만은 천거하지 않고 시험을 보며, 오늘에 와서는 천 가지 병통과 백 가지 폐단이 모두 여기에 연유해서 일어나고 있으니, 이 법을 고치지 않고서는 비록 장량(張良)·진평(陳平) 같은 지혜가 있다 하더라도 그 폐단을 구해 내지 못할 것이다(經世遺表, 春官修制, 科擧之規).

조선 시대의 천거제는 다음과 같이 운영되었다. 매년 의정부와 육조의 당상관이 관찰사가 될 만한 후보를, 양사(兩司)의 관원이 절도사가 될 만한 후보를 추천했고, 충훈사에서는 공신의 자손으로서 관원의 능력을 갖춘 후보를 추천했으며, 문반 3품 이상의 관원은 수령이 될 만한 후보를, 무반 2품 이상의 관원은 만호가 될 만한 후보 3인을 각각 추천했다(문정식, 2001: 145). 추천된 후보는 관리로 임용되었는데, 천거제가 과거제와 연계되어 운영되지 않았으며, 별개의 관리 임용 제도로 활용되고 있었음을 알 수 있다.

다산은 천거제의 문제점을 다음과 같이 언급하면서, 과거제는 반드시 천거제와 함께 활용되어야 함을 역설한다.

> 중국에서 시행하는 과거 규정은 당나라 초기부터 벌써 향거(鄕擧)하도록 했고, 천거가 있은 다음이라야 과거에 응시했으므로 응거(應擧)라고 이른 것인데, 지금 우리나라 사람은 천거도 없이 응시하면서도 외람되게 응거라고 하니 명실이 서로 맞지 않음이 모두 이와 같다(經世遺表, 春官修制, 選科擧之規).

천거제의 강조는 양반의 교육이 현대의 공무원 교육훈련과 유사한 의미를 갖는다고 할 때, 공무원 시험처럼 등급을 매겨 선발·임용하는 것이 아니라, 후보자의 학습 정도를 교육자 혹은 내·외부평가자가 평가해서 추천하는 방법을 주장하는 것이었다고 해석할 수 있다.[6] 현재 중앙공무원교육원의 고위정책 과정과 고위공무원단 후보자 과정 등에서는 교육훈련에 참여한 스폰서(sponsor), 퍼실리테이터(facilitator), 멘토(mentor) 등이 교육 참가자를 평가하는데, 이는 천거제와 일맥 상통한다. 다산은 다음과 같은 예를 들며, 천거제의 의미를 강조한다.

> 치선(治選)하는 법은 과거라는 명목만으로는 나라 인재를 다 뽑기에 부족하기 때문이다. …… 전일에 한 선비를 보았는데 육경을 널리 꿰뚫고 여러 사서에도 거침없이 통했으며 역상(曆象)에 정통하고 수리(數理)에도 밝아서…… 그러나 다만 문학의 재주가 지극히 졸렬하고 거칠어서 종일토록 창자를 쥐어짜도 두어 편의 문장도 이루지 못하니 …… 내가 이런 사람을 직접 보았으므로, 과거로 어진 사람을 다 뽑아내기에는 부족하다는 것을 알았다 (經世遺表, 春官修制, 選科擧之規).

다산이 과거 제도의 폐단을 지적한 것은 과거 제도 자체의 문제도 있으나, 이와 함께 제도의 운영에서 나타났던 문제점도 그 원인이라고 보아야 한다. 조선 후기 과거 제도의 폐단은 이미 개인의 수준을 넘어 제도적인 부정과 부패로 변질되었다. 따라서, 매관매직이 공공연히 성행했고 인재 등용이라는 제도의 본래 취지를 무색하게 하고 있었다. 일례로, 소속 당에서 정권을 잡으면 당세를 확장하기 위해 과거 시험을 자주 열어 자기 당의 자제들을 부정하게 합격시키는 경우도 있었다 (이상엽, 2002: 166). 관리가 승진하기 위해서는 다양한 경험이 요구되었는데, 이는 충분한 직위를 섭렵하는 것을 의미한다. 다양한 경험의 요구는 인사 적체의 문제와 함께 어우러져 수령들의 빈번한 교체라는 결과를 가져오게 되었다. 이러한 결과, 수령들은 직무보다는 단시일 내에 수령이 되기 위해 투자한 비용(뇌물)을 회수하는 데 더욱더 열을 올리게 되었고 부정은 극심해 갔다. 즉 조선 시대의 심각한 부패

---

6) 조선 시대에는 양반 자제 이외에는 과거의 응시 자격이 주어지지 않았다.

는 개인적인 이유보다는 제도 운영의 폐단에 따른 것이라고 이해해야 한다.

3 다산의 관리 교육훈련

1) 다산의 교육훈련 사상

다산의 사상이 특별한 이유는 무엇인가? 그리고 그의 사상이 우리에게 주는 시사점은 무엇인가? 다산 사상의 특징은 유교에 바탕을 두면서 실학의 실용주의 원칙을 활용해 유교 경전을 재해석함으로써 기존의 유교 이론과는 다른 독특한 사상을 펼친 데 있다(박충석, 1983). 성리학에 따르면 만물은 이(理)와 기(氣)로 구성되는데, 이(理)는 만물의 생성 원리이자 불변의 원리이며, 기(氣)는 음양오행(陰陽五行)의 작용으로 만물의 형질을 이루는 것이다. 성리학에서 주장하는 인간의 윤리는 만물의 생성 원리인 이(理)에 바탕을 둔 것으로서 자연 법칙과 인간 윤리는 근본적으로 동일하다. 이렇게 볼 때, 성리학에서 해석하는 인간은 자연 법칙에 지배되는 종속적인 존재이다. 이에 비해, 다산은 이(理)를 천명(天命)이나 윤리의 근원으로 보는 주자(朱子)의 견해를 부인한다(강석화, 1989: 187). 다산이 해석하는 인간은 능동적이고 독립적인 존재이다. 또한 인간의 본성은 고칠 수 있는 것이다. 즉 다산의 사상이 당시의 학자와 다른 점은 이러한 인간에 대한 독창적인 해석에 있다. 그는 인간을 스스로 선택할 수 있는 권한과 능력을 가진 하나의 독립적인 주체로 해석하는 것이다(임재윤, 1999: 43). 따라서 하나의 인격체로서 능력과 권한, 욕구를 가진 인간을 다스리기 위해서는 억압적인 방법이 아니라, 그의 욕구(감정, 재화, 이익 등)를 충족시키는 인센티브를 활용해야 한다는 결론에 이르게 된다.[7] 다산의 관리

---

7) 이는 인간은 본질적으로 'economic man'이라는 현대의 공공선택이론(public choice

교육훈련에 관한 언급도 이러한 자율적 · 독립적인 존재라는 인간 해석에 바탕을 둔다.

(1) 교육 대상에 따른 교육 방안의 차별화

다산의 교육훈련은 크게 관리에 관한 것과 일반 백성에 관한 것의 두 가지로 구분된다. 이 글은 이러한 두 교육 체계 가운데 관리에 대한 교육훈련을 분석 대상으로 한다. 관리에 대한 교육은 지금의 엘리트 교육과도 일맥 상통하며, 다산이 엘리트 교육과 일반 백성에 대한 교육에 확연한 차이를 둔 이유는 양반제의 옹호 때문이다. 즉 신분에 따른 교육의 차이가 필요하다는 주장인데, 다음의 글은 다산의 양반제 옹호 주장을 잘 나타낸다.

> 생각건대, 『주례(周禮)』에 백성을 가르치는 법은 육향(六鄕)에 그쳤고, 육향 외에 백성을 가르친다는 말은 없었다. 대개 선왕의 법은 사(士) · 농(農) · 공(工) · 상(商)의 네 부류로 분간해서, 사는 자와 더불어 살고, 농은 농과 더불어 살며, 온갖 공장(工匠)은 가게에 있고, 장사들은 저자에 앉아서 서로 섞이지 않았다 (經世遺表, 地官修制, 敎民之法).

다산은 관리에 대한 교육과 일반 백성에 대한 교육을 담당하는 부서를 명확히 구분하고 있다. 예조(禮曹)가 관장하는 태학(太學)은 국자(國子)와 공족(公族)의 자제를 교육하는 엘리트 교육기관이다. 태학에서 수학하는 이들과는 별도로 만민(萬民), 즉 일반 백성은 대사도(大司徒) 또는 사도(司徒)에게 가르침을 받는데, 사도는 주례의 지관(地官)을 지칭한다고 한다 (經世遺表, 春官禮曹, 禮官之屬). 그러므로 교육과 과거를 담당하는 부처인 예조가 아닌, 호구(戶口), 공부(貢賦) 및 경제를 담당하는 부처인 호조(戶曹)의 책임자, 즉 호조판서가 만민

---

theory)의 기본 가정과도 일맥 상통한다고 볼 수 있다.

의 교육을 책임지게 된다는 것이다(임재윤, 1999: 151). 일반 백성에 대한 교육을 호조에서 담당하게 한 것은 교육이 제대로 이루어지기 위해서는 정전(井田)이 마련되어야 한다는 그의 언급과 같이, 경제와 교육 간의 밀접한 연관성을 염두에 둔 것이었다(조성을, 1995: 39).

각 교육기관에서의 교육 내용에도 차이가 있었는데, 태학에서는 예악(禮樂)과 육덕(六德)이, 향학에서는 오교(五敎)와 향삼물(鄕三物)이 주된 교육 과목이었다. 다산이 주장한 양반에 대한 엘리트 교육의 내용을 좀 더 자세히 살펴보면 다음과 같다. 예전 여섯 조목 가운데 하나는 "학교를 진흥(振興)시키는 일이다. 고을의 귀족은 학궁(學宮)에서 가르친다. 오륜(五倫)·사술(四術)·육예(六藝)를 가르쳐 인재를 만든다"(經世遺表, 天官修制, 考績之法)고 했다. 일반 백성에 관해서는 다산은 호전 여섯 조목 가운데 하나는 "백성을 교육하는 것인데…… 향약(鄕約)을 만들고 백성에게 오륜(五倫)을 가르쳐서 우매한 자는 깨우쳐 가르치고, 강포(强暴)한 자는 징계해 가르친다"(經世遺表, 天官修制, 考績之法)고 했다.

다산의 교육 대상에 따른 차별화된 교육 방안은 사민구직(四民九職)이라는 계급 제도의 틀을 유지함으로써 분업을 통한 사회 기능의 극대화를 목표로 한다. 하지만 이를 보고 다산이 전근대적인 사고에서 벗어나지 못했다고 비판하는 것은 무리가 있는 듯하다. 그가 계급 제도를 주장한 것은 당시 조선 후기 사회에서 당쟁(黨爭)의 격화, 노론(老論)의 일당전제(一黨專制), 왕실 외척 등의 득세로 인해 사회의 질서가 흐트러지게 되었으며, 이러한 사회 질서의 문란이 사회 폐단의 원인이라는 문제 의식 때문이라고 이해해야 할 것이다. 결과적으로 사회 폐단을 줄여 백성을 편안하게 하기 위한 하나의 방책으로 왕권의 강화와 사회 계급 질서의 유지를 주장했다고 봐야 한다.[8)]

---

8) 이러한 주장은 헌팅턴(Huntington, 1968)의 민주주의와 사회 안정 간에 어떤 것이 선행되어야 하는가의 논의와도 일맥 상통한다고 볼 수 있다.

(2) 천거제와 과거제의 결합

양반에 대한 엘리트 교육이 공무원의 교육훈련과 유사한 의미를 갖는다고 할 때, 조선 시대 양반의 교육에서 과거 제도는 그 중심에 있었다. 이러한 현실에 대해, 다산은 관리 임용의 주된 통로인 과거제가 대폭 수정되어 제한적인 역할만을 담당해야 한다고 주장한다. 다산은 과거제의 문제점을 보완하기 위한 방안으로 천거제를 주장하는데, 그의 이러한 주장은 현대의 개방형 직위제와 일맥 상통한다. 그는 교수를 등용할 때 다음과 같이 널리 인재를 구해야 한다고 말한다.

> 동쪽 마을 사람이 혹 서쪽 마을 선비를 추천하며, 남쪽 마을 사람이 혹 북쪽 마을 선비를 추천해서 반드시 그 마을만 각각 주장할 것이 없다(經世遺表, 地官修制, 敎民之法).

존현능사(尊賢能使)라는 유교의 행정 이념을 토대로 하는 천거제는 과거 응시자를 지방에서 추천하는 제도이다. 조선 시대의 수령 천거권은 태종 1년에 삼부와 대간, 이·병조로 축소되었으며, 뒤에 다시 조정되어 동반(東班) 3품, 서반(西班) 2품 이상의 관원들로 하여금 매년 1월에 수령직에 합당한 인물을 천거하도록 하되 천거받은 자가 죄를 짓게 되면 천거자도 처벌된다고 규정했다(이상엽, 2002: 159). 이러한 천거제는 조선 후기까지 유지되었지만, 중국에서는 천거제의 절차와 과정이 비교적 충실히 지켜졌는데 반해 조선에서는 지켜지지 않고 있었다고 하는데, 다산은 당시 천거제의 문제점을 다음과 같이 지적한다(장동희, 2003: 9).

> 살피건대, 삼대의 제도는 모두 이(里)에서 선발하고, 향에서 천거했고, 한(漢)·위(魏) 시대에도 오히려 이 법을 시행했는데, 당나라 이래로 과거법이 나오면서 이(里)에서 선발하던 법이 없어져 버렸다(經世遺表,

地官修制, 敎民之法).

조선 시대의 과거 시험은 글을 암기하고 일정한 형식의 글을 짓는 제술(製述)이 주를 이루었다(이원균, 2001; 이상엽, 2002: 166). 따라서 과거 시험의 준비도 글의 의미를 깊이 있게 학습하는 것이 아니라, 표면적으로 암기하면서 출제될 만한 문자를 찾아내는 식의 학습이 주를 이루었다. 성호(星湖) 이익(李瀷)은 이러한 과거 제도의 비실용성에 대해 다음과 같이 비판했다.

> 과거 공부는 글을 외우고 짓는 따위의 말단적인 일에 불과하다. 세상에 태어나서 머리털이 채 마르기도 전에 과거에 대한 공부만 하므로 요행히 과거에 급제해도 그 배운 것은 여전히 서투르고 거칠어서 여태까지 배운 것이 소용이 없고, 실제로 쓰이는 것도 배운 것이 아니다(星湖僿說, 人事門).

이러한 과거 제도의 문제점을 개선하기 위해 다산이 주장한 개혁안의 기본 방향은 각 지방에서 인재를 추천한 후, 이들을 모아 다시 중앙에서 시험을 보는 방식이다. 다산은 다음과 같이 천거제와 과거제를 모두 활용한 관리의 선발 절차를 상세히 서술하고 있다. 첫째, 주(州), 군(郡), 현(縣), 읍(邑)에서 과거 응시자를 천거한다. 여기에서 선발된 자를 선사(選士)라고 칭한다. 둘째, 전국적으로 2,880명의 선사 중에서 2/3(약 1,920명)를 과거 응시자(擧子)로 선발한다. 셋째, 과거 응시자를 성 내 몇 개의 주(州)에 모아 시험(州試)하여 1/2을 선발한다. 넷째, 주시에서 선발된 자를 성(省)에 모아 시험(省試)하여 1/2을 선발한다. 다섯째, 성시에서 합격한 자를 서울에 모아 시험(會試)하여 1/2인 240명의 진사(進士)를 선발한다. 마지막으로, 회시의 합격자를 시험(都試)한 후 1/6인 40명을 선발한다(經世遺表, 天官修制, 考績之法; 장동희, 2003: 10).

다산의 관리 교육훈련 방안에서 주목할 점은 개혁안이 관리 선발의 문제에 그치지 않았다는 것이다. 다산은 엘리트 교육을 받은 과거 급제자에게 곧바로 업무를 맡길 수 없음을 잘 인지하고 있었다. 그러므로 타인에 대한 지도와 업무 경험을 쌓을 수 있는 일종의 관리 교육훈련 방안을 마련해야 한다고 강조한다. 선사가 학도를 두 사람씩 담당해 지도·교육하는 것이 여기에 해당된다. 선사는 학도에게 육덕(六德: 知·仁·聖·義·忠·和), 육행(六行: 孝·友·睦·婣·任·恤), 육경(六經: 詩·書·禮·樂·易·春秋), 육예(六藝: 禮·樂·射·御·書·數)를 지도·교육해야 하는데, 지도 과정에서 명령을 내리고, 리더십을 발달시키는 기회를 갖게 되는 것이다. 이와 더불어, 다산은 관리 임용 합격자에게 3년간 직무 수행 경험을 쌓을 기회를 부여해야 하는 까닭을 다음과 같이 주장한다.

> 삼관(三館)에 새로 진출한 자는 반드시 세 번을 기다린 다음에 그 승진이나 전직하는 것을 허가함은 왜 그런가? 과거 공부를 업(業)으로 하여 문필에만 애쓰던 자를 일조(一朝)에 여러 관직에 두루 시험하면 능히 낭패하지 않을 자가 거의 없을 것이다. 그러므로 3년 동안 홍문관에서 한가하게 지내면서 관방(官方)을 배우고 직위를 맡아 관청에 처신할 것을 알고 난 다음에, 여러 관직에 두루 시험하는 것이다(經世遺表, 天官修制, 三班官制).

2) 다산의 교육훈련 방안

다산은 관리로 임용된 후에도 항상 책을 손에서 놓지 않아야 한다고 강조한다. 관리의 능력을 향상시키기 위해 자발적·자율적인 학습이 반드시 필요하다는 것이다. "이의전은 매양 고을을 다스리면서 …… 옛일에 해박하게 되면 논의가 많아 남들을 깨우치게 될 것이라 했다"(牧民心書, 律己六條, 飭躬), 즉 "수령도 공무에 틈이 나거든 마땅히 『상서(尙書)』, 『노론(魯論)』, 『중용(中庸)』, 『대학(大學)』 및 『송명신록(宋明臣錄)』, 『자경편(自警編)』 등의 책을 항상 읽고 외우도록 할 것이다"(牧民心書, 律己六條, 飭躬)라고 하여 관리 스스로 자기 연마를 계속해야 함을 강조한다. 현직 관리의 자기 학습을 강조했다는 점에서 다산은 관리 교육훈련의 중요성을 충분히 인지하고 있었다고 볼 수 있다. 여기에서는 그가 관리의 교육훈련에서 강조한 세 가지 방안인 실무 중심 교육훈련, 인성교육, 그리고 참여적인 학습을 중심으로 시사점을 도출한다.[9)]

(1) 실무 중심 교육훈련의 강조

실사구시(實事求是)와 이용후생(利用厚生)으로 집약되는 실학을 집대성한 학자인 다산의 사상은 한마디로 실용주의라고 할 수 있다. 다음의 글에서도 그의 이런 사상을 엿볼 수 있다.

> 선아(善我)하는 것을 의(義)라 하고 애인(愛人)하는 것을 인(仁)이라 한다. 인의는 상용해야 하며 …… 둘 중 하나만을 고집하여 변통할 줄 모르면 잘못이다(孟子要義, 盡心章).

학문의 목표에는 자기 수양과 현실 참여의 두 가지가 있는데, 이 둘 중 하나만을 강조하는 것은 잘못된 태도라는 것이다(강석화, 1989: 184). 이는 그 당시 전통적인 유교의 학풍을 비판한 것으로, 실용주의를 실제로 활용하여 효과를 가져올 수 있는 학문에 정진해야 한다는

---

9) 현대의 공무원 교육훈련에서도 이러한 세 가지는 액션 러닝(action learning), 현장학습, 사례교육(case study), 참여자 주도적인(self-directed) 학습 등의 형태로 강조되고 있다. 첫째, 현장학습 등으로 나타나고 있는 행정 서비스의 대상으로서 국민(고객)의 요구에 적절히 대응하는 능력을 키우기 위한 실무 중심의 교육훈련, 둘째, 기본적인 인성(예를 들어, 가정의 화목, 사회 융화, 개인적 가치의 정당한 실현 등)을 갖춰 행정의 고객과 공존하기 위한 인성교육의 강조, 마지막으로, 액션 러닝과 사례교육 등의 형태로 나타나고 있는 교육생의 자발적·능동적인 참여를 이끌어 내어 교육의 효과를 극대화하는 참여적인 학습이다.

의미를 갖는다고 할 때, 다산의 실무 중심 교육훈련의 강조는 어쩌면 당연한 귀결이다.

실무 중심 교육훈련의 한 예로, 다산은 선사(選士)에 대한 교육에서 덕행도예(德行道藝)의 삼물(三物)을 기본 과목으로 하지만, 예(藝)는 같지 않다 하여 일종의 전공 과목처럼 오선별 교육 과목의 차별화를 시도한다(임재윤, 1999: 179, 191). 예비 관리인 선사를 교육할 때, 각각의 업무 특성과 상황에 맞도록 맞춤식 교육을 해야 함을 강조한 것이다. 다음의 글은 실무 중심 교육훈련을 강조한 그의 주장을 잘 보여준다.

> 사대부가 율서(律書)를 읽지 않아서 사부(詞賦)에만 능하고 형명(刑名)에는 어두우니 이 역시 오늘날의 폐속이다…… 오늘날 청나라에서는 법을 세워 교관학정(敎官學政)의 과(科)와 경의책문(經義策問)의 과외에 형률(刑律) 한 과를 따로 두어서 다 같이 시험을 보이는데, 우리나라는 이 영향을 받지 못해 인명을 지푸라기처럼 보고 국법을 울타리 밑에 버리면서 스스로 명사(名士)의 청풍(淸風)이라 생각한다. 아! 그릇된 일이다…… 오늘날의 관장(官長)은 법례(法例)에 통달하지 못해 고문을 아무렇게나 가하니 크게 잘못된 것이다(牧民心書, 刑典六條, 斷獄).

다산은 관리에 대한 실무 교육이 부족할 경우 나타나는 문제점을 다음의 예를 들어 설명한다.

> 『상산록(象山錄)』에 말했다. 서도(西道)에 부임하는 경우는 마땅히 중국의 공문 서식을 보고 그 문구들을 알아두어야 한다. 건륭(乾隆) 말년에 봉황성(鳳凰城) 장군이 의주부윤(義州府尹)에게 공문을 보내서 칙사(勅使)가 늦어진 까닭을 알려왔다. 그 문서가 황주(黃州)에 도착하도록 관찰사(觀察使) 이하 모두 그것을 이해하는 사람이 없어서 즉시 중앙에 보고하지를 못해 거의 사고가 날 뻔했다. 만약 평소에 대략 사역원(司譯

> 院)의 문자를 섭렵하고 예부자문(禮部咨文)을 익혀서 그 문구를 이해할 수 있었다면 어찌 급함에 다다라서 당황할 까닭이 있었겠는가 …… 우리나라 사대부들이 실용문자를 익히지 않아 폐단이 이와 같았다(牧民心書, 奉公六條, 文報).

다산이 실무 중심의 교육훈련을 강조한 것은 그 당시 지방 관리가 처한 실상과 무관하지 않다. 다산은 "공문 서식의 격식과 문구가 경사(經史)와는 다르기 때문에 서생(書生)이 처음 부임하면 당황하는 일이 많다"(牧民心書, 奉公六條, 文報)고 지적했다. 조선 시대에 새로 부임한 수령들은 법령인 『경국대전』에 대한 지식만으로는 관할 지역을 통치할 수 없었다. 이는 조선 시대에 지방을 통치할 때 모든 지방에서 동일하게 통용되는 법체계가 정립되지 못했기 때문이다. 따라서 지역의 특성을 모르는 중앙에서 파견된 신임 관리는 지방 향토관리의 도움을 받아 지방의 관례화된 읍례(邑例)에 대한 학습을 해야 했다(이상엽, 2002: 167). 특히 조선 시대의 수령들은 각종 서식에 밝지 못하고, 지방 향토 관리들이 사용하는 이문(吏文)에도 익숙하지 못했다고 한다(김필동, 1999: 258-9). 다산은 지방 관리가 겪게 되는 문제를 다음과 같이 구체적으로 언급한다.

> 우리나라 사람들이 문신(文臣)은 젊어서 시부(詩賦)를 익히고 무신(武臣)은 젊어서 활쏘기를 익히니 …… 그 중에서도 나은 자는 구궁팔문(九宮八門)의 이치와 하도낙서(河圖洛書)의 명수(命數)를 공부하지만, 이 몇 가지로는 인간의 만 가지 일에 아무것에도 소용됨이 없다. 오직 활쏘기는 실제적인 일이나 이 또한 행정 실무와는 상관이 없다. 하루아침에 천 리나 집을 떠나가서 올연(兀然)히 뭇 아전과 만백성 위에 홀로 앉아 평생 꿈에도 못 본 일을 맡게 되니, 일마다 몽매함이 당연한 이치다(牧民心書, 吏典六條, 束吏).

그러므로 특히 지방 관리로 임용된 후에는 해당 지역의 업무 상황을 파악하기 위해 재교육이 반드시 필요함을 강조한 것이다. 하지만 다산은 실무를 파악하기 위한 교육훈련은 기본적으로 개인 수준에서 이루어져야 한다고, 혹은 개인의 역량에 달려 있다고 말한다.

> 무릇 한 가지 명령, 한 가지 패지(牌旨)를 내릴 때에도 마땅히 수리(首吏)와 해당 아전에 대해서 그 일의 근본을 캐어보고 지엽을 밝혀내어 밑바닥까지 궁구하여 스스로 마음이 환해진 뒤에야 이에 결재를 한다면 수십 일이 지나지 아니하여 사무에 밝아져서 통하지 않는 것이 없을 것이다. …… 새로 온 수령이 까다롭고 일의 근본을 캐묻는 경우에는 노회한 아전들이 의논하기를 "그 징조가 고달플 것 같다" 하지만, 응대하기를 물 흐르듯 쉽사리 하는 경우에는 서로 더불어 웃으면서 "그 징조를 알 만하다"고 하니…… (牧民心書, 吏典六條, 束吏).

다산은 관리가 실무에 대한 학습을 소홀히 할 경우에는 그 폐해가 고스란히 일반 백성에게 돌아감을 사례를 들어 보여 준다. 여기에서 다산이 말하는 재학습은 실무 학습으로, 다음과 같이 실무와 관련이 없는 학습을 하며 직무를 소홀히 한다면 오히려 더 큰 폐단을 불러올 수 있음을 강조한다.

> 글만 읽고 일을 보살피지 아니하는 자는 진실로 폄하되어야 할 것이다. 내가 말하는 바는 때때로 성현의 글 한두 장씩을 읽어서 가슴 깊이 젖어들게 함으로써, 착한 마음이 느껴 일어나게 하고자 하는 것일 뿐이다(牧民心書, 律己六條, 飭躬).

> 시(詩)나 읊조리고 바둑이나 두면서 정사(政事)를 아래 아전들에게 맡겨두는 것은 큰 잘못이다. …… 김현성(金玄成)이…… 성품이 심히 소방(疎放)하여 실무에는 익숙하지 못했고 매질하는 것을 일삼지 않았으며, 담담하게 영재(鈴齋)에 앉아 종일 시를 읊조리고 있었다…… "남창이

> 백성 사랑하기를 자식처럼 하지마는 온 고을이 원망해 탄식하고, 티끌만한 것도 사사로이 범하지 않되 관청 창고는 바닥이 났다"고 하여, 이 말이 한때의 웃음거리가 되었다(牧民心書, 律己六條, 飭躬).

다산은 실무 중심의 교육훈련을 강조하면서, 실무교육이 필요한 몇 가지 분야를 지적하고 있다. 우선, 책력(冊曆)을 작성하는 데 다음과 같이 장기적인 실무교육이 필요하다고 언급한다.

> 나이 젊은 문신(文臣)에게 책력을 만드는 데에 필요한 여러 가지 글을 습독(習讀)하도록 하여, 칠정(七政)이 교식(交食)하고 침범하는 수(數)를 계산할 수 있는 자는 관상감 도정을 삼도록 허용하며, 한번 이 직에 재수된 자는 모든 청요(淸要)한 벼슬길에 막힘이 없도록 한다면, 10년이 지나지 않아서 진신대부(縉紳大夫) 중에도 책력을 만들 수 있는 자가 있을 것이라고 생각한다(經世遺表, 天官吏曹, 治官之屬).

다산은 책력과 더불어 치민(治民)·치병(治兵)·수리(水利)·산수(算數) 등의 업무 분야에서도 실무교육이 요구된다고 밝힌다.

> 호원(胡瑗)이 호주(湖州)의 교수로 있을 때 경의재(經義齋)와 치사재(治事齋)를 짓고, 경의재에서는 속이 트이고 재능과 도량이 있는 자를 택하여 공부하게 하고, 치사재에서는 사람마다 한 가지를 공부하게 하고 또 다른 한 가지를 겸해 공부하게 했는데, 예컨대 치민·치병·수리·산수와 같은 것들이었다(牧民心書, 禮典六條, 興學).

마지막으로, 다산은 "관상감(觀象監) 두 사람, 사역원(司譯院) 두 사람을 만약 이용감(利用監) 학관(學官)으로 삼아서 북쪽으로 연경(燕京)에 유학시켰다가 그들이 실적이 있으면 바로 정조에 보고한 다음, 재예 시험을 기다리지 않고 바로 열두 사람 정원 중에 넣는다"(經世遺表, 天官修制, 三班官制)고 하여 전문 분야의 교육을 위해 외국 유학이 필요하며, 유학 후에는 그 배운 바를 충분히 활용하도록 일종의 임용·승진 특혜까지도 필요하다고 주장한다. 현대의 공무원 교육훈련에서는 각종 실무교육이 강조되는데, 실제로 자격증의 유무가 보직이나 승진, 임금에 영향을 주고 있다. 근래에 특히 강조되는 점은 현장학습인데, 이는 중앙정부 공무원으로서 현장에 대한 이해가 없다면 적절한 정책 기획과 집행이 불가능하다는 인식에서 점차 확산되고 있다. 따라서 다산의 주장은 현대의 공무원 교육훈련에서 강조되는 사항과도 일맥 상통한다고 하겠다.

(2) 인성교육의 강조

동양에서 예(禮)는 사회와 문화의 모든 영역을 규정한다. 이는 무력으로 상대방을 제압하는 것이 아니라, 문명의 교화를 통한 사회 질서와 건전한 생활 방식의 형성을 의미한다(김현수, 2002: 146). 예의 교화 기능에는 세 가지 측면이 있다고 하는데, 첫째는 '친친(親親)', '애인(愛人)'을 알게 하는 것이다. 즉 부자 간의 효(孝) 등을 환기시켜 이것이 전 사회로 확산되는 것이다. 둘째, '각자의 본분을 정확히 알도록 하는 것(名分)'인데 이는 사람들이 스스로 본분을 알아 안정된 사회를 이루는 것이다. 마지막은 인간의 탐욕을 막는 것이다(김현수, 2002: 158). 다산에게도 예는 천지의 질서이자 백성을 다스리는 원리였다. 그는 예에 관한 많은 연구를 했는데 이는 궁극적으로 새로운 사회 질서의 수립을 위한 이론적 기반을 마련하기 위한 것이었다(강석화, 1989: 186).

현대의 관점에서 공무원의 능력을 말할 때는 우선 능률성, 효율성을 언급할 것이다. 하지만 다산은 무엇보다도 청렴을 관리의 가장 큰 덕목으로 들고 있다. 다산은 관리를 선발할 때 실무 능력보다 인품을 더 중요한 기준으로 삼았다.[10)]

---

10) "향승은 수령의 보좌인이다. 반드시 한 고을에서 가장 착한 사람을 택해 그 직책을

천하의 만사는 모두 사람을 얻는 데 있으니, 적임자를 얻지 못하면 그 일을 능히 잘 해나갈 수 없는 것이다. 도감 1인, 감관(監官) 2인, 색리(色吏) 2인은 반드시 청렴 신중하고 일을 잘 아는 이를 골라서 그 자리에 두어야 한다 (牧民心書, 吏典六條, 東吏).

다산은 다음의 글에서도 선사(選士)가 되는 가장 중요한 기준이 덕행이며, 거자(擧子)부터는 문예(文藝)를 기준으로 해야 한다고 제안하여 예(禮) 혹은 인성이 가장 선행되어야 함을 강조한다.

거자의 선발은 반드시 선사 중에서 한다. 선사는 처음에 이미 덕행과 경술로써 세 가지 보는 것을 갖추었으니 거자를 선발하는 데에는 오직 문예만을 주로 하여 관에서 시험하고 관에서 선발할 것이고, 다시 여러 사람에게 물을 필요는 없다 (經世遺表, 春官修制, 科擧之規).

그가 주장한 선사에 대한 교육 내용을 살펴보아도, 덕(德)을 가장 으뜸으로 놓고 인성교육을 매우 강조하고 있다.

선사를 가르침은 첫째 덕(德), 둘째 행(行), 셋째 도(道), 넷째 예(藝)이다. 예는 각각 같지 않으나 덕 · 행 · 도는 오선이 모두 같다. 육덕의 조목은 지(知) · 인(仁) · 성(聖) · 의(義) · 충(忠) · 화(和)이다. …… 이 육덕은 학자가 스스로 닦음이 마땅하니, 위에 있는 자는 살펴서 취할 것이요 (經世遺表, 地官修制, 敎民之法).

육경(六經)의 조목은 시(詩) · 서(書) · 예(禮) · 악(樂) · 역(易) · 춘추(春秋)이다. 옛적에는 사람을 도(道)로 가르쳤지만 지금은 도가 육경 안에 있으니, 도를 밝히고자 한다면 이 경서를 강론함이 마땅하다. …… 옛적에는 오직 육경뿐이었으나, 지금은 사서(四書)를 보태어서 총 십경이 되었다. 문선과 치선에 응하려는 선비는 전부 학습함이 마땅하며, 무선

맡도록 할 것이다"(牧民心書, 吏典六條, 用人).

(武選) 및 예선(藝選)·서선(胥選)은 일경(一經)과 사서(四書)로 일정한 학업을 삼도록 함이 마땅하다(經世遺表, 地官修制, 敎民之法).

다산은 상급 관리뿐만 아니라 하급(실무) 관리의 교육훈련에서도 경전 과목을 넣어 높은 인문적 소양을 배양하도록 요구했다(조성을, 1995: 50). 즉 "비록 서선(胥選)이 가장 낮다 하더라도, 이 또한 백성을 다스리는 사람이니 도를 몰라서는 안 된다"(經世遺表, 地官修制, 敎民之法)고 언급한다. 지위 고하와 문무에 관계없이 관리라면, 무엇보다도 인성교육이 선행되어야 한다는 주장이다.

무선 이하는 그 수를 여섯으로 등분해서 한 경서씩 공부하도록 함이 마땅하다. 무선이 960명인즉 160명은 『시경』을 익히고, 160명은 『서경』을 익히는데 다른 것도 이와 같다(經世遺表, 地官修制, 敎民之法).

과연 인성교육이 효과를 볼 수 있을 것인가? 어떻게 인성교육의 효과를 높일 수 있을까? 다산은 '장기적인' 인성교육으로 윤리 의식이 '습관화'될 때, 교육 효과가 자연스럽게 나타난다고 주장한다.

처음에는 비록 거짓 꾸밈에 불과할 것이나 오래도록 그렇게 하게 되면 습관이 본성처럼 되고 풍속은 교화로 홍기하여 큰 교화가 도균(陶勻)하여 끝내는 자연스러운 선(善)이 될 것이다. 그 은미(隱微)한 권한을 교묘히 쓰는 것은 다 말할 수도 없으니 어찌 아름답지 않은가?(經世遺表, 春官修制, 科擧之規).

이러한 주장은 현대의 공무원 교육훈련에도 많은 시사점을 준다. 우리나라에서는 공무원이 갖추어야 할 공직 윤리가 특히 강조되는 경향이 있다. 하지만 이러한 공직자로서의 공직 윤리는 기본적인 인성과 밀접한 관련이 있다. 기본적인 인성(예를 들어, 가정의 화목, 사회 융화, 개인적 가치의 정당한 실현 등)이 갖추어지지 않고서 공직자의 윤리를 강조하는 것은 실효를 거두기 힘들 것이다(진종순, 2006). 즉 인성에 관한 고려 없이 공직 윤리를 강조하는 것은 기초를 다지지 않고 건축물을 세우려는 것과 다를 바가 없다. 1980년대 이후 정부 주도적이고 관리 주도적인 국가 발전전략이 수정됨으로써 공무원의 국가 발전에 대한 책무성과 몰입도가 매우 약화되었다. 그렇지만 이를 보완할 가치관이나 개인 행태의 변화를 유도하는 교육훈련 프로그램이 제공되고 있지 못하다는 평가를 받고 있다(하미승 외, 2004). 현재의 공무원 교육훈련에서 인성에 관한 교육은 대부분 단기간에 이루어져 내실있는 교육이 이루어지지 못하고 있다고 판단된다. 실제로 중앙공무원교육원의 고위정책 과정 교육생을 대상으로 한 교과목의 필요성에 관한 설문조사(2005)에서 인성교육과 내용상 가장 연관성이 높다고 판단되는 '국정 목표 및 국정 기조의 이해' 과목의 경우, 다른 교과목에 비해 상대적으로 관심과 호응도가 높지 못함을 알 수 있다(진종순, 2006).

(3) 참여적인 학습

다산은 다양하고 광범위하게 지식을 익히고, 깊이 사색한 후 토론하며, 뜻을 밝혀 명료하게 변론하고, 이를 행동으로 옮김에 열심을 다한다는 것을 학문의 요체로 들고 있다(임재윤, 1999: 187). 이러한 다산의 주장은 수동적으로 지식을 받아들이는 데에서 그치는 것이 아니라 능동적인 토론식의 학습을 강조한다는 점에서, 현대의 공무원 교육훈련에서 강조하는 참여적인 학습, 사례교육(case study), 혹은 액션 러닝(action learning)과도 일맥 상통한다. 다산은 다음과 같이 참여적인 학습의 순서와 방법을 구체적으로 제시한다.

> 무릇 법을 읽은 다음, 가르치는 자가 의미를 부연해서 배우는 자를 깨우치고 배우는 자는 차례로 질문해서 해설을 듣는다(經世遺表, 地官修制, 敎民之法).

향삼물(鄕三物)의 마지막 분야인 육예(六藝)의 예악(禮樂)은 직접 예와 악을 연습하고 실천함을 뜻한다. 예경(禮經)과 악경(樂經)의 수동적인 학습 방법과는 달리, 예악에서는 학습자가 스스로 보고, 듣고, 행해 기술을 습득하는 참여적이고 실천적인 학습 방법이 강조된다(임재윤, 1999: 188).

다산은 육학(六學)의 교육 방법에서도 현대의 맞춤식 교육과 유사한 주장을 펼쳤다. 즉 향교에서 시행하는 다수의 학생을 대상으로 하는 교육이 아니라, 선사가 자택에서 2인의 학도를 개인 지도해야 한다고 주장한 것이다. 개인 지도는 선사와 학도가 매일 향교로 출석할 때 발생할 수 있는 생업의 지장이라는 경제적인 문제 때문이라고 하지만(조성을, 1995: 48), 결과적으로 맞춤식 교육이 이루어지게 된 것이다. 마지막으로, 다산은 조고(朝考)가 매우 바람직하다고 주장한다. 조고는 최종 과거 시험 후에 삼관학사(三館學士)가 조당(朝堂)에서 새로 과거에 급제한 40명과 경사(經史)를 토론하며 학업 정도를 알아보는 것을 말하는데(장동희, 2003: 10), 이는 현대의 토론을 통한 학습과도 일맥 상통한다.

4 해석과 시사점

다산의 관리 교육훈련 방안은 그의 이상주의적인 사회 개혁사상의 일부분이다. 경기도 암행어사 시절의 부패 관리 척결, 곡산부사(谷山府使) 시절의 치적과 형조참의 재직 시의 장기 미결수 사건 해결 등은 그가 얼마나 이상주의자 혹은 원칙주의자인지를 보여 주는 사례들이다(임재윤, 1999: 15).[11] 동시에 시문집을 포함한 저술은 그가 얼마나

11) 다산은 1794년 33세일 때 정조의 명에 의해 적성, 마전, 영천, 삭녕 지방을 담당하는 암행어사로 활동했는데 관찰사 서용보 등 탐관오리의 비리를 보고했다. 또한 36세인 1797년부터 2년간 황해도 곡산부사로 지방민의 고통을 해소하기 위해 노력했다.

사회 비판적이었는가를 보여 주는데, 아마도 유배 생활(1801~1818)은 그에게 일반 백성의 처참한 삶을 몸으로 느끼고 깊이 고민하는 기회를 주었을 것이다. 이를 종합해 볼 때, 다산은 이론과 현실의 조화에 관한 많은 고민을 한 듯하다. 또한 이러한 고민은 그의 인간에 대한 휴머니즘과 애민사상에 바탕을 두고 있는데, 결국 다산의 관리 교육훈련 사상은 인사행정의 문제를 바로잡아서 일반 백성에게 더 나은 삶을 누릴 기회를 부여하는 데 목표를 두었다고 볼 수 있다.

관리 교육훈련에 대한 개혁으로, 다산은 과거제 운영의 문제점을 비판하며 천거제의 적극적인 도입과 과거제와의 결합을 주장한다. 이러한 주장은 현대의 개방형 직위제와 인재 풀의 활용과 일맥 상통한다. 한 걸음 더 나아가 다산은 과거제와 천거제 등 관리 선발 제도와 교육훈련 제도의 유기적인 연계를 강조했다. 천거제의 대대적인 도입과 과거제의 결합을 전제로 할 때만이 관리의 교육훈련에서 실무 중심의 교육훈련, 인성교육, 그리고 참여적인 학습이 실제로 가능함을 인식한 것이다. 다산은 관리의 무능을 사회 문제 발생의 가장 큰 원인의 하나로 지적한다. 따라서 관리의 전문성을 높이기 위한 실무 중심의 교육훈련이 필요하다는 것이다. 하지만 전문성만으로 사회 문제를 해결하는 데는 한계가 있으며, 따라서 관리의 윤리성 제고도 함께 주장되는 것이다. 즉 관리의 윤리성을 높이기 위해 인성교육을 강조하고 있다. 이와 함께 암기식의 수동적인 학습이 아닌 토론을 통한 참여적인 학습을 주장하는데, 이러한 다산의 관리 교육훈련 방안은 현대의 공무원 교육훈련에서 강조되고 있는 점과 일맥 상통한다.

다산의 관리 교육훈련 방안에서 다음의 시사점을 이끌어 낼 수 있다.

첫째, 그의 실무 중심 교육훈련의 강조는 현대의 공무원 교육훈련에

1799년 38세 때는 형조참의로 제수되어 1년간 조정에서 일했다(다산연구소, 2009).

서 강조되는 현장 중심의 학습이 왜 중요한지를 잘 설명한다. 다산은 중앙(사무실)에서 아무리 문서를 통해 지식을 습득했다고 하더라도 결국 지방(현장)의 상황에 대한 경험과 학습이 없다면, 현실과 괴리된 정책을 입안·집행하게 되어 문제를 야기하게 된다는 것을 잘 설명하고 있다.

둘째, 다산이 강조한 인성교육은 현재 능력 본위의 풍토와 교육훈련으로 인해 상대적으로 경시되고 있는 공무원 인성교육의 필요성을 잘 설명한다. 아무리 전문성이 높은 관리라고 할지라도 윤리 의식이 부족하다면, 결국 국민의 이익에 앞서서 자신의 이익을 얻고자 할 가능성이 높을 것이다. 이렇게 된다면, 행정의 효율성과 생산성을 추구하는 아무런 의미가 없다. 다산은 기본적인 인성에 변화를 주기 위해서는 장기간의 교육이 필요하다고 강조하는데, 교육을 시작할 당시에는 피상적일지라도 장기간의 교육을 통해 윤리적인 가치가 내재화될 수 있음을 설명한다. 다산의 주장은 액션 러닝과 같이 직무와 교육훈련을 결합한 형태의 교육, 그리고 장기간보다는 단기간의 교육이 강조되는 현재의 상황에서 어떠한 교육 방법을 도입해 공무원의 윤리 의식을 제고할지 질문을 던져 준다.

셋째, 다산은 개인 교습과 토론을 주장했는데, 개인 교습을 활용할 때, 진정한 맞춤식 교육이 가능하다는 측면에서 이는 많은 시사점을 준다. 현재 참여적인 학습인 액션 러닝 기법, 사례 교육에서도 4~5명의 소규모 그룹을 만들어 퍼실리테이터, 교육자, 다른 교육생 등과 유기적인 협력 관계를 유지해야 함을 강조하는데, 다산의 주장은 이러한 공무원 교육훈련 방법과도 일치한다. 특히 과거 시험 이후에 기존의 관리들이 급제자들과 토론하며 학업의 정도를 알아보는 조고(朝考)는 액션 러닝 과정의 말미에 과제 수행보고서를 제출하고 액션 러닝 컨퍼런스를 개최해 종합적인 토론과 정리의 기회를 갖는 현대의 공무원 교육훈련 방법과 매우 유사한 의미와 역할을 한다고 생각된다.

참고 문헌

강석화(1989). 정약용의 관제개혁안 연구. 『한국사론』, 21: 175-236.

곽효문(1997). 정약용의 인사행정 개혁론. 『한국행정사학지』, 5: 219-241.

김필동(1999). 『차별과 연대』. 서울: 문학과지성사.

김현수(2002). 다산 정약용의 국가례 고찰: 『경세유표』를 중심으로. 『한국철학논집』, 12: 143-173.

문정식(2001). 조선시대 인사행정제도에 관한 연구. 『한국행정사학지』, 10: 141-164.

박충석(1983). 근세 실학사상. 『한국의 전통사상』. 서울: 형설출판사.

배병삼(1996). 조선 후기 개혁사상의 고찰: 정조와 정약용을 중심으로. 『한국정치학회』, 320-346.

이상엽(2002). 조선 후기 지방행정에 있어서 수령의 역할과 부패 유발 구조. 『한국지방자치학회보』, 14(3): 151-172.

이원균(2001). 『조선시대사 연구』. 서울: 국악자료원.

임재윤(1999). 『정약용의 교육개혁사상』. 광주: 전남대학교출판부.

장동희(2003). 경세지표를 통해 본 다산의 인사행정 개혁론. 『한국사회와 행정연구』, 13(4): 1-15.

정약용(다산연구회 역주)(1993). 『역주 목민심서』. 서울: 창작과비평사.

정약용(이지형 역주)(1994). 『다산 맹자요의』. 서울: 현대실학사.

정약용(민족문화추진회 편, 이익성 역)(1997). 『경세유표』. 서울: 한길사.

조성을(1995). 정약용의 교육제도 개혁론. 『역사교육』, 57: 27-53.

중앙공무원교육원(2005). 『2005년 고위정책과정 교육운영 안내』.

진종순(2006). 미국과 우리나라의 고위공무원 교육훈련 프로그램. 『한국사회와 행정연구』, 17(1): 81-108.

하미승 외(2004). 『공무원 교육훈련 시스템 재설계』. 서울: 한국행정연구원.

Huntington, Samuel(1968). *Political Order in Changing Societies*. New Haven: Yale University Press.

제6장 지식관리

김영평 · 김근식

1 서 론

현대 사회는 매우 급속하게 변화하고 있다. 후기 산업사회는 정보화 혁명과 더불어 더욱 급속하게 변화하면서 점차 지식 기반 사회로 이행하고 있다. 이와 같은 변화에 적응하기 위해 기업과 같은 민간 부문에서는 점차 지식의 중요성을 인식해 지식경영을 위한 각종 시스템을 개발해 활용하고 있다. 특히 1990년대 중반부터 본격적으로 등장한 지식사회와 지식기반 경제의 전환은 지식관리에 대한 관심을 확산시키고 있다. 경쟁과 효율을 강조하는 신자유주의와 신공공관리론의 등장으로 지식관리에 대한 관심이 민간 기업에 한정되지 않고 공공 부문으로도 확대되고 있는 추세이다.

이와 같은 시대적 전환은 다산이 살던 조선 후기에도 비슷한 맥락이었을 것으로 생각된다. 조선 후기는 중세 사회가 해체되고 근대 사회로 옮겨가는 과도기적 시기였다. 이러한 상황에서 조선 후기 실학은 우리 역사가 근대 사회로 옮겨 가는 사상적 기반을 마련해 주었기 때문에(고재욱 · 송영주 · 손승철, 1997), 다산의 저술에서도 그 시대에 적합한 지식관리의 차원을 읽을 수 있을 것으로 기대한다.

이 장에서는 이와 같은 다산(茶山) 정약용(丁若鏞)의 수많은 저술들 중에서 오늘날 행정학적 관심을 담고 있는 『경세유표(經世遺表)』와

『목민심서(牧民心書)』를 중심으로 다산이 어떠한 방식으로 지식관리에 관해 논의하고 있는지를 살펴보고자 한다. 특히 현대의 지식관리론과 비교해 다산의 행정 및 지식관리가 갖는 함의와 한계에 대한 논의를 하고자 한다.

2 지식관리와 행정

물론 다산이 살던 시절에는 지식관리라는 개념조차도 없었다. 그렇기 때문에 이 장에서는 오늘날 사용하는 지식관리의 개념을 바탕으로 다산의 저술을 이해하겠다는 의도이지, 다산이 본격적으로 지식관리를 논구했다는 뜻은 아니다. 현대 행정학에서도 공·사조직에서 지식에 대한 체계적 관리와 활용에 대한 논의를 1970년대부터 시작했다. 1980년대 중반부터 경쟁력 있는 자산으로서 지식의 중요성이 인정되었다. 1980년대는 지식경영을 위한 각종 시스템들이 개발된 시기였으며, 이때부터 '지식경영'이라는 용어가 나타났다. 1990년까지 미국, 유럽, 그리고 일본의 유명 기업들이 조직 내부의 지식경영 프로그램을 보유·개발하기 시작했다. 이러한 움직임은 지식이론가들의 왕성한 활동으로 뒷받침되었다. 이와 같은 지식에 대한 인식 변화는 지식을 어떻게 발굴·창조·관리해 새로운 부가가치를 창출하고 경쟁력을 확보해 나갈 것인가에 초점을 두고 관리의 패러다임을 지식관리 중심으로 전환하게 되었다. 특히 1990년대 중반부터 본격적으로 등장한 지식사회와 지식 기반 경제의 흐름은 지식관리에 대한 관심을 확산시켰다.

지식관리의 대두는 크게 세 가지로 나누어서 살펴볼 수 있다(한세억, 2000). 첫째, 무형자산의 가치에 대한 인식이 증진되면서, 브랜드 가치나 특허권 등과 같은 인간 정신의 소산이 자산으로서 중요성을 인정받기 시작했다. 둘째, 조직 간 경쟁이 가속화되면서 조직의 성장과 발전을 위해 조직구성원이 보유한 지식의 중요성을 인식하게 되었다. 셋째, 정보기술의 발달로 개인 및 조직이 필요한 정보와 지식을 용이하게 획득하고, 신속하게 정보 처리하며, 체계적으로 축적하고 공유하고자 하는 정보 시스템의 구축을 들 수 있다.

지식관리는 학자들마다 다양하게 정의하고 있다.1) 그러나 여러 학자들의 지식관리에 대한 다양한 정의를 종합하면, 협의적 측면과 광의적 측면으로 구분할 수 있다(이홍재·강재상, 2005). 협의적 개념의 지식관리란 지식자원 관리(knowledge resoruce management)를 의미하며, 이때의 지식관리란 조직의 자원으로써 지식을 어떻게 관리할 것인가와 관련된 제반 활동을 의미한다. 따라서 지식관리란 조직 내외부

1) 김구(2003)는 지식관리의 정의에 대해서 다양한 학자들의 정의를 소개하고 있다. 먼저 티와나(Tiwana, 2001: 33)는 "조직 내·외부의 사람들이 가진 있는 노하우(know-how), 경험, 판단을 통해 조직의 가치를 창출할 수 있도록 하는 관리활동"으로 정의했고, 오델(O'Dell, 1996: 25)은 '지식관리란 가치를 발견하고 이해하며, 가치를 창출할 수 있도록 지식을 사용하는 체계적인 접근'으로, 반 데르 스펙(Van der Spek, 1997: 8-9)은 '조직의 목적을 달성하기 위해 조직 목표 안에서 지식의 명백한 통제와 관리'로 정의했다. 그리고 페트라시(Petrash, 1996: 25)는 "사람들이 최선의 의사결정을 할 수 있도록 옳은 지식을 활용하는 과정"으로, 라스토기(Rastogi, 2000: 40)는 "조직 목표를 달성하기 위해 개인이나 집단이 지식을 획득, 생성, 저장, 공유, 분산, 개발, 전개해 광범위한 조직활동을 조정하기 위한 체계적이고 통합적인 과정"으로 정의하고 있다. 또한 오리어리(O'Leary, 1998)는 "지식과 연계되는 사람과 조직을 원천으로 하여 지식을 사용 가능하도록 변환해 내는 과정으로 데이터베이스, 문서, 정책 및 절차, 그리고 조직의 개개인들이 보유한 전문지식과 경험을 포함한 정보자산의 파악, 획득, 검색, 공유 및 평가를 수행하는 통합적인 접근법"으로 정의하는 한편, 사버리(Sarvary, 1999: 97)는 지식관리를 조직활동을 촉진하기 위한 과정으로 규정하면서 크게 조직학습(organizational learning), 지식생산(knowledge production), 그리고 지식분배(knowledge distribution)로 구체화하고 있다(이홍재, 2005 재인용).

국내 학자들의 지식관리에 관한 정의를 살펴보면, 백진호·최성락(2005)은 지식관리가 지식 개념을 바탕으로 이루어지며, 특히 조직의 지식관리는 조직이 지니는 지적 자산과 조직구성원 개개인의 지식이나 노하우를 체계적으로 발굴해 조직 내부의 보편적인 지식으로 공유하고, 이 지식을 활용해 조직의 경쟁력을 증대시키고자 하는 행위로, 박희서·김구(2002)는 지식관리를 지식의 획득·생성, 축적, 접근·공유, 습득·활용을 활성화하는 효율적인 절차 및 방법이라고 규정하고 있으며, 김구(2003)는 개인 및 외부 지식, 내부 지식의 소스를 통해 조직지식으로 획득하고 조직의 문제 해결 및 의사결정에 유용한 조직자산으로 전환함으로써 조직지식의 가치를 창출하는 관리활동으로 정의했다.

에 산재한 지식자원을 창출·축적해 공유·활용하는 체계적인 일련의 과정 또는 활동을 의미한다. 광의적 개념의 지식관리란 지식기반 관리(knowledge based management)를 의미하며, 조직이 지식을 전략적으로 활용하여 조직 성과를 극대화하고 경쟁력을 창출·유지하는 제반 관리활동을 의미한다.[2] 이러한 측면에서 광의적 의미의 지식관리는 지식경영 또는 지식행정과 동일한 의미로 해석할 수 있다.

다산이 살던 시절에는 물론 정보화혁명도 컴퓨터도 없었다. 따라서 여기서 말하는 광의적 개념의 적극적 지식관리의 흔적을 찾아보기는 거의 기대하기 어렵다. 그렇지만 협의의 지식관리에 해당하는 언급은 적지 않게 찾아볼 수 있다. 특히 『목민심서』와 『경세유표』에서는 다산의 선각자적 창의력이 잘 발휘된 주장을 담고 있기 때문에 현대적 관점에서 지식관리라고 할 수 있는 개혁안과 관리 요령을 새롭게 살펴볼 만한 대목이 있다.

지식관리는 지식 개념을 바탕으로 시작한다. 특히 조직의 지식관리는 조직이 지니는 지적 자산과 조직구성원 개개인의 지식과 노하우를 체계적으로 발굴해 조직 내부의 보편적인 지식으로 공유하고, 이 지식을 활용해 조직의 경쟁력을 증대시키려는 하는 행위로 정의할 수 있다. 지식관리 활동은 학자들마다 다소 개념의 차이를 보이지만(삼성경제연구소, 1999; 한세억: 2000; 박성원, 2001; 박희서·김구, 2002; 김구, 2003),[3] 일반적으로 지식의 창출, 축적, 교환(이전 및 공유), 활용, 학습의 개념을 포함하고 있다. 학자에 따라서는 이 활동들이 지식의

---

2) 이에 반해, 김영걸(2003)은 지식관리라는 용어를 좀 더 한정적으로 지식자원 관리(knowledge resource management)로 한정하여 정의했다.

3) 삼성경제연구소(1999)에서는 다섯 단계의 지식활동 개념으로 지식의 창출, 축적, 공유, 활용, 학습을 들고 있으며, 한세억(2000)은 지식의 습득 및 활용, 지식의 획득 및 생성, 지식의 접근 및 공유, 지식의 축적 및 저장의 단계로, 박성원(2001)은 지식활동 과정을 조직의 내·외부로부터 가치 있는 지식을 공유, 획득, 확산, 활용해 조직의 역량을 높이는 과정으로, 박희서·김구(2002)는 지식관리의 정의를 조직 활동을 촉진하기 위한 과정과 연결시켜 조직학습, 지식 생산, 지식 분배로 구체화하고 있다.

창출에서 지식의 학습까지 한 주기(cycle)를 이루는 과정이라고 주장하기도 한다. 하지만 지식관리의 과정은 지식의 창출, 축적, 이전 및 공유, 활용, 학습이라는 단계가 한 주기로 끝나는 단선적인 관계라고 보기보다는 모든 활동이 서로 연결되어 있는 전체적으로는 되먹임의 고리(feedback loop)라고 할 수 있다. 또한 각각의 단계는 상호 중첩되며 상호작용을 통해 자기 증식 또는 소멸 과정을 겪는다고 할 수 있다(삼성경제연구소, 1999).

지식관리의 최종적인 목표는 지식의 효과적인 활용을 통해 행정 업무 처리 및 문제 해결 능력을 제고해 조직의 경쟁력을 향상시키는 데 있다. 따라서 지식관리는 조직의 자원인 지식을 단순히 효과적으로 관리하는 활동으로만 한정하는 것보다는 이를 통해 무엇을 달성하고자 하는가에 대한 논의도 포함되어야 한다. 협의적 지식관리는 지식행정의 필요 요건일 뿐 충분 조건은 아니다. 여기서 말하는 협의적 지식관리의 활동은 대체로 다음과 같은 의미를 담고 있다.

1) 지식의 창출

지식의 창출은 새롭고 유용한 아이디어나 노하우, 절차 및 해결책을 만들어 내는 창의적인 행위이다(백진호 · 최성락, 2005). 개념적으로는 지식 창출이 지식관리 단계의 출발점이라고 할 수 있다. 지식 창출은 계획적이고 통제 가능한 측면보다 우연히 창출되는 비체계적인 측면이 더 뚜렷한 특징을 보인다. 조직에 유용한 아이디어나 절차를 제안하는 개인의 창의적인 행위는 지식 창출의 중요한 근원이 된다. 지식 창출은 업무 활동 속에서 이루어지는 것으로, 조직구성원의 직접 경험이나 다른 조직의 지식관리 성과와 행동의 관찰을 통해 생성된다. 이와 같은 지식의 창출은 지식의 획득을 포괄하는 개념으로 혁신 기법이나 기술 도입 등과 같이 새로운 지식을 조직에 유입하는 활동을 의미한다(박성원, 2001). 지식 획득은 조직 내부 혹은 조직구성원이 가진 지식을 획득하거나 외부 조직이 가진 지식을 포함해 조직 외부 환경에서 가치 있는 정보 및 지식에 대한 접근과 습득을 의미한다(이향수, 2005). 즉 지식의 창출은 조직 내외에 존재하는 기존 지식의 획득과 더불어 이를 바탕으로 조직에 필요한 새로운 지식을 만들어 내는 과정을 포함하는 과정이라고 이해할 수 있다.

2) 지식의 축적

지식의 축적은 조직 내의 지식을 분류하고 저장하는 활동이다(백진호·최성락, 2005). 지식의 축적은 기본적으로 개인의 지식을 조직의 지식으로 전환해 조직구성원 간에 확산 및 활용을 촉진하기 위한 활동이다. 이와 같은 지식의 축적 과정은 조직 내부에 존재하는 형식지의 체계적인 분류와 저장뿐만 아니라, 개인이 가진 암묵지도 형식지로 문서화하거나 정보기술을 활용한 소프트웨어화를 포함하는 활동이라고 볼 수 있다(이향수, 2005). 지식 축적을 위해서는 조직구성원이 정보를 교환하거나 결합하고 기존 정보를 재구성해 새로운 지식을 체계적으로 정리할 수 있게 되며, 조직구성원이 자유롭게 이용할 수 있는 지식 저장소가 존재해야 한다.

3) 지식의 교환

지식의 교환이란 개인 간이나 조직 간의 상호작용으로 지식을 공유하거나 다른 단위로 이전하는 일체의 활동이다. 지식 공유는 지식 기반사회를 구성하는 핵심 요소이다(백진호·최성락, 2005). 가장 중요한 지식은 기존의 지침이나 매뉴얼이 아니라 이를 개선하는 노하우이다. 조직의 내외부에 존재하는 노하우의 지식들이 이전되어 공유되지 않으면 조직 지식으로 활용될 수 없다. 개인이나 집단 또는 조직이 지식을 축적함으로써 그 가치는 더욱 커지게 된다. 개인 차원에서 지식 공유는 업무와 관련해 조직의 생산성 증대로 전환할 수 있는 조건을 마련한다. 조직적 차원에서는 상호 이해와 관계 형성 등을 원활하게 이끌어 내기 위한 필수적 조건이다(황선욱 · 김대건, 2005). 즉 지식 공유는 조직 내에서 이루어지는 지식의 이전 및 배포활동으로, 조직의 역량을 강화하는 활동이다.

4) 지식의 활용

지식의 활용은 개인이나 조직에 체화된 지식을 업무에 사용하는 활동으로서, 업무 성과의 향상에 직접 기여하는 행위이다(백진호 · 최성락, 2005). 이는 업무 수행 과정에 적용해 새로운 가치를 지닌 지식으로 재창출되어 문제해결력과 환경적응력을 갖추도록 만드는 것을 의미한다(박성원, 2001). 지식의 활용은 조직 내의 지식을 활용하는 것만이 아니라, 여타 조직에서 창출된 지식을 벤치마킹하여 활용하는 것도 포함하는 포괄적 활동이다. 지식의 활용은 개인이나 조직의 지식을 활용함으로써 문제해결력과 환경적응력을 높이는 것이며, 또한 지식을 발굴해 현재의 업무 수행 방식을 개선하는 과정을 통해 새로운 가치를 창출하게 된다(백진호 · 최성락, 2005).

5) 학습

지식관리에서 학습은 지식을 창출하고 공유하며 축적하는 과정에서 새로운 관리적 교훈을 배우는 활동이라고 정의할 수 있다(삼성경제연구소, 1999). 학습은 각각의 지식관리 단계에서 발생하는 문제점을 해결하는 새로운 방안의 모색이나, 기존의 방법보다 더 향상된 방안을 발견함으로써, 더 나은 지식관리가 이루어지도록 하는 한 차원 높은 층위의 새로운 관리지식을 배우는 것이다. 조직의 발전과 경쟁력의 확보를 위해 지속적인 프로그램 개선이 이루어지지 않는다면 지식관리는 허울만 남게 될 것이다. 과거의 지식이란 예전의 관행을 단순히 반복할 뿐이다(드러커 외, 1999).

3 조선 후기의 지식관리

조선 시대에는 지식관리라는 개념이 없었으므로 이에 대한 실질적인 논의를 전개하는 것이 상당히 어렵다. 따라서 조선 시대의 지식관리 상황을 살펴보기 위한 가장 현실적인 방법은 그 당시 문서 생산과 보존이라는 측면에서 접근하는 것이다. 특히 다산의 저작들로부터 이러한 문서의 생산과 보존에 관한 논의들은 『목민심서』의 봉공6조 문보(文報) 편에 대략 나타나 있다. 이를 바탕으로 조선 시대 지방행정기구의 지식관리 상황을 유추해 보고자 한다.

> 관례에 따르는 형식적인 문첩(文牒)의 경우는 이속을 시켜도 무방하다. 그러나 백성을 위해서 폐단을 설명하고 시정할 것을 요구하는 경우라든지, 또는 위의 명령을 거스르면서 받들어 행하지 않기로 작정한 경우에는 만약 이속의 손에 맡기면 반드시 사심을 갖고 간계를 품어 요긴한 말을 빼버리고 지엽적인 말만 늘어놓아서 그 일이 잘못되도록 만들 것이니 그래서 되겠는가. 만약 무인(武人)이나 오활(迂闊)한 선비라서 이문(吏文)에 익숙지 못하면 마땅히 기실(記室) 1명을 데리고 가서 더불어 상의해야 할 것이다. …… 한지(韓祉)가 군수나 감사가 되었을 때 항상 말하기를, "천하 일은 한 사람이 해낼 수 없다" 하고, 매양 문서를 만들 때 초고가 이루어지면 반드시 막료들이나 향승(鄕丞) 군관에 이르기까지 두루 보여서 모두들 좋다고 한 연후에 그것을 사용했다(牧民心書, 奉公六條, 文報).

이 부분에서 유추할 수 있는 상황은 지방 수령이 공문서 작성 등과 같은 수령 본연의 임무를 향리 등과 같은 부하들에게 위임하는 경향이 많이 있다는 것이다. 이러한 상황은 지방에서 중앙으로 보고하는 공문서의 신뢰성을 떨어뜨리고 잘못된 정보를 제공함으로써 국가 정책의 전체적인 집행에 어려움을 줄 수 있다. 또한 지방의 세입이나 부역 등의 부과도 아전들의 부정부패가 개입될 수 있는 여지를 주게 되어 백성들의 부담을 더욱 가중시킬 수 있는 문제점을 갖고 있다. 이는 전체적인 국가 정책에도 역시 영향을 주는 문제이다. 이러한 폐단과 이를 막기 위한 대책들에 대해 다산은 다음과 같이 언급하고 있다.

> 마감(磨勘)의 보장(報狀)은 잘못된 관례를 바로잡아야 하고 연분(年分)의 보장은 간계의 구멍을 살펴야 할 것이다.
>
> 환곡(還穀) 마감의 보장은 지출하고 나머지의 숫자, 전년도 잔고와 신년도 모곡(耗穀)의 숫자를 나열해서 회계한 것이니, 착잡해서 선명하지 못하면 마땅히 그 서식을 바로잡아 보는 이로 하여금 의혹을 품지 않도록 해야 할 것이다.
>
> 연분(年分)의 대개장(大槩狀)은 요긴한 것이 불과 모두 8·9행뿐이다. 전답의 등급을 조사하고 미두(米豆)의 세를 계산해서 한데 묶어 계산하되 평균해서 매 1결(結)에 미(米) 몇 두(斗)를 받게 되는 것이다. 수령이 눈을 밝혀서 보아야 할 바가 오로지 여기에 있으니 조금도 흐릿함이 없어야 할 것이다(牧民心書, 奉公六條, 文報).

다산은 또한 공문서의 작성과 관련한 원칙들과 함께 수령 차원에서 가능한 문서관리 혹은 지식관리 방법에 관해 논의하고 있다.

> 공문 서식의 격식과 문구가 경사(經史)와는 다르기 때문에 서생(書生)이 처음 부임하면 당황하는 일이 많다.
>
> 대개 상사에 대한 보첩(報牒)은 관례상 서목(書目)이 있다. 서목이라 하는 것은 원장(原狀)의 대개이다. 감사의 결재는 서목에 있게 되고 원장은 증거로 남겨 둔다. 원장의 끝에 화서(花署), 화압(花押)을 함께하며, 서목에는 화서만 하고 화압은 하지 않는다. 처음 벼슬하는 사람은 마땅히 알아두어야 할 것이다.
>
> 수목(數目)이 많은 것은 성책(成冊)에 나열하고 조목이 적은 것은 후록(後錄)에 정리한다.
>
> 무릇 위로 올리고 밑으로 내려 보내는 문첩들을 기록해서 책자를 만

들어 뒤에 참고하도록 하며, 기한이 정해진 것은 따로 책자를 만들어야 할 것이다(牧民心書, 奉公六條, 文報).

이와 같은 공문서 작성과 관련된 원칙은 초임 수령들이 반드시 알고 있어야 하며, 업무를 수행하는 데 매우 중요한 지식이다. 그러나 다산은 이러한 기본적인 수령의 업무 관련 지식이 제대로 알려지지 않아 초임 수령들이 공문서 작성과 같은 업무 수행에 어려움을 겪고 있음을 지적했다. 이와같이 수령들이 지방에서 자신들의 직책을 수행하는 데 필요한 기본적인 지식이 체계화되어 있지 않다 보니, 자연히 수령들은 아전들에게 의존할 수밖에 없었다. 이러한 상황에서 다산은 수령이 직접 문서 등과 관련된 지식관리에 힘써야 함을 강조했던 것이다.

그렇다고 다산이 모든 공문서의 작성을 수령의 업무로 보고 있는 것은 아니다. 아전들과의 적절한 업무 분담에 대해서도 논의한다. 그러나 이와 같은 업무 분담도 아전들의 폐단에 대해 언급하고 있다.

상납(上納)의 보장(報狀)과 기송(起送)의 보장과 지회(知會)의 보장과 도부(到付)의 보장 등은 이속들이 스스로 전례를 따라서 할 것이니, 그들에게 맡기는 것이 좋을 것이다.…… 다만 상납(上納)에 있어 상사가 점퇴(點退)할 우려가 있는 경우에는 이 문서의 끝에다가 농간하는 폐단을 적어서 살펴 주도록 바라는 것이 좋다(牧民心書, 奉公六條, 文報).

수령과 아전 간의 업무 분담은 필연적으로 아전들의 농간이라는 폐단이 발생하게 된다. 조선 시대 지방의 아전들은 자신들의 지역적 기반을 통해 수령의 감시를 피하며 잇속을 채우기 위해 혈안이 되어 있다고 할 수 있다. 따라서 다산은 대부분 아전들의 폐단에 관한 사례들을 제시했다. 문서관리와 관련된 아전들의 폐단 중 하나로 다산은 특히 인명과 관련된 사례를 제시하고 있다.

> 인명에 관한 문서는 지우고 고치는 것을 조심해야 하며, 도적의 옥사(獄事)에 관한 문서는 봉함(封緘)을 엄중히 해야 할 것이다. …… 살인 옥사에 관한 회제(回題)는 서목에 쓰는데 아전들이 만약 뇌물을 받아먹고 요긴한 자구를 지우고 고쳐서 바꿔놓으면 수령들이 알 도리가 없다. 문서를 발송한 날 형리(刑吏)를 불러서 타이르되, "후일 내가 감영(監營)에 가면 꼭 원장을 찾아 상세히 살펴보아서 만약 일언반구라도 달라진 곳이나 빠진 글자가 있으면 네가 죄를 받을 줄 알아라"고 할 것이다(牧民心書, 奉公六條, 文報).

이처럼 다산이 살았던 조선 시대 지방의 문서관리를 포함한 지식관리는 주로 수령에 의해 이루어지기보다는 주로 아전들이 수행했음을 알 수 있다. 이러한 경향은 필연적으로 아전들의 부패로 이어졌으며, 이를 막기 위한 수령들의 업무 관련 지식 등은 매우 제약적이었던 것으로 판단된다.

4 다산이 본 행정에서의 지식관리

다산의 『경세유표』와 『목민심서』는 조선 후기의 정부조직과 지방정부의 행정에 대한 개혁을 제안한 저술이기 때문에 지식관리를 체계적으로 제안하거나 서술하지 않았다. 그러나 여러 개혁 방안은 오늘날의 지식관리에 해당하는 내용을 담고 있고, 그들을 추출해 논의하고자 하는 것이 이 글의 목적이다. 그렇기 때문에 다산의 행정개혁에 대한 내용은 위에서 제시한 지식관리의 활동들이 혼합적으로 포함되어 있을 뿐, 다섯 가지(지식의 창출, 축적, 교환, 활용, 학습)를 차례로 논의한 적이 없다. 여기에 제시하는 항목들도 독자를 위해 단락을 꾸민 것으로 다산이 이런 편제를 만들지는 않았음을 밝혀 둔다. 그렇기 때문에 개혁에 관한 주장 중에서 지식관리와 관련된 사항들이 연결되어 있기 때문에 체계적이지 않을 수 있다. 여기서는 다산의 지식관리에 관한 모든 주장을 담기보다는 대표적인 내용을 예시하여, 시대를 앞서 간 그의 주장을 살펴보고자 하는 것이다.

1) 지식 생산의 기초

다산의 지식관리는 정확한 정보 획득에서 시작한다. 그는『목민심서』의 거의 모든 부분에서 다양한 방면에서 필요한 지식의 창출을 수령들에게 권고하면서 정확한 조사를 당부하고 있다. 그 좋은 예를 살펴볼 수 있다.

호적 제도의 문제점을 해결하는 대목에서 정확한 정보 획득에 대해 언급하고 있다. 다산은 호적의 정확한 정보를 위해 먼저 가좌부를 만들어 관리할 것을 주장했다. 이는 호적을 정비하기 위해 먼저 가좌(家座)를 살펴야 하며, 이의 허와 실을 알아야 호수를 증감할 수 있기 때문이다.

> 수령은 취임한 지 10일이 지나거든 노숙한 아전으로 글을 잘 하는 몇 사람을 불러 그 고을의 지도를 작성케 하되 주척(周尺) 1척의 길이로써 10리가 되도록 할 것이다. 먼저 읍성을 그리고, 산림(山林)·구릉·천택(川澤)과 개천의 형세를 더듬어 모사하고 다음에 촌리(村里)를 그린다. 도로의 구석구석까지도 각기 본래 형태대로 그리게 한다.
>
> 지도가 작성되면 가좌책(家座冊)을 만들 것이다. 가좌책이란 것은 송(宋)나라 사람들의 이른바 침기부(砧基簿)이다. 침기부에는 원래 토지와 자산을 기록하되 아무리 미세한 것일지라도 빠뜨림이 없는 법이니 가좌책도 역시 그와 같이 할 것이다. 호적은 비록 관법을 쓰되, 가좌책은 반드시 핵법을 쓸 일이니, 한 치 한 끝도 어긋나서는 안 될 것이다(牧民心書, 戶典六條, 戶籍).

이후 호적 작성의 시기가 되거든 이에 이 가좌부를 근거로 하여 더하고 감하며 옮기기도 하여 여러 이(里)의 호액(戶額)을 아주 공평하며 실제대로 하여 허위가 없도록 할 것을 강조하고 있다. 또한 새 호적부(戶籍簿)가 작성되면 수령의 영으로 여러 이(里)에 호총(戶總)을 반포하고, 엄숙히 금령(禁令)을 세워 번거롭게 이의가 발생하지 않도록 해야 한다고 논하고 있다. 여기서 보듯이 지방에 대한 정확한 지식의 기초로서 지도의 중요성을 강조하면서, 지역의 자산지도를 정확하게 그려야 기본적 행정 활동이 가능하다는 점을 펼쳐 보이고 있다. 정보는 “공평하고 실제대로 하여 허위가 없도록”(牧民心書, 戶典六條, 戶籍) 하며, “이의가 발생하지 않도록”(牧民心書, 戶典六條, 戶籍) 해야 한다고 정보의 정확성 기준까지 제시하고 있다.

다산은 공평한 부역을 강조하는 대목에서도 사실 조사의 중요성을 언급한다.

> 계방(契房)에는 두 가지가 있으니, 하나는 이계(里契)요, 다른 하나는 호계(戶契)이다. 이계란 온 마을을 계방으로 삼아 해마다 돈 수백 냥을 거두는 것이요, 호계란 특정한 호(戶)를 뽑아서 계방으로 삼아 해마다 돈 백 여 냥을 거두는 것이다. 향청(鄕廳)·이청(吏廳)·군관청(軍官廳)·장관청(將官廳)·관노청(官奴廳)·조례청(皁隸廳)·통인청(通引廳)에 각기 계방이 있는데, 유독 이청이 더 많이 가져서 큰 마을 10여 곳을 뽑아 모두 계방을 삼았고, 그 나머지는 두 마을 혹은 세 마을을 삼는 등 정해진 수가 없다. 무릇 계방촌이 된 곳은 곧 환자의 배당도 면제되고, 군첨(軍簽)의 침해(侵害)에서 면제되고, 민고에 바치는 일체의 요역(徭役)을 부담하지 않고, 한번 돈 수백 냥만 가져다 바치면 그 해가 다 갈 때까지 편안히 지낼 수 있기 때문에 백성들은 계방이 되려고 한다(牧民心書, 戶典六條, 平賦).

이와 같은 민고의 폐해를 막기 위한 방안으로 다산은 대략 여섯 가지 방법을 제시했다. 그 중에서 정보의 생산과 관련된 부분은 첫째와 둘째이다. 첫째, 궁방전(宮房田)을 조사하고 둔전(屯田)을 조사하고 교촌(校村)을 조사하고 원촌(院村)을 조사해, 무릇 그 비호 아래 숨겨져 원래 정액보다 초과된 토지와 민호는 모두 적발해서 공부(公賦)를 공평히 하도록 하고 있다. 둘째, 역촌(驛村)을 조사하고 참촌(站村)을 조사하고 점촌(店村)을 조사하고 창촌(倉村)을 조사해, 무릇 그 비호 아래 숨겨져 법과 사리에 맞지 않는 것은 모두 적발 공개해 공부(公賦)를 공평히 해야 함을 강조하고 있다.

여기서 주목해야 할 대목은 조사가 필요한 대목을 세세히 열거하고 있다는 점이다. 조사는 정보를 생산하는 기초이기 때문이다. 그리고 정보의 공개를 중시하고 있다. "숨겨져 법과 사리에 맞지 않는 것은 모두 적발 공개해"(牧民心書, 戶典六條, 平賦)라고 하여 정보가 한편으로 공개되어야 부정확성을 수정할 수 있고 부패를 막을 수 있는 방어적 기능을 할 수 있음을 암시한다. 그러나 이렇게 정확하게 조사한 내용을 어떻게 가공해 더 정교한 지식으로 창출하는가 하는 요령은 아직 제시하지 않고 있다. 그 당시로서는 인과 지식의 과학적 탐구에 대한 논의도 없었고, 사회과학적 지식의 연구를 통해 창출할 수 있는 것으로 보기 이전이기 때문으로 생각된다. 따라서 사실조사를 강조했지만, 그것으로 창출한 지식은 정보의 정확한 분석과 추론보다는 그 정보를 통한 수령이나 관헌의 직관에 의존하는 것으로 보았다.

환자(還子) 제도에서 나타나는 폐단을 줄이기 위해 다산이 제시한 방안은 다음과 같다. 첫째, 환자 제도의 폐단이 극심하기 때문에 이를 근본적으로 개선하는 것은 수령이 할 수 있는 일이 아니다. 따라서 그 출납(出納)의 숫자와 분류(分溜)의 실제만이라도 수령이 잘 파악함으로써 아전의 횡포가 심해지는 것을 막아야 한다. 둘째, 네 계절마다 마감한 환곡에 대한 감영의 회초성첩(回草成帖)은 사리를 상세히 알고 있어야 하므로 아전들의 손에 맡기지 말아야 한다. 셋째, 흉년의 정퇴(停退)에 따르는 혜택은 마땅히 온 백성에게 고루 돌아가도록 할 것이며, 포흠(逋欠)하는 아전이 독차지하지 못하게 해야 한다. 넷째, 간편하게 단속할 수 있는 규례(規例)인 경위표(經緯表)를 만들어서 종횡으로 조리 있게 나열함으로써 환히 살필 수 있도록 해야 한다. 다섯째, 환곡을 나누어 주는 날에는 그 응분(應分)과 응류(應留)를 마땅히 정밀하게 조사하고, 이를 위해 경위표를 작성하여 환히 살필 수 있도록 해야 한다. 여섯째, 외창(外倉)이 없는 경우에는 수령은 마땅히 닷새에 한 번씩 나와서 몸소 환곡을 받고, 만약 외창이 있으면 오직 창고를 여는 날에 친히 그 거두어들이는 법식을 정해야 한다. 일곱째, 외창의 환곡은 마땅히 그 백성의 호수를 헤아려 보아 한 호에 대한 분급량이 읍창의 경우와 같도록 해야 하며, 아전에게 위임해 그들이 환곡을 이 창에서 저 창으로 마음대로 옮기게 해서는 안 된다. 여덟째, 아전의 포흠을 적발하지 않을 수 없지만 포흠의 징수가 너무 가혹해서는 안 되며, 법의 집행은 마땅히 엄격하고 준열(峻烈)해야 하지만 죄인을 다룰 때에는 마땅히 불쌍히 여겨야 한다.

여기서도 "실제만이라도 잘 파악하고"(牧民心書, 戶典六條, 穀簿), "사리를 상세히 알고 있어야"(牧民心書, 戶典六條, 穀簿) 한다는 점을 제일 먼저 강조하고 있는 것으로 보아 정확한 정보를 만들어야 쓸 만한 지식을 창출할 수 있음을 암시한다. 경위표를 만들어서 "종횡으로 조리있게 나열함으로써"(牧民心書, 戶典六條, 穀簿) 또는 "환히 살필 수 있도록"(牧民心書, 戶典六條, 穀簿) 권장하고 있다. 이것은 창출된 지식을 모두 알 수 있게 하여 지식의 공유가 문제 해결에 중요함을 제시하고 있다.

여기서 한 가지 지적할 점은, 다산은 아전에 대해 대단한 불신을 보이고 있다는 점이다. 그들은 부패의 온상일 뿐만 아니라, 정보 생산에서도 사적 이익을 위해 거짓 보고를 할 것으로 가정하고 있다. 환자에 대한 대책에서만 보아도, 첫째에서 "수령이 잘 파악할 것", 둘째에서 "아전들의 손에 맡기지 말 것", 여섯째에서 "친히 거두어들이는 법식을 정할 것," 그리고 일곱째에서 "아전에게 위임하여 그들이 환곡을 이 창에서 저 창으로 마음대로 옮기게 하지 말 것" 등을 지적하고 있다(牧民心書, 戶典六條, 穀簿). 목민관 혼자서 모든 일을 할 수 없음에도, 제도를 통해 문제를 해결하려 하지 않고, 개인적 수준의 신뢰에만 의존하려 하고 있다. 경위표와 같은 정보의 정확성을 강조하고 시간의 변화에 따라 수행해야 할 일을 요즈음 용어로 프로그램을 만들어야 할 필요를 강조한다. 그러나 지식관리를 제도나 조직을 통해 운용할 방도까지는 염두에 두지 못했음을 알 수 있다. 이것은 당시 지식 수준의 한계이지 다산의 한계로 지적할 일은 아니다. 그러나 오늘날 관리 개념과의 차이를 대비할 수 있는 단초임에 틀림없다.

다산은 『목민심서』의 호전6조(戶典六條)에서 논의하고 있는 세법(稅法)의 근간이 되고 있는 전정제의 문제점을 개선하기 위한 조치로서 정확한 조세 부과를 위한 양전(量田)의 원칙을 제시했다. 이들도 정보 생산의 차원에서 재검토해 볼 만하다. 다산의 책략을 요약해 보자.

첫째, 서원(書員)이 들에 간평(看坪)하러 나갈 때에는 면전(面前)에 불러다가 부드러운 말로 타이르기도 하고 위엄 있는 말로 겁주기도 해서 지성스럽고 간절하게 함이 족히 감동시킬 만하면 도움 됨이 없지 않을 것이다. 둘째, 상사(上司)에 재결을 보고할 때에는 마땅히 실제의 숫자 그대로 좇을 것이요 혹시 삭감을 당할 것 같으면 스스로 허물을 지고 다시 보고할 것이다. 셋째, 표재(俵災) 역시 어려운 일이다. 만일 상사(上司)로부터 허용된 재결이 고을에서 집재(執災)한 것보다 적을 것 같으면 평균 비례해 각기 얼마씩을 삭감할 것이다. 넷째, 간활한 아전이 민결(民結)을 몰래 취해 제역촌(除役村)에 옮겨 기재하는 것은 분명하게 조사해 엄금할 것이다. 다섯째, 작부장부에는 허액(虛額)이 있어 그 속에 뒤섞여 있으니 조사 확인하지 않으면 안 된다. 여섯째, 작부(作夫)가 끝나면 이에 계판(計版)을 작성하는데 계판의 실제 내용을 면밀하게 살피고 엄격하게 밝혀야 한다고 적고 있다. 여섯째, 계판이 이미 이루어지면 조목을 열거해 성책하고 각 면에 반포해 후일의 상고에 이바지되게 할 것을 강조하고 있다. 일곱째, 정월에 열리는 조창에서 백성이 세미(稅米)를 바치는 날에는 수령이 아전들을 시키지 말고 직접 받음으로써 아전들의 이러한 농간을 사전에 방지하도록 하고 있다. 여덟째, 백성들이 바치는 기일을 어겨도 아전을 풀어 납부를 독촉하는 것은 호랑이를 양우리에 풀어놓는 것과 같기 때문에 삼가라고 적고 있다. 아홉째, 짐을 꾸려 발송하는 일과 조전(漕轉)은 모두 법조문을 상세히 검토하여 각별히 준수하고 범하지 말 것을 강조하고 있다. 마지막으로는 지방별로 습속이나 관습이 다르기 때문에 이를 적절히 반영해 백성들이 원망하지 않도록 할 것을 강조하고 있다.

우선 이 개혁안에서 분명한 것은 다산이 살던 시대에 정확한 정보 생산이 얼마나 어려웠는가를 분명하게 볼 수 있다. 대부분 조사에 임하는 사람은 아전들이고 그들은 편의적으로 또는 작의적으로 허액(虛額)을 적어 넣거나 "민결(民結)을 몰래 취해 제역촌에 옮겨 기재하는"(牧民心書, 戶典六條, 稅法) 일을 막기가 어려웠던 모양이다. 오죽하면 "서원들이 간평하러 나갈 때에는 면전에 불러다가 부드러운 말로 타이르기도 하고 위엄 있는 말로 겁주기도 해서"(牧民心書, 戶典六條, 稅法) 정확한 실사를 주문하도록 권하고 있겠는가. 여기서도 적지 않게 아전들에 대해 조심할 것을 여러 가지로 당부하며, 그들의 농간을 사전에 방지하도록 하고 있다.

이런 정황에서 정보 조사자에 대한 일정한 오리엔테이션과 훈련이 필요하다는 점을 지적한다. 이것은 관리 지식의 공유와 연결될 수 있을 것이다. 그리고 "조목을 열거하여 성책하고 각 면에 반포해 후일의 상고에 이바지되게"(牧民心書, 戶典六條, 稅法) 하는 것은 정보의 공개와 공유를 통해 더 나은 미래의 선택에 기여할 수 있음을 내다보고 있다. 그리고 위에서도 잠깐 살펴보았지만, 정보 생산과 지식 창출의 기준은 "백성들이 원망하지 않도록"(牧民心書, 戶典六條, 稅法) 하는 것을 기준으로 삼고 있다. 이것은 오늘날의 고객 지향적 서비스와도 견줄 수 있는 기준으로 보인다.

2) 지식 생산의 주체

정보는 생산자가 누구인가에 따라 상당한 편향을 보인다. 지위나 신분에 따라서도 중요시하거나 탐구하는 정보와 지식이 다르고, 전공 분야에 따라서도 차이가 있음은 새삼 강조할 필요가 없다. 다산이 살던 시절에 지방정부의 정보와 지식의 중심적 생산자는 지방 수령이었을 것이다. 당시로서는 반상의 구분이 뚜렷했고, 전제군주제가 지방 수준에서 시행되는 방식도 수령이 소군주(小君主)로 행세했음이 분명하기 때문이다. 그러나 모든 일을 수령 혼자서 할 수 없고, 조직이란 일을 나누어 분담하기 위한 것이다. 그렇기 때문에 아무리 아전들이 불신의 대상이어도 목민관은 지방 관헌 중에서 믿을 만한 사람을 골라서 정보를 생산하도록 의뢰할 수밖에 없다.

위에서 인용한 호적 제도 개선을 위한 지도 작성에서 "노숙한 아전으로서 글을 잘하는 자 몇 사람을 불러 그 고을의 지도를 작성케 하되"(牧民心書, 戶典六條, 戶籍)라는 표현에서 보듯이 대부분의 정보 생산을 목민관을 보조하는 관원의 일로 보고 있다. 그러나 정보의 종류에 따라서, 그리고 정보의 내용과 이해 관계가 상충할 때에는 목민관이 직접 작성해야 한다는 점도 밝혀두고 있다. 이 점은 『목민심서』, 봉공6조(奉公六條)의 문보(文報)에 잘 나타나 있다. 이를 간략하게 살펴보면 다음과 같다.

> 공적으로 보내는 문첩(文牒)은 꼼꼼히 생각해서 자신이 써야 할 것이요, 이속의 손에 맡겨두는 것은 불가하다.
>
> 상납(上納)의 보장(報狀)과 기송(起送)의 보장과 지회(知會)의 보장과 도부(到付)의 보장 등은 이속들이 스스로 전례를 따라서 할 것이니, 그들에게 맡기는 것이 좋을 것이다.
>
> 인명에 관한 문서는 지우고 고치는 것을 조심해야 하며, 도적의 옥사

(獄事)에 관한 문서는 봉함(封緘)을 엄중하게 할 것이다(牧民心書, 奉公六條, 文報).

이와같이 다산은 지방 수령 자신이 직접 해야 할 일과 남에게 맡겨도 좋은 일을 이치에 맞게 판단해 보고문을 작성해야 한다고 주장했다. 지식의 생산에서 수령의 역할에 대해서는 분명한 언명을 남겨 두지 않았다. 그러나 『목민심서』의 호전6조(戶典六條) 평부(平賦)에서 제시하는 분석은 다산 자신의 논지이지만, 목민관들에게 이런 식의 분석이 필요하고 따라서 시도해야 할 필연성을 예증으로 웅변하고 있다.

다산은 부역균(賦役均)을 수령의 일곱 가지 일 중에 중요한 일이라고 규정하면서, 공정하지 못한 부(賦)의 징수를 금하고 공평하게 할 것을 강조한다. 부역 제도에서 전부(田賦) 이외에 백성에게 가장 큰 부담으로 민고(民庫)를 들고 있다. 민고는 토지에 부과되기도 하고, 혹은 가호(家戶)에 부과되었는데, 비용이 날로 많아져 백성들을 괴롭힌다는 것이다. 특히 민고의 폐단은 아전 때문이 아니라, 하나는 감사의 위엄으로 인한 것이며, 다른 하나는 수령이 마음대로 탐욕을 부리기 때문에 나타난다고 지적한다. 감사로 인한 민고의 폐단을 다산은 다음과 같이 논한다.

감사가 가족들을 데리고 부임한 이후로 갑자기 각 도(道)에 제각기 큰 도회(都會)를 만들어 관청・저택・제반 용구와 좌우의 시중이나 음식・거마(車馬)・의복 등 위의(威儀)의 성대함이 임금에 견줄 만하고, 체모의 존귀함이 대신(大臣)보다도 더하다. 속이 비고 식견이 모자란 사람이 한번 이 감사의 직에 앉으면 스스로 잘난 척하여 마치 본래 그런 것으로 생각한다. 이 때문에 각 고을에서 좇아가 떠받들고 공궤하는 것이, 염치없이 아첨하는 부류들보다 조금이라도 못한 경우에는 감사는 발끈 성을 내 그 수령을 파출시킨다. 각 고을 수령들은 벌벌 떨며 감히 비용을 아끼지 못하다가 일이 지나가고 나서는 쓴 비용을 아깝게 여겨 그 피해를 가난한 백성에게 돌리니, 이것이 민고가 생겨나게 된 까닭이다.

> 또한 감사의 복정(卜定: 무릇 물산을 여러 고을에 책임 지워 납부하도록 하는 것)은 강제 배정으로 배정한 액수는 본래 적은데 받아들이는 것은 지나치게 많고 매겨진 가격이 본래 싼데 물건 고르기는 지나치게 까다로우니 수령 혼자 감당할 길이 없어 민고가 생긴다는 것이다(牧民心書, 戶典六條, 平賦).

다산은 여기서 부역 제도에서 나타나는 폐단의 원인 분석을 하고 있다. 여기서는 자신의 관찰과 경험을 통한 분석이다. 어떤 증거를 제시하기보다 비근한 사례를 들고 있다. 그러나 하나의 사례로 그렇게 분석할 수밖에 없는 사회적 역동성을 우리에게 제시하고 있다.

이와 같은 역학 관계, 즉 감사의 부임과 아첨하는 부류의 수령, 수령이 제공한 비용에 대해 백성들에게 전가하기, 나아가서 단순한 전가가 아닌 배정된 액수를 핑계로 부풀리기 등이 모두 감사와 수령의 탐욕에서 비롯된다는 역동성을 보여 준다. 이런 분석은 상당히 예리하거니와 지식 생산의 예시로서 수령들이 사태를 정확하게 볼 수 있는 안목을 키울 것을 권하고 있는 셈이다.

다산이 살던 당시로서는 지방 수령으로 자리를 보전하는 일 자체도 감사와 같은 윗선의 의도와 처신에 적응하는 것과 같은 의미였다. 그렇기 때문에 저술가로서 다산이 정확한 사회 역학의 이해와 분석을 지방 수령들에게 주문할 수 있어도, 그것을 몸소 실천하기는 쉽지 않은 일이다. 더구나 아전들이 지방의 토호 세력 네트워크를 형성하고 있으면서 수령에게 헌신적 지원을 회피한다면, 아무리 수령이 아전들에게 절대적 권력을 행사할 수 있다 하더라도 정확한 정보와 지식을 창출하는 데에는 분명한 한계가 있었을 것이다. 그렇다면 오히려 지식 관리에서 수령이 할 수 있는 역할은 타협을 모르는 목민관으로 지식을 창출하기보다 부하들의 역량을 극대화할 길을 찾아야 할 것이었다. 그러나 다산의 저술에서 이런 유형의 지식이나 정보 생산에 대해서는 언급이 거의 없다.

3) 어사 제도를 통한 정보 생산

다산은 『목민심서』에서 지방 수령이 아전들을 믿지 말라고 충고하지만 『경세유표』에서는 여러 부분에서 어사(御史) 제도를 통한 정밀한 정보의 채집과 지식의 생산을 권고하고 있다. 『경세유표』의 지관호조(地官戶曹) 편을 보면, 현재 제도의 문제를 시정하기 위해 새로운 기관의 설치 및 운영에 관해 기술하고 있다.

> …… 또 우리나라 지세는 산림이 많고 원야(原野)가 적으니 정전은 진실로 할 수가 없다. 그러나 한 가지 방법이 있어, 정전 모양은 없으면서 정전 같은 실효는 거둘 수 있게 되니 어찌 좋지 않겠는가? 전지 10결마다 그 중 한 결은 공전으로 만들고 나머지 아홉 결은 사전으로 만든 다음, 아홉 결을 받은 농부에게 공전 한 결을 함께 가꾸어서 국세에 충당하도록 하고, 사전 아홉 결에는 부세를 없애서 죄다 자기 집에 들이도록 하면, 이것이 바로 정전이다. 바삐 한 관청을 세우고 경전사(經田司)라 명칭하여, 공전을 관리하도록 하는 법은 늦출 수 없다고 생각한다.
>
> 제조 5원(員) 중에 3원은 호조의 3대부로 삼고, 2원은 문서와 사리에 주밀(綢密)하고 밝은 사람을 특별히 뽑아서 전적으로 관장하도록 한다. 그리고 부정 2인은 옥당학사(玉堂學士) 중에 총명한 사람으로 삼아, 여러 도(道)에 나가면 경전어사(經田御史)가 되고 왕도(王都)에 들어오면 경전사 부정(副正)이 되도록 한다. 주부 4인은 일찍이 수령을 지내면서 치적이 있던 자를 삼는다. 이리하여 먼저 경전어사를 보내 남모르게 드나들면서 관원을 차출해 전지를 측량한다. 숨긴 것과 누락된 것을 밝혀내고, 묵은 것과 거친 것을 조사해 이곳에 남은 것으로써 저곳에 모자라는 것을 보충하며, 그러고도 남는 것은 원적(原籍)에다 편입한다. 그리고 공부(公俯)와 군문(軍門) 및 여러 도에 봉치(封置)해 둔 돈을 다 내어, 사전을 사들여서 공전으로 만들어 원장(原帳)이 400결이 되면 40결을 매수하고 원장이 500결이 되거든 50결을 매입하면, 10분의 1로 하는 법이 이에 따라 확립될 것이니 이것이 어찌 정전이 아니겠는가? (經世遺表, 地官戶曹, 敎官之屬).

여기서 경전어사(經田御史)라는 새로운 제도를 제안하고 있다. 또한 다산은 현재 문제가 발생하는 상황을 해결하기 위해 새로운 기관을 신설함으로써 이러한 문제들을 해결하고자 하는 대책으로 서남도 전운어사(西南道轉運御使) 제도를 제시하기도 한다.

> 생각건대, 우리나라 뱃길 가운데 위험해서 건너기 어려운 지역은 서남(西南) 바닷가의 칠산(七山)과 안흥(安興) 두어 곳이 있을 뿐이다. 그러나 파선(破船)되는 배는 해마다 10여 척이나 되는데, 그 원인으로는 첫째, 배를 만드는 제도가 좋지 못했고, 둘째 수령들이 가외의 것을 보태어 실은 때문이며, 셋째 뱃사람들이 일부러 파선시키기 때문인데, 그 중에서도 일부러 파선시키는 것이 열에 일여덟 척이나 된다.
>
> 별도로 한 관청을 설치하고 조운사라 명칭하여, 그 제조는 호조의 대부가 겸무하며, 첨정 2명은 일찍이 헌부(憲府)의 관직을 거친 자를 삼아, 조정에 있을 때에는 본사(本司)의 한 첨정이 되고, 외방에 나가면 서남도 전운어사가 되어 남모르게 드나들면서 선인(船人)의 간악한 짓을 금하도록 한다. 또 공전미(公田米)를 혹 환롱(幻弄)하여 간사한 짓을 하면서 즉시 발송하지 않는 자가 있으면 밝혀내서 죄 주고, 혹 여러 길 조운관(漕運官)으로서 조운을 영솔(領率)하는 데에 착실치 못함이 있거나, 연로(沿路) 수령으로서 조선을 호송하는 데에 조심성이 없는 자는 아울러 출척(黜斥)하는 벌을 시행하도록 한다면, 당·송(唐宋) 시대의 전운사와 비교하더라도 폐단은 적으면서 성과는 많아질 것이다. 그리고 감찰(監察) 2원(員)은 또한 경기 연안 또는 충주(忠州)·여주(驪州) 강변에 은밀히 다니면서 조사하고 다스리기를 법대로 하면 그 효과가 반드시 현저할 것이다(經世遺表, 地官戶曹, 敎官之屬).

다산은 『목민심서』의 이전6조(吏典六條), 찰물(察物) 편에서, 정보획득에서 어사의 힘을 빌려 민간을 몰래 살피는 방법을 권하고 있다. 이 장에서 다산은 수령의 자재와 빈객 가운데 마음가짐이 단정·결백하며 실무에 능한 사람을 통해 몰래 민간을 살피게 하고 있다. 즉, 수리(首吏)의 실권이 무거워서 수령의 총명을 가려 실정이 상달되지 아니하기 때문에 별도의 염문(廉問)이 필요하다고 주장한다. 아전들의 미세한 허물이나 잗다란 흠은 마땅히 용인하여 보아 넘길 것이고, 지나치게 세세히 밝히는 것은 진정한 밝음이 아니라고 했다. 이따금 가다가 부정을 적발하되 그 기미를 살핌이 귀신 같아야 백성들이 두려워한다고 했다. 또한 좌우에 가까이하고 있는 사람들의 말을 그대로 믿고 들어서는 안 되는데, 그 이유는 그냥 부질없이 하는 얘기 같아도 모두 사의(私意)가 들어 있기 때문이라는 것이다.

아전의 부패와 관련된 폐단을 막기 위해 다산은 다음과 같이 구체적으로 어사의 염문 방법을 논하고 있다.

> 『운곡일초(雲谷日鈔)』에서는 다음과 같이 말했다. "어사가 염문하는 법은, 촌락을 숨어 다니면 부정을 살필 길이 없고, 읍내에 몸소 들어가면 정체를 감출 길이 없다. 마땅히 영리한 수하(手下)를 보내되 다만 일찍이 수리(首吏)를 지내다 자리를 잃고 좌절되어 현재의 수리와 앙숙인 자를 찾아내어 즉시 그 아전을 200리 밖에다 옮겨 가둔다. 가두어 두고 며칠 있다가 마패(馬牌)를 내보이고는 그로 하여금 옥 안에서 수령의 허물과 아전들의 농간을 조목조목 적게 한다. 그리고 말하기를 "네 죄는 죽어 마땅하나 지금은 잠시 미뤄 둔다. 네가 만약 참된 마음으로 조목조목 적되 털끝만큼이라도 숨김이 없고 털끝만큼이라도 속임이 없으면 네 죄를 모두 용서해 주겠다. 만약 숨김이 있거나 아울러 속이는 일이 있게 되면 너를 죽이겠다"라고 한다. 이 아전은 죽음 속에서 삶을 얻고 아울러 원수를 갚을 수 있으니 그 기록한 바가 조금도 틀림이 없을 것이다. 그제야 사실을 살필 수 있다(牧民心書, 吏典六條, 察物).

어사는 은밀하게 사물을 관찰해 사실을 파악할 수 있는 방법이었기 때문에 다산이 선호했던 것으로 보인다. 또한 공식조직을 통한 정보의 정확성에 대해 무조건 믿을 수 없는 측면이 있기 때문에 정보의 신뢰성을 담보하기 위해 어사를 통해 정보를 취득함으로써, 가외성(加外性, redundancy)을 정보 생산에 활용해 신뢰성을 증진하는 방법으로 삼고 있다.[4] 그만큼 정보의 확증을 중시한 측면과 함께 정보 획득의 첩보적 차원도 중시했음을 알 수 있다. 위의 내용에서 "부정을 적발하되 …… 귀신 같아야 백성들이 두려워한다"든지 『운곡일초』의 인용에서 보듯이 용의주도한 정보 획득 방법을 권장하고 있다(牧民心書, 吏典六條, 察物).

유용한 정보의 가치에 대해서도 언급하고 있다. "아전들의 미세한 허물이나 잗다란 흠은 마땅히 용인해 보아 넘길 것이고, 지나치게 자세히 밝히는 것은 진정한 밝음이 아니다"(牧民心書, 吏典六條, 察物)고 하는 대목에서 정보의 쓰임새에 따라 정보 내용의 자세함이 결정됨을 일깨워 준다.

아전에 대한 불신과는 대조적으로 어사 제도에 대해서는 편향적일 만큼 선호하고 있다. 이것은 자신이 어사를 한 경험에 기초하기도 했지만(박석무, 2003), 조선 시대의 사회 구조상 공개적이고 체계적인 정보의 수집은 오히려 정보의 왜곡을 낳을 가능성이 크기 때문이다. 위에서 인용하는 『운곡일초』의 내용은 오늘날에는 인권 침해로 도저히 용납할 수 없는 불법적이고 위압적 방법을 권하고 있지만, 이는 당시의 규범과 사회 구조의 특성을 반영하는 것이다. 다산도 여기저기에서 감사나 수령의 부패를 예시하면서, 유독 어사는 『운곡일초』의 내용에서 보여 주는 권한의 남용이나 오용을 염려하지 않았다는 것이 오히려 이상하다. 이 점에서 지식관리 측면에서 다산은 효과성을 중시하는 대신 형평성을 잃고 있는 듯하다.

4) 지식의 공유와 전파

지식관리에서 공유와 전파 기능은 조직구성원 간의 문제 해결에 도움이 되는 지식을 서로 알게 하여 생산성을 높이는 데 초점을 맞추고

---

4) 가외성과 신뢰성의 관계에 대해서는 김영평(1991)의 『불확실성과 정책의 정당성』, 제8장 참조.

있다. 그러나 행정은 공공 활동이기 때문에 지식의 공유와 전파는 조직구성원에 한정된 것이 아니라, 정부기관과 시민(또는 공민) 사이에도 이루어져야 할 대상이다. 공공 활동은 궁극적으로 시민들의 협조와 지지를 통해 생산성과 경쟁력을 향상시킬 수 있기 때문이다. 그러나 조선 시대의 전제군주제 아래에서는 피치자인 백성이 있었지 주권자인 시민을 상정하지 않았지만, 다산은 목민관과 백성의 의사소통을 중시했다. 이것이 지식 공유의 시작이기 때문이다. 아무리 피치자인 백성일지라도 정부의 뜻과 의도를 정확하게 이해하는 것이 통치를 용이하게 하는 전제 조건일 것이다.

다산은 『목민심서』, 봉공6조(奉公六條)의 선화(宣化)에서 군수·현령의 직분에 대해 다음과 같이 논의한다.

> 군수·현령은 본래 승류(承流)·선화(宣化)하는 것이 직분인데, 오늘날은 오직 감사만이 이 책임이 있다고 하니 잘못된 것이다. …… 윤음(綸音)이 고을에 도착하면 마땅히 백성들을 불러 모아 몸소 읽고 설명하여, 임금의 은덕을 알게 해야 한다(牧民心書, 奉公六條, 宣化).

다산은 승류·선화하는 것이 군수·현령의 직분이므로 중요한 것이라고 논의하고 있다. 따라서 다산은 윤음이 고을에 도착하면 백성들을 불러 모아 몸소 읽고 설명하여, 임금의 은덕을 알게 해야 한다고 강조한다. 이는 임금의 지시를 백성들에게까지 정확하게 알려야 하는 것이 그들의 중요한 역할임을 강조한 것이라고 할 수 있다. 윤음에 대해 다산은 다음과 같이 논의한다.

> 윤음이란 것은 백성의 어버이 된 임금이 백성들을 자녀에게 타이르듯 하는 것이다. 어리석은 백성은 문자를 해득하지 못하니 귀에 대고 말하거나 면대하여 가르치지 않으면 타이르지 않는 것과 같다. 윤음이 한 번 내릴 때마다 수령은 마땅히 패전(牌殿)의 문 밖에서 몸소 읽고 설명해 조정의 은덕을 널리 알려서 백성들로 하여금 은혜를 품게 해야 한다(牧

民心書, 奉公六條, 宣化).

아울러 교문(敎文) · 사문(赦文)이 고을에 도착하면 이 역시 그 사실을 요약해 백성들에게 널리 읽고 설명해 소상히 알도록 해야 한다고 강조하고 있다.

보고는 최고관리자가 과업의 진행 상황을 구성원에게 알리는 것으로 기록, 조사, 연구, 감독 등을 통해 자신과 구성원이 이를 알도록 하는 일과 관련된다. 위에서 이미 인용했듯이 환자 제도의 개혁에서 "경위표를 만들어 종횡으로 조리 있게 나열하여" 또는 "경위표를 작성해 환히 살필 수 있도록" 조직구성원 간에 정보의 공유를 강조하고 있으며, 양전의 원칙을 제시하는 데에서도 "성책하고 각 면에 반포해" 백성들도 알게 하는 데 관심을 보여 주었다(牧民心書, 戶典六條, 穀簿).

오늘날의 지식 공유와 전파는 쌍방적인 특성을 보인다. 일방적으로 가르치는 사람과 배우는 사람이 고정된 것이 아니라 서로서로 지식을 확장해 문제 해결 능력이 더 향상된 구성원을 형성하는 데 초점이 있다. 그러나 다산의 저술에서 보여 주는 지식의 공유와 전파는 거의 일방적으로 수령이 백성이나 향청의 구성원에게 알려 주는 데 제1차적 목적이 있다. 즉 백성과 아전을 훈육시켜 국왕이나 수령의 뜻을 전파해 통치와 관리를 용이하게 하고자 하는 의미를 담고 있다. 윤음에 대한 언급에서 명확하게 제시하듯이 "임금이 백성들을 자녀에게 타이르듯이" 하는 데 주목적을 두었다. 그런 의미에서 다산의 지식관리가 쌍방향적이기보다 일방향적이고, 따라서 지식 확장을 통한 창의력의 증진보다 백성들을 통치하는 데 더 관심이 있었는지 모른다. 그래도 조직구성원이나 백성을 일깨워 교화시켜야만 더 나은 문제 해결이 가능하다는 가정에서 출발하고 있다는 점에서 당시로서는 선도적인 지식관리의 범주에 포함된다고 말할 수 있다(牧民心書, 奉公六條, 宣化).

5) 지식의 원천

지식관리에서 활용해야 하는 지식은 필연적으로 조직이나 조직구성원이 창조적으로 탐구한 결과여야 하는 것은 아니다. 이 세상에는 다양한 지식이 여러 형태로 존재한다. 사례에 관한 지식, 참고 지식, 사실에 관한 지식, 방법에 관한 지식, 경험 지식, 분석적 지식 등등 여러 가지를 열거할 수 있거니와, 그 존재 형태도 어느 사람의 아이디어로 존재할 수 있고(암묵지), 책으로 발간되어 누구나 사서 쓸 수 있는 형태(형식지)로도 존재한다. 오늘날에 지식관리에서 활용할 수 있는 지식은 인터넷의 포털에서도 얻을 수 있고, 다양한 도서관과 자료실에서도 얻을 수 있다. 최근에는 적절한 지식을 공급하는 컨설턴트 회사가 번창하고 있다.

물론 다산이 살던 18세기의 조선 사회에서는 이런 복잡한 형태의 지식의 원천을 열거할 필요는 없다. 대체로 다산이 『목민심서』와 『경세유표』에서 제시하는 지식의 원천은 대체로 유교의 경전과 당시의 다양한 문헌들이다. 다음의 예는 특히 기술적인 문제에 직면했을 때에 활용할 수 있는 지식의 원천이 될 서적들을 보여 주고 있다. 물론 지식의 창출은 지방 수령이나 관헌의 몫이지만, 사실상 조선 시대에서는 그들이 직접 지식을 창출하는 데 관심을 가지기보다 문헌적 지식을 더 중시했다. 다산도 이런 노선에서 크게 벗어나지 않았다고 보아도 과언이 아니다. 다음은 다산이 인용하는 몇 가지 기술적 지식의 출처들이다.

> 『유산필담(酉山筆談)』에 말했다. 서현호(徐玄扈)의 농기도보(農器圖報)에 열거된 농기구들은 모두 질박하여 만들기 쉽고 별도 톱니바퀴나 새기고 다듬는 기구가 없어도 되는데 우리나라 사람들은 배워 시행하려 하지 않는다. 인자(人字) 써레(耖耙)·육독(磟碡)·역역(礰礋)·호종(瓠種)·누거(耬車)·둔거·앙마(秧馬)·장참(長鑱)·예도·양선(颺扇) 같은 종류들은 그 제도가 모두 지극히 쉬우면서 용도는 지극히 요긴하니 수령은 마땅히 그 도보를 살펴서 기구를 만들어 백성들에게 주어 쓰도

록 할 것이다. 또 가래 · 호미 · 낫 등은 그 모양이 우리 것과 매우 다르니 마땅히 또한 그것이 편리한가의 여부를 시험해 구습을 버리고 좋은 기술은 받아들이도록 할 것이다. ……

『직기도보(織機圖譜)』에 열거된 교거(攪車) · 방거(紡車) · 발거(撥車) · 광상(軖牀) · 선가(線架) · 반거(蟠車) · 부거(紑車) · 승거(繩車) · 인거(紉車) 등의 구조는 간단해서 알기 쉬운데도 우리나라 사람들이 이를 본뜨려 하지 않으니 수령은 마땅히 이를 새로 만들어서 나누어 주어 백성들의 용구(用具)를 능률적이게 할 것이다(牧民心書, 戶典六條, 勸農).

이와 같은 기술 지식은 농사 및 농사 기술에만 한정되는 것이 아니라 다산의 『목민심서』에서 다루었던 질병과 관련된 논의도 해당한다고 할 수 있다. 질병을 다스리는 기술 역시 중요한 지식이라고 할 수 있기 때문이다. 다산의 『목민심서』에는 사람의 질병에 대한 처방과 더불어, 그 당시 농경 시대의 상황에서 소와 관련된 질병에 대한 처방을 자세하게 기록하고 있다. 먼저 사람의 질병에 대한 처방은 『목민심서』, 애민6조의 관질(寬疾)에서 찾아볼 수 있다.

근래 유행했던 마각온(痲脚瘟)에는 북경(北京)에서 들어온 새로운 처방이 있다.

도광(道光) 원년 신사(辛巳)년 가을에 이 병이 유행했다. 10일 이내에 평양(平壤)에서 죽은 자가 수만 명이요, 서울 성중의 오부(五部)에서 죽은 자가 13만 명이었다. 그 증상은 혹 교장사(攪腸沙) 같기도 하고, 전근곽란(轉筋癨亂) 같기도 한데, 그 치료법은 알 수 없었다. 그해 겨울에 섭동경(葉東卿)이 유리창(琉璃廠) 각본(刻本) 처방문을 보내왔기에 이에 기록한다.

치시행온역방(治時行瘟疫方)은 아조(牙皁) · 북세신(北細辛: 각 3돈 5푼) · 주사(硃砂) · 명웅황(明雄黃: 각 2돈 5푼) · 당목향(唐木香) · 진피(陳皮) · 곽향(藿香) · 길경(桔梗) · 박하(薄荷) · 관중(貫仲) · 백지(白芷) · 방풍(防風) · 반하(半夏) · 감초(甘草: 각 2돈). 이들을 함께 갈아서 고운 가루를 만들어 가지고 자기병에 넣어서 몸에 차고 다니면 사람을

> 구제할 수 있다. 만일 이 병에 걸린 후에 약을 구하려 하면 위급한 경우를 구제하지 못할까 걱정되어 이 처방을 새겨 보급한다. ……
>
> 또 하나의 처방이 있다. 곽향(藿香)·토패모(土貝母)·금은화(金銀花: 각 2돈)·사인(砂仁)·후박(厚朴: 각 1돈)·강진향(降眞香: 5푼을 잘게 갈아서 쓴다)·생감초(生甘草). 이들을 맑은 물 세 종지를 붓고 한 종지가 되도록 달여서 찌꺼기는 버리고 복용한다(牧民心書, 愛民六條, 寬疾).

또한 『목민심서』의 호전6조(戶典六條) 권농(勸農)에서는 가축 중에서도 특히 중요시했던 소의 질병에 대한 기술과 더불어 각각의 질병에 대한 처방도 자세하게 기록하고 있다. 여기에서는 소의 염병 치료법, 소의 기창(氣脹) 치료법, 소의 복창(腹脹) 치료법, 소의 기열(氣噎), 소의 요혈병(尿血病), 비창(鼻瘡), 소의 사개(沙疥) 등이 발생했을 경우에 대한 치료법이 자세히 나와 있다(牧民心書, 戶典六條, 勸農).

다산도 많은 지식을 기존 문헌에 의존하고 있다. 『경세유표』에 있는 대부분의 참고 문헌은 고전과 과거 역사 기록인 것은 숨길 수 없는 사실이다. 다산이 『목민심서』에서 이와같이 다양한 기술적 지식의 출처를 밝히고 있는 것은 목민관들도 옳은 행정을 위해 알고 있어야 할 지식의 원천을 전수하는 방법으로서 제시한 것으로 보인다. 그러나 그가 주장하는 지식의 원천은 많은 부분 그 자신의 직관(直觀)이다. 그는 실제의 숫자와 같은 정확한 정보에 근거를 둔 판단을 중시했다. 그리고 그들은 "투명하게 반포해야 후일의 상고(詳考)에 이바지할 수 있다"고 하듯이 정보를 공개하는 것이 공유의 첩경이거니와 정확성을 증진하는 동기가 될 수 있음을 인식하고 있다(牧民心書, 戶典六條, 稅法). 미래의 상고는 정보 생산자의 역사에 대한 책임으로 이어지기 때문에, 정확한 정보를 생산해야 할 이유가 된다.

6) 지식의 축적과 활용

지식의 축적은 창출한 지식을 분류해 저장하는 활동이나 다음에 쓸 수 있는 형태여야 하기 때문에 사후 검색이 용이하게 저장되어야 한다. 오늘날에는 전자적으로 저장할 수 있어서, 저장공간이나 검색의 용이성에서 크게 향상되었다. 그러나 다산의 시대에는 정보의 축적을 보고서의 형태나 책의 형태로 저장할 수밖에 없었다. 축적을 위한 책의 제작은 아주 비용이 많이 드는 일이었고, 그것을 보관하는 일도 전문적 지식을 필요로 했지만, 지방정부 수준에서는 그런 일을 전문적으로 담당하는 부서도 없었다. 따라서 축적된 지식을 필요에 따라 활용하기도 쉽지 않은 일이었다. 다산의 시대에는 지식에 대한 접근 자체가 제약되어 있었고, 지식이나 정보가 무형자산이라는 개념조차 없었다. 그럼에도 불구하고 다산은 축적된 지식과 정보를 활용해 지방 목민관으로서 우수한 행정을 펼칠 것을 설파한 점은 시대를 앞서 나갔다고 볼 수 있다. 다산도 기술의 한계와 인식의 한계 때문에 지식의 축적과 활용에 대해 치밀한 논의를 제공하지는 않았다. 그러나 용인(用人)의 중요성 때문인지 아전들의 인사고과를 작성해 축적하고 체계적으로 활용하는 데에서 지식관리의 축적과 활용의 단면을 제공하고 있다.

아전들을 효과적으로 다루기 위해서 다산은 반드시 아전들에 대한 공적을 고과해야 한다고 주장했다. 공적을 고과하지 않으면 백성을 권면할 수 없기 때문이다. 아전들의 공적에 대한 고과의 필요성을 다산은 다음과 같이 논한다.

> 대저 사람을 부리는 법은 오로지 권・징(勸徵) 두 글자에 있는 것이다. 공이 있음에도 상이 없으면 백성을 권면할 수 없고 죄가 있음에도 벌이 없으면 백성을 징계할 수 없다. 권면하지도 않고 징계하지도 않으면 만민이 해이해지고 백사가 무너지게 되니 백관과 여러 이속들도 다

를 바 없는 것이다(牧民心書, 吏典六條, 考功).

아전들의 고과 방법은 아전들의 공과를 기록해 두었다가 연말에 고공을 하고 의논해 상을 주는 것이 좋다고 언급하고 있다. 자세한 공과의 기록 방법은 다음과 같다.

한 책자를 비치해 두고 한 장에 한 인원의 이름을 쓰되 모든 향임(鄕任)과 군교(軍校), 여러 아전과 여러 하례(下隷)의 공과를 모두 기록한다. 과오는 범할 때마다 징치하고 공적은 연말에 검토 비교해서 9등급으로 구분한다. 상(上)의 3등급에 든 자는 새해 차임할 적에 반드시 요직을 주고, 중(中)의 3등급에 든 자는 상(賞)을 논함에 차별이 있게 하고, 하(下)의 3등급에 든 자는 1년 동안 정직을 시켜 직임을 얻지 못하게 하면 어느 정도 권선하는 데 도움이 될 것이다.

향승(鄕升)과 군교는 그 정원이 많지 않으므로 상등과 하등은 1인을 넘지 말도록 하고 여러 아전들도 9등급을 적용할 것이다. 아전의 정원이 30인이면, 상상(上上)과 하하(下下)에 각 1인, 상중(上中)·하중(下中)에 각 2인, 상하(上下)·하상(下上)에 각 2인, 중상(中上)·중하(中下)에 각 3인을 넣고 그 나머지 14인은 모두 중중(中中)에 둔다.

상상에 든 자는 제일가는 자리를 주고, 상중에 든 자는 다음 자리를 주고, 상하에 든 자는 또 그 다음 자리를 주고, 중상에 든 자는 또 그 다음 자리를 준다. 중중에 든 자는 이방(吏房)에게 맡겨서 박한 자리를 주도록 하며, 중하에 든 자는 반년 정직을 시키되 차역(差役)은 면제시켜 주고, 하 3등급에 든 자는 1년 정직(停職)을 시키되 하하에 든 자는 반드시 고된 역사(役事)에 징발을 시킨다.

향승과 군교는 자리가 많지 않아서 옮겨 줄 자리가 없으면 활이나 화살, 필묵 따위로 차별을 두어 시상을 하고 모두 첩문(帖文)을 주어 각기 후세에 전하도록 한다. 문졸(門卒)과 관노들도 역시 모두 위의 법에 비추어 따라야 할 것이다. 풍헌(風憲)·약정(約正)·저졸(邸卒) 등도 역시 모두 위의 법에 비추어 따르되 풍헌이 민사(民事)에 마음을 다해 상상에 든 자는 올려서 향승을 삼을 것이다(牧民心書, 吏典六條, 考功).

또한 이와 같은 아전들의 고과를 위해 수령의 임기를 보장해야 한다고 강조했다. 즉 수령의 임기를 6년으로 정해 놓아야 하는데, 수령이 오래 그 자리에 있은 후에야 아전들에 대한 고공을 의논할 수 있다는 것이다. 만약 수령의 임기 보장이 이루어지지 않는다면 신상필벌(信賞必罰)로 백성들에게 영(令)을 미덥게 해야 할 길이 어렵게 된다는 것이다.

아전들의 고과는 지식의 창출이지만, 이 기록을 축적하고 연말에 상벌을 주며, "첩문을 주어 각기 후세에 전하도록"(牧民心書, 吏典六條, 考功) 권하고 있다. 인사고과는 "부리는 사람들"을 "권 · 징(勸徵)"하는 데 활용하기 위한 것이다. 정보의 활용에 대해서는 다산의 철학이 분명하게 묻어난다. 부하들을 기록에 따라 분석하여 "진실로 쓸 만한 사람을 얻지 못하면, 그 자리를 채우기만 하지, 여러 가지 정사를 맡기지 말라"고 정보의 활용 방법까지 제시해 준다. 더구나 "공적은 연말에 검토하고 비교해 9등급으로 구분한다. 상의 3등급에 든 자는 새해에 차임할 적에 반드시 요직을 주고, …… 하의 3등급에 든 자는 1년 동안 정직을 시켜"와 같은 논의들은 오늘날의 용어로 업적에 기초한 인사를 강력하게 권장하고 있다. 그리고 "아전의 정원이 30인이면 ……"에서 보듯이 고과의 분류도 상당히 정상 분포에 가까운 배점을 보여 주고, 아전들 간의 경쟁을 정보 활용의 근간으로 보고 있다. 다산의 지식 축적과 활용은 오늘날의 기준으로 보면 아주 초보적 수준에 머물러 있지만, 본격적으로 지식의 축적과 활용을 권면하고 있다는 점에서 눈길을 끈다.

5 해석과 시사점

다산의 저술에서 지식관리에 해당하는 내용을 간추리면, 지식의 창출, 활용, 축적, 교환의 흔적은 발견할 수 있었으나, 지식관리의 학습에 해당하는 논의를 찾기는 어려웠다. 이들 지식관리 활동에 대한 묘사도 정보화 시대의 입장에서 보면 초보 단계를 벗어나지 못하고 있는 것도 분명한 사실이다. 오늘날의 지식관리란 근본적으로 정보화 혁명의 산물이며, 기술적이고 학문적인 뒷받침이 있기 때문에 가능한 것이라는 점을 감안하면, 다산이 살던 시대의 지식관리는 오늘날과 크게 차이가 날 것은 명약관화하다. 다산의 지식관리의 특징을 살펴보면, 다산의 개혁 이론이 당대에는 참신하고 선도적인 저술이었는지 모르지만, 시대를 뛰어넘는 발상을 담고 있지는 못하다.

첫째, 다산의 지식관리는 대체로 지방 수령이나 중앙정부의 왕권을 강화하는 집권적 문제 해결을 전제하고 있다. 이런 점에서 오늘날의 지식관리가 분권적이고 네트워크에 의존한 조직 운영을 전제하는 것과 크게 대조적이다. 『목민심서』가 목민관을 위한 저술이기는 하지만, 거의 언제나 의사결정자는 목민관이고, 그를 도와 주게 되어 있는 아전을 믿지 말라는 권고를 수도 없이 강조하고 있다. 그도 아직 믿지 못할 아전들을 조직화하고 전문화해서 조직의 지식을 풍부하게 관리하고자 하는 아이디어에는 전혀 관심이 없었다. 유교의 가르침에 따라 몸과 마음을 단정하게 유지하며 덕을 베풀고, 스스로 지식을 습득해야 아전들을 제압할 수 있음을 가르친다. 이런 측면에서 보면, 현대 지식관리에서도 조직구성원을 이기적인 존재로 가정하면서도, 그들에게 일정한 권한을 부여하고, 견제와 균형 속에 상호 협조가 이루어지도록 유도하는 것이 더 생산적인 조직으로 이끌 수 있다는 점을 가르치는 것과 크게 차이가 있다.

둘째, 『목민심서』의 가르침은 철저하게 유교 사회를 강화하기 위한 방안으로 목민관의 역할과 기능을 개혁적 차원에서 서술하고 있다. 그렇기 때문에 다산의 저술이 실학의 절정이라고 하나, 중세 사회에서 근대 사회로 이행하는 과정에서 나타나는 관료제 조직의 합리성과 전문성을 반영하려는 시도는 거의 보이지 않았다. 관료제 조직이 과학적 지식이나 정통적 지식에 의존해 체계적인 분업 구조를 유지하는 하나의 지식관리 형태라는 점을 감안한다면, 『경세유표』와 『목민심서』에서 보여 주는 조직의 지식관리 형태는 『주례(周禮)』의 전통과 유교적 위민 사상의 체현에 초점을 두었지만, 문제 해결의 체계성을 내세우지 않았다. 그렇다 보니, 개인의 힘을 초월하는 조직의 힘을 최대한으로 결합해 내는 데에까지 논의의 전개가 연결되지 못했다는 아쉬움을 남긴다. 물론 당대의 놀라운 저술을 폄훼(貶毁)할 의도는 아니다. 그러나 다산의 저술이 신성시되어야 할 대상도 아니다. 그런 의미에서 다산이 우리에게 제공하는 지식관리는 어디까지나 유교와 조선 시대의 전제 왕권을 강화하기 위한 지식관리였고, 그 지식의 기반은 상당히 유교적 이념과 자신의 경험에 의존하는 직관의 범위를 크게 벗어나지 못하고 있다.

셋째, 다산이 시대를 뛰어넘기 어려울 것임을 이미 지적했다. 오늘날의 지식관리는 그것을 전담하거나 특별히 관장하는 부서를 조직에 설치해 강조하고 있음에 비추어 보면, 다산의 지식관리는 어디까지나 필요한 정보를 수집하고, 체계적으로 공유하며, 활용을 권장하는 정도에 머물고 있다. 한마디로 지식관리의 활동 중에서 지식관리의 학습활동에 대한 논의를 찾기 어렵다. 이것은 다산도, 목민관 개인의 학습을 강조하고 조직구성원의 계몽이 필요하다는 점까지 인정했지만, 조직이 하나의 체계로서 지식관리 활동에서 교훈을 얻고 지식관리 체계를 개선하려는, 다른 말로 표현하면 층위가 다른 지식관리에 대해서는 생각을 펼쳐내지 못했다. 조직학습은 개인의 그것과는 다르다. 조직은 조직의 논리에 따라 교훈을 제도화하고 활동의 루틴(routine)으로 향상시켜야 한다. 그것이 체계적으로 전개된다면 지식관리의 학습이 이루어지는 것이다.

끝으로, 조직의 지식관리 이론은 최근에 논의되는 최첨단 관리이론이라 해도 과언이 아니다. 이런 의미에서 정보화 혁명과 함께 지식 기반 경제와 정보 시스템의 구축에 대해 논의한다면 하나의 관리 기법으로 이해할 수 있다. 그러나 조직의 관리를 좀 더 인식론적으로 파악한다면, 그것을 하나의 지식관리 양식으로 이해할 수 있다. 이렇게 볼 때에 다산 시대의 지식관리는 당시와 오늘날의 지식관리 사이의 격차를 파악할 수 있는 중요한 척도를 제공한다. 다산의 시대에는 태어나지도 않았던 개념인 지식관리라는 렌즈로 다산의 저작물을 비판적으로 재검토한다는 것이 황당한 시도로 보일 수 있다. 더구나 다산의 학문적 치적에 흠을 발견하는 시도로 오인될 수도 있다. 그러나 이러한 위험에도 불구하고 이 연구가 의미를 갖는 것은 조직의 관리를 하나의 지식관리의 양식으로 이해할 때에, 다산의 주장은 현대적 또는 최첨단 관리이론적 척도에 비추어 어느 정도 수준인가를 가늠할 수 있는 아주 건실한 방법이 될 수 있다. 굳이 결론을 말해야 한다면, 이미 위에서도 몇 번 밝혔듯이, 다산도 시대를 뛰어넘지는 못했지만, 그 당시의 다른 지성들보다는 선구적으로 지식의 창출, 교환, 축적, 활용에 상당한 관심을 두었다. 최근에는 다산의 지식관리 방법에 대해 관심을 갖고, 그의 지식경영 방법을 배우자는 논의도 시도되고 있다(정민, 2006).

이러한 다산의 관심은 조직의 체계적 운영에 도움을 주었지만, 다산 자신이 그 도움의 크기나 주장의 검증에는 많은 지면을 할애하지 않았다. 더구나 다산의 저술에서 지식관리의 학습에 대한 관심을 발견하지 못했음이 못내 아쉬운 점이다. 왜냐하면 지식관리의 학습은 체제의 학습을 의미하며, 목민관이나 관원 개인의 역량을 초월해 조직의 개선과 진보가 제도화될 수 있는 여지를 의미하기 때문이다. 그것은 다산이 그토록 한탄했던, 모든 것이 다 썩어 넘어지고 있던 조선 정부가 향상과 개선으로 방향을 잡을 수 있는 유전자에 해당하기 때문이다. 그 문화 유전자가 없이는 조선의 정부 체제가 학습을 통해 진화하는 문명의 궤도 위에 오를 수 없기 때문이다.

참고 문헌

고재욱・송영주・손승철(1997). 조선 후기 실학사상 연구: 청대 실학과의 비교 관점에서. 『강원인문논총』, 5: 131-172.

김구(2003). 지식정부 구축을 위한 지식행정에 관한 개념적 연구. 『한국행정학회 2003년도 춘계학술대회 발표논문집』, 185-220.

김영걸(2003). 지식경영의 이해. 『정보과학회지』, 21(10): 79-85.

김영평(1991). 『불확실성과 정책의 정당성』. 서울: 고려대학교출판부.

김영평(2006). 다산의 저술에서 본 공공부문 갈등관리. 『정부학연구』, 12(2): 47-87.

노나카 이쿠지로・곤노 노보루(1998). 『지식경영』. 서울: 21세기북스.

노정란(2005). 지식경영 관점에서 본 기록관리와 지식경영의 연관 관계: 지식의 정의와 지식관리 프로세스를 중심으로. 『한국비블리아 발표논집』, 13: 167-186.

박석무(2003). 『다산 정약용 유배지에서 만나다』. 서울: 한길사.

박성원(2001). 행정조직의 지식관리 전략. 『한국행정논집』, 13(4): 765-783.

박희서・김구(2002). 행정기관에 있어서 지식관리의 활용성 제고 요인에 관한 탐색적 연구. 『한국행정학보』, 36(2): 41-62.

백진호・최성락(2005). 지식관리 영향 요인에 관한 연구: 재정경제부 지식관리 시스템 활용을 중심으로. 『행정논총』, 43(3): 147-171.

삼성경제연구소(1999). 『지식경영과 한국의 미래』. 삼성경제연구소.

송충근(2005). 지식관리시스템 하에서 지식 공유 영향 요인에 관한 실증 연구. 『한국정책과학학회보』, 9(2): 149-174.

안중호(1997). 안중호의 경영교실: 지식관리란 무엇인가?. 『월간 경영계』, 229: 28-30.

이향수(2005). 정부조직 지식관리 활동 영향 요인에 관한 연구: 중앙부처 공무원의 인식조사를 중심으로. 『한국행정학보』, 39(4): 273-298.

이홍재(2005). 지식관리 활성화를 위한 평가 및 보상체계 개선 방안. 『복지행정연구』, 21: 368-381.

이홍재・강재상(2005). 효과적인 지식관리를 위한 학습공동체 운영에 관한 연구.『한국정책과학학회보』, 9(4): 1-23.
정민(2006).『다산선생 지식경영법』. 서울: 김영사.
정약용(다산연구회 역주)(1984).『역주 목민심서』. 서울: 창작과비평사.
정약용(이익성 역). (1997).『경세유표』. 서울: 한길사.
정약용(다산연구회 편역)(2005).『정선 목민심서』. 서울: 창작과비평사.
정영미(1997).『지식구조론』. 한국도서관협회.
정영수 · 서유경(2005). 공공기관의 지식관리 시스템 구현 방안에 관한 연구.『경영경제연구』, 28(1): 159-176.
정윤수 · 백용기(2001). 공공부문에서의 지식관리 도입과 정책 과제.『사회과학논총』, 17: 61-78.
최재윤 · 김진수 · 임세헌 · 변용범(2000). 지식경영 방법론: 지식경영 전략 수립을 위한 지식관리 성장단계 측정 방법론 연구.『지식경영 학술심포지엄』, 4: 253-281.
피터 드러커 외(현대경제연구원 역)(1999).『지식경영』. 서울 : 21세기북스.
하정출(2005).『지식경영』. 서울: 도서출판 두남.
한세억(1999). 지식행정에 대한 탐색적 연구.『한국행정학보』, 33(3): 1-19.
한세억(2000). 지식사회의 행정 조직관리 패러다임: 지식관리의 이해와 실천.『한국행정연구』, 9(3): 125-157.
황선욱 · 김대건(2005). 조직 간 관계(IROs) 유형에 따른 정부지식관리.『한국행정학회 2005년도 하계공동학술대회 발표논문집』(Ⅲ): 157-173.

제7장 국가 위기관리

채경석

1 서 론

현대 사회는 위기의 시대이다. 북한의 핵실험과 한반도의 위기, 스리랑카와 인도네시아에서 발생했던 지진 해일, 미국의 9·11테러, 재벌기업의 부도와 해체 등 우리는 실로 다양한 유형의 위기에 대응하면서 살아가고 있다. 2006년 말 처형된 사담 후세인(Saddam Hussein)은 이라크의 위기를 관리하지 못해 결국 체제가 붕괴되고 자신도 형장의 이슬로 사라져야 했다. 위기관리란 이처럼 다양하게 발생하는 위기를 슬기롭게 관리함으로써 위기 상황에서 벗어나는 것이다.

국가는 각종 재난과 재해, 그리고 외부의 침략 등 각종 위기로부터 국민의 생명과 재산을 보호해야 할 책임이 있다. 이를 위해 정부는 위기 발생 전에는 위기 발생의 가능성을 줄이고, 정도를 완화시키는 모든 조치를 취해야 하며, 위기가 발생하면 이에 신속하고 즉각 대응하여 위기로부터 피해를 최소화시켜야 한다. 위기 상황이 끝나면 국민들이 정상적인 생활을 할 수 있도록 빠른 시일 안에 복구해야 한다.

우리나라의 위기관리 체계는 크게 전시 대비 체계와 평시 위기관리 체계로 구분할 수 있다. 전시 대비 체계는 군사 분야와 비군사 분야로 구분하여, 군사 분야는 한미연합 방위 체제를 중심으로 국방부에서 담당하고 있으며, 비군사 분야는 국가 동원 체제를 중심으로 비상기획위

원회에서 관장하고 있다. 또한 평시의 위기관리는 민방위 체제와 재난관리 체계를 중심으로 행정안전부와 소방방재청 등에서 담당한다. 모든 국가는 국가의 안전을 유지하기 위해 총력을 다해야 한다. 그렇지 않으면 체제를 유지해 갈 수 없다. 그런데 역사적으로 보면 이 같은 체제의 위기관리는 정부가 독자적으로 수행할 수 없으며 언제나 민간부문과 네트워크를 형성해 함께 위기관리 기능을 수행해 나가는 거버넌스(governance) 현상을 찾아볼 수 있다. 신라의 화랑 제도, 삼국 시대부터 조선 시대까지 내려온 부역, 고려 시대의 익군(翼軍), 조선 시대의 의병, 향약, 그리고 이 장의 연구 대상인 『민보의(民堡議)』 등이 모두 민간 부문과 정부가 협력해 위기에 대처한 예들이다.

다산 정약용은 일찍이 『민보의(民堡議)』와 『경세유표(經世遺表)』, 『목민심서(牧民心書)』 등 그의 많은 저서를 통해 당시 조선 사회의 위기관리를 위한 다양한 논의를 전개하고 있다. 다산은 체계 위기는 물론 자연재해 등 각종 재난에 대한 대응과 복구 등 폭넓은 위기관리 정책을 논의하고 있다.[1] 그 중에서도 민간방위 체제를 서술하고 있는 『민보의』는 전 국민의 역량을 방위력으로 결집시키려는 시도로서 체제의 위기관리에 매우 큰 의미를 지니고 있다. 『민보의』는 오늘날 민방위 제도[2]와 유사한 개념이다. 지역 방위를 위해 관과 농민, 그리고

---

1) 다산의 재난관리 정책은 2006년 12월에 발표한 필자의 '다산의 재난관리 정책,' 『정부학연구』 제12권 제2호(고려대학교 정부학연구소)를 참조할 것.

2) 제1차 세계대전 초기 단계에서 독일이 비행선으로 영국을 공격했을 때 민간인이 방호활동을 수행한 것이 민방위 활동의 효시이다. 제2차 세계대전 중에는 항공기가 발달해 공습이 격렬해졌는데 이때 공공용 대피호가 만들어졌고, 도시의 등화관제, 소방활동, 응급의료 활동 등이 민방위 활동의 주된 내용이었다. 그러나 제2차 세계대전 말기 미국의 핵무기 사용으로 전쟁 양상이 크게 변화됨에 따라 민방위의 내용도 현저하게 변화되었다. 오늘날 민방위는 핵 방호를 비롯한 생화학무기 및 기타 수단에 의한 적의 공격에 대비하고 평시에는 지진, 화재, 해일, 풍수해, 폭발 등의 재해재난에 대한 방호를 위해 민·관에 의한 일체의 비군사적 활동을 의미하게 되었다. 민방위가 국제사회에 등장한 것은 1977년 6월 8일 제네바 협약(1949. 8. 12)에 대한 추가 및 국제적 무력충돌에서 희생자 보호에 관한 '제1의정서'부터라 할 수 있다. 전시에 민간인을 좀더 효과적으로 보호하기 위해 민방위 임무를 수행하는 요원에게 '오렌지색 바탕의 청색

양반 계급이 서로 협력해 다른 지역과도 네트워크를 형성하면서 지역 방위를 담당해 가는 일종의 거버넌스(governance) 형태를 띠고 있다.

다산이 살던 18세기 후반부터 19세기 전반기는 대외적으로 다양한 외래 문물이 들어오고 국내적으로는 사화(士禍)와 당쟁의 악순환으로 국정이 문란해지고 있었다. 국가재정은 탕진되고 농토는 황폐하여 국가의 경제적 기반이 무너져 갔다. 또한 관료와 지배층의 부패는 걷잡을 길이 없었고 농민들에 대한 수탈이 극에 달해 민중의 생활은 도탄에 빠졌다.

이 장에서는 다산이 이 같은 국가 위기 상황에서 저술한 『민보의』에 관한 논의를 통해 그가 제시했던 국가 위기관리 정책의 내용과 저술의 배경 등을 이해하고자 한다. 이를 통해 우리는 조선조 후기 사회의 사회상과 지역방어 체계 등 국가 위기관리 체계를 현대적인 시각에서 이해하게 될 것이다.

2 조선 후기의 위기관리 정책과 문제점

다산이 『민보의』를 통해 거버넌스적인 민관 합동의 지역 방위 체제를 강화하도록 한 목적과 배경을 이해하기 위해서는 조선 후기의 군사 제도와 방위 태세에 대한 이해가 선행되어야 한다.

조선 전기에 국방력의 중심은 세조 3년에 확립된 진관 체제(鎭管體制)의 상비군 전력이 중심을 이루고 있었다. 지방행정 조직망을 토대로 진(鎭)을 설치하고, 유사시에는 각 진 단위로 자전자수(自戰自守)하는 일종의 지역 방어적 방위 체제였다. 지방의 농민들은 군역 의무

정삼각형'의 국제적 보호 표지를 제정하여 부착토록 함으로써 민간인에 대한 국제법적인 보호 장치를 마련하게 되었다. 우리나라는 지난 1982년 7월 25일 조약 778호에 의해 제네바 의정서가 발효됨에 따라 오늘날과 같은 민방위 표지를 사용하기 시작했다.

를 이행하는 일정 기간 동안에는 생업을 전폐하고 정해진 요해지(要害地)에서 방어 임무를 수행해야 했다. 이들은 진관 체제에서 실질적인 상비 국방 전력의 역할을 수행했다.

그러나 방군수포(放軍收布), 대역납포(代役納布) 등으로 인한 16세기 이후 군역의 변질은 결국 병력 규모를 격감시켜서 방위 체제의 약화를 가져왔다. 군역의 상실로 진관 체제가 본래의 기능을 발휘할 수 없는 상태에서 이른바 제승방략(制勝方略)이라는 새로운 방위 체제가 제시되기도 했다. 제승방략은 전쟁 발발 시 적의 주요 예상 접근로에 병력을 집중 투입함으로써 적을 초전에 격퇴한다는 작전이다. 그러나 이 같은 전략은 병력 수의 격감에 따른 임기응변에 불과했고 근본적인 대책이 되지 못했다. 임진왜란 이후 이처럼 방위 체제가 약화된 상태에서 유성룡(柳成龍) 등에 의해 진관 체제의 복구가 주장되기도 했으나 이미 그것은 현실적으로 불가능했다. 병력을 양성할 국고도 부족했고 군비를 확보할 방법도 없었기 때문이다.

유성룡은 군 체제의 정비 강화와 더불어 군역 의무 대상자의 범위를 양반 및 공·사 천민에까지 확대하고, 군사훈련 및 대오의 편성도 거주지를 중심으로 하는 속오군제(束伍軍制)를 주장했다. 철저한 농병일치제의 속오군은 당초 민병적인 색채를 강하게 띠면서 출발했다. 인조 5년 이후에는 조정에서 파견된 영장(營將)의 지휘 감독을 받게 되면서 명목상으로는 국토 방위의 주역으로 간주되었다. 그러나 속오군도 결국 와해되고 말았다. 그렇다면 왜 조선 후기 군사력이 이처럼 붕괴되었을까?

첫째, 조선 후기 사회의 경제적 빈곤이 큰 원인으로 작용했다. 속오군 제도의 운영 자원은 전적으로 비특권 계급의 토지와 자본만을 조세 대상으로 삼아 이들의 경제력에 의존했기 때문이다.

둘째, 집권층의 무능을 들 수 있다. 하향식 통치 구조임에도 당시 집권층은 전란 후의 민생 회복과 방위력의 증강을 국가 차원에서 강력하게 추진하지 못했다.

셋째, 조선 후기에 접어들어 군역 부담의 압력이 야기한 사회적 신분 이동 현상을 들 수 있다. 숙종부터 철종 사이에는 천민 계층이 크게 줄어들고 자칭 양반이라 하는 계층의 수효가 상대적으로 증가했다.[3] 이 같은 현상을 목격한 다산 정약용은 탄식 섞인 어조로 다음과 같이 증언하고 있다.

> 대저 양반이 된 다음에야 군포를 면하게 되는 까닭에 백성의 밤낮 궁리는 오직 양반이 되는 것뿐이다. 향안(鄕案)에 기록되면 양반이 되고 허위 족보를 꾸미면 양반이 되며 고향을 떠나 멀리 이사하면 양반이 되고 유건을 쓰고 과거 시험장에 출입하면 양반이 된다. 남몰래 증가하고 은근히 늘어나며, 해마다 증가하고 날마다 성해지니 장차 온 나라는 다 양반으로 차고 말 것이다(民堡議).

조선 전기에는 군역이 관념상으로는 일종의 고급 의무로서 천민은 제외되었고 양민 계층만이 군역을 담당하도록 되어 있었다. 이로 인해 조선 전기에는 천민 계층의 증대라는 신분 하강 현상이 나타나 군사제도가 붕괴되었다. 그런데 조선 후기에는 반대로 자칭 양반 신분층의 비대라는 신분 상승 현상으로 방위 체제가 무너져 갔다. 양인 신분만이 부담하던 군역이 조선 후기에 접어들어서는 사회적·경제적 패배자들에게만 가해진 천역으로서 기피해야 할 고역의 대상이었다.

임진·병자 양란 이후 조선의 지방 군사력은 걷잡을 수 없는 붕괴 과정을 겪게 된다. 다산의 목격담은 19세기 초 속오군의 실태와 붕괴되어 가던 지방 방위력의 실태를 상세하게 기술하고 있다.

---

3) 정석종(1975)의 조선 후기 사회 신분제의 붕괴: 울산부 호적대장을 중심으로, 『대동문화』 9 등은 조선 후기 사회의 신분 이동 현상을 통계 수치로 보여 준다.

지금의 이른바 속오(束伍)라는 것은 사노와 천민들로 구차하게 그 숫자만을 채웠으며 어린아이와 늙은이들을 섞어 대오를 편성한 것이다. 전립(戰笠)은 깨어진 오이와 같이 울퉁불퉁하고 전복(戰服)은 등나무 덩굴이 얽히고 맺힌 것과 같이 난잡하며, 백 년이나 묵은 옛 칼은 자루만 남아 있고 칼날이 없으며 3대를 내려온 부서진 총은 화약을 넣어도 소리가 나지 않는다. 게다가 대오의 숫자가 오래 비어 있었던 까닭에 명부에는 사람과 죽은 귀신이 서로 섞여 있어서 임시로 사람을 사서 하루의 병역에 응하고 있다. 이런 것은 입법의 당초부터 이같이 쇠퇴한 것이지 지금에 와서 그렇게 된 것은 아니다(牧民心書, 兵典六條, 練卒).

1)『민보의』 저술의 배경

다산은『민보의』를 저술하기에 앞서 일찍이 전시(殿試)의 문제로 출제되었던『지리책』과 그가 저술했던『여전론』,『비어고』 등을 통해 민간 방위 체제에 관한 관심을 드러냈다. 여기에서는『지리책』,『여전론』, 그리고『비어고』 등을 개괄함으로써 다산이『민보의』를 저술하게 된 배경을 이해하고자 한다.

(1)『지리책(地理策)』

정약용은 28세가 되던 정조 13년(1789) 진사에 급제하고 전시(殿試)에도 합격했는데, 이때 시험 문제로 출제된『지리책』에 대한 답안에는 현실 세계에 대한 다산의 관심과 탁견이 드러나 있다.『지리책』은 국토에 관한 논고로서, 정치·경제·국방 등 여러 문제를 들어 조선의 현실을 비판했으며, 후일『민보의』로서 종합되는 그의 방위 체제관의 이론적 기반을 형성하는 데도 영향을 미치게 된다.

다산은『지리책』에서 먼저 삼면에 적과 이웃하고 있는 우리나라의 지정학적 위치로 보아 군비가 가장 중요한 문제라고 전제한 다음 중앙의 오군영(五軍營)은 중앙군의 구실을 다할 수 없고, 지방은 성도 관문도 없는 실정이라고 지적했다. 그는 이렇게 군비가 해이된 원인은 나라의 태평이 계속되어 인심이 안일을 좋아하게 되었고, 성지(城址)와 관방(關防)이 국토의 방위보다는 수취 체제(收取體制)에 편리하도록 편성되어 있기 때문이라고 주장했다. 다산은 이를 해결하기 위해 다양한 대안을 제시했다. 특히 지방의 경우는 산성을 거점으로 하는 방위 체제의 역사적 타당성을 내세워 전국에 흩어져 있는 고성을 활용해 전국적인 방위 체제를 수립하는 것이 시급하다고 역설했다. 방위 체제에 대한 이 같은 다산의 시각은 훗날 『민보의』의 저술로 발전하게 된다.

다산의 주장은 당시 우리나라 방위 체제의 실상에 비추어 볼 때 매우 타당한 것으로 보인다. 그에 의하면 전란이 끊이지 않았던 삼국 시대에는 산성을 거점으로 한 청야이고루(淸野而固壘)를 시행했다. 청야이고루는 교전하지 않고도 적이 스스로 물러나게 하는 전략이다. 다산이 말하는 청야이고루는 청야입보(淸野入堡) 또는 견벽청야(堅壁淸野)와 같은 개념으로서 고대로부터 시행되어 온 우리나라의 전형적인 군사방위 전략이다. 청야란 분산적으로 거주하면서 농사에 종사하는 주민의 다수를 일개의 보새(堡塞)에 집중시키는 것이다. 물론 청야는 주민뿐만 아니라 물자에도 적용되어 적이 군수품을 현지에서 조달할 수 없게 만든다. 그러나 청야입보는 동시에 여러 부작용을 가져오기도 했다. 입보하는 기간 동안 생산 활동이 위축될 수밖에 없으며 민중의 자치 의욕과 마찰이 발생하고 방어시설이 미비할 때는 도리어 과중한 인적·물적 손실을 입게 된다. 또한 부패한 관(官)의 수탈 대상이 되기도 했다.

다산은 당시 방위 체제의 부실과 허술함에 대해 정확하게 진단하고 있었다. 특히 다산은 유사시 제1차적으로 적에 대항해야 할 지방 군사력의 부재 현상을 지적했다. 『지리책』에 나타난 다산의 군사방위 체제 속에는 후일 『민보의』와 연결되는 개념, 즉 병·농 일치적인 방위 체제와 산성 중심의 선수후전(先守後戰)의 전략 등이 포함되어 있다. 이 같은 개념들은 훗날 『민보의』로 집대성된다.

(2) 『여전론(閭田論)』

다산의 병·농 일치 원칙에 입각한 지역 단위 방위 체제에 대한 구상은 『여전론』을 통해 더욱 구체화되었다. 『여전론』은 다산이 민생 문제 해결의 기본적인 열쇠는 토지 제도의 개혁에 있다고 믿고 『주례(周禮)』와 명(明)의 홍무어린도(洪武魚鱗圖)를 참고하여 연구 제시한 개혁론이다. 여전제(閭田制)에 의하면 여(閭)는 산골짜기, 냇둑의 형세에 따라서 경계를 긋되 30가(家) 내외를 한데 묶어 여(閭)로 삼고, 3개 여를 리(里), 3개 리(里)를 방(坊), 5개 방(坊)을 읍(邑)으로 삼으며 여에는 여장(閭長)을 두도록 했다. 여장은 여 내의 토지를 여민들이 공동 경작하게 하고 매일 여민 개개인의 노동량을 장부에 기록해 두었다가 추수 때가 되면 수확물을 여장의 집(여[閭] 안의 도회청)에 실어 날라서 먼저 세금과 여장의 봉급을 제한 후 그 나머지를 장부에 기록된 여민의 노동량에 따라서 각각 분배하도록 했다.

여전제는 ① 농사짓는 사람이 토지를 점유하며(耕者有田), ② 토지의 소유를 공유로 하고 사유를 인정하지 않으며(土地共有), ③ 토지를 공동으로 경작하고(共同耕作), ④ 생산된 곡물을 공동으로 수확하고(共同收穫), ⑤ 수확한 곡물은 노동량에 따라 분배한다(경작 능력에 따른 소득 분배)는 것을 원칙으로 했다. 『여전제』는 협동농장 구상의 원류라고 할 수 있는데, 다산은 여전제의 실시로 병제(兵制)도 아울러 개혁할 수 있다고 보았다.

다산은 실제적 방안으로서 병·농 일치에 의한 지방군과 수포(收布)로 양병되는 중앙군의 양 군사조직을 유지할 것을 제시했다. 지방군은 여 단위로 편성하되 여민을 3분하여 3분의 1은 현역으로 복무하고, 3분의 2는 호포(戶布)를 납부함으로써 군수를 담당할 것을 제시했다. 또한 그는 여장을 초관(哨官), 이장을 파총(把摠), 방장(坊長)을 천

총(千摠) 등의 군사직에 임명함으로써 군사 지휘 계통을 확립하고자 했다.

여전제는 군사적 측면에서 보면 다산이 『지리책』 이래 지녀온 산성을 거점으로 한 병·농 일치적 군사방위 체제론의 반영이라고 할 수 있으며, 당시 문제가 되었던 양반층의 담력을 전제로 한 부국강병책의 구상으로서 민보적인 방위체제론과 연결된다.

(3) 『비어고(備禦攷)』

다산은 순조 원년(1801) 신유사옥 때 천주교인으로 몰려 강진에 유배된 후 18년 동안 기나긴 유배 생활을 하게 된다. 그가 유배 생활을 하는 동안 왕권은 약화되고 삼정의 문란으로 국가재정의 파탄과 농민의 피폐, 그리고 국방력이 크게 약화되었다. 순조 2년(1802)에는 김조순이 딸을 왕비로 책립해 외척이 된 이후 이른바 안동 김씨의 세도가 시작되었다. 순조 11년(1811)에는 삼정의 문란으로 피폐한 농민들이 평안·황해 두 도를 근거지로 하여 홍경래(洪景來)가 난을 일으켜 중앙정부에 항거했다. 국방 체제의 허약상은 다산으로 하여금 유배지에서 왕조의 존망을 염려하게 했다. 모원의(茅元儀)의 『무비지(武備志)』를 일찍이 접해 왔던 다산은 이를 극복하기 위해 『비어고』라는 국방총서의 편찬에 박차를 가했다. 다산은 『비어고』를 통해 역대에 걸친 대외 관계 자료를 토대로 조선의 군사 방위전략 이론의 체계화를 시도했다. 그는 『비어고』에서

① 일본, 여진, 거란, 말갈, 발해, 유구, 탐라 등에 관한 사항
② 우리나라 역대 대외 전쟁 및 내란, 관방, 성지, 군제, 진보, 기계, 장수, 교련에 관한 사항
③ 『무예도서』, 『병장도설』 등의 우리나라 병서
④ 『기효신서』, 『무비지』 등의 중국 병서 중에서 우리나라와 유관한 사항

등을 망라하고자 했다. 그러나 다산의 『비어고』는 완성되지 못하고 중단되었다. 다산의 유지를 이어받은 이중혁·정주응 등이 편집한 『비어고』, 『무비지(武備志)』, 『미산총서』 등을 통해 볼 때, 다산은 『비어고』를 통해 명나라 모원의의 『무비지』에 상응하는 저술을 계획했던 것으로 보인다.[4)]

다산은 당시 자료나 문헌을 구하기 어려운 유배지에서 아들에게까지 자료를 수집시키면서 편찬 작업을 계속했다. 이 같은 그의 노력은 불안한 사회 현상으로 볼 때 곧 전란이 발생할 가능성이 있음을 상정하고 이에 대비하려는 충정에서 비롯되었다. 다산이 우려하던 국내 반란은 마침내 순조 11년(1811) 홍경래 등의 주도로 서북 지방에서 발생했다. 홍경래의 난은 중앙정부에 대한 서북 지방민의 항거였다. 즉 삼정의 문란으로 피폐해진 농민들이 주체가 된 민란이었다. 당시 동북의 지방 관군은 관하 이서(吏胥)와 좌수(座首), 부호(富豪) 등이 반란군에 내응하거나 수하의 군병이 도산함으로써 자멸하거나 투항했다.

3 『민보의』에 나타난 위기관리 체계

1) 방위 체제에 대한 시각

다산은 조선 후기에 국방 체제가 허약해진 근본 원인을 몇 가지로 분석하고 있다(民堡議). 첫째, 왜란과 호란 이후 200여 년간 승평(升平 : 평화)이 계속되어 군적에 올라 있는 속오군은 허명이 대부분이었고 실제 병력은 매우 부족했다. 둘째, 군사 훈련에도 고립(雇立)이 성행했다. 셋째, 관군이 수렵용 총을 빌려서 훈련할 정도로 무기 체계가 허술했다. 넷째, 연해(沿海), 군현(郡縣)의 성지(城址)는 형세에 부적합

4) 현재 규장각에 소장되어 있는 이중협이 편집한 『비어고』 중에, 다산이 쓴 『비어촬요』가 있는데 이것은 모원의의 『무비지』 권96, 권111의 내용과 완전히 일치한다.

한 것이 많았고 대부분 퇴폐되어 실전에 이용할 수 없었다. 다산은 이처럼 방위 체제가 극도로 부실한 사실을 구체적으로 지적한다. 그는 이러한 상황에서 왜군이 침입할 경우 "대장이 성에 올라가 취각마기(吹角磨旗: 뿔피리를 불고 깃발을 흔들어)하면서 취군을 하려 해도 가슴을 치고 발만 구를 뿐, 모이는 자가 없을 것이며 혹 이교(吏校) 중에서 충의에 뛰어난 자 수십 명을 얻어서 방어하면 그나마도 천행이요, 적이 급박해 오면 속수무책으로 죽음을 기다리게 될 것은 말할 것도 없고, 한 달이 지나도록 득병(得兵)의 길이 없게 되는 현상이 일어날 것"이라고 지적했다(정해렴, 2001: 180).

한편 민중(民衆)의 경우는 "건장한 자는 도망하는 것을 상책으로 여기고, 허약한 자는 숨는 것을 묘방(妙方)으로 삼을 것이지만 도망해도 갈 곳이 정처없고, 숨어 보았자 아무 계책이 없어서 며칠 동안 목숨을 부지할 뿐, 돈과 식량을 약탈당하고, 요해처는 점령당해 결국에는 대량 학살당하고 천리의 땅을 무인지경으로 석권당하는" 현상이 야기될 것으로 보았다(정해렴, 2001: 179).

민중이 흩어지고 관군을 동원할 수 없는 현상(不得兵)은 임진왜란 때에도 방어작전의 실패와 전세 만회를 지연시킨 중요한 원인이었다. 다산은 앞으로의 전쟁에서도 민중의 이산과 관군의 부득병(不得兵) 현상이 필연적으로 나타날 것으로 판단했다. 그는 이러한 현상을 민중의 책임으로 돌리지 않았다. 민중에 대한 가혹한 수탈로 민중은 관을 신뢰하지 못했고 군사훈련도 제대로 실시하지 못했다. 무기도 변변히 갖추지 못한 민중이 자기의 가족과 가산을 적과 부패한 관리에게 남겨둔 채 관군에 응소해 죽기를 희망할 리가 없었다. 그들이 살 길은 오직 전란과 관으로부터 멀리 도망치는 길밖에 없었다.

이러한 상황에서 다산은 앞으로의 전란에 대처하기 위한 방위 체제는 우선 민중의 이산(離散)을 방지한 후에 민중의 역량을 전력화할 수 있어야 한다고 믿었다.

2) 『민보의』의 성격

『비어고』가 국방에 관한 객관적 자료를 수집한 국방 총서로서의 성격을 띠고 있는데 반해 『민보의』는 다산 자신의 주관적인 국토방위론이라 할 수 있다. 『민보의』는 다산이 강진에 정배(定配) 중이던 순조 12년(1812)에 저술되었다. 1812년은 비록 대외적으로는 평온했지만 홍경래의 난의 여파로 대내적으로는 극도의 사회적 혼란과 불안이 계속되었다. 당시 반란 세력이 장악한 지역은 평안도 지방에 국한되었으나 반란의 영향은 전국에 미쳤다. 다산에 의하면, 난리가 일어났다는 소문만으로도 현지에서 무려 2,000여 리나 떨어진 전라도 연해의 촌민들까지도 그 영향을 받아 피난 가는 사태가 속출했다. 더구나 당시 일본과 왕래하고 있던 남방의 섬 주민들 사이에는 일본의 살마족(薩摩族)과 대마도족과의 불화로 인해 6~7년 내에 왜의 침입이 있으리라는 소문이 나돌아 미리 향촌을 떠나는 주민들이 늘어났고 촌락은 텅텅 비어 갔다.

다산은 이미 왜구(특히 살마족)가 대외 교역을 통해 과거의 조총과는 비교도 안 되는 신식 화약병기로 무장하고 있다는 사실을 알고 있었다. 또한 막번제(幕藩制) 하에 있던 일본 내부의 정치적 갈등과 대립이 대외적인 침략으로 발전하면 그 대상이 조선이 될 것이라고 판단했다. 이 같은 다산의 선각적 통찰과 위기 의식이 그로 하여금 『민보의』를 구상하도록 했다. 다산은 새로운 국방 전략을 구상하면서 당시 관에는 싸울 만한 병졸이나 무기는 물론 상비 전력이 부족하고 관 주도로는 국방 전력의 비상 동원마저 어렵다는 사실에 주목했다.

200여 년간 전쟁이 없는 가운데 관의 가렴주구에 시달려 온 백성들은 전쟁에 대한 공포감이 극심했고 관에 대한 불신이 커져 비상 징집에 응하려 하지 않았다. 현실 정치에 참여한 바 있던 다산은 이 같은 사회 현상과 국면을 단기간 내에 전환할 수는 없을 것으로 판단했다. 다산의 구상은 성호(星湖) 이익(李瀷)이나 반계(磻溪) 유형원(柳馨遠)

처럼 군제상의 어떤 이상적인 원칙의 틀 속으로 현실 상황이 환원되기를 기대하는 형태를 취하지는 않았다. 다산은 관·민 간의 괴리가 심화된 당시의 사회 현실을 인정하고, 이러한 상황에 적합한 새로운 국토 방위 체제를 모색하고자 했다(정경현, 1978: 341).

다산은 왜(倭)와 대적할 수 없는 조선의 전력 열세와 관군과 민간의 심각한 괴리 현상을 보완해 줄 수 있는 방위 체제를 구상하고자 했다. 그 결과 선수후전(先守後戰)의 전법과 민간이 주도하는 민간 자위의 전력 구성 방안으로서 『민보의』를 구상하게 된 것이다.

다산이 『민보의』를 구상하는 데는 중국의 민간 자위 체제가 크게 도움이 되었다. 다산은 송대(宋代) 궁전사(弓箭社)에서 유래하여 명대(明代)에 와서는 주요한 변경 방어 체계로 중시되었던 이른바 민보방위에 대해 깊은 관심을 가졌다. 향병제(鄕兵制)의 모체로서 널리 알려져 있는 궁전사는 변경 백성들에 대한 대외적 안보를 지방의 관군 전력에 의존할 수 없게 되자 하북(河北)의 정주(定州) 지방 주민들이 자위를 위해 스스로 궁전으로 무장하고 결성한 순수한 민간자위대였다. 자체 내의 엄격한 군율로 조직 운용된 이 민병조직체는 당시의 관군보다도 오히려 정예라는 평을 받을 만큼 강력했다. 이 같은 변경방어책이 명대에도 계승되어 널리 시행되었고 민보 방위의 운영 방법에 관한 책자들이 저술되었다. 그 가운데 가장 체계적인 작품이 명대 윤경(尹耕)이 지은 『보약(堡約)』이다. 명대 모원의(茅元儀)가 편찬한 『무비지(武備志)』 전 240권 중, 권114, 권115 속에 윤경의 『보약십이장(堡約十二章)』 요약본이 들어 있다. 다산의 『민보의』도 바로 이 두 책을 중요한 참고 자료로 활용해 저술되었다.

민보를 주민들이 수호하기 위해서는 민간의 무장이 전제되어야 한다. 그러나 민간의 무장은 군기사장(軍器私藏)의 금령에 위배되었다. 조선 왕조는 사병조직을 역모와 통하는 것으로 가장 위험시했다. 그렇지만 전란을 당해서는 군사 전력을 보완하는 방편으로 의병의 합법성을 잠정적으로 인정했으며, 의병 활동은 여러 전란의 극복에 크게 기여했다.

다산은 특정 지역의 의병 활동보다는 민보를 단위로 무장된 민중의 향촌 방위를 더 중시했다. 이러한 인식은 민중의 잠재 능력에 대한 신뢰에 바탕을 둔 것이다. 그는 무장한 민중에 의해 자위되는 민보는 반란의 거점이 되는 것이 아니라 의병의 탁약(橐籥: 크고 작으며 길고 짧은 여러 개의 관을 음계적으로 배열하고, 이에 바람을 보내어 소리를 내는 건반 악기)이 될 수 있으며 민중의 이산과 토적화를 방지할 수 있다고 했다. 그는 양반층을 전투 및 노동조직에 포함시키고 그들의 사유(私有) 식량에 의존함으로써 양반층의 담역(擔役) 문제를 해결하고자 했다. 그러나 단위 민보의 자위력과 보강에는 스스로 한계가 있었으며 각개격파당할 위험성이 상존했다. 다산은 바로 이 점에 유의해 민보 체제와 관군의 방어 체제와의 연계성, 그리고 상호 협력에 대해 구체적으로 논급하고 있다.

수령은 관하 읍성의 방어가능성을 검토해 방어가 불가능하다고 판단되면 형승이 뛰어난 지점에 스스로 진지를 세우고 침략에 대비해야 된다. 수령이 설치하는 보는 민보와는 달리 관보(官堡)인데 관보는 반드시 산 위에 설치하는 민보와는 달리 적의 주요 접근로가 되는 좁은 고개에 설치하는 것을 원칙으로 한다. 관보는 중요한 고개에는 여러 군이 합동으로 관보를 설치해야 하며, 보 간에 서로 연계성을 갖고 대응하고 비전투원과 물자를 보호할 수 있도록 하라고 권고한다. 다산의 설명을 종합해 보면, 민보는 엄격한 의미에서 관보에 포함되지 않는 여타 지역, 즉 관군의 방어 배치가 실질적으로 이루어질 수 없는 향촌의 민간 방위조직임을 알 수 있다.

전란은 일시에 전 국토로 비화되는 것이 아니므로 전란이 미치지 않는 지역에서는 방어에 부적합하면 읍성을 옮기고 또 민보를 설치해 생산 활동을 계속함으로써 전방의 작전을 지원하는 것이 일선에서 적과 직접 대적한 공로에 못지않다고 했다.

3) 민보의 편성과 내용

민보는 원칙적으로 8세 이상의 남녀 전원이 포함되는 보 단위의 총력 전투 체제를 지향했다. 보(堡) 내의 16세 이상 55세 이하의 남자는 귀천을 막론하고 민보 방위의 핵심적 역할을 수행하는 정군(丁軍)에 편입된다. 다만 불구자 및 병약자 그리고 목공, 야장 등 기술자만 정군 편입을 면제한다.

정군은 5명을 1오(伍), 2오(伍)를 1대(隊), 3대(隊)를 1기(旗)로 편성하며 각 대에 1명의 대장(隊長), 각 기에 1명의 기장(旗長: 대장 가운데 1명이 겸임)을 둔다. 정군의 오(伍)는 귀천을 구분해 편성하며, 같은 오에는 성격이 강한 자와 약한 자를 균배한다.

다산은 민보를 5종으로 분류하고 있다. 정군이 30명인 보를 요보(幺堡), 60명이면 소보(小堡), 90명이면 중보(中堡), 120명이면 대보(大堡), 150명이면 원보(元堡)라고 칭했으며, 정군이 30명 미만인 경우는 인접한 보의 지휘를 받도록 했다. 따라서 30명 미만, 즉 1기 미만의 정군은 독립보(獨立堡)를 형성하지 못하고 인접 보의 산군(散軍)에 편입되어 보충병적인 임무를 수행한다. 아군(兒軍)은 8세 이상 15세까지의 귀·천 남아로서 편성하며 10명마다 대장을 두며, 대장은 보장의 지휘를 받아 대원을 통솔해 돌, 물, 땔감 등을 채집한다.

55세 이상의 귀·천 남자로서 편성하는 노군(老軍)은 아군(兒軍)과 같은 제대 편성을 유지하며 대장의 통솔 아래 죽비(竹埤), 독회(毒灰)의 제조 및 우마의 사육 등 비교적 노동량이 적은 임무에 종사한다.

귀족부인은 10명 단위로 편성해 방장의 통솔 아래 군복·기치(旗幟)·장막 등을 봉제하며 작업을 게을리하거나 보장이 금지하는 사항을 위배했을 때는 그 가장을 처벌하고 엄격한 통제를 받는다. 천족부인 역시 10명 단위로 편성되어 주·부식의 취사 등에 종사하고, 15세

〈표 7-1〉 민보의 간부 조직 편성

직명	인원 수	관장 업무
보장	1	보 내의 질서 유지, 식생활 감독 및 정군 이외 인원의 사역통제
보총	1	군비, 전투 경계 등의 군무
보리	2	보 내의 문서관리 및 행정 업무
관고	2	보 내의 양곡 및 금전의 출납
감적	1	군기의 수리 및 제조
장약	1	보 내의 의료 사항

미만인 자도 땔감을 조달하거나 주·부식을 운반하는 등 노동에 종사하며 정군의 각기에 분산 배속된다.

한편 보는 다음과 같은 간부 조직을 편성 운영한다.

민보의 간부 조직은 보장(堡長)과 보총(堡總)의 임무를 명확하게 구분한 것이 특징이다. 즉 보장은 주로 전투 지원 업무를 지휘 감독하게 되며 전투 임무는 보총이 전관한다. 이에 따라 군량이나 무기 또는 군사를 영내에 헌납한 공은 보장에 돌아가지만 군공에서는 보장이 비록 조력했다 할지라도 보총과 쟁공할 수 없으며, 자단(自斷)의 권한도 대죄를 제외한 향당지죄에 국한한다(與猶堂全書; 民堡議, 民堡賞罰之法). 이에 반해 보총은 전투에 승리하거나 적의 수급 또는 포로를 영내에 헌납했을 때 포상되며 대죄를 제외한 군율지죄를 자단한다. 해도보(海島堡)의 경우에는 역시 보장과 보총이 민보를 지휘 관리하며, 도내의 사선을 대소에 따라 9종으로 분류, 수군의 통제를 참작해 대선(大船)을 종선으로 하고 중선, 소선 등을 배합한 전투선단을 편성해 방어 임무를 수행한다.

한편 산사보(山寺堡)는 강경자(講經者)를 보장, 간사자(幹事者)를 보총으로 하는 승군조직을 편성하며, 도의 위망이 뛰어난 고승(高僧)을 표충도총섭(表忠都總攝)으로 삼아서 여러 산을 순행하면서 군무를 수행하도록 했다.

4) 민보의 위치 선정

민보는 다산 정약용이 스스로 '필설산상(必設山上)', 즉 반드시 산 위에 설치해야 한다고 했다. 민보는 민간이 방어하는 산성이다. 다산은 설보(設堡)에서 입지 조건과 지형의 선택을 강조한다. 민보는 단순한 피난처가 아니라 적의 행동을 견제하면서 향촌을 방어할 수 있어야 하기 때문에 위치 선정에 지형적·전술적인 검토가 이루어져야 한다. 다산은 역대 전란, 특히 임진왜란의 전훈(戰訓)을 참작해 민보 설치에 적합한 네 가지 지형을 우선순위에 따라서 제시했다.

① 고로봉(栲栳峰): 남한산성처럼 사방은 높고 중앙은 낮아서 유기의 모양과 같이 생긴 분지형 산
② 산봉(蒜峰): 산정은 평광하고 사방은 두절(杜絶)하여 마치 마늘 모양처럼 생긴 산
③ 사창봉(紗暢峰): 배후에 장대를 설치할 만한 봉우리가 있고 그 중복(中腹)에 대중을 수용할 수 있는 산
④ 마안봉(馬鞍峰): 양단이 높고 중복이 약간 들어가서 마치 말 안장처럼 생긴 산

다산은 또한 민보 설치에 부적합한 지형을 다음과 같이 예시했다.

① 전방은 낮고 후방은 높아서 적에게 간을 드러내 보이듯 감시당할 우려가 있는 산
② 경사가 한쪽은 가파르고 한쪽은 완만해 복배에 수적(受敵)할 가능성이 있는 산
③ 강풍을 막을 만한 적당한 차폐물이 없어 사람이 병이 나기 쉬운 산
④ 입암산성과 같이 과도하게 높고, 또 마을에서 너무 멀어 피난처는 될지언정 기회 있을 때 출격하기 곤란한 산
⑤ 도원경(桃源境)과 같은 심산유곡에 위치해 요충 선점의 효를 거둘

수 없을 뿐만 아니라 농작을 폐하게 되어 절량의 위험이 따르고, 외부와의 연락이 어려우며, 궁벽진 지형만 믿다가 도적을 맞아 자멸할 우려가 있는 산

⑥ 두 봉우리를 모두 수비할 수 없음에도 시석(矢石)과 사정거리 내에 대치하고 있는 산

⑦ 접근로가 하나뿐이어서 적이 그 입구를 봉쇄하면 따로 이용할 통로가 없는 산

⑧ 천맥이 없는 산

⑨ 땔나무나 풀을 채취할 길이 없는 산

⑩ 임목이 연이어 화공을 당할 우려가 있는 산

⑪ 돌이 전무해 투석용 돌을 준비하는 데 노력이 많이 들어가거나 임목이 절무해 축성용 나무(楨幹)를 획득하기 어려운 산

다산은 민보 축조에 부적합한 지형을 제시하면서도 약간의 결함이 있는 산은 인공적인 방어시설을 설치해 보완하도록 권고한다. 한편 도서의 경우에는 작은 섬은 섬 전체를 1개의 보로 삼고 비교적 면적이 넓고 요해처가 많은 섬에는 수 개의 민보를 설치하도록 했다. 또한 사원은 전란 시에 임시 성곽으로 이용되는 예가 많기 때문에 방어에 유리한 소암(小庵)을 이용해 설치하도록 권하고 있다.

5) 민보의 방어시설과 보급 체계

다산은 모원의(茅元儀)의 『무비지(武備志)』의 성제(城制), 윤경(尹耕)의 『보약(堡約)』, 그리고 유성룡의 『성설(城說)』에 따라 민보 방어시설의 종류와 축조법을 제시하고 있는데 산의 형세와 능력에 따라서 융통성 있게 축조할 것을 강조하고 있다. 그는 민보 방어시설 가운데 가장 중요한 성벽을 쌓는데는 윤경의 『보약』을 이용해 대소(大小)와 곡직(曲直)에 관계없이 필요한 인원을 수용할 수 있고, 원・근거리의 적을 관측할 수 있도록 하고, 작을수록 견고하고 곡성일수록 방어하기 쉽다는 사실을 고려해야 한다고 강조했다.

민보의 성내 시설로는 간부들이 보 내 업무를 논의하는 공청을 비롯해 소보라도 귀천 남녀를 분리 수용할 4동의 옥사를 반드시 설치하며, 큰 민보의 경우는 옥사 수를 늘릴 수 있지만 이때에도 남녀유별의 원칙을 준수해야 한다.

민보가 본래의 방어 효과를 거두기 위해서는 향촌 인력과 식량을 비롯한 제반 물자를 최대한 민보 내에 집결시켜 적의 이용을 저지해야 한다. 그러기 위해서는 무량(無糧), 무전자(無錢者)라 하더라도 일단 입보(入堡)해 전투 및 노동 임무를 담당하면 식량을 지급하여 생활이 보장되도록 해야 한다. 일반인의 입보 기피 현상을 방지하고 민보의 한정된 물량을 보충하기 위해 생산 활동을 계속할 수 있는 자급자족적 보급 체제가 운영되어야 한다. 민보에 반입된 모든 사유 식량은 입보와 동시에 일단 보장에게 납입되며 보장은 전투용 식량인 군량, 무량자의 구휼(救恤)을 위한 진량(賑糧), 그 나머지를 사량으로 구분해 통제 관리하게 된다. 보장은 납입된 사유 식량의 다소에 따라 일정한 비율로 거두어 정군, 산군 및 직원들에게 지급할 군량부터 확보하고 1일 1인당 일정한 분량을 지급하도록 했다.[5] 민보 내의 무량자에 대한 대책도 제시하고 있다. 이들에게 지급할 진량은 사유 식량에서 군량의 경우와 동일한 요령으로 공평하게 거두어 우선 10일분을 확보해 4~6세는 1일 1인당 2홉씩, 7세 이상의 남녀는 1일 1인당 4홉씩 배급한다.

군량과 진량을 거두고 남는 식량, 즉 사량(私糧)은 각각 소유주의 성명을 표시하여 일정한 장소에 통합 보관하며 허가된 빈민 구휼용 이외는 단 한 톨도 소유주가 임의로 처분할 수 없게 한다. 이와 같은 사량 관리는 군량 및 진량의 추가적인 소요에 대비하기 위한 것이지만 명목상이기는 하나 사량의 사유권을 계속해서 인정한 것은 민보의

5) 정군 직원은 비전투 시에는 1승(朝 · 夕 각 5合), 전투 시 3승(朝 · 夕 · 夜 각 1升), 산군(散軍)은 비전투 시 1승(朝夕 각 5合), 전투 시에는 2승 1홉(朝 · 夕 · 夜 각 7合).

식량관리가 통제적이면서도 자율성을 지향하고 있음을 시사해 준다.

한편 염장(鹽醬)의 경우도 보장의 책임 아래 군량의 경우와 같은 요령으로 일정한 비율씩을 거두어 우선 군수용을 확보하고 그 다음 진휼용으로 매순 초일 10일분을 거두어 배급하도록 했다. 다산은 이같이 식량과 염장의 통제된 보급 제도를 제시하면서 민보의 경제력에 대해 낙관적인 견해를 가지고 있었다. 한편 향촌은 원래 부촌과 빈촌의 차이가 있기 때문에 향촌을 단위로 설치하는 민보에는 자연히 부보(富堡)와 빈보(貧堡)가 존재하게 된다. 다산은 경제력이 극히 빈약한 빈보의 자멸을 방지하기 위한 부보의 협조와 지원을 강조하고 있다.

6) 민보의 경계 및 상호 지원

개별 민보는 전투력이 미약해 독자적으로 적의 기습을 방어하거나 강도로부터 자체 경계하는 일이 쉽지 않기 때문에 민보 상호간의 협력 체제가 매우 중요하다. 다산은 민보 간의 상호 지원 체제만 견실하게 되어 있으면 적이 수십 리 밖에 있을지라도 안심할 수 있다고 했다. 그러나 향리의 강도에 대비하기 위해서는 철저한 경계 태세, 특히 야간 경계에 대한 대책을 강구하도록 강조했다. 적이 민보의 근거리에 있을 때는 경계를 더욱 강화하고 야간 경계 시에는 등화를 관제하고 정숙을 유지하며 경계 배치 상황을 은폐해야 한다. 다산은 왜군의 전법이 간교해 임진왜란 때는 우리나라 사람들을 위협 또는 회유해서 향도나 간첩으로 이용한 사례가 많았다는 『징비록(懲毖錄)』의 기사를 인용하면서 민보는 비록 친척이나 혼인 관계를 맺은 사이라 하더라도 출입을 엄격히 통제해 보안을 유지해야 한다고 했다.

다산은 민보 단위의 경계 및 보안 대책을 중요하게 인식하면서도 민보 간의 상호 지원을 강조한다. 보 간 거리가 가까운 2개의 민보는 서로 연계해 긴밀한 상호 지원 체제를 유지해야 한다. 만약 부근의 보가 적의 공격을 받게 되는 경우 공격이 하루 동안 계속될 때에는 30리

이내의 보가 의무적으로 지원하고, 공격이 사흘 동안 계속되면 60리 이내의 보가, 닷새 동안 계속될 경우는 90리 이내의 보 역시 의무적으로 지원한다. 그러나 이러한 민보의 상호 지원은 자보의 안전을 우선적으로 확보하면서 전개해야 한다. 지원 병력의 출동 규모는 적정에 따라서도 가감하지만 장거리 지원 시는 소수 병력을 출동시키고 근거리의 경우는 출동 병력을 증가시킨다.

다산은 민보 전투력의 한계성, 즉 활과 같은 재래식 무기, 전투 기술의 미숙 등 약소한 병력을 감안해 민보는 게릴라 전법의 사용을 주장하고 구체적인 예를 제시했다. 즉 갑보(甲堡)가 적의 공격을 받을 경우, 을보(乙堡)의 대장은 지형이 허락하면 1~20명의 궁총수로서 배후의 고지를 점령해 사격하고, 병보(丙堡)의 대장은 5~6명의 화공수를 이끌고 은밀히 땔감을 수집해서 적을 배후에서 화공하며, 정보(丁堡)의 대장은 굴토수 1~20명을 지휘해 적의 퇴로상에 지위(地蝟)를 설치한다는 것이다. 또 갑보와 연결되는 험준한 통로를 이용해서 을·병·정보의 병력이 이곳저곳 출몰함으로써 적의 분산을 강요해 갑보의 방어 전투를 지원해야 한다고 했다. 이러한 게릴라 전술은 임진왜란 때에도 의병으로 하여금 병력과 무기의 열세를 극복하고 향토를 방위할 수 있게 한 요인의 하나가 되었다 이 전법은 적보다 지형에 밝고 주민의 협조 획득이 용이하다는 이점을 최대한으로 활용한 전법이었다. 한편 다산은 해도보의 경우도 상호 지원 체제를 수립해 인접한 보가 적의 공격을 받으면 민간 선단이 적 배후를 기습하는 전법을 시행할 것을 강조했다.

7) 민보의 상벌 제도

상벌제는 다산의 『민보의』에서 제시하고 있는 마지막 내규 조항으로 민보 운영의 효율화를 목표로 한 것이다. 포상 대상자는 전공자와 헌량(獻糧), 헌기(獻器), 공사(貢士) 등 민보 운영에 기여한 바가 큰 보장이다. 민보의 전공자는 관군 전공자의 절반에 해당하는 포상을 받도록 했다. 관군은 순수한 마음으로 공변된 일을 하고, 민보의 본 마음은 사사로움이 있어 다르기 때문이다. 포상의 내용은 직첩의 제수에서부터 면천(免賤), 면역(免役) 그리고 무주전산(無主田産)의 지급에 이르기까지 다양하게 이루어졌다. 이 같은 포상을 공식적으로 유효한 것으로 하기 위해서는 관의 보조가 필요했다. 한편 민보 군율 위반자에 대한 처벌은 보총이, 기타 민사 내규의 위반자에 대한 처벌은 보장이 자단(自斷)하는데, 자단의 범위는 전자는 곤장 20대, 후자는 태형 30대까지이며 그 이상 대죄의 경우에는 지방 관아에 그 처벌을 위탁하도록 했다.

4 해석과 시사점

『민보의』를 저술할 당시 51세이던 다산은 18년간의 유배 생활에서 풀려나 고향으로 돌아갔으나 다시 관로(官路)에 나가지 못하고 헌종 2년(1836) 2월 22일 75세를 일기로 작고했다. 따라서 그는 관료로서 『민보의』를 주장할 기회를 갖지 못했다. 그러나 다산의 『민보의』 구상은 후진들에게 크게 영향을 끼쳐 다산 이후 민보와 관련된 책 3권(『어초문답』, 『민보집설』, 『민보신편』)이 저술되었다. 이러한 논저들은 물론 다산의 『민보의』를 모체로 해서 발전된 것이다.

『민보의』가 국가 정책으로 빛을 보게 된 것은 1863년 고종이 즉위한 후 국정의 대권을 장악한 대원군이 부국강병책을 강력히 시행하면서부터이다. 헌종 대에 금위영대장을 지낸 신관호(申觀浩)는 군사적 식견이 뛰어났는데 고종 원년(1864) 1월에 군무6조를 올려 전국적인 방위조직의 개편을 건의했다. 그는 제3조 권설민보에서 “우리나라는 삼면이 바다로 오랑캐 및 왜와의 교접이 빈번한데, 천 리에 무슨 일이 있어도 모두 경병에 의지할 수밖에 없다”는 문제를 제기했다. 그는

“각지에 민보를 설치해 유사시에 대비하면, 외적들이 우리의 방비가 튼튼한 것을 알고 감히 침범하지 못할 것”이라고 하면서 민보 자위 체제를 법령으로 제정할 것을 주장했다.

고종 3년(1866) 병인양요를 겪은 후 군비 강화에 박차를 가하는 분위기 속에서 신관호가 건의했던 군무6조는 마침내 이듬해 1월 16일 채택되어 시행에 들어가게 된다. 신관호는 민보의 설치를 건의했을 뿐만 아니라 직접 『민보집설(民堡集說)』을 저술해 민간 방위 체제의 합리성을 뒷받침했다. 이 같은 상황으로 볼 때 다산의 『민보의』는 그 필요성이 인정되고 또 그 주장이 과학적이며 현실적이라는 평가를 받았으며 방위 체제에 많은 영향을 끼쳤던 것으로 보인다. 이처럼 다산의 『민보의』가 평가를 받게 된 데에는 첫째, 민보 제도가 병무 행정을 제도화하고 부정부패 없는 병무 행정의 수행에 기여했고, 둘째, 귀천의 구분 없이 국방 의무를 수행케 했으며, 셋째, 관과 민간 부문이 서로 네트워크를 형성해 상호 지원 체제를 구축하고 체계 위기관리를 위한 거버넌스를 형성하는 데 기여했기 때문으로 평가된다.

조선 전·후기 군사 제도는 군역 및 군비 문제로 각종 폐단이 발생해 허구화되는 과정을 겪게 되었다. 호란 이후 외적의 위협이 잠시 사라지고, 대내적으로 삼정의 문란 및 당쟁의 악순환으로 국가재정은 탕진되고 무관심 속에 방치된 지방 군사력은 사실상 녹슨 무기와 인귀상잡(人鬼相雜)한 허부만을 움켜쥔 수령만 남겨진 채 거의 소멸되었다.

이러한 때에 다산 정약용은 홍경래의 난으로 인한 관군의 전투력 부족 노출, 서방과의 교역으로 가공할 서양식 무기로 무장한 왜의 전력 강화 등 위급한 국내외의 상황에 주목해 중앙 오군영의 강화와 함께 민간 방위 전력의 조직화를 주장한 『민보의』를 구상했다. 일찍이 다산은 『지리책』에서 산성을 거점으로 하여 병·농 합일의 전국적 방위조직을 편성하는 선수후전 전략을 최고의 방책으로 인식했는데, 병·농 일치에 의한 민방위관을 『여전론』에서 확대 발전시켜 골격을 갖추었다. 즉 여(閭)를 중심으로 공동 경작, 공동 수확해 노동량에 따라서 분배하며 유사시에 향토 방위에 대응 함으로써 토지 문제와 군역 문제를 동시에 해결하고자 했다.

다산은 우리나라와 중국 고래의 대외 관계 및 군사 관계 자료를 수집, 조선의 군사방위 전략이론을 종합적으로 체계화해 『비어고』를 편찬했다. 명장 모원의의 『무비지』, 윤경의 『보약』의 내용을 수용해 우리의 전통적 방위 개념과 부합하고 당시의 시대적 현실에 맞는 독창적인 민보 방위 개념을 완성해 『민보의』를 저술했다.

국가재정이 파탄된 현실을 감안해 민보는 향촌 주민이 자급자족으로 방위하며, 미약한 단위 방위력을 보강하기 위해 민보 간에 긴밀하게 상호 지원하고, 동시에 게릴라전의 전개를 강조했다. 또한 민보 방위는 관군의 방어 작전을 지원하는 데 주목적이 있음도 아울러 밝히고 있다.

『민보의』에서 상술하고 있는 민보의 편성 및 지휘, 민보의 위치 선정 요령, 방어시설의 구축 및 방위 기구, 식량 통제 요령을 포함한 보급 체제, 경계 및 보안 대책과 상호 지원 등은 오늘날의 향토 방위 체제 확립에도 큰 교훈이 될 수 있는 탁견으로 평가된다.

참고 문헌

김석준 외(2001). 『뉴거버넌스와 사이버거버넌스 연구』. 서울: 대영문화사.
김석준 외(2002). 『거버넌스의 이해』, 서울: 대영문화사.
육군본부(1978). 『이조시대 수도방위 체제』. 육군본부.
이우성 외(1988). 『역주 목민심서』 1~6. 서울: 창작과비평사.
정경현(1978). 19세기의 새로운 국토방위론: 다산의 민보의를 중심으로, 『한국사론』, 4: 331-366.

정약용(1789). 『지리책』, 『여전론』, 『비어고』.
정약용(1812). 『민보의』. 규장각도서 필사본.
정약용(이익성 역)(1997). 『경세유표』 Ⅰ~Ⅳ. 서울: 창작과비평사.
정하명(1977). 『정약용의 민보의 연구』. 서울: 건국대학교 대학원.
정하명·이충진(1981). 『정약용의 군사체제관과 민보의』. 국방부: 국방사연구.
정해렴 역(2001). 『임진왜란과 병자호란: 비어고·민보의』. 서울: 현대실학사.
허선도(1973). 『진관체제복구론 연구』. 국민대학교논문집.

제8장 재난관리

채경석

1 서 론

재난[1])의 관리는 동서고금을 막론하고 국가가 수행해야 하는 가장 기본적인 기능이다. 국민의 생명과 재산이 재난과 위기로부터 손상될 우려가 있을 때, 이를 예방하고 관리할 책임은 1차적으로 정부에 있다. 우리나라 헌법 제34조는 "국가는 재해를 예방하고 그 위험으로부터 국민을 보호하기 위하여 노력하여야 한다"고 명시해 각종 재난으로부터 국민을 보호해야 할 책임이 국가에 있음을 명백히 하고 있다. 국가는 위기 발생 전에는 위기 발생의 가능성을 줄이고 그 정도를 완화하는 모든 조치를 취해야 하며 위기 발생 후에는 신속하게 대응해 피해를 최소화하도록 노력해야 한다. 그런데 지난 1990년대 후반부터 성수대교 붕괴, 삼풍백화점 붕괴 사고 등 빈번하게 발생했던 대형사고

1) 뜻밖에 일어난 재앙과 고난을 일컫는 재난은 그 발생 체계 및 발생 원인에 따라 다양한 이론과 유형이 있다. 재난은 발생 체계별로 ① 전쟁, 무력 시위, 테러와 같이 국가경영상 맞게 되는 전략적 위기인 체제위기(system crisis), ② 가뭄, 홍수, 태풍, 지진 등의 자연재해(natural disaster), ③ 인간의 부주의로 발생하는 화재나 방사능 오염 등을 포함하는 인위재난(man-made or technical disaster)으로 구분할 수 있다. 또 재난의 발생 과정을 설명하는 재난배양이론, 정상사건이론, 고도신뢰이론 등이 있다(김태윤, 2000). 재난배양이론과 정상사건이론은 복잡한 사회의 속성 속에서 재난 발생의 필연성과 그 관리의 어려움에 초점을 맞추고 있다. 이에 반해 고도신뢰이론은 적극적으로 재난을 관리할 수 있다는 주장으로, 조직의 전략을 발전시킴으로써 재난을 예방하고 조직의 안전에 관한 신뢰성을 높일 수 있다고 주장한다.

와 재난에 대한 정부의 대응을 보면 정부가 이 같은 헌법상의 의무를 충실히 수행하고 있는지 의심이 든다. 유사한 사고의 반복은 사고로부터 사회적 학습(social learning from accidents)이 정부의 대응에 전혀 나타나지 않고 있음을 의미한다. 국가의 생존을 확보하고 지속적인 발전을 유지하기 위해서는 무엇보다도 효과적인 위기관리 능력과 재난관리 방안이 강구되어야 한다.

오늘날은 다산이 『목민심서(牧民心書)』와 『경세유표(經世遺表)』 등을 저술했던 농경 시대와는 달리 다양한 유형의 재난과 위기가 발생하고 있다. 따라서 200여 년 전의 조선 시대를 배경으로 제시되었던 재난관리 정책을 오늘의 그것과 비교하거나 적용하는 데는 한계가 있을 수밖에 없다. 19세기 초까지만 해도 상상하지 못했던 기술 위험과 위기의 대응에 다산의 제안은 한계를 지닐 수밖에 없다. 그러나 다산의 이론에서 재난과 위기에 대응할 때 중요하게 다루어야 할 가치가 무엇이고, 조심해야 할 경계(警戒)가 무엇인지를 다시 반추해 봄으로써 오늘날 복잡성과 불확실성 속에서 실종하기 쉬운 정책의 철학과 조망을 더 분명히 찾을 수 있을 것으로 기대한다.

이 같은 시각에서 이 장은 다산이 『목민심서』에서 강조하는 재난관리에 관한 논의들을 오늘날의 재난관리 체계를 중심으로 탐구함으로써 재난관리에 관한 다산의 사상을 검토하고, 나아가 한국 사회의 재난관리 정책에 대한 적용가능성을 탐색하는 데 목적이 있다. 오늘날 재난관리 체계는 재난의 시간대별 진행 과정을 중심으로 4단계로 나뉘어 관리된다. 재난관리 단계는 재난 발생 전에는 재난 예방(prevention)[2]과 대비(preparedness)[3] 단계로, 재난 발생 후에는 재난대응

---

2) 재난 예방 단계(disaster prevention and mitigation phase)는 사회의 건강, 안전 및 복지에 대한 위험이 존재하는 영역에서 무엇을 해야 할 것인지를 결정하고, 위험 감소를 위해 노력하는 단계이다(Petak, 1985). 대체로 장기적인 관점에서 사회가 직면하게 될 장래의 재해를 극복할 수 있는 능력을 증진시키는 데 중점을 두며 재난의 종류에 따라 재난 예방과 완화의 목표가 변화할 수가 있다. 즉 잠재적 위험성을 지닌 물질이나

(response)[4]과 복구(recovery)[5] 단계의 4단계로 이들은 상호 유기적이며 순환적인 관계를 가지고 있다(McLouglin, 1985: 166; Petak, 1985: 3). 재난관리의 4단계를 바탕으로 이 연구는 다산 정약용의 『목민심서』 중 진황6조(賑荒六條)와 애민6조(愛民六條)에 나타난 각종 재난 상황에 목민관이 어떻게 대응해야 할 것인가에 대한 다양한 논의를 전개하고 있다.

방사능의 누출 현상을 포함하는 인위적 재난의 경우에는 발생 기회를 감소시키거나 원인을 제거하는 조치에 중점을 두는 반면 지진이나 태풍과 같은 자연적 재해의 경우에는 대비나 구조 활동 등을 통해 노출지역에서의 재난을 감소시키는 데 중점을 둔다(채경석, 2004).

3) 재난 대비 단계(disaster preparedness phase)는 재난에 대비해 필요한 비상계획을 수립하고 훈련을 통해 재해 대응조직의 능력을 강화하는 단계이다. 비상계획에는 재난의 피해를 최소화하기 위한 조기경보 체제와 긴급통신망 구축, 비상연락망과 통신망 정비 및 효과적인 비상대응 활동의 확립이 포함된다(Clary, 1985: 20). 또한 재난 발생 시 투입될 자원과 관련해 신속하게 배분될 수 있도록 자원 배분의 우선순위가 이 단계에서 설정되어야 하며, 재난 발생 시 정상적으로 사용할 수 있는 자원 외에 예측하지 못한 재해에 대해서도 자원이 투입될 수 있는 특별자원 확보 방안도 마련되어야 한다(Zimmerman, 1985: 35-36). 재난 발생 시 대응 단계에서 일어날 수 있는 조직 간, 지역 간의 갈등을 조정하는 문제와 일반 국민에 대한 홍보와 훈련 등도 이 단계에서 주의깊게 다루어져야 한다.

4) 비상 대응 단계(emergency response phase)는 일단 재난이 발생하면 일련의 대응 조치를 통해 재난의 심각성을 줄여가고 확산을 방지하기 위한 활동을 전개한다. 인명을 구조하고 재산 피해를 최소화하며 재해 복구가 순조롭게 될 수 있도록 한다. 이 단계에서는 이전에 세워놓았던 비상계획이 실행되며, 응급의료 체계가 가동되고, 재난대책본부와 같은 비상기구가 작동된다. 구체적인 비상대응 활동으로는 재해 현장에서의 수색과 구조, 피해지역의 안전 확보, 필요한 경우 주민의 소개, 응급의료, 구호품의 보급, 비상대피소 설치 등을 들 수 있다. 재난 대비 단계에서 마련된 관련 기관들 간의 협조망 작동이 순조롭게 진행되어야 하며 통합적 비상관리 체제가 구축되어야 한다.

5) 재해 복구 단계(disaster recovery phase)는 재해 상황이 안정되고 긴급한 인명구조와 재산 보호가 수행되고 난 후에는 재해지역이 재해 전의 정상적인 상태로 회복하도록 하는 데 초점을 맞추는 단계이다. 단기적으로는 이재민들이 최소한의 생활을 영위해 나갈 수 있도록 하는 데 중점을 두고, 임시 통신망 구축, 임시주택 건설, 쓰레기 처리, 전염병 통제를 위한 방제활동 등에 주력해야 한다. 이때 복구에 필요한 인적·물적 자원의 투입에 필요한 행정 절차가 복잡하지 않도록 최대한 간소화할 필요가 있다. 자연재해의 경우에는 해마다 집중적으로 발생하는 기간이 있으므로, 그 시기가 돌아오기 전에 복구가 완료되지 않으면 또 다른 재난 발생의 악순환이 되풀이될 수 있다.

2 조선 후기의 재난관리 체계 및 문제점

조선 시대의 재난 기록에 따르면 주로 천재이변(天災異變), 가뭄, 우박, 홍수, 태풍 등 기상재해, 지진, 화재 등이 많이 발생했다고 기록되어 있다. 천재이변은 왕권 등 정치 세력과의 연관성 때문에 관측 및 기록되었던 것으로 예상되고(이상경, 2006), 기상재해 중 특히 가뭄은 당시의 생산 수단인 농업과 밀접한 연관이 있었기 때문에 국가의 중대사로 간주되었다. 국민의 생업과 관련해 태풍과 수해와 같은 풍수해에 대한 대비책도 자주 언급되고 있다. 자연재해 외에도 개발행위와 범법행위에 의해 발생하는 화재 역시, 그 피해 규모가 커질 경우 백성들에게 큰 어려움을 주는 재난으로 여겨졌다.

재난에 대응하고 피해를 복구하기 위한 노력 외에도 재난을 예방하고 그 피해에 대비하기 위한 노력은 조선 초기부터 계속되어 왔다. 일찍이 준천사(濬川司)와 제언사(堤堰司)를 설치해 제방을 축조하고 하천의 범람을 막기 위한 수해 예방사업을 추진했다. 이러한 수해 예방사업은 재해 예방과 함께 기민구제의 일환으로 활용되기도 했다. 화재는 목재가 건축물의 재료, 난방을 위한 재료, 또 야간에 횃불을 밝히는데 사용되었기 때문에 항시 재난으로 번질 위험을 가지고 있었다. 이 밖에도 한성과 같이 인구가 밀집한 지역에서는 처마와 처마가 맞닿은 가옥들이 많아 화재 발생 시 그 피해 규모가 매우 컸다(이상경, 2006). 따라서 주변의 인원을 동원해 화재를 진압하는 체계를 갖춰 나갔다. 또 화재 발생 시 백성들의 재산을 약탈하거나 고의로 방화하는 경우 엄벌에 처할 수 있는 법체계를 갖춰 나갔다. 특히 세종 8년에는 재물을 노린 방화로 한성 내의 2,400여 호가 연소되는 대화재가 발생했으며, 이를 계기로 금화도감(禁火都監)이라는 관서가 설치되었다. 또 세종 13년에는 비화(飛火) 조건이라 하여 육조, 한성부 등 정부기관이 수행해야 할 화재 업무 매뉴얼도 갖추게 되었다.

재난의 대응과 복구를 위해 발생 후 피해를 입은 백성들을 구휼하는 환곡 제도를 갖추었다. 환곡 제도는 조선 시대의 대표적인 세민(細民) 구제책으로 수해와 같은 재난에 대비하기 위해 관고(官庫)에 비축해 둔 곡물을 이재민들에게 대부하고 이를 다음 해에 환납하게 하는 제도이다. 또 재해가 발생했을 때 왕은 대규모 토목사업을 추진했고, 이를 위한 재원으로 왕실의 내탕금을 사용하기도 했다.

어느 정도 잘 정비된 재난관리 체계에도 불구하고, 조선 후기에 이를 운영하는 관리들의 부패는 또 다른 인재(人災)를 불러일으켰다. 조선 후기에는 사회 불안의 요소로서 홍수와 같은 각종 자연재해와 천연두, 장티푸스 같은 전염병으로 인한 재난이 많았다. 특히 1792년 함경도에서 홍수로 1,000여 명이 사망했고 1800년대 초에는 8,000호의 민가가 유실되고 500여 명이 사망한 기록이 있다. 이러한 재난에 환곡제의 오용과 탐관오리들의 횡포는 설상가상으로 고통받는 백성들에게 더 큰 재난을 부여했고, 이로 인해 많은 백성이 고향을 등지고 떠나거나 산 속에 숨어서 도적으로 변하기도 했다.

3 『목민심서』에 나타난 재난관리

다산이 『목민심서』를 저술한 시대는 전통적인 농업 사회였다. 당시의 재난은 오늘날과는 달리 주로 수리시설을 갖추지 못한 데서 발생한 자연재해가 주를 이루었다. 홍수나 한발로 피해가 컸고 이로 인해 농업 생산이 떨어져 항구적인 생활 보장이 어려웠다. 따라서 백성들은 먹는 문제의 해결에 급급했다. 자연재해가 발생했을 때 목민관은 어떻게 대응해야 하며 흉년으로 먹을 것이 없게 되는 상황에서는 어떻게 이재민에 대한 구호 정책을 펼칠 것인가?

『목민심서』의 내용 중 진황6조는 바로 이 문제에 대한 심도 있는 논의를 통해 구재 정책(救災政策)에 대한 대안을 제시하고 있다. 『목민심서』 진황6조는 구황(救荒)하기 위해 해야 할 일을 비자(備資), 권분(勸分), 규모(規模), 설시(設施), 보력(補力), 준사(竣事) 등 여섯 조로 나누어 설명하고 있다.

'비자'는 진황에 쓸 곡식을 마련하는 것이며, '권분'은 먹고 남는 것이 있는 집(饒戶)에 남아도는 양곡을 기부하거나 빌려 줄 것을 권하는 것이요, '규모'는 진황에 필요한 양곡의 양과 구제해야 할 사람의 수를 알아서 대비하는 것이다. '설시'는 희미(餼米)를 백성에게 제공하는 절차를, '보력'은 밭곡식 등 대용 작물을 심고, 산야의 구황식물(칡뿌리 따위)을 가려내서 모자라는 곡식을 보태는 것이요, '준사'는 평가 단계로서 진휼의 잘잘못을 가리고 공이 있는 사람에게 상을 주는 등 마무리를 짓는 단계이다.

다산은 이 같은 진황의 제도가 갖추어져 있다 하더라도 재난을 담당하는 상하 관리가 흑심을 품고 있으면 제도는 있으나마나한 것이라고 경계하고 있다. 다산은 진황6조의 곳곳에서 관리(특히 아전)들의 부정부패 문제를 지적하고 있다. 특히 준사의 조항에서 오도(五盜)[6] · 오익(五匿)[7] · 오득(五得)[8] · 오실(五失)[9] 등을 다루어 긴박한 사회 실정을 호소하고 있다.

다산은 저술에서 관료의 부정을 폭로하는 데 숨김이 없었으며 백성의 억울함이나 비참함을 묘사하는 데도 주저함이 없었다. 한편 애민6조 구재(救災)에서도 재난에 대한 대응과 이재민 구호에 대해 논하고 있다.

---

6) 오도(五盜)란 도희(盜餼), 도대(盜貸), 도구(盜口), 도권(盜權), 도비(盜備)이다.
7) 오익(五匿)이란 익사(匿死), 익아(匿餓)), 익표(匿殍), 익살(匿殺), 익포(匿逋)이다.
8) 오득(五得)은 득재(得財), 득지(得紙), 득상(得賞), 득방(得謗), 득죄어천(得罪於天)이다.
9) 오실(五失)은 실희(失餼), 실죽(失粥), 실대(失貸), 실인심(失人心), 실관직(失官職)이다.

1) 재난 예방과 준비 단계

재난 예방과 준비 단계는 재난이 발생하기 전 재난이 발생할 것에 대비해 필요한 제도를 만들고 물자를 준비하는 단계이다. 『목민심서』 가운데 재난의 예방과 준비에 대한 논의는 진황6조 '비자'와 '규모', 그리고 애민6조 '구재'에서 이루어지고 있다. 비자에서는 흉년에 대비하기 위한 여러 방책을 제시하고 있으며, 규모는 어떤 일의 계획을 세우고 범위를 정한다는 뜻으로 여기서는 진휼에 적절하게 대비하기 위한 세부 계획을 다루고 있다. 구재는 재난의 예방과 대비, 그리고 이재민 구호 대책에 대한 우선순위 등을 논의하고 있다.

(1) 비자: 재난 대비와 구호 대책

비자에서는 재난에 대비해 목민관이 수행해야 할 구황 정책에 대해 논하고 있다. 다산의 시대에는 오늘날과는 달리 전답이 거의 천수답(天水沓)이었기 때문에 홍수와 가뭄의 피해가 컸다. 오늘날은 농업용 댐뿐만 아니라 많은 다목적 댐을 건설해 대규모 태풍이나 지진해일(津波) 등을 제외하고는 수해나 한해의 피해를 어느 정도 줄일 수 있다. 그러나 당시에는 수리시설의 미비로 매년 한해와 수해가 반복되었고, 이로 인한 농작물의 피해가 커 백성들 중에는 굶주림으로 부황이 생기고 죽어가는 사람이 속출했다. 따라서 흉년에 기근을 구제하는 황정(荒政)이 국가의 중요한 정책이었으며 역대 임금이 여기에 마음을 기울이고 목민관들이 있는 힘을 다했던 것이다(노태준, 1986: 341). 이러한 이유로 제1조 비자편 첫머리에서 "황정은 선왕의 마음을 기울이던 바이니 목민관의 재능을 여기에서 볼 수 있다. 황정을 잘한다면 목민관의 큰일은 다했다고 할 수 있다"고 언급한다.

> 흉년 대책만 잘 세우면 목민관의 일은 끝났다고 할 수 있다. 흉년 대책으로서는 예비하는 것만 같은 것이 없을 것이니 예비한 것이 없으면

> 모든 것이 구차할 따름이다. 양곡 장부에는 구호 양곡이 있을 것이니 그 고을에 저장된 곡식의 유무를 속히 조사해야 할 것이다. 흉작의 사실이 판명되면 속히 감독 상사에게 달려가서 구호 양곡의 이송을 논의하고 조세의 감면도 의논해야 한다. 구호 양곡을 이송해 오는 것보다는 보낼 세곡으로 충당하는 것만 같지 못할 것이니 이 두 가지 정책이 함께 이루어지도록 청원하는 것이 좋을 것이다. 특별 구호물자는 중앙에서 배정하는 것인데, 이런 정책은 계속되어 한 관례가 되었다. 상부의 배려가 공평하다 하더라도 유능한 목민관은 이를 잘 얻어내야만 이어받을 수 있게 될 것이다. 이웃 고을에 양곡이 있을 때는 바로 사재로 쌀을 사도 좋을 것이니 모름지기 국가의 명령으로도 이를 막지는 못할 것이다. 항구에서는 감독 관청을 잘 살펴서 그들의 횡포를 막아야 상선들이 모여들게 될 것이다. 상부의 지시를 기다리지 않고 창고의 문을 여는 것은 옛사람들이 하던 일이었지만, 이는 상부의 특사만이 할 일이지 지방관으로서야 어찌 감히 그럴 수 있을 것인가(牧民心書, 賑荒六條, 備資).10)

농경국가였던 당시 구호 대상자인 이재민은 대부분 농민이었고 구호물자도 식량에 국한되었다. 양곡관리는 불편한 수송 수단 등을 고려해 분산 배치하는 것이 바람직한 것으로 인식되었으며, 해운을 이용해 중앙 또는 지정된 지점으로 이동했다. 양곡 수송을 원활하게 할 수 있는지 여부가 곡물 가격에 크게 영향을 미쳤다. 저장 양곡의 관리는 '장부와 실수(實數)'와의 일치 여부를 항상 점검해야 했다. 관리자의 현물 유용이란 절대로 허용되지 않았지만 보관 양곡이 때에 따라서는 현물이 돈으로 바뀌거나 그렇지 않으면 통째로 자취를 감추는 수도 있다. 따라서 목민관은 현물 수량의 점검을 등한시할 수 없다. 다산은 양곡 수송에 따른 상인들의 농간을 철저히 단속하라고 강조한다. 그는 또한 지방 관리들의 횡포로 인해 항구에 상선이 모여들지 못할 수 있

10) 원문의 해석은 이을호 역, 『목민심서』(서울 : 현암사, 1993)와 노태준 역해, 『목민심서』(서울: 홍신문화사, 1986)를 참조했다.

고 그렇게 되면 물자 소통에 많은 지장을 초래할 수 있음을 경고한다.

(2) 규모: 재난 대비 및 구호계획의 수립

규모(規模)에서는 재난 대비와 구호사업의 시간적 적합성에 대해 논의하고 있다. 원래 규모는 어떤 일의 계획을 세우고 범위를 정한다는 뜻으로 여기서는 진휼(賑恤)에 적절하게 대비하기 위한 세부 계획 수립을 의미한다. 다산은 규모에서 재난관리의 시의성과 지휘 체계, 재난관리의 범위, 의연금품의 배분 절차와 다른 지역 난민에 대한 배려, 현지 지휘책임자의 대응 조치 등에 대해 논의한다. 또한 화재・수재・풍재・지진・해일 등 각종 재난 발생 시에는 인명구조 등 즉각적인 대응 조치를 취하도록 강조하면서 동시에 재난의 재발을 막기 위한 항구 대책의 필요성을 역설한다. 특히 긴급재난이 발생할 경우 국법의 절차를 밟을 겨를이 없거나 상사의 결재를 얻을 시간적 여유가 없을 경우에는 현지 책임자의 판단에 의해 식량・의약품・천막 등을 공급할 수 있도록 해야 한다고 주장했다(이을호, 1993: 366). 긴급 상황 발생 시 현지 책임자가 판단해 절차에 구애받지 않고 조치해야 하는 긴급 대응은 다산의 시대나 오늘날이나 행정책임자에게 매우 중요한 역할이다.[11] 흔히 복잡한 지휘 체계와 명령 체계로 인해 현장 대응

11) 1995년 1월 17일 오전 5시 46분 발생한 한신(阪神)대지진은 고베(神戶)시, 니시노미야(西宮) 등 도시를 강타하여 사망자 5,500명, 붕괴 가옥 19만 호, 소실 면적 100ha, 30여 만 명의 피난민이 발생했으며, 교통망은 두절되고 가스, 전기, 수도 등의 라이프라인이 단절되어 도시 기능이 완전히 마비되는 막대한 피해를 입었다. 이처럼 막대한 피해가 발생한 대지진에 자위대 파견이 늦어져 국민들의 불만이 터져 나왔고 방위청에는 항의 전화가 쇄도했다. 긴급재난이 발생했음에도 일본의 까다로운 자위대 파견 절차로 인해 지휘관이 자위대 파견을 재량으로 결정하지 못하고 재난이 발생했던 효고(兵庫)현 지사로부터 파견 요청을 기다리고 있었다. 결국 효고현 지사의 자위대 파견에 대한 정식 요청을 접수한 후에야 자위대가 지진 발생 4시간 후에 출동했다. 당시 자위대의 최고 지위에 있던 니시모토(西元徹也) 통합막료회의 의장은 고베 지진을 대규모 지진이라고 우려하면서도 통상의 재해 파견 절차를 무리하게 바꾸면서까지 대처할 필요가 있다고 판단하지 않았다.

이 늦어지거나 복구가 늦어져 피해를 확대시키는 예가 허다하다.

> 난민 구호에는 두 가지 관점이 있다. 첫째는 시기를 맞추어야 하고, 둘째는 규모가 있어야 한다. 불에서 구원해야 하고 물에서 건져 내야 하는데 어찌 기회만을 노리고 있을 수 있겠는가. 주고받는 물자를 공평하게 처리해야 하는데 어찌 규모가 없을 수 있겠는가. 저 난민구조법이 국법으로 제정되지는 않았지만 구호 대책은 지방관이 자의로 시행해도 좋을 것이다. 구호사업장을 작은 고을에는 한두 군데 설치하고 큰 주에는 여남은 곳에 두는 것이 옛 법이었다. 인정 있는 사람이 난민을 구호할 적에는 불쌍히 여길 따름이다. 다른 곳에서 들어오는 난민은 받아 주어야 하고 내게서 나가는 난민은 만류해야 할 것이니 내 고장 네 고장이 없는 것이다. 요즘 난민은 이동해야 갈 곳이 없다. 진심으로 권유해 경솔한 행동을 못하도록 하라. 의연을 받아서 분배해 주는 법은 널리 옛 글을 참고해 한 법식을 만들도록 하라. 절량 농민을 골라 3등으로 나누되, 그 중에서도 상등은 또 3급으로 나누고 중등·하등은 각각 1급으로 만들라.

이처럼 다산은 화재나 수재가 발생했을 경우 상부의 지시나 절차에 구애받지 말고 현지 책임자가 즉각 대응 조치를 취할 것을 여러 곳에서 강조한다. 이재민 구호를 위해 목민관은 구호사업장을 설치해 구호 대책에 철저를 기하고 자기 고을의 이재민뿐만 아니라 다른 지역에서 유입되는 이재민에 대해서도 적극적으로 구재사업을 펼치도록 권장했다. 그는 이곳에서 피해의 등급에 따른 등급 분류의 기준을 제시하면서 의연금의 배분 방법에 대해서도 논한다.

(3) 구재(救災): 재해 예방과 대비

애민6조 '구재'는 재난의 예방과 대비, 그리고 이재민 구호 대책에 대한 우선순위를 논의하고 있다. 목민관은 재난 발생을 예측하고 예방해야 하며 예방 조치를 취하는 것이 재난 발생 후에 이루어지는 구호사업이나 복구사업보다 중요함을 역설한다. 다산은 “재난 예방이 재앙을 만난 뒤에 은혜를 베푸는 것보다 훨씬 나은 것”임을 강조한다. 재난관리 전략으로서 예방전략이 복구전략보다 중요함을 강조하고 있다.

> 대체로 재액이 있으면 불이거나 물이거나 자신이 물·불 속에 빠진 듯이 서둘러야 한다. 느릿느릿하지 말라. 환란이 있을 것을 미리 짐작하고 이를 예방하는 것은 재앙을 만난 뒤에 은혜를 베푸는 것보다 훨씬 나은 것이다. 둑을 쌓고 보를 막으면 홍수도 막아내고 수리도 일으키게 되니 두 가지 이익을 보는 셈이다. 재해를 없애 주고 나서는 생업에 안정하여 모여 살게 해 주어야 한다. 이것이 목자로서 해야 하는 어진 정치이다. 날아가는 황충[12]이 하늘을 덮으면 잡아 없앰으로써 백성들의 재해를 덜어 주도록 하라. 그러면 잘한다는 소문이 널리 퍼질 것이다.

당시 재해는 주로 수재(水災)·화재(火災)·충재(蟲災)의 세 가지가 발생했다. 다산은 자기 고을에 이 같은 재해가 있을 때는 목민관은 1차적으로 국가 휼전을 집행해야 하지만 그것만으로는 충분하지 않기 때문에 달리 대책을 세워서 재민 구호에 만전을 기할 것을 강조한다. 즉 진휼에 사용할 국가 예산은 한계가 있으므로, 만약 구호 양곡이나 의연금이 부족하면 목민관의 책임과 재량으로 권분을 통해 구호 양곡을 마련하거나 세금 감면 등 다양한 방법으로 이재민 구호 대책을 마련하도록 권장한다. 즉, 재난관리에 대한 목민관의 무한 책임을 강조하고 있다.

2) 비상 대응과 재해복구 단계

재난 대응과 재해복구 단계는 재난이 발생한 후에 목민관이 취해야

12) 떼를 지어 날아다니는 메뚜기로 원문에는 비황(飛蝗)의 재해를 말하고 있는데 우리나라에서는 신라 때에 비황이 한 번 나타났다는 기록이 있다.

할 일련의 대응 조치로서, 인명 구조와 재산 보호를 통해 재난의 심각성을 줄여가고, 재해 지역이 재해 전의 정상적인 상태로 회복하도록 하는 단계이다. 『목민심서』 가운데 재난의 예방과 준비에 대한 논의는 진황6조 '권분', '설시', '보력'과 '준사'에서 이루어지고 있다.

(1) 권분: 재해의연금의 장려

다산의 시대나 오늘날이나 정부가 보유한 자원은 희소성과 한계성을 가진다. 따라서 재난에 대한 복구나 지원도 정부의 예산에만 의존할 수 없고 부족한 부분은 민간으로부터 모금을 하거나 독지가의 지원을 받아 해결해야 한다. 다산은 『목민심서』 진황6조 권분 편에서 재해를 당한 이재민을 돕기 위한 재해의연금을 권장하고 있다.

> 재해의연을 권장하는 법은 아득한 옛날부터 있어 왔지만, 시대가 바뀜에 따라 점차 그 내용이 달라지고 말았다. 중국에서 재해의연을 권장하던 법은 다 쌀을 풀어내도록 권장했지 쌀을 바치도록 권장하지 않았고, 다 은혜를 베풀어 주도록 권장했지 쌀을 내놓도록 권장하지 않았고, 다 몸소 먼저 실행했지 말로만 하는 체하지 않았고, 다 상을 주면서 권장했지 위협하면서 권장하지 않았다. 요즈음에 재해의연의 권장은 지극히 예법에 어긋나 있다. 우리나라에서 재해의연을 권장하는 법은 백성들이 양곡을 내놓게 하여 그것을 이재민들에게 나누어 주니 비록 옛 법은 아니지만 관례가 이미 그렇게 되어 있다. 찰방(察訪)이나 별좌(別坐) 같은 벼슬을 주어 갸륵한 뜻에 보답한 옛 기록이 역사에 실려 있다. 부자들을 골라서 세 등급으로 나누고 그것을 또 잘게 짜개도록 하라. 지방에서 명망이 있는 사람을 뽑아서 날을 받아 모이게 한 후 공정한 의견을 채택해 부자들의 등급을 정하도록 해야 한다. 재해의연의 권장은 자진의연을 권장하는 것이다. 자진 의연을 권장한다면 관의 힘은 그만큼 많이 덜 것이다. 재해의연의 권장령이 반포되면 부자들은 생선 눈알처럼 놀라고 가난한 선비들은 파리떼 모양 덤벼들 것이니, 긴요한 대목을 잘 삼가지 못하면 하늘 같은 은혜를 탐내어 내 것을 만드는 자도 있을 것이

다. 굶주린 자의 입 속에서 재물을 도둑질하는 자의 소문은 하늘 끝까지 널리 퍼질 것이요, 재앙은 자손들에게까지 내려갈 것이니, 조금이라도 그런 생각이 마음속에서 싹터서는 안 될 것이다(牧民心書, 賑荒六條, 勸分)

이재민 구호를 위한 의연금의 헌납을 권장하는 권분의 정신은 예나 지금이나 그 중요성이 매우 크다. 오히려 오늘날 권분의 의의나 중요성은 더욱 강조된다. 권분에 따른 폐단과 문제점 역시 변하지 않고 더 복잡성을 띠고 있다. 다산은 이 같은 의연금의 모금 방법과 관리 방식, 그리고 배분 방법에 관해 다양한 논의를 전개하고 있는데, 다산이 강조하는 권분에 대한 입장을 정리하면 다음과 같다.

첫째, 의연금의 납부는 납세와는 근본적으로 다르기 때문에 절대 강제성을 띠어서는 안 된다. 의연금 모금에는 흔히 눈에 보이지 않게 강박감을 줄 수 있다. 의연금 모금이나 불우이웃돕기 성금모금에 각종 기업체와 단체들이 참여하고 있는데 이들에게 강요의 느낌을 주어서는 안 되며 기부자가 즐거운 마음으로 참여해야 한다.

둘째, 할당제에 의한 부담이라 할지라도 어느 정도의 생활 여력이 있는 중류 이상 층에 한해 모금이 이루어져야 한다. 부담할 능력이 없는 사람들은 모금에서 제외해야 한다.

셋째, 재해의연금 모금 과정이나 절차를 제대로 관리해 부정 착복 또는 부정 처분하는 일이 발생하지 않도록 해야 한다.

다산은 의연금을 부정 착복하거나 부정 처분한 자들은 자식도 기르지 못할 것이라고 극언하면서 의연금의 철저한 관리를 당부하고 있다.

(2) 설시: 구호기관의 확충과 운영

'설시'는 진휼 정책을 집행하는 시설, 즉 진휼청의 시설과 제도에 관해 논의한다. 재난구조와 이재민 구호 업무를 다루던 기관을 당시에는 진청(賑廳) 또는 진휼청(賑恤廳)이라 불렀다. 이곳에서는 오늘날 중앙

재난안전대책본부나 보건복지부의 기능을 수행했는데 이 같은 시설의 설치와 감독관의 배치, 그리고 갖추어야 할 물품 목록 등에 관해 논의한다.

> 구호대책본부를 설치하고 거기에 주무 감독관을 배치하며, 가마솥이며 소금·간장·미역·마른 새우 같은 것도 갖추어 놓아야 한다. 양곡의 실제 수량을 확인하고, 난민의 수를 조사해 실수를 확정하도록 하라. 진패(賑牌)를 만들고, 진인(賑印)을 만들고, 진기(賑旗)를 만들고, 진두(賑斗)를 만들고, 혼패(閽牌)를 만들고, 진력(賑曆)을 작성해야 한다. 소한(小寒)절 열흘 전에 구호 조례와 그에 따른 구호자 명부를 각 고을에 나누어 주게 한다. 소한 날에는 목민관이 아침 일찍 일어나 패전에 나아가 섬례를 행하고 구호본부에 나아가 음식과 양곡을 나누어 준다. 입춘 날에는 구호자 명부를 수정하고 진패도 새로 만들어서 그 규모를 크게 넓힌다. 경칩 날에는 대여 양곡을 나누어 준다. 춘분 날에는 조미(糶米)를 나누어 주며 청명 날에는 종자 대곡을 나누어 준다. 유리걸식하는 자는 천하의 궁민으로서 호소할 곳이 없는 사람들이다. 인정 있는 목민관이라면 정성을 다할 것이요, 소홀히 해서는 안 될 것이다. 사망자의 명단은 평민과 아사자를 따로 작성하도록 하라. 기근이 든 흉년에는 반드시 전염병이 따르는 법이니, 진료 예방 대책과 시체 매장 정책 시행에도 정성을 다 바치도록 해야 한다. 갓난애를 버리면 거두어 양자나 양녀로 삼게 하고, 떠돌이 아이들은 길러서 종으로 삼되, 아울러 국법을 거듭 밝히면서 부자들을 계몽하도록 하는 것이 좋을 것이다(牧民心書, 賑荒六條, 設施).

진휼청의 설치는 재난을 당하여 우왕좌왕하지 않고 신속한 대응과 이재민의 구호에 철저하게 대비하기 위해서이다. 다산은 이곳에서 이재민 구호에 필요한 물품을 구체적으로 제시하면서 이러한 물품을 갖추도록 강조했다. 특히 그는 구호 대책기관은 다른 기관과 달라서 많은 물자를 다루기 때문에 그 어느 기관의 종사자보다도 청렴결백하고도 애정이 풍부한 인물을 골라서 배치해야 한다고 강조한다. 그는 구호기관의 첫 임무를 청렴한 직원으로 하여금 구호물자 및 금품의 실수(實數)를 파악하게 하고, 또 구호 대상자의 실수도 아울러 조사 확정하도록 하는 일이라고 지적한다. 특히 다산은 이곳에서 중국의 예를 들면서 유리민의 구호를 권장하고 있다.

> 중국의 구호 정책은 유리민(遊離民)에게 치중했기 때문에 유민들이 구호를 받아 살아난 자가 많았다. 우리나라의 구호 정책은 거주민에 치중했기 때문에 유리민은 구호를 받는다 해도 모두 죽어가니 어찌 슬픈 일이 아니겠는가.

설시 조에서는 진휼 업무 담당자를 적임자로 배치하는 문제, 구호 대상자의 선정과 구호 방법, 재해 후에 따라오는 전염병과 질병관리 등에 대해 매우 의미 있는 논의를 제공하고 있다.

(3) 보력: 흉년 시의 구호 대책과 재난관리

보력은 흉년 시에 대용작물의 대파(代播) 등 상황 적응적인 재난관리 정책을 펴도록 권장하고 있다. 예컨대 한해로 인해 흉년이라고 판정되면 논을 밭으로 경작하도록 하고 시기에 늦어지는 일이 없이 다른 곡식을 심고 가을이 되면 보리를 파종하도록 권장한다. 대파하는 곡식으로서는 차조, 메밀, 콩 등 세 가지를 들고 있으며, 목민관은 마땅히 평년에 종자를 비축해서 대파에 대비해야 한다고 지적한다.

> 시절이 이미 한재로 판정나면, 논을 밭으로 만들도록 지도하고, 다른 곡식의 씨를 뿌리게 하며, 가을이 되면 보리갈이를 권장하도록 하라. 봄날이 길어지면 공사를 일으키는 것이 좋다. 관사의 허물어진 곳을 손보고, 모든 기관의 보수도 이때에 하는 것이 좋으며, 이엉도 이도록 하라. 흉년에 먹을 수 있는 풀로써 백성들의 식량에 보탬이 됨직한 것은 관에서 쓸 만한 것을 고르고, 학교 선생들더러 몇 개를 추려서 뽑아내게 하여 각각 소문이 퍼지게 하라. 흉년에 도둑을 없애는 방범 정책은 특히

> 노력해야 하며, 조금이라도 소홀히 해서는 안 된다. 사정을 듣고 보면 차마 죽일 수는 없을 것이다. 배고픈 사람들이 불을 지르는 수가 있는데, 엄중히 단속해야 한다. 곡식을 소모하는 것 중에 술과 식초만한 것이 없으나 양조 금지는 어찌 할 수 없는 일이다. 세금을 적게 하고 빚을 탕감해 주는 일은 옛날 어진 이들이 시행하던 정책이다. 겨울에 양곡을 거두어들이는 일이거나 봄에 세금을 받아들이는 일이거나 지방에서 받는 여러 가지 잡부금이라거나 중앙에서의 할당금 같은 것들도 다 관대하게 늦추어 주고 재촉해서는 안 될 것이다(牧民心書, 賑荒六條, 補力).

농업국가의 재해는 한재(旱災)·수재·풍재·충재·상재(霜災) 등이 주류를 이루었지만 그 중에서도 한재가 가장 두려운 재앙이었다. 수리시설이 갖추어지지 않은 당시에는 한재가 들면 그 피해가 막심했다. 지하수 개발은 농업국가의 가장 중요한 과제였다. 다산은 이재민을 구호하고 항구적인 수해 대책을 위해 토목공사를 일으키도록 권장했다. 재해 대책으로서 토목공사를 일으키는 것은 부민의 재물을 이재민에게 흩어 주는 산재 정책으로서의 의미를 가지고 있다. 이재 지구에서 토목공사를 일으켜 이재민들에게 식량과 의류를 제공하는 것은 예나 지금이나 실로 현명한 재해 대책의 하나라고 할 수 있다. 다산은 이곳에서 흉년이 들었을 때의 도둑은 풍년 시절의 도둑과는 그 정상이 다르다는 점을 강조하면서 이들에 대해 관대한 처벌을 권장한다.

(4) 준사: 재민구호의 결산

'준사'는 진휼을 끝내면서 그 동안 집행해 온 정책에 대한 평가를 논의하고 있다. 진휼이 끝나면 목민관은 그 동안 진휼 과정을 빠짐없이 점검해 반성하고 공과를 하나하나 평가해 논공행상(論功行賞)을 해야 한다. 논공행상은 업무 자체의 집행을 위해서도 필요하지만 동일한 재난의 반복에 대한 대비를 위해서도 중요성을 갖는다.

> 스스로 갖춘 양곡을 상사에게 보고하려거든 스스로 실정을 조사해 과장하는 일이 없도록 해야 한다. 잘하고 잘못한 것과 공을 세우고 죄를 범한 것은 법령을 자세히 살펴보면 스스로 알 수 있을 것이다. 망종 날에 구호사업이 끝나면 이내 사업 종결의 잔치를 베풀되 기악은 쓰지 않아야 한다. 이 날로 공적에 따라 상을 주고, 그 이튿날 장부를 정리해 상사에게 보고하라. 큰 흉년의 뒤끝은 마치 큰 병을 앓고 난 뒤처럼 원기가 회복되지 못한 것과 같으니 그들을 어루만져 안정시키는 일을 소홀히 해서는 안 된다(牧民心書, 賑荒六條, 竣事).

다산은 이곳에서 그 동안 집행해 온 진휼 정책에 대한 평가의 중요성을 언급한다. 진휼 정책의 평가는 집행 과정에 대해 가감이 없는 정확한 평가의 실시를 강조한다. 구호사업이 끝나면 논공행상을 실시하고 공직자들을 위한 위로잔치도 베풀 것을 권장한다. 그러나 이때도 가무음곡(歌舞音曲)을 사용하지 말고 조촐한 잔치를 베풀어야 한다.

다산은 큰 흉년의 뒤끝은 마치 큰 병을 앓고 난 뒤처럼 원기가 회복되지 못한 것과 같으니 그들을 어루만져 안정시키는 일을 소홀히 해서는 안 된다고 강조한다. 또한 이재민들의 항구적인 생계 대책의 마련을 주문하고 있다. 이재민들은 구호를 받았지만 이들에게는 재앙을 치르고 남은 빈 터전만이 남아 있기 때문에 계속적으로 보살피고 스스로 재기할 수 있도록 관심과 지속적인 대책을 마련해야 한다.

4 해석과 시사점

지금까지 서술한 것처럼 다산은 『목민심서』의 진황6조와 애민6조 등에서 수해나 한재, 화재 등 각종 재난의 예방과 대비, 그리고 재난이 발생하면 어떻게 대응하고 복구할 것인가에 대해 심도 있는 논의를 전개하고 다양한 정책 대안들을 제시했다. 농업 사회를 대상으로 전개했던 다산의 재난관리 정책을 현대 산업사회에 적용하는 데는 물론 일정한 한계가 있다. 그렇지만 다산이 제시하고 있는 재난관리에 대한 예방과 대비, 그리고 대응과 복구에 대한 지침들, 특히 재난관리에 임하는 목민관의 자세나 태도에 관한 논의는 지방정부는 물론 중앙정부의 재난관리자들에게도 교훈으로 삼아야 할 많은 정책적 함의를 가지고 있다. 재난관리에 대한 다산의 논의가 갖는 정책적 함의를 요약하면 다음과 같다.

1) 예방과 대비 단계

첫째, 다산은 예방 중심의 재난관리 전략을 강조했다. 애민6조 구재편은 재난의 예방과 대비 그리고 이재민 구호 대책에 대한 우선순위를 논의하고 있는데 이것은 오늘날 예방 중심의 재난관리 전략과 맥을 같이한다. 목민관은 재난 발생을 예측해 이를 예방해야 하며 예방조치를 취하는 것이 재앙을 만난 뒤에 은혜를 베푸는 것보다 훨씬 나은 것임을 강조한다. 또한 재해 발생 시 이재민 구호를 위해 목민관은 국가 휼전을 집행해야 하지만 그것만으로는 충분하지 않기 때문에 달리 대책을 세워서 재민 구호에 만전을 기할 것을 강조했다. 즉 이재민 구호에 대한 목민관의 무한 책임을 강조한다.

둘째, 다산이 제시한 국가의 양곡관리에 대한 지침은 오늘날 정부미(政府米)의 관리에도 중요한 교훈이 되고 있다. 다산은 저장 양곡의 관리는 장부와 실수의 일치 여부를 항상 점검해야 한다고 언급했다. 그는 언제나 현물 수량의 점검을 등한시해서는 안 된다는 점을 강조하면서 정부미의 철저한 관리 체계를 갖추라고 주문한다. 오늘날에도 정부미 관리 창고에서 심심찮게 사고가 발생하는 것은 관리 체계의 문제 때문이다. 또한 양곡 수송에 따른 상인들의 농간을 철저히 단속하라고 주문했다. 지방 관리들의 횡포 때문에 항구에 상선이 모여들지 못할 수 있고 이로 인해 물자 소통에 많은 지장을 초래할 수 있음을 경고한다.

셋째, 설시 편에서 논의하고 있는 진휼청에 관한 지침은 오늘날 구호대책본부의 설치와 운영에 큰 교훈을 주고 있다. 구호 대책기관은 다른 기관과 달리 많은 물자를 다루기 때문에 그 어느 기관의 종사자보다도 청렴결백하고 성품이 훌륭한 인물을 배치해야 한다. 탐욕스러운 인물이 배치되면 많은 구호물자 및 금품이 실종될 우려가 있음을 경고한다. 부패한 공직자를 구호 업무에 배치하지 않도록 항상 주의를 기울여야 한다.

2) 대응과 복구 단계

첫째, 현지 책임자를 중심으로 재난관리에 대한 지휘 체계를 확립하도록 권장한다. 즉 긴급한 상황이 벌어졌을 때 현지 책임자가 판단해 절차에 구애받지 않고 조치해야 하는 긴급 대응은 재난관리 책임자들에게 매우 중요한 것임을 강조한다. 오늘날에도 재난관리는 중앙정부나 계층적인 행정절차보다도 재난이 발생한 현지의 책임자가 모든 재량권을 가지고 현장을 지휘하고 대응 조치를 취해야 한다. 다산은 국법의 절차를 밟을 겨를이 없거나 상사의 결재를 얻을 시간적 여유가 없을 경우에는 현지 책임자의 판단에 따라서 식량·의약품·천막 등을 공급할 수 있도록 해야 한다고 주장한다. 그는 재난 발생 시 즉각적인 대응 조치를 취할 것을 강조하면서도 동시에 항구 대책의 필요성을 역설한다.

둘째, 진황6조 권분에서 제시하고 있는 이재민과 재해 복구를 위한 재해의연금의 모금 방법과 관리지침은 오늘날에도 매우 큰 교훈을 제시해 준다. 의연금은 국민의 의무에 속하는 납세와는 근본적으로 다르기 때문에 절대 강제성을 띠어서는 안 된다. 의연금 모금에는 오늘날 기업과 각 기관단체들이 참여하고 있는데 이들에게 강요의 느낌을 주어서는 안 된다. 의연금은 기부자가 웃으면서 즐거운 마음으로 내놓을 수 있도록 해야 한다. 다산은 재해의연금을 빙자한 모금 또는 물자 수

집이 제대로 이루어지지 않고 이를 부정 착복 또는 부정하게 처분하는 사례가 없도록 해야 한다고 강조한다. 그는 의연금을 부정 착복하거나 부정 처분한 자들은 자식도 기르지 못할 것이라고 극언을 하면서 경계했다.

셋째, 흉년에는 대용작물의 파종을 권장하는 등 적극적인 구호 대책과 재난관리를 펼치도록 당부한다. 이 같은 다산의 지침은 오늘날에도 정부 관리들에게 교훈이 되고 있다. 만일 한해가 들어 흉년이라는 판단이 서면 논에 다른 곡식을 대파(代播)하도록 지도하고 이재민 구호를 위해 관에서 토목공사를 일으키라고 권장한다. 토목공사는 부민의 재물을 이재민에게 흩어 주는 산재 정책으로서의 큰 의미가 있음을 지적하고 있는데, 이것은 오늘날 정부가 이재민 구호를 위해서 벌이는 취로사업과 거의 같은 유형의 정책 집행이다.

넷째, '준사'에서 이루어지고 있는 재난관리의 결산과 평가에 관한 논의는 매우 중요한 정책적 함의를 갖는다. 이곳에서는 진휼을 끝내면서 목민관의 할 일에 대해 논의한다. 즉, 진휼 정책의 전 과정에 대한 평가와 반성을 강조하고 있다. 정책 집행 결과에 대한 정당한 평가와 논공행상은 정책 과정의 필수적인 요소이다.

다산은 사람으로서 두려워할 세 가지가 있으니, 백성과 하늘과 자기 마음이라고 하면서 "상사는 속일 수가 있고 군왕이나 부모는 속일 수가 있지만, 백성들은 속일 수 없는 것이다. 천지신명이 줄줄이 늘어섰으니 하늘은 속일 수 없는 것이다. 언짢고 수줍어 부끄럽기만 할 것이니 제 마음은 속일 수 없는 것이다. 이 세 가지를 속이지 않아야만 나의 구호사업은 아마도 별 허물없이 치른 셈이 될 것이다"라고 언급하면서 목민관의 정책 집행에 대한 올바른 자세를 강조한다. 이 같은 다산의 지적은 오늘날에도 공직자들에게 큰 교훈이 되고 있다.

다산 정약용이 그의 명저 『목민심서』의 진황6조와 애민6조에서 논의하고 있는 재난 대비와 대응에 관한 다양한 논의와 지침들, 그리고 그가 이곳에서 인용하고 있는 수많은 사례는 오늘날 우리가 재난을 대비하고 대응하는 데도 되새겨 봐야 할 큰 교훈과 지침으로 다가오고 있다. 재난의 예방과 준비 단계에서는 진황6조의 '비자', '규모'와 애민6조의 '구재'가 많은 교훈을 주고 있고, 대응과 복구 단계에서는 진황6조의 '권분', '설시', '보력', '준사'가 많은 정책적 함의를 제시해 주고 있다.

참고 문헌

고영복(이을호 역)(1993). 유산, 오늘에 직결된 숙제들.『목민심서』, 서울: 현암사.

김영평(1994). 현대 사회와 위험의 문제.『한국행정연구』, 3(4): 4005-4026.

김태윤(2000). 국가 재해재난 관리 체계 구축 방안 연구. 서울: 한국행정연구원.

노태준 역해(1986).『목민심서』. 서울: 홍신문화사.

오세경 외(1995).『위험관리론』, 서울: 경문사.

이동훈(1999).『위기관리의 사회학』. 서울: 집문당.

이상경, 청와대 국가안전보장회의 위기관리센터(2006). 재난관리의 과거, 현재, 그리고 미래.『위험관리』, 여름호, 삼성방재연구소.

이우성 외(1988).『역주 목민심서』 1~6, 서울: 창작과비평사.

임송태(1997). 재난 유형별 대응기획 수립에 관한 연구,『한국지방행정연구원 연구보고서』, 서울: 한국지방행정연구원.

장동희(1991).『한국행정철학』. 서울 : 박문각.

장동희(1998).『정약용의 행정사상』, 서울: 일지사.

정약용(1986).『목민심서』. 서울: 창작과비평사.

정약용(이을호 역)(1993).『목민심서』. 서울: 현암사.

정약용(이익성 역)(1997).『정약용 경세유표』. 서울: 한길사.

채경석(2005).『위기관리정책론』. 서울: 대왕사.

최병선(1994). 위험문제의 특성과 전략적 대응.『한국행정연구』, 3(4): 4027-

4049.

Clary, Bruce B.(1985). The Evolution and Structure of Natural Hazard Policies. *Public Administration Review* 45(special issue): 20-28.

McLaughlin, David(1985). A Framework for Integrated Emergency Management. *Public Administration Review* 45: 165-172.

Petak, William J.(1985). Emergency Management: A Challenge for Public Administration. *Public Administration Review* 45(special issue): 3-6.

제9장 공공 부문의 갈등관리

김영평

1 서 론

현대 행정이론에서도 갈등을 주제로 한 연구는 그리 흔치 않다. 더구나 다산(茶山) 정약용(丁若鏞)이 살았던 조선 후기인 19세기 초나 그 이전에는 갈등을 논의의 주제로 삼는 것도 금기였고, 갈등관리 및 해소 방안을 제도적으로 도입한 사례도 거의 없다. 우리가 지금 읽는 역사서에 따르면, 조선 시대는 그야말로 권력을 향한 갈등의 연속이었다. 권부(權府)만 갈등이 있었던 것이 아니고, 오늘의 개념으로 보면 사회 전반이 갈등으로 가득 차 있었다. 사색당파의 싸움이 그렇고, 왕과 신하들의 암투도 무시할 수 없었다. 대부분의 지방 관청은 주민들을 토색(討索)하는 도구로 전락했으며, 민란이 그치지 않았음을 보여준다. 그럼에도 불구하고 승자와 패자가 있을 뿐 더불어 화합하고 조정한 기록은 찾아보기 어렵다. 다산 자신 역시 정치적 갈등의 희생양이었다.

다산의 저술에서도 갈등을 직접 다루고 있지는 않지만, 그의 논의는 대부분 갈등이 배태되어 있는 상황을 다루고 있다. 그가 모든 것이 부패해 국가가 무너질 지경이라고 한탄했던 상황들이 바로 갈등 상황이었다. 그것을 극복하거나 슬기롭게 해소하는 방안이 마련되어 있지 않음에서 비롯되는 질곡과 애통이 지속되고 있었다. 그가 갈등이 배태되어 있는 상황들을 극복하기 위해 다양한 개혁 방안을 제시하지만, 갈등 해소를 염두에 둔 개혁안이 아니고 상황의 개선만을 고려하고 있다. 그렇기 때문에 그의 저술에서 갈등과 관련된 논의를 도출하려면, 그의 서술과 주장에서 갈등을 추출해 낼 수밖에 없다.

이 장에서는 공공 분야를 다루고 있는 다산의 방대한 저술들 가운데 『경세유표(經世遺表)』, 『목민심서(牧民心書)』, 『탕론(蕩論)』, 『원목(原牧)』 등에서 갈등 상황을 추출했다. 이들이 다산 정약용의 가장 중요한 저술로서 상당히 다양한 갈등 배태 상황을 추출할 수 있는 저술들이기 때문이다. 그가 다루는 갈등 배태 상황은 크게 서너 가지로 나눌 수 있다.

첫째는 『탕론』에서 다루고 있는 통치권의 정통성에 대한 갈등이다. 둘째는 주로 『경세유표』에서 다루는 제도 개선과 정책 변화에 대한 갈등이다. 셋째와 넷째는 서로 연결되어 있기 때문에 하나로 다루어야 할 것으로 보이는데, 주로 『목민심서』에서 볼 수 있는 감사와 지방 수령 또는 수령과 아전의 관계와 같은 정부조직 내부의 갈등이며, 이들은 대부분 지방 관헌이 백성들을 핍박하는 민관 갈등과 연결되어 있다.

이 밖에도 『목민심서』에서는 백성과 지방 호족인 향임 간의 갈등이 적지 않았음을 보여 주고 있고, 이들도 역시 호족이 지방 관헌과 결탁해 백성을 토색하는 형상이기 때문에 공공적 갈등이 아니라고 말하기도 어렵다. 그러나 엄격한 의미에서 공공 부문의 갈등이 아니라고 보아, 우선 이 글의 논의에서는 배제했다.

다산의 저술에서 그래도 갈등의 문제를 비교적 심도 있게 논의할 수 있는 주제는 『목민심서』를 근간으로 한, 지방 관청조직의 내부갈등 그리고 지방 관헌과 백성 간의 갈등이라고 할 수 있다. 우선 이런 종류의 갈등을 조감한 이후에 정책갈등과 통치갈등을 차례로 살펴보려 한다.

2 조선 후기 공공 부문의 갈등관리 실태

1) 백성과 지방 관청 사이의 갈등 양상

(1) 수령의 짧은 임기

> 지금의 수령 임기는 길어야 혹 2년 가고, 그렇지 않으면 몇 달 만에 바뀌게 되니, 그 됨됨이가 주막에 지나가는 나그네와 같은데, 저들 좌(佐)·보(輔)·막빈(幕賓)·복례(僕隷) 등은 모두 아비가 전하고 자식이 이어받아 옛날의 세습하는 경(卿)과 같다. 주인과 나그네란 형세가 이미 다른 데다 오래고 오래지 못한 사정이 또한 다르다. 군신(君臣)의 대의(大義)도, 천지의 정분(定分)도 있는 것이 아니기 때문에 죄를 지은 자는 도피했다가 나그네가 떠나면 주인이 자기 집에 돌아오는 것 같아서 그 부(富)를 즐기기를 그대로 하니, 또 무엇을 겁내겠는가(牧民心書, 赴任六條, 除拜).

수령과 아전 간의 갈등 상황은 근본적으로 그 고을에서 기득권을 확보하고 이를 세습하는 아전들에 비해 임기제로 그 고을을 다스리는 수령의 관계에서 기인한다. 따라서 아전들은 자신의 기득권을 안전하게 확보하기 위해 나그네인 수령을 포섭하기 위해 수령이 부임한 이후에 갖가지 방법을 동원하게 된다. 다산은 아전들의 이러한 수령 포섭책을 수령이 뿌리쳐야 함을 강조한다. 아전들의 수령 포섭책은 수령의 부임과 동시에 나타나게 되는데, 다산은 특히 신영(新迎) 온 아전과 하인을 접대할 때 장중·화평·간결·과묵히 하라고 함으로써 이들과 적당한 거리를 두어 이러한 아전들의 계책에 빠지지 말 것을 제안했다.

지방 수령과 아전 간 갈등의 역학적 구조를 잘 그려 주고 있는 서술이다. 이 갈등의 구조는 지방 수령이 위상으로는 우위이나, 지방의 문제나 정황에 대해서는 아전보다 모르는 것이 더 많고, 지방을 관할하는 사람으로서 조직의 운영에 연대할 세력이 부족하며, 지속가능성도 약한 위치에 있다는 점을 지적한다. 따라서 양자의 갈등은 구조적으로 불균형한 힘의 관계에 있으며, 따라서 타협이나 조정으로 갈등을 해소하기가 어려운 관계이다.

(2) 감사와 민고

민고(民庫)는 토지에 부과되기도 하고, 혹은 가호(家戶)에 부과되었는데 이것의 비용이 날로 많아져 백성들을 괴롭힌다는 것이다. 특히 민고의 폐단은 아전들이 관여된 것이 아니라, 한편으로 감사의 위엄으로 인한 것이며, 다른 한편으로는 수령이 마음대로 탐욕을 부리기 때문에 나타난다고 지적했다. 감사로 인한 민고의 폐단을 다산은 다음과 같이 논한다.

> 감사가 가족들을 데리고 부임하게 된 이후로 갑자기 각 도(道)에 제각기 큰 도회(都會)를 만들어 관청·저택·제반 용구와 좌우의 시중이나 음식·거마(車馬)·의복 등 위의(威儀)의 성대함이 임금에 견줄 만하고, 체모(體貌)의 존귀함이 대신(大臣)보다도 더하다. 속이 비고 식견이 모자란 사람이 한번 이 감사의 직에 앉으면 스스로 잘난 척해 마치 본래 그런 것으로 생각한다. 이 때문에 각 고을에서 좇아가 떠받들고 공궤하는 것이, 염치없이 아첨하는 부류들보다 조금이라도 못한 경우에는 감사는 발끈 성을 내 그 수령을 파출시킨다. 각 고을 수령들은 벌벌 떨며 감히 비용을 아끼지 못하다가 일이 지나가고 나서는 쓴 비용을 아깝게 여겨 그 피해를 가난한 백성에게 돌리니, 이것이 민고가 생겨나게 된 까닭이다 (牧民心書, 戶典六條, 平賦).

또한 감사의 복정(卜定: 무릇 물산을 여러 고을에 책임 지워 납부하도록 하는 것)은 강제 배정으로 배정 액수는 본래 적은데 받아들이는 것은 지나치게 많고 매겨진 가격이 본래 싼데 물건 고르기는 지나치게 까다로우니 수령 혼자 감당할 길이 없어 민고가 생긴다는 것이다 (牧民心書,

戶典六條, 平賦).

또한 민고(民庫)의 규례(規例)는 고을마다 다르고, 절제(節制) 없이 소용에 따라 마구 거둬들이기 때문에 더욱 심하게 백성을 괴롭힌다고 논한다. 따라서 그 법례(法例)를 수정하고 그 조리(條理)를 밝혀 백성들과 함께 준수하기를 국법처럼 해야 비로소 법도가 있을 것이라고 했다. 아울러 계방(契房)이 모든 폐단의 근원이며 뭇 농간의 구멍이기 때문에 계방의 혁파를 강조한다.

> 계방(契房)에는 두 가지가 있으니, 하나는 이계(里契)요, 다른 하나는 호계(戶契)이다. 이계란 온 마을을 계방으로 삼아 해마다 돈 수백 냥을 거두는 것이요, 호계란 특정한 호(戶)를 뽑아서 계방으로 삼아 해마다 돈 백 여 냥을 거두는 것이다. 향청(鄕廳)·이청(吏廳)·군관청(軍官廳)·장관청(將官廳)·관노청(官奴廳)·조례청(皁隷廳)·통인청(通引廳)에 각기 계방이 있는데, 유독 이청이 더 많이 가져서 큰 마을 10여 곳을 뽑아 모두 계방을 삼았고, 그 나머지는 두 마을 또는 세 마을을 삼는 등 정해진 수가 없다. 무릇 계방촌이 된 곳은 곧 환자의 배당도 면제되고, 군첨(軍簽)의 침해(侵害)에서 면제되고, 민고에 바치는 일체의 요역(徭役)을 부담하지 않고, 한번 돈 수백 냥만 가져다 바치면 그 해가 다 갈 때까지 편안히 지낼 수 있기 때문에 백성들은 계방이 되려고 한다(牧民心書, 戶典六條, 平賦).

민고를 통한 억압 구조는, 지금으로 말하면, 광역지방정부와 기초자치단체 간의 갈등이 지역 주민에게까지 미치는 수탈의 갈등으로 파급되고 있음을 보여 준다. 계방도 민고의 변형이라 할 수 있다. 두 형태 모두 관속(官屬)의 비합법적인 필요를 충당하기 위해 특정 하급기관이나 지역에 일정한 부담을 지우는 관행이다. 이 관행은 상급 관청의 자의적 결정에 따라 지속되었다. 대외적으로는 하급기관이나 백성들이 후환을 없애려고 자발적으로 이행하는 모습을 보이고 있다. 그러나 그것은 근본적으로 울며 겨자 먹기로 갈등이 배태되어 있다. 외양적으로는 갈등적 마찰이 없는 사회 관계라고 할 수 있으나, 위계 질서 속에서 유리한 지위에 있는 사람이 약한 위치에 있는 사람을 착취하는 관계의 지속이다. 여기에서 약자는 자율적으로 대응할 능력을 상실한 불균등 관계의 갈등이기 때문에 사회 관계에서 자동적으로 해소될 가능성이 희박하다.

(3) 감사의 사익 추구

각 도에 파송된 감사는 절대 권력을 가진 왕의 권한을 위임받은 사람이었다. 이들에게는 당시의 낙후된 교통과 통신 때문에 중앙정부의 감시가 허술할 수밖에 없었다. 지방 수준에서도 감사의 권력에 대응할 견제와 균형의 축이 없었다. 따라서 감사가 공과 사를 구분하지 못하고 자기의 권력을 활용하면 공적 기관의 사적 이익 추구가 손쉽게 이루어질 수 있었다. 다산의 서술에 따르면 이런 일은 여러 지방에서 상당히 광범위하게 자행되었던 것으로 보인다. 요즈음의 언어로 번안하면 "업무상 획득한 정보를 개인적 이익에 활용"하는 사례가 많았을 뿐만 아니라, 더 적극적으로 자신의 권한을 이용해 "개인적 이익에 활용할 목적으로 정보를 생산"하기도 했다.

> 감사가 여러 고을에 달마다 물가를 보고하도록 하여 곡가의 높고 낮음을 상세히 알고서, 이에 장사치 노릇을 한다. 만약 벼 1석에 갑현에서는 시가가 7전이고, 을현에서 시가가 4냥 1전이면 을현의 벼 2,000석을 취해 팔아서 돈 2,800냥을 만들어 그 반은 훔쳐 자기가 먹고 그 반은 갑현에 던져서 곡식을 사들여 다시 벼 2,000석을 만든다. 이것은 이른바 이무(移貿)요, 이것이 이른바 입본(立本)이며, 이것이 이른바 보속(步粟)이다. 쌀을 방출하는 고을에서 비싼 값으로 돈을 거두고 쌀을 수매하는 고을에서는 싼 값으로 돈을 푸니 백성의 피해가 어찌 그치겠는가. …… 감사의 또 다른 백성 수탈의 방법에는 증고(增估)가 있다. 이는 감사가

관문(關文)을 띄워 어떤 아문의 곡식 2,000석을 상정례(詳定例)에 따라 작전(作錢)하라고 했는데, 상정례가 쌀 1석에 3냥이며, 벼 1석에 1냥 2전인데 이 현의 시가가 쌀 1석이 5냥 나가고 벼 1석이 2냥 나가면 시가로 백성에게 징수하고 상정례로써 상사에게 바쳐 그 이익을 훔쳐 자기 주머니에 넣는다. 이것이 증고이다. 그러나 감사가 상정례에 따라 작전하는 것도 보기 어렵다. 감사가 매양 시가로 작전해 스스로 그 이익을 훔치면 수령은 이득에 끼지도 못한다. 혹 시가가 쌀 때라야 상정례를 따른다(牧民心書, 戶典六條, 穀簿).

감사의 사적 이익의 추구는 이무와 상정례에 한정된 것이 아니었다. 감사의 사적 이익의 추구는 감사의 염문(廉問)으로 인한 백성의 폐해 사례이다. 이 역시 다음에 구체적으로 나타나 있다.

『다산필담(茶山筆談)』에서는 이렇게 말했다. "감사가 염문할 경우에는 마땅히 가까운 빈객으로 목숨을 아끼지 않고 헌신할 사람을 써서 몰래 촌락을 순행하게 해야 백성들의 고통을 파악할 수 있고 수령의 허물을 파악할 수 있다. 그런데 지금 감영의 이서들을 심복으로 보아 염문하는 데 한결같이 이 무리들을 보내는데, 이 무리들이 본래 각 고을의 매우 교활한 아전들과 내통 결탁해 표리로 얽혀 있는 줄을 알지 못한다. 매년 겨울과 여름에 포폄(褒貶)을 시행할 때와 봄·가을에 순행을 할 때가 되면 이른바 염객(廉客)이 기일에 앞서 통보를 띄우고, 그 고을의 일 맡은 아전은 역시 기일에 앞서 화사한 방에 호화로운 자리를 마련하고 대야며 안석과 책상을 산뜻하게 정돈해 놓고, 그리고 왜면(倭麪)에 연탕, 울산의 전복에 제주도의 대합, 맛좋은 쇠고기에 어린 돼지의 등살, 구운 자라 고기에 잉어회 등 갖가지 진귀한 음식들을 차리고 휘황하게 촛불을 밝혀 두고 염객을 기다린다. 저녁이 되면 호화로운 안장을 한 준마를 타고 한길을 내달려 와 말에서 내려 문에 들어서는데 그 기세가 마치 무지개와 같다. 이에 영저리(營邸吏)와 고을의 아전이 왜쟁개비에 고기를 볶으면서 염객과 한 자리에 앉아 현령(縣令)을 살리느냐 죽이느냐를 의논하는 것을 나는 많이 보았다. 현령이 저리의 비위를 거슬려 최하의 고과(考課)를 맞아 자리에서 떨려나 낭패해서 돌아가는 자들이 줄줄이 잇따라 있으니 현령이 어찌 두려워하지 않을 수 있으리오"(牧民心書, 吏典六條, 察物).

감사는 지방 수령을 감시・감독해야 할 위치에 있다. 그러나 이러한 조직적 기능과 권한을 사적 관계로 치환하면 조직의 기강과 기율을 흔들어 놓을 수 있다. 부적절한 방법으로 지방 수령의 행태를 감시하기 위해 정보를 수집하면, 감사의 자기 위상은 강화될 수 있을 것이다. 그러나 지방관청 체계는 점차적으로 무질서와 하극상의 관계가 일상화되어 전반적인 행정의 기강과 운영의 원리는 엔트로피가 작용할 것이다. 감사와 수령의 부적절한 관계에서는 조정 불능의 마찰과 억압 구조가 있는 것은 아니지만, 이른바 정보 비대칭성에 따른 불균등한 관계의 유지는 조직의 불필요한 긴장을 초래한다. 영저리와 고을 아전들에 대한 수령의 권위가 무너지면 조직 내에 불필요한 갈등이 확산될 것이다. 그것도 생산적 갈등보다는 파괴적 갈등으로 흐를 가능성이 크다.

(4) 비현실적 제도에 대한 하급 관료와 백성의 자기 방어

사회적 갈등의 현주소는 표류선(漂流船)을 조사할 때 주의해야 할 점을 지적하는 대목에 적나라하게 제시되어 있다.

> 우리나라 법에 표류선 안에 있는 문자는 인쇄본이거나 사본이거나를 막론하고 모두 초록해 보고하도록 규정하고 있다. 지난해에 표류선 한 척이 수만 권의 책을 가득 싣고 무장(茂長) 앞바다에 정박했는데, 이를 조사한 관리들이 의논하기를 "장차 이를 모두 초록하여 보고하는 일은 작은 새가 흙을 물어 바다를 메우는 일과 같다. 만약 그 가운데 몇 가지만 골라 초록하면 반드시 엉뚱한 화를 당하게 될 것이다" 하고, 마침내 모래밭을 파고 모든 책을 묻어버리니 표류인들은 크게 원통해 했지만 어찌할 수가 없었다.…… 표류선을 조사하는 일은 반드시 섬에서 일어

> 난다. 섬사람들은 본래 호소할 길이 없는 사람들인데, 조사하는 일에 따라간 아전들이 조사관의 접대를 빙자해 침탈을 마음대로 해 솥과 항아리까지도 남기지 않는다. 표류선이 한번 지나가고 나면 몇 개의 섬이 모두 망하기 때문에, 표류선이 도착하면 섬사람들은 반드시 칼을 빼어들고 활을 겨누어 그들을 죽일 기색을 보여 도망가게 만든다. 또 혹시 바람이 급하게 불고 암초가 사나워 파선 직전에 있는 자들이 구원을 청해도 섬사람들은 침몰하도록 내버려 둔다. 배가 침몰하고 사람이 죽고 나면 은밀히 모의해 배와 화물을 불태워 그 흔적을 없앤다. 10여 년 전에 나주 지방의 여러 섬에서 이런 일이 여러 번 있었다. 불에 타고 남은 것들을 내 눈으로 직접 보았다. 아둔한 수령들이 아전들을 단속하지 못해 나쁜 짓을 마음대로 하게 버려두니 백성들은 눈물을 흘리면서도 이런 짓을 해버린다 (牧民心書, 奉公六條, 往役).

이 짤막한 이야기 속에는 여러 겹의 갈등이 배태되어 있다. 표류선 조사에 관한 법 규정과 그것을 집행하는 조사관의 업무량, 조사관과 그들을 수행하는 아전, 아전과 섬사람들, 그리고 섬사람들과 표류선의 선원들이 모두 불균형적 갈등 관계에 있다. 재미있는 점은 자신들의 불리한 입장을 더 약한 상대에게 떠넘기고 있다. 그러나 이들의 관계는 자연스럽게 나타나는 것이었지 인위적인 설정이 아니다. 규범적이거나 도덕적인 차원을 배제한다면, 이들의 관계는 자기 방어적 행동에 불과하다. 그러나 그 관계가 시장에서 볼 수 있는 상호 교환에 의한 조정이 일어나지 않고 착취만이 양산되고 있다. 한마디로 이들의 관계 속에는 되먹임(feedback)의 고리가 없기 때문에 불균형적 구조가 고착된 갈등이 지속되었다고 말할 수 있다.

(5) 약자의 경기 규칙

불균형적 갈등 관계에서 약자는 대체로 착취의 대상이다. 그렇기 때문에 약자는 언제나 피해자의 입장에 서게 된다. 그러나 사회적 갈등 관계에서 약자에게 무기가 전혀 없는 것은 아니다. 약자가 착취를 당하지 않을 수 있는 가장 분명한 길은 관계를 단절하는 것이다. 그들은 그것을 만들어 내는 사회적 경기 규칙을 알고 있다.

> 귤사(橘史)에서는 남쪽 해변의 예닐곱 고을에는 모두 귤과 유자가 생산되는데 거기에 딸린 여러 섬에서는 그 생산이 더욱 풍성하더니 수십 년 내에 날마다 쇠퇴하고 달마다 줄어들어 지금은 오직 귀족 집에나 혹 한 그루 있고 섬 중에 다만 현관(縣官)이 직접 관리하는 너댓 그루가 있을 뿐이다. 그 까닭을 물었더니 매년 중추(仲秋)에 저졸(低卒)이 이첩(吏帖)을 가지고 와서 그 과일의 개수를 세고 나무둥치에 표시를 해두고 갔다가 과일이 누렇게 익으면 비로소 와서 따는데 혹 바람 때문에 몇 개 떨어진 것이 있으면 곧 추궁해서 보충하게 하고 그렇게 하지 못할 것 같으면 그 값을 징수한다. 광주리째 가지고 가면서 돈 한 푼을 주지 않는다. 저졸을 대접하느라 닭을 삶고 돼지를 잡게 되니 그 비용이 많이 들고 이웃이 떠들썩하게 모두 이 집을 나무라고 들어간 비용을 이 집에서 받아낸다 한다. 이에 몰래 그 나무에 구멍을 뚫고 호초(胡椒)를 집어넣어 그 나무가 저절로 말라 죽으면 그 대장에서 빠지게 된다. 그루터기에서 움이 돋아나면 잘라버리고 씨가 떨어져 싹이 나는 족족 뽑아버리니 이것이 귤과 유자가 없어지는 까닭이다(牧民心書, 工典六條, 山林).

갈등 상황에서 약자의 방어적 경기 규칙은 자기 희생을 통한 관계의 단절이다. 부분의 이익이 전체의 손해로 전환되는 파괴적 갈등의 전형이다. 단기적으로는 아전들이 귤을 많이 수거할 수 있겠지만, 장기적으로는 귤나무를 없애서 귤의 생산을 영으로 만드는 결과를 낳는다. 그리고 그것은 귤나무 소유자와 아전의 갈등뿐만 아니라 귤나무 소유자와 동네 사람들 간에도 갈등이 형성된다. 귤나무 소유자는 더불어 살아야 하는 동네 사람들의 압력 때문에 귤나무를 죽게 만들 수밖에 없다. 이와 같은 약자들의 자기 방어적 갈등전략은 사회 관계를 퇴행적이고 파괴적으로 흐르게 만든다. 원래 국가와 정부의 존재 이유가 이런 파괴적 갈등을 방어하는 데 있으나, 조선 시대에는 정부의 이름으로 이루어진 백성과의 관계가 퇴행적으로 흐르는 것을 막지 못했다. 즉, 백성들이 스스로 자기를 방어하기 위한 방안으로 파괴적인 방법이나 자기 희생의 방법을 택함으로써 사회 전체적인 복지 손상으로 이어졌다.

(6) 민회, 이회, 향회: 백성의 집단적 대응

다산 시대에 이르러 "요즘 몇 년 이래로 부역이 무거워지고 수령과 아전들이 탐학을 부려 백성들이 살아갈 수 없기에 모두 난리가 나기를 바란다"고 다산도 진단하고 있다. 이계심(李啓心)[1]과 임술 농민항쟁의 지도자들 사이의 행동 양태나 인간 유형에서 서로 유사점이 보인다. 이계심은 "민막을 거론하기 좋아하고" 지명 수배자인 데도 당당히 나서는 특징이 있는데 가령 진주 농민항쟁의 지도자 유계춘(柳繼春)은 "읍폐 민막을 늘 입에 올리고", "읍소 영소로 생애를 삼았다"고 지적한다. 함평 농민항쟁의 지도자 정한순(鄭翰淳)은 안핵사 앞에 제발로 나타나서 자신은 "민막(民瘼)을 바로잡지 못하고는 죽어도 눈이 감기지 않을 것입니다" 하고 10조의 시정 사항을 제출했다.[2]

임술 농민항쟁 때 진주 안핵사(按覈使)의 보고서에 "이회(里會)다 도회(都會)다 하는 것은 난민들이 떼를 지어 집회를 열어 일을 의논하는 것이다"라고 규정했으며, 또한 진주 농민항쟁의 지도자 유계춘의 성격에 언급해 "향회(鄕會)·이회는 곧 그의 능사다"라고 지적했다.[3] 향촌 사회의 각 구성 단위에 따라 이회로부터 향회를 거쳐 도회로 다중의 의사가 수렴이 되는 절차는 농민항쟁에서 비로소 나타난 것은 아닐 것이다. 향촌의 자치적 회의가 더러 어떤 지방에 따라서는 관행

1) 이 글의 후반부인 "다산의 갈등관리에 대한 정향"에서 이계심에 대한 이야기가 자세히 제시되어 있다.
2) 임형택(2000), 『실사구시의 한국학』(창작과비평), p. 355의 각주 32 인용.
3) 『晉州按覈使査啓跋辭』, 『壬戌錄』, 『한국사료총서』 8, 1968, 22-23; 안병욱, "조선 후기 자치와 저항조직으로서의 향회," 『성심여대논문집』 18(1986) 등 참조(원문 주).

적으로 있어 왔다고 보인다(임형택, 2000: 355).

불균등적 갈등에서 약자의 전략은 자기 희생적 관계 단절이지만, 그것으로도 극복할 수 없을 때는 자기 희생을 각오하고 집단적으로 의사를 표출한다. 집단적 의사 표출이 강자들에 의해 억압되거나 적대적으로 받아들여지면 종국적으로는 집단의 힘으로 폭력적 항거나 반란의 방법을 택할 수밖에 없다. 이 최종 선택이 전국적으로 성공하면 혁명이 되는 것이다. 혁명은 새로운 체제의 시작을 의미한다. 그러나 대부분 조선 시대에는 지역적이고 부분적으로 민란이 계속 일어났지만, 그들이 서로 규합하거나 연대하지 못하고 민란을 주도한 몇몇 개인의 희생으로 끝나고 말았다.

다산의 저술에서는 이런 민란이나 집단적 항거에 대해 언급하고 있지 않고, 이계심의 난에 대한 대목만 자찬묘지명에 잠깐 언급하고 있다. 더구나 이런 갈등을 체제나 제도로 해소할 방도를 언급하지는 않았다. 뒤에서 언급하겠지만, 이계심에 대한 그의 처우에서 이런 민란에 대한 다산의 입장과 태도를 읽을 수 있다.

2) 갈등 해소 실패의 원인

사회적 관계에서 갈등은 장기적으로 해소되는 경향이 더 강하다. 사회 전체적으로나 세계적으로 보아도 수많은 상호작용이 갈등적이면서도 평화롭게 진행되고 있는 것만 보아도 그것을 쉽게 짐작할 수 있다. 그러나 특정 사회 또는 특정 관계에서는 갈등이 해소되기보다는 확산되고 생산적 갈등으로 흐르기보다는 파괴적 갈등으로 흐르는 경향을 나타내는 경우가 종종 발견된다. 다산이 그의 저술, 특히 『목민심서』에서 논의했던 대부분의 갈등 상황은 갈등 해소 실패의 경향이 강한 것들이었다. 여기에서는 그의 저술의 내용을 통해 어떤 요소가 갈등 해소를 실패하게 만드는 요인으로 작용했는지 살펴보고자 한다.

(1) 제도의 결함

다산은 수령의 직책 중 전정(田政)이 가장 어려운 것인데, 이는 우리나라의 양전법(量田法)이 좋지 못하기 때문이라고 주장했다. 중국은 경(頃)·묘(畝)로 토지를 헤아리는 반면, 우리나라는 결(結)·부(負)로 토지를 헤아리기 때문에 토지의 비옥도에 따른 측정을 할 수 없다는 것이다. 이로 인해 여러 차례 도량형을 개정해 양전법을 고쳤지만 한계가 있어 수령이 전제로 인한 농간을 적발할 수 없다고 한다. 이에 따라 전정의 큰일은 개량(改量)이므로 진전(陳田)과 은결(隱結)을 조사해 별일 없기만을 도모해야 한다고 주장한다. 또한 개량의 조례(條例)는 조정에서 반포하는 만큼 수령은 그 중의 요점(要點)을 거듭 밝혀 다짐하라고 이르고 있다.

잡초가 우거진 황폐한 토지, 물에 잠기고 사태가 나는 토지와 백성이 유리해 버려진 토지로써 원전의 총수에 채우고, 기름지고 온전하며 거루어진 토지가 모두 은결이 되는 것을 알지 못한다. 세를 받을 즈음에는 우선 한 고을의 토지를 파악해 그 좋은 토지는 뽑아 은결의 수에 채운 연후에 거칠고 잡된 토지로써 왕세(王稅)를 채우는 것이 버릇이 되고 떳떳하게 되어 당연한 것으로 생각한 지가 이제 수백 년이 되었다. 이것은 한 고을의 수령이 능히 개혁할 수 있는 바가 아니다. 한 마디 말이라도 입에서 튀어나오면 원망을 장차 헤아리지 못할 것이다. 이 때문에 "정전은 어쩔 수 없다"고 하는 것이다.

내(川)가 된 것이나 물에 떠내려 간 것은 원전(原田)의 결수에서 빼어 버리고, 신기전(新起田)과 환기전(還起田)은 은결에 보태고 있으니 그 형세가 반드시 한 나라의 토지를 모조리 삼켜서 전부 아전의 목구멍에 들어간 연후에 끝날 것이다. 그 때문에 "정전은 어쩔 수 없다"고 하는 것이다.

궁장토와 둔토가 원전을 잠식하니 나라의 수입이 날마다 감축될 뿐만 아니라, 무릇 백 가지의 부(賦)와 역(役)이 모두 전결(田結)에서 나오는데 토지가 한번 궁장토와 둔토에 들어가게 되면 부와 역을 면제받게 되

> 니 1만 결의 고을에 부와 역에 응하는 것은 3천 결에 불과하다. 백성의 부담이 치우쳐 고통스러워 유망하는 자들이 서로 잇따르니, 이것은 한 고을의 수령이 개혁할 수 있는 바가 아니다. 그 때문에 "정전은 어쩔 수 없다"고 하는 것이다(牧民心書, 戶典六條, 田政).

조선 산업의 근간은 농업이었다. 농업은 농지를 통해 생산하고, 생산은 농민들이 최대의 생산성을 위해 노력할 수 있도록 유인(誘因, incentive)이 주어져야 한다. 그것은 농지의 소유 제도에 따라서 결정될 것이다. 현대 경제학의 이론에 따른다면 시장적 유인이 작용해야 농업 생산을 극대화할 수 있다. 그런데 조선의 전제는 명목상으로 왕의 재산이면서 왕과 국가의 필요에 따라 기능적으로 이용권을 분할했다. 다산은 농지 소유의 근본적인 문제에는 생각이 이르지 못했고, 그 유명한 정전제를 주장하여 그나마 전제군주제 아래에서 생산성을 높일 수 있는 방도를 모색했다. 그러나 당시의 제도, 그 중에서도 양전법의 제도적 결함 때문에 "정전은 어쩔 수 없다"라는 절망적 상황을 진단하고 있으며, 개인 목민관으로서는 이 제도를 주어진 것으로 보고 "전정(田政)의 큰일은 개량(改量)이므로 진전(陳田)과 은결(隱結)을 조사해 별일 없기만을 도모해야 한다"고 권고한다.

조선 시대의 제도적 결함은 전제에서만 나타난 것이 아니고, 정부의 각 분야에서 광범위하게 나타났다. 다산이 『경세유표』를 통해 개혁하려 했던 그 많은 영역이 거의 제도적 결함 때문이라고 해도 과언이 아니다. 그리고 이런 제도의 결함은 필연적으로 갈등을 양산한다. 전제의 예에서만 보더라도 제도적 약점을 파고들어 양전법의 집행을 담당하는 아전의 재량 범위가 크고, 그들이 자의든 과실이든, 저지른 오차를 수정할 수 있는 농민의 쟁송 수단이 없었기 때문에 선의의 목민관이라 하더라도 제도의 결함에서 야기되는 갈등을 통제할 수 없었다. 이런 갈등이 쌓이면, 결국 생산성의 저하, 사회적 불안정성의 증대, 거래 비용의 증가, 그리고 결과적으로 사회 전반의 파국으로 이어진다.

그 제도 속에서 움직이는 개인 개인이 아무리 선의를 가지고 활동한다 하더라도 사태의 개선에 크게 기여할 여지는 없다.

(2) 제도의 문란

전제(田制)가 이미 갈등을 내포하고 있기 때문에 세법(稅法) 역시 문란해진다. 다산은 연분(年分)에서 손실을 보고 황두(黃豆)에서 손실을 보니 나라의 세입(稅入)은 얼마 되지도 않는다고 했다. 특히 전정의 말단에 속하는 집재(執災)·표재(俵災)의 큰 근본이 이미 흐트러지고 조리가 모두 문란하니 비록 마음과 힘을 다해서 하더라도 만족하게 될 수는 없다고 했다.

> 군정(軍政)·전정(田政)·환정(還政) 세 가지를 수령의 삼정(三政)이라고 일컫는다. 이른바 전정이라는 것은 표재(俵災)에 지나지 않는다. 전정에서 표재는 상례(喪禮)의 시소공(緦小功)처럼 말단에 지나지 않는 것이지만 그러나 이것도 또한 다루기는 어려운 것이니 오직 율기(律己)와 속리(束吏)를 통해 위엄과 명망이 평소에 드러날 것 같으면 아전의 부정이 크게 심한 데까지는 이르지 않을 것이다. 털끝만큼도 틀리지 않게 하는 방법은 없다.
>
> 이른바 위재(僞災)라는 것은 이러한 것이다. 가을에 추수할 즈음에 서원(書員)이 간평(看坪)하러 나아가면 마을의 부유한 자는 곡식이 잘 익은 그의 논밭을 가리키면서 "저것이 내 땅이다. 자네와 더불어 방납(防納)하면 어떻겠는가?" 하고 돈 8냥을 주면 드디어 이에 부민의 온 땅을 전재(全災)로 정한다. 또 두리번거리며 다른 데에 가서도 모두 이런 방법을 쓴다. 가난한 농민의 땅은 혹 모내기는 했으나 이삭이 패지 않고, 혹 이삭은 팼으나 열매가 영글지 않아 그 농민이 자기의 전지를 가리키며 울먹여 말하기를 "부디 내 땅을 재결(災結) 장부에 올려 주시오" 하면 서원은 말하기를 "너의 농사가 비록 흉작이기는 하나 막대기로 휘저으니 소리가 난다. 그러니 재결로 인정할 수 없다"라고 하고 그 농부의 농토 중에서 열만 재결로 올리는데 이를 일러 내재(內災)라 한다. 또 두리번거리며 다른 곳에 가서도 이러한 방법을 쓴다. 수령에게 복명함은

수령은 "너의 면은 초실(稍實)하거늘 어찌하여 재결이 이렇게 많은가?" 라고 말하고 따라서 재결을 줄여 깎고 또 깎고 재삼 깎으면 이에 가난한 농가의 흉작 든 땅은 모두 깎이어 재결 속에 남아나는 것이 없고 부유한 자의 곡식이 잘 익은 땅은 털끝만큼도 요동이 없으니 이를 일러 위재라고 하는 것이다(牧民心書, 戶典六條, 稅法).

또 다른 사례도 제시되고 있다. 다산은 호적이라는 것은 모든 부(賦)와 요(徭)의 근원이며, 호적이 균평한 후에라야 부역(賦役)이 균평해진다고 주장했다. 그러나 호적 제도가 문란해져서 전혀 기강(紀綱)이 없으니 큰 역량을 갖추지 않고서는 균평하게 할 수가 없는 것이라고 논하며 그 구체적인 내용을 다음과 같이 언급한다.

수십 년 이래로 수령된 자가 전혀 일을 돌보지 아니하니 아전의 횡포와 농간이 끝간데를 모르게 되었는데, 호적은 그 중에서도 우심한 것이다. 매양 호적을 다시 작성하는 해가 되면 적리(籍吏)가 공문을 띄워 10호를 증가시키겠다고 위협한다. 이에 부촌의 우두머리 호민(豪民)이 이웃들을 모아 의논해 민고(民庫)와 사창(社倉)의 요역이 번거로울 것이니 10호의 1년 부담이 100냥이요, 3년의 부담은 300냥이 될 것이다. 그 3분의 1을 가지고 이 일을 막아버리는 것이 또한 좋지 않겠는가라고 하여, 이정(里正)을 보내어 돈 100냥을 보내게 된다. 그 호민은 그 중 20냥을 몰래 제 주머니에 넣고 80냥을 적리(籍吏)에게 뇌물로 주고 단념시킨다. 적리는 뇌물을 받고 오히려 이 부촌의 5호를 감호해 준다. 이 부촌에서 감호된 5호는 다른 다섯 마을에 할당되고 이 마을마다 또 뇌물을 주어 다른 마을로 넘어가게 한다. 이렇게 되니 부촌에서는 돈 1, 2백 냥을 바치고 그 다음 촌에서는 7, 80냥을 가져다 바치며, 차례로 내려가서 비록 3가가 있는 마을일지라도 7, 8, 9냥을 바치지 않는 곳이 없다. 이에 그 부촌에서 감해진 호수(戶數)가 모래처럼 쌓이고 숙대처럼 굴러다니며 구름과 안개처럼 변해서 몰아다 요역을 지지 않는 곳에 가져다 붙이게 되니 첫째는 읍성(邑城)이요, 둘째는 향교가 있는 교촌(校村)이며, 셋째는 군진이 있는 진촌(鎭村)이요, 넷째는 역이 있는 역촌(驛村)이며, 다섯째는 참촌(站村)이요, 여섯째는 절 입구 마을인 사촌(寺寸)이다(牧民心書, 戶典六條, 戶籍).

갈등의 조정이 이루어지지 않는 두 번째 요인은 제도의 문란이다. 제도에 결함이 뚜렷하지 않더라도, 제도의 약점을 쉽게 악용하는 부류가 있고, 그것에 대해 감시와 감독이 적절하게 이루어지지 않으면, 모든 제도는 문란해진다. 다산이 살던 시대에 세제와 호적 제도는 가장 문란한 제도의 사례였다. 제도가 정해진 대로 집행되었다면, 사회적으로 큰 갈등 없이 운행되었을 것이다. 그러나 제도에 참여하여 운영하는 사람들의 다양한 계기에 따라 제도가 왜곡되면서 전반적으로 제도가 문란해졌다. 조선 시대의 세제나 호적에서 그 정확성을 확인하는 작업이 없고, 그것의 불충실성이 국가 정보를 왜곡하여 부적절한 정책을 유도하기 때문에 상당히 치명적인 범죄에 해당하지만, 그것의 중요성을 중앙정부나 수령이 이해하지 못하고 아전들의 농간을 거의 방치했다. 오히려 아전들이 그 제도에 참여하면서 얻을 기대 이익을 위해 부정한 방법으로 보직을 확보하는 데 동조함으로써 제도가 문란해지는 데 오히려 일조하고 있다.

세제나 호적이나 또는 다른 제도가 문란해지면, 그것에 관여한 사람들은 아주 사소한 협력을 한 것이고 전체적으로는 그것의 책임을 따질 만큼의 분명한 관여는 없었다. 한마디로 하딘(Hardin, 1968)의 '공유의 비극'이 실현되는 것이다. 제도의 문란은 수많은 인과적 고리에 꼬리를 물고 일어나기 때문에 그것을 개혁하거나 수정하기가 굉장히 어렵다. 대부분의 거래는 관행으로 이루어지기 때문에 자연스럽게 시장의 거래와 비슷하게 진행되고 소수의 관련자만 이익을 얻겠지만, 그로 인해 제도가 문란해지면서 국가를 포함하여 대부분의 이해당사자는 피해를 입게 된다. 배타적으로 이익을 부당하게 얻는 사람이 있고 정의롭지 못하거나 정통성을 잃은 방법으로 피해를 보는 사람이 있다면, 그 제도는 필연적으로 갈등 구조를 생성한다. 제도의 문란으로 치명적인 피해를 주는 일은 많지 않기 때문에 격렬한 갈등은 드물지만 결국 갈등의 피해가 사회 전반에 파급되어 사회 발전에 치명적인 장애로 작용한다.

(3) 수령의 능력 부족

수령의 능력이 부족하면 아전을 통제할 수 없어 지방관서의 조직 갈등은 계속될 것이다.

알지 못하면서 아는 척하고 정사를 물 흐르듯 막힘없이 처리하는 것은 수령이 아전의 술수에 떨어지는 원인이다.

우리나라 문신(文臣)은 젊어서 시부(詩賦)를 익히고 무신(武臣)은 젊어서 활쏘기를 익힐 뿐, 이 밖에 배우는 것이라고는 노름이나 기생 끼고 술 마시는 일밖에 없다. 그 중에서도 나은 자는 구궁팔문(九宮八門)의 이치와 하도낙서(河圖洛書)의 명수(命數)를 공부하지만, 이 몇 가지로는 인간의 만 가지 일에 전혀 소용됨이 없다. 활쏘기는 실제적인 일이지만, 이 또한 행정 실무와는 상관이 없다. 하루아침에 천 리나 집을 떠나 홀로 뭇 아전과 만백성 위에 홀로 앉아 평생 꿈에도 못 본 일을 맡게 되니, 일마다 모르는 것이 당연한 이치다 (牧民心書, 吏典六條, 束吏).

지금 향리는 재상과 결탁하고 감사와 연통해 위로는 수령을 업신여기고 아래로는 백성을 수탈하니, 능히 여기에 굴하지 않는 자가 훌륭한 수령이다.

조선 초기에는 아전의 횡포가 심하지 않았는데 임진왜란 이후부터 사대부의 녹봉이 박해 집이 가난해지고 …… 탐학하는 풍조가 점점 커지고 아전들 또한 날로 타락해 오늘날에는 그 정도가 극심한 지경에 이르렀다. 그 폐단의 근원을 탐구해 보니, 조정의 권귀(權貴)들이 뇌물을 받고, 감사가 축재하며, 수령이 이익을 나누기 때문이다. …… 내가 오랫동안 읍내 바닥에 살면서 수령이 승진하거나 파직당하는 일이 오로지 아전의 손에 달려 있음을 보아 왔다. 감영의 저리(邸吏)가 향리와 짜고 수령을 거짓으로 칭찬하거나 억울하게 무고하여 제 하고자 하는 바를 자행하는데, 이는 감사가 아전을 심복으로 믿고 수령을 염탐하기 때문이다. 잘못이 감사에게 있으니 수령으로서는 어쩔 수가 없다(牧民心書, 吏典六條, 束吏).

조선 시대 공공 부문의 갈등 해소가 실패하는 원인을 다산의 글에서 간추려 보면, 제도의 결함, 제도의 문란, 그리고 공직자인 수령의 자질 부족을 제시하고 있다. 한 개인 관료로서 지방 수령은 제도의 결함에서 나타나는 갈등에 대응하기 어렵다. 제도의 문란에서도 자신의 선택으로 완전하게 막을 길이 없다. 자기가 통제할 수 있는 영역에 대해서만 손을 쓸 수 있다. 그러나 이런 주장은 순수하게 논리적 추론의 결실일 뿐이다. 대부분의 개별 수령은 자신이 제도의 문란에 얼마나 기여하는지도 모르고 관행대로 일을 할 것이기 때문이다. 한마디로 수령 개인이 상당한 능력과 자질을 갖추고 있어, 제도 운행의 원리를 이해하고, 자신의 결정이 제도와 어떤 연관성을 가지는지 이해할 수 있어야 한다. 그뿐만 아니라 조직을 잘 관리할 수 있는 지식과 성품을 가진 인사여야 한다. 그러나 이런 종류의 지식과 역량은 최근의 관리학과 조직학에 대한 지식이 일반화된 이후에야 얻을 수 있는 것들이다. 조선의 지식인들은 이런 역량을 키울 수 있는 훈련과 지식에 접근할 기회가 거의 없었다. 한마디로 탁월한 개인적 기질이 없이는 그런 역량을 발휘할 가능성이 희박했다.

다산의 분석은 조직관리의 지식에 관한 것은 아니지만, 조선의 지식인이라 할 수 있는 문관과 무관의 훈련에서 조직을 운영하는 데 도움이 되는 역량을 키울 기회가 없음을 지적한다. 더구나 시대를 살아가는 방법이 "노름이나 기생 끼고 술 마시는 일"이고 보니 조직을 운영하는 방법도 대부분 자신의 안일을 위해 아랫사람들에게 일을 맡기는 것이었다. 이것은 오늘날 권한의 위임과는 다른 의미이다. 조직의 운영이 이렇다 보니, 지방 수준에서 일어나는 갈등이나 정책 수준의 갈등에 대해 수령이 관심도 없고 능력도 없어 손을 놓고 있었던 것으로 보인다.

3 갈등관리를 위한 다산의 처방

1) 수령의 능력 향상을 통한 다산의 갈등관리

이미 서론에서 언급했듯이, 다산의 시대에는 갈등을 관리의 대상으로 보지 않았다. 더구나 갈등을 조정하고 타협하며 합의를 도출하는 대상으로 보지 않았다. 갈등 상황을 어느 한쪽에서 선악의 판단으로 보았기 때문에 그것을 미리 예방하는 방안을 개혁이라는 이름으로 논의한 것도 다산이라는 천재적 지성에서야 볼 수 있을 뿐이다. 다산은 오늘날 갈등이라는 개념으로 치환할 수 있는 상황에 대한 관리를 크게 『목민심서』에서 수령의 조직관리 능력을 향상하는 측면에서, 『경세유표』에서 제도 혁신을 향한 정책 담론의 제기라는 측면에서, 나아가서 『탕론』에서 통치 체제의 정통성을 백성의 승인에서 구하는 측면에서 갈등을 줄일 수 있을 것으로 보았다. 우리는 지금 그것을 다산의 개혁 방안으로 읽고 있지만, 궁극적으로 사회에서 파괴적 갈등을 줄이고자 하는 논의와 연결된다.

(1) 다산의 갈등에 대한 정향

> 감사의 폐단이 극심하니 수령으로서 구제할 수 있는 바는 아니다. 그러나 수령이 출납의 숫자와 백성에게 나눠 준 것과 창고에 남아 있는 것을 실제만이라도 잘 파악하고 있으면, 아전의 횡포가 심하지 않을 것이다. …… 계절마다 마감한 환곡에 대한 감영의 결제 장부는 사리를 상세히 알고 있어야 하므로 아전들의 손에 맡겨서는 안 된다. …… 환곡을 나눠 주는 날에 규정에 따라 나눠 줘야 할 액수와 창고에 남겨 둬야 할 액수를 정밀하게 조사해야 마땅하니, 모름지기 경위표를 작성해서 환히 살필 수 있게 해야 한다(牧民心書, 戶典六條, 穀簿).

곡산 고을에 다산이 부임하기 직전에 '민요(民擾)'가 있었다. 군포(軍布)를 돈으로 대신 징수하는 데 아전들이 농간을 부려 터무니없이 과다하게 받아내니 백성들의 원성이 자자했다. 마침내 고을 백성 1천 여 명이 관아로 몰려가서 시정해 줄 것을 청원한 사건이 발생한 것이다. 투쟁을 주도한 인물은 이계심(李啓心)이란 백성이었다. 그는 원님의 권위에도 굽히지 않고 백성을 대변해서 당당히 주장을 폈다. 관에서 그를 체포하려 들자 백성들이 항의하며 몸으로 막았다. 밖으로 소문은 "곡산 백성이 관장을 초여(草轝)에 담아다 객사 앞에 버렸다"고까지 났다. 이는 아주 과장된 소문이었다. 그러나 관속 부류들이 관아 마당에 모여서 함성을 지르는 백성들을 폭력으로 구축하는 와중에서 상당한 소요가 일어났던 모양이다. 그때 이계심은 몸을 빼내 달아났다. 오영에서 수사망을 폈으나 그는 끝내 잡히지 않았다.[4)]

다산은 곡산에 취임하면서 이 사건을 처리해야 할 입장이었다. 그 사건의 주모자와 몇 명을 잡아서 죽여야 할 것이라고 권유하는 고위층도 있었다. 다산이 부임하는 행차가 곡산 경내로 들어섰을 때 한 백성이 소첩(訴牒)을 들고 길가에 엎드려 있었다. 다름 아닌 이계심이었다. 아전들이 그를 포박해서 칼을 씌워 끌고 가겠다고 나섰으나 다산은 '제 발로 찾아온 사람이 도망을 치겠느냐' 하고 그리 못하게 했다. 그는 도임한 즉시 이계심을 불러 엄벌에 처하기는커녕 격려까지 하고 무죄 방면했다. 다산이 이계심에게 했던 말은 이러하다.

"수령이 밝지 못한 이유는 백성들이 제 몸을 돌보는 데 민감해서 폐막(弊瘼)을 들어 수령에게 대들지 않는데 있다. 너와 같은 사람은 관에서 마땅히 천 냥이라도 주고 사야 할 것이다"[5)] (임형택, 2000: 353ff).

다산은 환곡에 대한 목민관의 입지에 대해 실제에 대해 파악하는 것과 결제 장부의 정확한 작성을 요청하고 있다. 그것은 지방의 수령

---

4) 이 사건에 대한 기록은 『자찬묘지명』 집중본(『與猶堂全書』 제1집 권16)에 있다(원문 주).

5) 이 대목은 묘지명과 연보 두 기록에 약간의 차이점이 있다. 여기서는 묘지명 쪽의 기록을 인용했다(원문 주).

이 스스로 정확하게 사실을 알고 있어야 하지만, 적절한 의심을 가져야 아전의 횡포를 막을 수 있음을 보여 준다. 동시에 이계심에 대한 일화에서는 그 반대로 민란을 일으킨 주모자에 대한 정확한 정보를 제공한 사실을 오히려 공으로 돌리고 있다. 다산은 갈등의 원천은 대부분 아전들의 부당한 행정 처리에 기인하는 것으로 보았으며, 지방 수준에서는 조직 내외의 갈등의 근원을 아전으로 보고 있다. 물론 『목민심서』가 목민관을 전제로 선량한 지방 수령을 가정하고 있기 때문에, 아전에게만 많은 사회 병폐의 원인이 있는 것으로 다산은 묘사했다.

실제 세계에서는 수령의 동조가 없이 아전들만이 갈등의 원인을 제공했다고 보기는 어렵다. 분명한 것은 다산이 갈등 자체를 부정적인 현상으로만 보지 않았다는 점이다. 그리고 이런 정향과 안목은 당시로서는 흔치 않은 입장으로 보인다. 중요한 것은 앞으로 정당한 관계를 형성하는 것으로 갈등도 건설적일 수 있음을 일찍부터 인식한 것이라고 해석할 수 있다. 다만 목민관으로서 건설적 관계의 형성에 대한 책임은 인정하지만, 어디까지나 지휘자로서 또는 결정자로서 임해야 할 것으로 보았다. 즉 백성들에게 결정권이나 참여의 기회를 보장하는 현대적 의미의 갈등 해소에 대한 관념은 거의 찾아보기 어렵다. 다산은 그것을 위해서는 항상 정확한 사태 파악이 가장 중요한 준비 태세라고 보았다.

(2) 솔선수범을 통한 아전의 통제

아전을 단속하는 근본은 자기 자신을 규율함에 있다. 자기의 몸가짐이 바르면 명령하지 아니해도 일이 행해질 것이요, 자기의 몸가짐이 바르지 못하면 비록 명령을 하더라도 행해지지 아니할 것이다(牧民心書, 吏典六條, 束吏).

수령이 스스로 청렴하면 수하들에게 모범이 되며 또한 가장 이상적이고 간접적으로 수하들을 통제할 수 있는 방법이 된다. 하지만 아무리 수령이 청렴해 모범이 된다고 해도, 수령의 짧은 임기제에 따른 한계가 나타나게 된다. 따라서 수령은 먼저 자신을 청렴하게 한 후에 실질적으로 그 수하들을 통제함으로써 갈등 상황을 해소할 수 있을 것으로 보았다.

다산의 저작에서 수령과 아전들의 갈등 상황은 주로 아전들의 부정·부패로 인해 나타나는 것으로 상정되어 있다. 따라서 수령과 아전의 갈등을 해소하기 위해서는 아전들의 부정·부패를 막기 위한 대책을 수령이 잘 수립하는 것이라고 말할 수 있다. 아전들의 부패를 막기 위해 다산이 제시한 방안은 관에서 사용하는 물건이나 징세 과정에서 수령이 회계 및 감시를 철저히 하는 것이다.

> 무릇 아전과 노(奴)가 바치는 바로서 회계가 없는 것은 더욱 마땅히 절용해야 한다. 관청에서 쓰는 모든 물건은 전부 백성의 힘에서 나오는 것이니 회계하지 않는 것은(속칭 無下記라 함) 잘못하면 백성을 해침이 대단히 크다. 하늘에서 비 오듯이 내리거나 땅에서 샘솟듯이 솟아나는 것이 아니니 씀씀이를 절약하고 폐해를 살펴서 백성의 힘이 조금이나마 피어나게 하는 것이 또한 좋지 않겠는가(牧民心書, 律己六條, 節用).

아전들은 공납(貢納)과 토물(土物)이나 전조(田租)와 전포(田布) 등의 징수 과정에서 부정을 저지르고 있는 것으로 나타나고 있다. 이에 대한 방지 대책을 다산은 크게 다음과 같이 지적한다.

첫째, 재물은 백성으로부터 나오는 것이며 이것을 받아서 나라에 바치는 것이 수령이다. 아전의 부정을 잘 살피기만 하면 비록 수령이 너그러이 하더라도 폐해가 없을 것이며, 아전의 부정을 잘 살피지 못하면 비록 수령이 엄하게 하더라도 아무런 보탬이 안 된다.

둘째, 전조(田租)와 전포(田布)는 국가재정에 반드시 필요하다. 넉넉한 민호(民戶)에 먼저 징수해 아전이 횡령하는 것을 없애야만 상납의 기한에 맞출 수 있다.

셋째, 군전(軍錢)과 군포(軍布)는 경영(京營)에서 항상 독촉하는 것이다. 첩징(疊徵)하는가를 잘 살피고 퇴짜 놓는 것을 금해야만 원망이 없다.

넷째, 공물(貢物)과 토물(土物)은 상사(上司)에서 배정하는 것이다. 기존의 법식을 각별히 이행해 새로이 요구하는 것을 막아야만 폐단이 없어질 것이다.

아전을 관리하는 방법에 대한 논의는 주로 『목민심서』의 이전6조(吏典六條)에 잘 나타나 있다. 먼저 속리(束吏) 편에서는 아전을 단속하는 방법에 대해 논의하고 있는데, 이는 앞서 살펴본 율기 편에 수령의 간접적인 아전 관리 방법과 다소 중복되는 측면이 있다. 그 주요 내용을 살펴보면 ① 아전을 단속하는 근본은 자기 자신을 규율함에 있는 것, ② 예로써 바로잡고 은혜로써 대한 후에 법으로 단속할 것, ③ 너그러우면서도 풀어지지 않으며, 어질면서도 나약하지 않도록 할 것, ④ 타이르고 감싸 주며 가르치고 깨우치도록 할 것, ⑤ 타일러도 깨우치지 않고 가르쳐도 고치지 않으며, 세력을 믿고 속여서 크게 간악한 자는 형벌로써 임할 것, ⑥ 원악 대간(元惡大奸)은 포정사(布政司) 밖에 비(碑)를 세우고 이름을 새겨 다시는 영구히 복직을 못하게 할 것, ⑦ 아전의 꾐에 넘어가 그들과 더불어 빠지지 말 것, ⑧ 성질에 편벽됨이 있으면 아전이 이를 엿보아 그 편벽된 곳을 따라 충동해 농간질을 피우게 되니, 이를 조심할 것, ⑨ 알지 못하면서 알은 척하고 응대하는 것은 수령이 아전의 술수에 떨어지는 이유임, ⑩ 아전의 백성에 대한 구걸을 금하고 단속해 간악한 짓을 금지할 것, ⑪ 아전의 인원이 적으면 한가로이 지내는 자가 적어서 백성을 침학하고 가렴하는 일이 일어나지 않을 것, ⑫ 재상(宰相)과 결탁하고 감사(監司)와 연통한 향리에게 굴하지 말 것, ⑬ 취임한 지 몇 달이 지나면 아전들의 이력표(履歷表)를 만들어 활용할 것 등이 있다.

다음으로 어중(御衆) 편에서는 부하의 통솔 방법에 대해 논의하고 있다. ① 어중(御衆)하는 방법은 위엄과 믿음뿐이기 때문에, 성실하고 청렴해야 뭇사람을 복종시킬 수 있다. ② 군교(軍校)는 무인(武人)으로 거칠고 사납기 때문에 이들의 횡포를 엄격히 막아야 한다. ③ 가장 교화에 따르지 않는 문졸(門卒)을 잘 다스려야 한다. ④ 관노(官奴)의 농간은 창고에 있고 창고에는 아전이 있으니 그 폐해가 대단치 않으면 용서하고, 지나친 것은 막을 것이다.[6]

(3) 인사권을 통한 아전관리

용인(用人) 편에서는 아전들의 직책을 임명하는 수령의 권한을 통한 아전들의 관리 방법에 대해 논의하고 있다. 이는 수령의 인사권을 통한 아전 관리 방법이라고 할 수 있을 것이다. 그 세부 내용을 살펴보면 다음과 같다.

다산은 아전의 핵심적인 직책으로 향승과 좌수, 좌우별감을 들고 있다. 향승은 수령의 보좌인으로, 반드시 한 고을에서 가장 착한 사람을 택해 이 직책을 맡도록 해야 한다는 것이다. 좌수는 빈석(賓席)의 우두머리로서 진실로 마땅한 사람을 얻지 못하면 모든 일이 잘 다스려지지 않는다고 한다. 좌수는 향대승(鄕大丞)이라 하는 것이 좋고, 별감은 좌우부승이라 하는 것이 좋다고 한다. 좌수를 선택하기 위한 다산의 방법은 다음과 같다. 이들에게 모두 종사랑(從仕郞)의 품계를 주고 해마다 공적을 평가해 감사나 어사로 하여금 식년(式年)에 각각 9명씩을 추천하게 하고 그 가운데 3명을 뽑아 경관(京官)에 임명하면 갈고 닦아 명성과 품행 있는 사람이 반드시 그 속에서 나올 것이라고 주장했다. 좌우별감은 좌수의 다음 자리로서, 마땅히 쓸 만한 사람을 골

---

6) 부하 통솔에 관한 구체적인 예들은 『정선 목민심서』 제5부 이전 6조의 141-147쪽에 잘 기술되어 있다.

라 모든 정사를 의논해야 한다고 했다.

이처럼 아전들의 주요 직책을 임명할 때, 진실로 쓸 만한 사람을 얻지 못하면 그저 자리를 채우기는 하지만 정사를 맡기지 말라고 했다. 아울러 아첨을 잘하는 자는 충성스럽지 못하고 간쟁(諫諍)하기 좋아하는 자는 배반하지 않는다고 하여 이를 잘 살피도록 권고한다. 군관(軍官)이나 장관(將官)으로서 무반(武班)의 반열에 서는 자는 모두 굳세고 씩씩해 적을 막아낼 만한 기색이 있는 사람들을 뽑도록 하고 있다. 비장(裨將)을 두는 수령은 마땅히 신중하게 인재를 고르되 충성되고 신실함을 첫째로 삼고 재주와 슬기를 다음으로 해야 한다고 논한다.

(4) 정보관리(염문과 고과)를 통한 아전관리

아울러 이전6조(吏典六條)의 찰물(察物) 편에서는 수령의 자제와 빈객 가운데 마음가짐이 단정·결백하며 실무에 능한 사람을 통해 몰래 민간을 살피게 하고 있다. 즉 수리(首吏)의 실권이 무거워서 수령의 총명을 가려 실정이 상달되지 아니하기 때문에 별도의 염문(廉問)이 필요하다고 주장한다. 아전들의 미세한 허물이나 잗다란 흠은 마땅히 용인하여 보아 넘길 것이고, 지나치게 세세히 밝히는 것은 진정한 밝음이 아니라고 했다. 이따금 가다가 부정을 적발하되 그 기미를 살핌이 귀신 같아야 백성들이 두려워한다고 했다. 또한 좌우에 가까이하는 사람들의 말을 그대로 믿고 들어서는 안 되는데, 그 이유는 그냥 부질없이 하는 얘기 같아도 모두 사의(私意)가 들어 있기 때문이라는 것이다.

아전들을 효과적으로 다루기 위해 다산은 반드시 아전들에 대한 공적을 고과해야 한다고 주장하고 있다. 공적을 고과하지 않으면 백성을 권면할 수 없기 때문이다. 아전들의 공적에 대한 고과의 필요성을 다산은 다음과 같이 논한다.

> 대저 사람을 부리는 법은 오로지 권·징(勸·徵) 두 글자에 있다. 공이 있음에도 상이 없으면 백성을 권면할 수 없고 죄가 있음에도 벌이 없으면 백성을 징계할 수 없다. 권면하지도 않고 징계하지도 않으면 만민이 해이해지고 백사가 무너지게 되니 백관과 여러 이속들도 다를 바 없는 것이다(牧民心書, 吏典六條, 考功).

아전들의 고과 방법은 아전들의 공과를 기록해 두었다가 연말에 고공을 하고 의논해 상을 주는 것이 좋다고 언급하고 있다. 자세한 공과의 기록 방법은 다음과 같다.

> 한 책자를 비치해 두고 한 장에 한 인원의 이름을 쓰되 모든 향임(鄕任)과 군교(軍校), 여러 아전과 여러 하례의 공과를 모두 기록한다. 과오는 범할 때마다 징치하고 공적은 연말에 검토 비교해 9등급으로 구분한다. 상(上)의 3등급에 든 자는 새해 차임할 적에 반드시 요직을 주고, 중(中)의 3등급에 든 자는 상(賞)을 논함에 차별이 있게 하고, 하(下)의 3등급에 든 자는 1년 동안 정직을 시켜 직임을 얻지 못하게 하면 어느 정도 권선하는 데 도움이 될 것이다(牧民心書, 吏典六條, 考功).

다산은 부하들의 활동에 대해 무조건 믿는 것을 경계하고 있다. 그리고 부하들의 활동 내용에 대해 정확한 정보를 확보하기 위해 필요하면 비공식적인 계통을 이용하는 것까지 추천하고 있다. 정보의 관리는 기록으로 보관하고 공과에 따라 상벌을 분명하게 시행할 것을 권하고 있다. 정보의 관리에서 가외성이 중요하다는 것과 비교를 통한 정확성의 확인을 요구하고 있는 것은 현대의 정보이론과도 상통한다.

(5) 유인 구조의 중시

진황6조(賑荒六條)에서 언급하고 있는 권분(勸分)에 대한 견해는 갈등을 예방하는 데에 유인 구조를 활용하는 것이 얼마나 중요한가를 깨우쳐 주고 있다. 권분이라는 것은 흉년이 들었을 때 부유한 사람들에게 농민을 구제하기 위해 곡식이나 재물을 내놓거나 직접 나누어 주도록 권장하는 일을 의미한다. 다산은 권분에 대해 중국의 권분하는 법과 비교해서 우리나라 권분 제도의 문제점을 지적하고 있다. 즉 중국의 권분하는 법은 모두 곡식을 팔도록 권하는 것이었지 거저 먹이도록 권하는 것이 아니었고, 모두 베풀도록 권하는 것이었지 바치도록 권하는 것이 아니었으며, 모두 몸소 솔선하는 것이었지 입으로만 말하는 것이 아니었고, 모두 상을 주어 권장하는 것이었지 위협하는 것이 아니라는 것이다. 하지만 지금의 권분이란 것은 비례(非禮)의 극치라는 것이다. 다산은 우리나라의 권분법에 대해 다음과 같이 논의한다.

> 생각건대 우리나라의 권분법은 모두 백급(白給)을 하도록 하니 이것은 백급일 뿐만 아니라 곧 백납(白納: 백성에게 주지 않고 관에 바치게 하는 것)하게 하는 것이다. 그러므로 명령이 있어도 시행되지 않고 그 용도도 명백하지 않다. 중국의 법은 부민에게 권분한다는 것이 조미(糶米)와 사미(賖米)에 불과하다. 조미란 그 값을 좀 헐하게 하여 기민(飢民)들에게 발매하도록 하는 것이다. 사미라는 것은 이식을 받기로 하고 기민들에게 꾸어 주게 하는 것이다. 관장(官長)의 권하는 바가 이와 같은데도 백성이 따르지 않는 일이 있다면 비록 독려하고 위엄으로 다스려도 잘못이 아니다. 우리나라의 법은 백성들에게 백납하게 하고 따르지 않는 백성이 있으면 사나운 곤장이 마치 도적을 다스림과 같다. 한번 흉년을 만나면 부민(富民)들이 먼저 곤욕을 치른다. 그러므로 남쪽 백성들 사이에는 "사는 것이 죽는 것만 못하고 부자가 가난뱅이만 못하다"라는 말이 있다. 이는 학정(虐政) 중에도 큰 것이니 수령된 자가 마땅히 알아야 한다 (牧民心書, 賑荒六條, 勸分).

권분을 제대로 하기 위해서는 첫째, 장차 요호(饒戶)를 선정해 3등으로 나누고 3등 안에서 각기 세분(細分)할 것, 둘째, 요호의 선정을 위해서는 고을의 신망 있는 사람을 뽑고 날짜를 잡아 모이게 하여 그들의 공론(公論)을 받아들일 것, 셋째, 권분의 취지가 스스로 나누어 주도록 권하는 것이기 때문에 부자들이 스스로 나누어 주도록 권해 관의 힘을 덜 것, 넷째, 권분의 영이 나오면 부민(富民)은 크게 놀라고 가난한 사람들은 탐욕스러워지며, 큰 정사에 신중하지 않으면 엉뚱한 공로를 자기 것으로 삼는 자들이 나타나기 때문에 이를 방지할 것, 다섯째, 남쪽 지방의 여러 절에는 부유한 중이 있는 수가 있으므로 그의 곡식을 권해 받아내어 그 절 주변을 넉넉하게 하고 세속인들에게 은혜를 베풀도록 할 것 등을 대책으로 제시했다.

2) 제도 개선을 통한 갈등관리

비록 갈등에 대한 언급은 없지만, 『경세유표』를 저술한 다산의 의도는 수많은 조선의 제도들이 낡고 시대의 문제를 해결하는 데 적절하지 못해 사회적으로 상당한 갈등을 유발하는 것을 애달프게 여긴 나머지 개혁안을 제시하고 있다. 형식은 유교의 논리에 따라 『주례』를 참작해 이상적인 제도를 제시하고 있다. 그의 개혁적 제도들이 어느 정도 사회적 갈등을 완화시켜 줄 수 있는지는 분명하지 않다. 왜냐하면 다산의 개혁론은 문헌으로만 제시되어 있지, "현실 정치에서 취해서 쓴 자는 아무도 없었다"라는 한마디로 『경세유표』는 현실에서 곧 활용할 수 있는 성질의 저술은 아니라는 평가도 받고 있다(김태영, 1997: 29-54). 거의 대부분의 개혁안도 그런 안을 채택했을 때에 이전의 어떤 문제가 해결될 것이며, 새로운 개혁안을 채택할 때 야기될 수 있는 갈등은 어떤 것이라는 설명도 없이, 이상적인 제도만 제시되어 있다. 그렇기 때문에 제도 개선을 의도했다는 의미에서 가치를 말할 수 있지만, 현재로서 그 내용의 충실성이나 적절성을 논하기는 어렵다. 더구나 다산이 제시한 개혁안으로 당시의 현실적 제도가 안고 있는 문제와 갈등을 어떤 방향으로 개선할 것인지 확인할 길은 별로 없다.

그러나 그의 저술을 살펴보면, 상당한 정도의 담론을 제시하고 있다. '왜' 그리고 '어떻게' 문제와 갈등이 해소될 수 있을 것이라는 현대적 의미의 비용/편익 분석을 제시하지는 못했다 하더라도, 당시의 제도가 안고 있는 문제를 확인하고, 그것이 개선되어야 할 방향의 타당성을 제시한다. 다음에 제시하는 두 가지 사례는 새로운 제도의 필요성과 개선의 방향을 밝히는 예시가 될 수 있다. 대동법이나 상평창이나 모두 제도 자체가 사회적 갈등을 감소시키기 위한 중요한 수단이라는 점에서 다산이 사회 갈등 해소에 상당히 관심이 컸다는 점은 분명하게 확인할 수 있다.

(1) 정책갈등에 대한 다산의 이해

『경세유표』에서 제시하는 수많은 개혁안이 모두 같은 정도로 정당성을 제시하고 있다고 단언하기 어렵지만, 다산은 세상 만물이 오래되면 변하고 헤어지고 파괴된다고 보면서, 폐단이 발생하면 고치지 않으면 안 된다고 주장한다(윤재풍, 2005). 즉 일반적 정당성으로 오래된 제도의 폐단과 비현실성을 수정하기 위한 것이다. 이 논의에서 정책토론을 통한 절차의 합리성에 대한 논의는 없고 주장의 당·부당만 확인하고 있다. 그런 의미에서 정책갈등을 조정하기 위한 제도적 노력에는 생각이 미치지 못한 듯하다. 그리고 그런 갈등에서 견제와 균형의 필요성이나 정책갈등의 건설적 측면에 대해서도 언급이 없다. 다만 영조와 같이 옳은 방안을 제시하는 왕에 반대한 신하들을 "제 몸에 이익이 될 만한 것만 구하는" 벼슬아치들로 폄하하는 것으로 보아, 담론구조의 건전성보다는 옳고 그름에 대한 판단에 따라 정책갈등을 판단하고 있다.

> 우리 효종대왕은 공법을 고쳐서 대동법(大同法)으로 했고, 또 우리 영조대왕은 노비법과 군포법을 고치고, 한림천법(翰林薦法)도 고쳤다. 이것은 모두 천리에 합당하고 인정에 화협해 사시가 변하지 않을 수 없는 것과 같았다. 그러나 그때 회의하던 신하들의 반대가 적지 않았다. ……

영조가 균역법을 제정할 때에 저지하는 자가 있었는데, 영조가 말하기를 "나라가 비록 망한다 하더라도 이 법을 고치지 않아서는 안 된다" 했다. …… 지금에 와서도 그 일을 저지하는 자는 반드시 "조종(祖宗)께서 제정한 법을 변경하기를 논의할 수 없다" 한다. 조종의 법은 나라를 창건하던 초기에 만든 것이 많다. 그때에는 천명을 아직 환하게 알지 못하고 인심도 미처 안정되지 못했으며 …… 벼슬아치들도 간사한 사람이 많았다. 각자 제 사심으로 제 몸에 이익이 될 것만 구하다가 조금이라도 만족하지 못하면 반드시 무리지어 일어나서 소란을 꾸몄다. 그런 까닭에 착한 임금과 어진 신하가 …… 끝내는 아무 일도 하지 못하고 그만두었다. …… 그렇게 하는 것이 원망을 적게 하는 방법으로, 적당하지 못한 것이 있더라도 나 자신만을 위한 것은 아니었다. 그러므로 무릇 국가를 창건한 초기에는 법을 능히 고치지 못하고 말속(末俗)을 그대로 따르는 것을 큰 도리로 삼으니 이것이 예나 지금이나 공통된 병통이다.

그래서 우리나라 법은 고려법을 따른 것이 많았는데, 세종 때에 와서 조금 줄이고 보탠 것이 있었다. 그 후 임진왜란 이래로 온갖 법도가 무너지고 모든 일이 어수선했다. …… 나라의 경비가 탕진되고 전제가 문란해져서 세금을 거두는 것이 공평하지 못했다. 재물이 생산되는 근원은 힘껏 막고 재물이 소비되는 구멍은 마음대로 뚫었다. 이리하여 오직 관서를 혁파하고 인원을 줄이는 것을 구급하는 방법으로 삼았다. 그러나 이익은 되(升)나 말(斗)만큼이라면 손해되는 것은 산더미 같았다. 관직이 정비되지 않아서 정사(正士)에게 녹이 없고 탐묵(貪墨)한 풍습이 크게 일어나서 백성이 시달림을 받았다(經世遺表, 邦禮草本, 引).

그러나 다산은 자신의 주장에 대해 일방적 타당성을 주장하지 않고, 그것의 실험을 제안한다.

어찌 감히 내 소견을 고집하여 한 글자도 변동할 수 없다 하겠는가. 그 고루한 것은 용서하고, 그 편협한 것은 공평하게 해서 수정하고 윤색할 것이다. 혹 수십 년 동안 시행해 편리한가 못한가를 실험한 다음, 이에 금석같이 굳은 법전을 만들어서 후세에 전해 주면, 이것이 또한 지극한 소원이며 큰 즐거움이 아니겠는가(經世遺表, 邦禮草本, 引).

여기에서 볼 수 있듯이 정책 변경에 필요한 합의 도출 메커니즘이 발달하지 않았다. 다산도 절차적으로 합의를 도출할 방도에는 관심이 없었고, 자신의 안을 내어 놓았다. 효종과 영조의 개선안에 대한 논의도 사후적으로 옳고 그름을 분명하게 볼 수 있을 때에서야 반대자들을 비판한다. 그러나 정책의 불확실성을 가정한다면, 반대자들에게도 논의 당시에는 그럴만한 이유가 있었을 것으로 보아야 할 것이다. 물론 반대자들이 정책 맥락의 변화를 간과하고 있다는 점을 강조한 것은 적절하다.

다산의 우수성은 『경세유표』의 제안이 최종적인 것이 아니라 수정될 수 있는 것이고, 더구나 실험을 거친 후에 금석과 같은 법전으로 후세에 남겨 주고 싶은 심정을 적고 있다는 것이다. 이것은 자신의 정책안을 하나의 가설적 명제로 보았다는 점과 그것의 타당성을 확인하기 위해 실험을 거칠 것이라는 주장은 사실상 오늘날의 정책이론에서 보아도 앞선 주장이다.

다만 정책의 선택이 자신의 주장보다 먼저 갈등의 대상이고 그것을 해소하는 방안으로서 절차적 합리성을 확보해 계속적으로 개선될 수 있음은 제시하지 않았다.

(2) 정책 의제에 대한 갈등

상평은 선왕의 좋은 법이다.

상평법(常平法)을 지금 사람은 모두 이회(李悝)와 경수창(耿壽昌)에서 시작했다고 하나, 나는 이와 같은 좋은 법이 요순과 삼왕 때에 시작되지 않았을 이치가 없다고 본다.

맹자가 말한 바는 바로 임금이 상평법을 시행하지 않음을 걱정하는 것이니 상평법은 본래 선왕이 시행했던 어진 정사였음이 명백하지 않은가? 유독 우리나라의 나라를 경영하는 사람만은 입만 열면 문득 상평은 시행해서는 안 된다고 하니 어찌 의혹스러운 일이 아닌가?

창고를 비습한 곳에 세워서 …… 위로는 비가 새고, 옆으로는 눈이 날아들며, 낮에는 참새들이 밤에는 쥐가 먹게 내버려두고 매양 "곡식을 오래 둘 수 없다" 하니 또한 어렵지 않은가? 그리고 삼남 부잣집에서 해마다 곡식 수백천 석을 사서 때로 이익을 보는 사람들이 많은데 이들을 모두 어리석고 지각 없는 사람들이라 이르려는가? 하물며 우리나라는 남북이 아주 멀고 산택이 얽히고 설켜 기후가 같지 않고 토질이 각각 다르므로 팔도가 모두 함께 풍년이 드는 해는 아주 드물다.

그냥 앉아서 요행을 기다리는 것보다는 수운(輸運)하고 무역(懋遷)해서 삶을 변화시킬 방법을 생각하는 것이 가하지 않겠는가? 전함과 병선을 모래밭에 끌어올려서 썩고 허물어진 수백천 척을 상평창에 예속시켜서 조전(漕轉)하기를 의논하는 것이 가하지 않겠는가? 삼남 백성은 구차하게 살며 정렴에 시달리는 까닭에 비록 큰 풍년이 아니더라도, 가을에는 곡식이 반드시 헐하고 봄에는 곡식이 반드시 비싸진다. 해마다 같은 상황이어서 의심할 여지가 없으므로 간사한 아전과 호부(豪富)한 백성은 가을에 사들였다가 봄에 내다 팔아서 으레 그 이(利)를 먹는다. …… 그런데도 어찌해서 환상은 좋은 법이고 상평은 불가하다고 이르는가?

옛적에 이른바 풍년에 값을 더해서 사들이고 흉년에는 값을 줄여 팔아내어서 곡식값이 항상 평평하도록 하던 것을 상평(常平)이라 일렀다. 지금 법에는 값을 줄여서 팔아내는 일은 있어도 값을 더해서 사들이는 일은 없으니 옛 법과 다르다. 그러나 풍년에는 곡식을 사는 사람이 없을 것이니 관에서 수천만 섬을 사들이면 곡가는 저절로 치솟아서 값을 더하지 않아도 값이 비싸진다.

상평곡 3백만 석을 여러 도에 분배해서 각각 창을 설치하도록 한다(經世遺表, 常平倉, 條例).

이상은 다산이 상평창과 상평 제도의 필요성을 『경세유표』에서 서술한 대목이다. 선왕이 채택한 제도에 대해 반대하는 사람들에 대해 나름대로의 정책분석을 통해 비판을 제기한다. 정책갈등을 전제하고, 하나의 정책담론을 만들고 있다. 그러나 반대자들에 대해서는 너무 추상적이고 인용이 부족해 정확한 비판의 근거를 알기 어렵다.

3) 통치권의 정통성 확립을 통한 갈등관리

현대 국가 이론에서 사회의 갈등을 관리하는 기본 방안의 하나는 자유로운 시장 질서, 그리고 다른 하나는 정치를 들고 있다. 그러나 정치를 담당하는 체제가 어떤 형태를 취하느냐에 따라 공공 문제에 대한 갈등 해결의 효율성에 차이가 있다. 다산이 살았던 조선 시대에는 당연히 전제군주 제도를 옹호해야 하고, 그것의 부정은 모반의 죄에 해당한다. 그런데 다산은 정치 체제의 정통성을 고대 중국에서 상(商)이라는 나라를 세운 탕왕이 걸왕을 축출한 사실을 빌려 폭력적 방법에 의한 정권 교체를 정당시하고 있다. 그뿐만 아니라 천자도 하이상(下而上)으로 다중이 밀어 주어 옹립된 것으로, 만일 왕이 충실하지 못하면 다중이 밀어 주지 않아 그 자리를 유지할 수 없다고 말하고 있다. 이것은 현대 대표민주주의의 기본 철학과 일치한다. 정치의 정통성이 하이상일 때에 공공 문제에 대한 갈등관리가 효율적일 것으로 보고 있다.

다음은 다산의 『탕론』에서의 문제 제기이다.

> 탕(湯)은 하(夏)나라 걸(傑)왕을 축출하고 자신이 천자의 자리에 올라 상(商)이란 국가를 세운 사람이다. 폭력에 의한 정권 교체로서 동양의 전래 개념으로 방벌(放伐)이다. 여기에 대비해 평화적 정권 교체는 선양(禪讓)이라고 일컬었다. 요(堯)·순(舜)은 선양의 전형이요, 탕·무(武)는 방벌의 전형으로 여겨왔다. 방벌은 신하가 임금을, 더구나 폭력적 방법으로 갈아치운 것이다. 이 행위는 과연 정당한 도리인가? 요컨대 혁명이 정당한가 묻고 있다.
>
> 다산은 제왕의 통치권에 대한 근원적 질문을 던지고 있다. "무릇 천자란 어떻게 해서 있는 것인가?" 이 질문에 대해 『탕론』에서 "하늘이 천자를 내려서 그를 세운 것인가? 아니면 땅에서 솟아나 천자가 된 것인가?" 다산은 이런 천명사상을 일소에 부쳐버린다. 즉 가(家)를 기본 단위로, 5가가 1린(隣)이 되어 인장(隣長)을 뽑고, 5린이 1리(里)가 되어 이장을 뽑고, 5리가 1현(縣)이 되어 현장을 뽑고, 여러 현장이 공동으로 추

> 대해 제후를 정하며, 마침내 여러 제후들이 공동으로 추대해 천자를 정한다고 주장한다. "천자란 자는 다중이 뽑아 올려서 된 것이다." 이렇기 때문에 천자는 다중에 의해 거부될 수 있는 존재로 본다. "무릇 천자는 다중이 추대해서 이루어지니 또한 다중이 밀어 주지 않으면 그 자리를 유지할 수 없다." 이 원리에 따라 탕이 걸을 축출한 행위는 정당하다는 결론이다. "그를 붙잡아 끌어내리는 것도 다중이요, 올려서 윗자리에 앉히는 것도 다중이다"라는 주장이 탕론의 핵심으로 보인다.
>
> 그런데 "한(漢) 이후로부터 천자는 제후를 세우고, 제후가 현장을 세우고, 현장은 이장을, 이장은 인장을 세운다." 옛날엔 하이상(下而上)의 시대였기 때문에 아래에서 위로 올리는 것이 순리인데, 지금에 와서 상이하(上而下)의 시대라서 아래에서 위로 올리는 것이 역리가 되었다. 하이상과 상이하의 두 상반된 정치제도 가운데 어느 쪽을 택해야 옳은가? 이 질문에 대해 탕론은 정작 아무런 언급도 하지 않고 있다고 전한다. 그러나 다산은 "쓰르라미는 봄이나 가을을 알지 못한다"라는 장자(莊子)의 말을 인용하면서 끝을 맺고 있다. 이 모호한 결론에 대한 진정한 해답은 다산의 『원목(原牧)』이라는 길지 않은 논문에서 "목은 민을 위해 존재하는 것이다"는 명제에서 찾아야 한다는 논자들이 많다 (임형택, 2000: 331ff에서 요약).

전제군주의 체제에서 하이상을 주장하는 것은 거의 폭력혁명을 사주하는 불온사상이었으니, 그것을 단도직입적으로 주장하는 것은 바로 역모에 해당하는 것이다. 따라서 그것을 발설하지 않았을 뿐이지 통치의 갈등에서 정통성은 피지배자의 동의에 의존한다는 민주주의의 정치철학과 상당히 맞닿아 있는 것으로 보인다. 윤재풍(2005)은 다산이 하이상 사상으로 통치자에 대한 민의 통제 및 저항권 행사를 정당한 것으로 보았다고 주장한다.

> 통치자가 정치를 잘못하는 것은 백성을 못살게 하는 것이므로 살인을 좋아하는 것과 마찬가지(不行王政 …… 則嗜殺人者)라고 규정하고, 그러한 통치자를 성토하고 통제하며 그에게 저항하는 것은 백성의 당연한

> 권리라고 주장한다. 탕론에서도 역시 탕이 신하로서 걸을 쳐서 쫓은 것은 옳은 일인가에 대해, 왕이 덕이 없어 민이 신임치 아니하면 윗사람 자격을 잃는 것이 당연하다고 말한다(湯論, 全書一).[7]

한마디로 정치 체제에서 정통성은 민으로부터 나오고, 민의 화평을 보증하지 못하는 통치자는 앞으로 나타날 수많은 사회 갈등을 방어하기 위해 방벌(放伐)의 방법으로 정권을 찬탈(簒奪)하는 일시적 갈등의 정당성을 인정하고 있다. 최고 수준의 갈등관리는 하이상의 정치적 정통성을 세우는 것으로 다산은 보고 있다. 물론 그의 주장이 직설적이지 않지만, 그 시대의 언론의 한계에 비추어보면 상당히 뚜렷하게 그것을 보고 있다.

4 해석과 시사점

다산의 문헌에는 갈등을 관리하거나 해소하기 위한 방안을 언급한 적이 없다는 점은 이미 지적했다. 그러나 그의 저술은 갈등 상황을 상당히 다양하게 논의의 대상으로 삼고 있다. 그것은 저술들이 개혁을 주제로 했기 때문에, 당시에 사회적으로나 국가적으로 문제가 되는 상황을 다루는 것은 자연스러웠다. 대부분 갈등을 함축하거나 표출한 상황을 문제로 보는 것은 거의 자연스러운 개혁 문제의 선택이라고 할 수 있다. 그가 다룬 갈등 중에서 우리가 이 글에서 다루는 대상은 공공 분야의 갈등으로 ① 국민(백성)과 관청 사이의 갈등, ② 관청 내부의 상사와 부하의 갈등(그는 부서 간 수평적 갈등 상황에 대해서는 거의 논의하지 않았다.), ③ 정책 사안에 대한 논의로서의 정책갈등, ④ 정권 찬탈의 갈등과 정치적 정통성 등으로 대별할 수 있다. 앞의 두 부류는 주로 『목민심서』에서 발견되는 유형이고, 정책갈등은 주로

7) 『湯論』, 『全書一』, 233쪽(윤재풍, 2005: 98, 원주).

『경세유표』에서 발견할 수 있으며, 마지막 정치적 정통성 문제는 『탕론』과 『원목』에서 추출할 수 있다. 네 종류의 갈등은 그 상호작용의 특성이 다르기 때문에 동일한 분석적 결론을 얻기 어렵다. 뒤의 두 가지 갈등에 대해서는 특별히 상황을 분석할 만한 서술을 제공하기보다는 규범적 주장이었기 때문에 여기서 갈등의 특성을 확인하기는 어렵다. 그러나 『목민심서』에는 정확한 사실적 정황의 묘사와 사건적 일화의 전개가 심심치 않게 제공되어 있기 때문에 전반적으로 다산이 관심을 가졌던 갈등 상황을 어느 정도까지는 분석할 수 있다.

현대 행정학에서는 갈등을 부정적 사회 관계로 보지 않는다. 전통적으로 갈등은 마찰적 사회 관계로서 당사자뿐만 아니라 주변 사람들에게까지 피해를 주는 것으로 보았다. 그러나 갈등에는 파괴적 갈등과 함께 건설적 갈등도 있다는 것을 도이치(Deutch, 1973)가 설파하면서 갈등의 긍정적 측면도 강조되기 시작했다.[8] 갈등의 긍정적 효과에 대한 논의는 비교적 현대에 제기된 것이고, 그 이전에는 동서양을 막론하고 갈등을 부정적이고 회피해야 할 대상으로 보았다. 이런 시각은 다산도 예외가 아닌 듯하다. 더구나 그가 본 갈등은 개혁의 대상에서 찾아야 하기 때문에 더욱 그러하다. 아마도 갈등 자체의 기능만을 보았더라면 다른 이론이 나왔을지도 모를 일이다.

다산이 관심을 보였던 개혁의 대상인 갈등은 대체로 불균형적이며 비대칭적 관계의 갈등이었다.[9] 감사의 자의적 행정이나 아전의 부패

---

8) 이런 논의에 대해서는 Deutch, M.(1973). *The Resolution of Conflict*. New Heaven; Yale Univ. Press; Folger, J. P. & Marshall, S. P.(1984). Ch.1, Perspectives on Conflict, *Working Through Conflict: A Communication Perspective*. Scott, Foresman and Co., pp. 10-55; Ury, W. L., J. M. Brett, & S. B. Goldberg(1988). *Getting Disputes Resolved: Designing Systems to Cut the Costs of Conflict*. San Francisco: Jossey-Bass 등 참조.

9) 갈등의 유형에 대해서는 Sandole, D. J.(2003). Ch.3, Typology, in Sk. Cheldelin, D. Druckman & L. Fast(eds.), *Conflict: From Analysis to Intervention*. New York: Continuum; Thomas, K.(1979). Organizational Conflict, in S. Kerr(ed.), *Organizational Behavior*, pp.151-181; Rapopport, A.(1974). Ch.16, A Taxonomy of Con-

상에서 볼 수 있듯이 권력과 자원의 동원에서 유리한 입장의 당사자가 상대방의 약점을 이용해 더 착취하는 관계가 상정되어 있다. 이런 의미에서 다산은 시장적 거래 당사자 간에 볼 수 있는 균형적·대칭적 관계의 갈등을 거의 개혁의 대상에 포함하지 않았다.

갈등의 원천을 계급 갈등, 정체성-집단 갈등, 문화적-세계관적(가치) 갈등, 이해 관계 갈등, 그리고 지위(역할) 갈등 등으로 나눌 때,[10] 다산이 중점적으로 다룬 갈등은 계급 갈등이 적지 않지만, 오늘날의 사회과학에서 논의하는 계급으로서가 아니라 세습적 신분 제도에서 기인하는 계급 간의 갈등이 적지 않았다. 궁극적으로는 이들도 서로 다른 역할에 따라 서로 다른 권한을 행사하면서 나타나는 이해 관계의 차이에서 야기된 갈등으로 나타났다. 치자(治者)와 피치자(被治者) 또는 관인과 백성같이 그 관계가 구조화된 상호작용은 당사자들의 가치와 문화를 변화시켰다. 민란에서 볼 수 있는 갈등은 당사자들, 즉 양반이나 통치 엘리트에 속한 사람들과 핍박의 대상이었던 백성들이 동일한 가치관을 가졌다고 보기 어렵다. 민란에 참여했던 백성들은 궁극적으로 고착된 신분 제도와 억압 구조를 혁파하고자 하는 가치관을 가졌을 것으로 추리할 수 있다.

갈등에 사용하는 당사자의 수단을 상호 적대 세력으로 보는 싸움이나 투쟁, 일정한 규칙에 따라 우세나 승리를 얻고자 하는 게임, 상대방을 발상의 우월성으로 설득하려는 논쟁, 서로 싫어하고 경원하는 혐오 등으로 나눌 수 있다. 관인과 백성 간의 투쟁은 승패가 이미 결정된 게임이고 논리와 이성이 작용하지 않았으며, 상호 적대적 투쟁의 수단도 사용하기 어려웠다. 백성은 항상 당하는 입장이고, 할 수 있으면

---

flicts, *Conflict in Man-Made Environment*, Penguin Books, pp. 174-183 등 참조.

10) Rubenstein, R. E.(2003). Sources, in S. Cheldelin, D. Druckman & L. Fast(eds.), *Conflict: Analysis to Intervention.* New York; Continuum, pp. 55-67; Oberschall, A(1973). Ch.2, Sources of Social Conflict, *Social Conflict and Social Movement.* New Jersey: Prentice-Hall, pp. 30-84 등 참조.

멀리할수록 이익이 되는 혐오의 수단밖에 쓸 수 있는 도구가 없었다. 백성들은 아전이나 관인과 멀리하려고 자기 희생의 방법을 택했다. 좋은 예가 귤나무를 말라죽게 하는 일화에서 볼 수 있다.

갈등에 사용하는 당사자의 전략은 갈등 이슈의 특성, 갈등의 강도, 갈등 당사자의 상대방에 대한 정통성의 인정 여부, 사회 관계에서의 규칙의 존재와 순응성 등 다양한 요소의 영향을 받는다. 때로는 협박, 강요, 기만, 폭력 등 상대방을 제압하는 전략이 쓰이기도 하고, 이와 대조적으로 호혜적인 방향에서 선의와 상호 이해, 설득, 양보와 양해 등의 전략이 사용되기도 한다(Deutch, 1973: 351-400). 우리가 위에서 살펴본 다산 문헌의 갈등에서는 호혜적이기보다 제압적 전략이 더 빈번하게 관찰되었다.

갈등 상황에서 당사자들은 갈등의 비용을 줄이려고 애를 쓴다.[11] 그것이 체제적 수준에서는 생산적 효과를 얻을 수 있지만, 당사자들은 최소한 심리적 비용을 지불해야 하기 때문에 갈등을 해소하거나 회피하거나 또는 협조 관계로 전환시키려 한다(Thomas, 1975). 많은 경우에는 당사자 간에 타협이나 화해를 통해 비갈등적 관계를 형성한다. 당사자 간의 협력 관계가 형성되지 않으면 경쟁을 통해 승패를 분명히 하여 정의로운 관계를 결정한다(Deutch, 1973). 이러한 갈등 비용의 감소를 통한 갈등 해소는 당사자에게 자율적 결정권이 있고 상호 거래에서 비슷한 교환 가치를 가지고 있을 때에야 기대할 수 있다. 그러나 다산이 묘사하고 있는 공공 갈등은 대부분 앞에서도 밝혔듯이 불균형적·비대칭적 갈등이 대부분이었다. 따라서 협조 관계를 형성하더라도 굴종적이었지 결코 타협이나 화해의 산물은 아니었다. 다산

---

11) Axelrod, R. M.(1984). *The Evolution of Cooperation*. New York: Basic Books; Lindblom, C. E.(1965). *The Intelligence of Democracy: Decision Making through Mutual Adjustment*. New York: The Free Press; Chisholm, D.(1989). *Coordination without Hierarchy: Informal Structures in Multiorganizational Systems*. Univ. of Calif. Press 등 참조.

이 이계심에게 제시한 양해도 시혜적인 방법이었지, 경쟁과 협력의 자율적 선택이 아니었다. 이런 의미에서 다산의 문헌에 나타난 백성과 관인의 갈등은 백성의 입장에서 보면 손을 쓸 수 없는 갈등 상태였다.

이런 갈등의 특성들을 종합적으로 파악해 갈등의 역학 관계를 추리해 보면,[12] 특히 백성과 관인 사이의 갈등에서 갈등 상승(escalation)의 경향이 갈등 하강(de-escalation)의 경향보다 더 강했을 것으로 짐작할 수 있다. 그렇게 보아야 하는 이유는 양 당사자 간에 의사소통의 통로가 거의 막혀 있었기 때문이다. 백성은 자신들의 입장을 개진하는데 한계가 있었고, 그렇게 할 수 있는 통로나 채널이 거의 막혀 있었다. 양 당사자는 서로 의심이 높아갔고, 상호간 인식 오차(misperception)가 적지 않았다. 그렇기 때문에 백성이 쓸 수 있는 전략은 항거나 항변 또는 혐오적 경원이었다. 따라서 서로 조금씩이라도 마음의 문을 열고 이해의 범위를 높이면서 갈등의 수준을 하강시킬 수 있는 계기가 거의 막혀 있었다. 아전들의 입장에서도 우호적이지 않은 백성들에 대해 제압하는 방안을 강구하거나, 그들의 약점을 이용해 이익을 보려하거나, 속임수로 어색한 관계를 모면하는 입장이었다. 결과적으로 갈등이 줄어들 수 있는 사회적 역학 관계가 형성될 여지가 좁아질 수밖에 없었다.

민주주의는 다양한 사회적·정치적 관계에서 갈등이 나타나는 것을 정상 상태로 가정하고 있다. 그렇기 때문에 그 유명한 견제와 균형의 원리를 채택하고 있다. 민주주의는 다양한 갈등 해소를 이성적 선택에 의존하는 제도라고 해도 과언이 아니다.[13] 그렇기 때문에 당사자 간

---

12) d'Estree, T. P.(2003). Ch.5, Dynamics, in S. Cheldelin, D. Druckman & L Fast (eds.), *Conflict: From Analysis to Intervention*. New York: Continuum, pp. 68-87; Krauss, R. M. & Morsella, E.(2000). Ch.6, Communication and Conflict, in M. Deutsch & P. T. Coleman(eds.). *The Handbook of Conflict Resolution: Theory and Practive*. San Francisco: Jossey-Bass, pp. 131-143 참조.

13) Majone, G.(1989). *Evidence, Argument and Persuasion in the Policy Process.*

의 관계에서 갈등이 상승 국면이거나 지속 국면에 처해 있으면, 이른바 제3자 개입이 가능한 제도를 열어 두고 있는 것이 보통이다.[14] 대체로 갈등을 관리해야 하는 사람은 갈등관리(management), 갈등 예방(prevention), 갈등 해결(settlement), 갈등 제어(regulation), 갈등 전환(transformation) 등의 노력을 한다. 그래도 성공하지 못하면 제3자의 개입으로 알선(facilitation), 조정(negotiation), 중재(arbitration), 재정(裁定, adjudication) 등의 절차를 거치게 한다.

다산이 살던 시대에는 정부 내부에서나 정부와 국민의 사이에서나 갈등을 해소할 제도가 별로 마련되어 있지 않았다. 물론 백성이 억울한 사정을 관아에 소청할 수 있었지만, 수령의 판단에 의존하는 것이었다. 오늘날의 사법적 심사와는 사뭇 다른 제도였다. 사법적 심사가 발달하지 못했으니 대안적 분쟁 해소(alternative dispute resolution: ADR)도 발전하지 못했다. 따라서 여기서 제시한 제3자 개입의 갈등 해소 방안이 활용된 사례는 거의 발견하지 못했다. 다산의 개혁 방안에서도 다양한 제도의 개선과 목민관으로서의 선정을 독려했지, 순리에 따라 갈등을 해소할 수 있는 방안으로서 사법적 심사나 제3자 개입의 갈등 해소 방안이 제안된 것을 발견하지 못했다.

어쩌면 조선의 정치 과정에서 가장 낙후된 영역이 갈등 해소였는지 모른다. 수많은 옥사(獄事)와 사화(士禍)로 정적을 죽이고 투옥하거나 귀양을 보내는 방법으로 갈등을 잠재웠지, 갈등 당사자 간에 대화와

New Haven: Yale Univ. Press; Sartori, G.(1987). *The Theory of Democracy Revisited*. Chatham, NJ: Chatham House 참조.

14) Yate, D.(1985). *The Politics of Management: Exploring the Inner Workings of Public and Private Organizations*. San Francisco: Jossey-Bass; Boulding, K. E.(1988). *Conflict and Defense: A General Theory*, Lanham: University Press of America; Sandole, D. J. D. & Sandole-Staroste, I.(1987). *Conflict Management and Problem Solving*. New York: New York Univ. Press; Burton, J & Dukes, F.(1990). *Conflict: Practices in Management, Settlement and Resolution*. New York: St. Martin's; Deutch, M.(1987). *Conflict Management and Problem Solving*. New York; New York Univ. Press, 그리고 Chedelin, et. al.(eds.), 앞의 책 등 참조.

협의로 흥정과 타협을 찾는 일은 흔치 않았다. 정책의 제안에서도 찬반 상호간에 정사(正邪)의 편가르기만 있었지 문제를 해결하기 위한 제3의 방향 모색은 야합으로 매도당하기 일쑤였다. 극도의 위계적 사회 질서 속에서 갈등은 해소되기보다 억제되었으며, 분쟁은 검토되기보다 묵살되었다. 억울함을 소청하는 백성은 오로지 수령이나 감사와 같은 지방 관헌이나 정부 실권자들의 덕(德)과 인(仁)에 의존하는 은사를 바랄 수밖에 없었다. 문화적으로는 분쟁을 일으켜서 말썽이 나는 것을 부끄러운 소행으로 인식시켜 사회의 갈등 관계가 표출되는 것을 억압하는 가치관을 주입했다. 이런 분위기에서 갈등은 생산적 상호작용으로 발전하지 못하고 파괴적이고 부정적인 사회적 상호작용으로 정의되었다. 결과적으로 갈등에서 얻을 수 있는 이익을 살려내지 못하는 사회가 되었다. 이런 세계관에서 다산도 크게 벗어나지는 못했다. 그러나 백성을 측은지심으로 덕을 베푸는 데에는 다른 어느 지배 엘리트보다 한 발 앞서 있었다는 점에서 그의 지성적 탁월성과 인격적 고매성을 찾을 수 있다.

참고 문헌

김태영(1997). 『경세유표』에 나타난 정약용의 국가개혁론. 『경세유표』 I, 서울: 한길사.

김태영(2003). 다산의 국가 상업행정체계 개혁론. 『한국실학보』, 5: 317-366.

안병욱(1986). 조선 후기 자치와 저항조직으로서의 향회. 『성심여대논문집』, 103-127.

윤재풍(2005). 다산의 행정사상에 관한 연구. 『한국행정학회 2005 추계학술대회 발표 논문』, 33-55.

임형택(2000). 『실사구시의 한국학』. 서울: 창작과비평사.

정약용(다산연구회 역주)(1986). 『목민심서』 1~6. 서울: 창작과비평사.

정약용(이익성 역)(1997). 『경세유표』 I～Ⅲ. 서울: 한길사.

정약용(다산연구회 편역)(2005). 『정선 목민심서』. 서울: 창작과비평사.

정약용. 『孟子要義』, 『全書二』.

한국사료총서 8(1968). 『晉州按覈使査啓跋辭』, 『壬戌錄』, 22-23.

Axelrod, R. M.(1984). *The Evolution of Cooperation*. New York: Basic Books.

Boulding, K. E.(1988). *Conflict and Defense: A General Theory*. Lanham: University Press of America.

Burton, J & Dukes, F.(1990). *Conflict: Practices in Management, Settlement and Resolution*. New York: St. Martin's.

Chisholm, D.(1989). *Coordination without Hierarchy: Informal Structures in Multiorganizational Systems*. Univ. of California Press.

Deutch, M.(1973). *The Resolution of Conflict*. New Heaven; Yale Univ. Press.

Deutch, M.(1987). *Conflict Management and Problem Solving*. New York; New York Univ. Press.

d'Estree, T. P.(2003). Ch.5, Dynamics, in S. Cheldelin, D. Druckman & L Fast(eds.). *Conflict: From Analysis to Intervention*. New York: Continuum.

Folger, J. P. & Marshall, S. P.(1984). Ch.1, Perspectives on Conflict, *Working Through Conflict: A Communication Perspective*. Scott, Foresman and Co.

Hardin, G.(1968). The Tragedy of the Commons. *Science*. 162: 1243-1248.

Krauss, R. M. & Morsella, E.(2000). Ch. 6, Communication and Conflict, in M. Deutsch & P. T. Coleman(eds.). *The Handbook of Conflict Resolution: Theory and Practice*. San Francisco: Jossey-Bass.

Lindblom, C. E.(1965). *The Intelligence of Democracy: Decision Making through Mutual Adjustment*. New York: The Free Press.

Majone, G.(1989). *Evidence, Argument and Persuasion in the Policy Process*. New Haven: Yale Univ. Press.

Oberschall, A.(1973). Ch.2, Sources of Social Conflict, *Social Conflict and Social Movement*. New Jersey: Prentice-Hall.

Rapopport, A.(1974). Ch.16, A Taxonomy of Conflicts, *Conflict in Man-Made Environment*. Penguin Books.

Rubenstein, R. E.(2003). Sources, in S. Cheldelin, D. Druckman & L. Fast (eds.). *Conflict: Analysis to Intervention*. New York; Continuum.

Sandole, D. J.(2003). Ch.3, Typology, in Sk. Cheldelin, D. Druckman & L. Fast(eds.). *Conflict: From Analysis to Intervention*. New York: Continuum.

Sandole, D. J. & Sandole-Staroste, I.(1987). *Conflict Management and Problem Solving*. New York: New York Univ. Press.

Sartori, G.(1987). *The Theory of Democracy Revisited*. Chatham, NJ: Chatham House.

Thomas, K.(1979). Organizational Conflict, in S. Kerr(ed.), *Organizational Behavior*.

Ury, W. L., Brett, J. M., & Goldberg, S. B.(1988). *Getting Disputes Resolved: Designing Systems to Cut the Costs of Conflict*. San Francisco: Jossey-Bass.

Yate, D.(1985). *The Politics of Management: Exploring the Inner Workings of Public and Private Organizations*. San Francisco: Jossey-Bass.

제10장 민의 수렴

명성준

1 서 론

민의를 수렴하고 국가 정책에 반영하는 것은 오래 전부터 시작되어 조선 시대를 거쳐 지금까지 강조되고 있는 국가 운영의 근본 지침이다. 백성의 중요성은 조선 시대 통치 사상인 성리학(性理學)에서도 강조되어, 맹자(孟子)는 "천(天)은 유덕자(有德者) 군주에게 명으로써 민을 다스리게 하며, 동시에 천의는 민의에 의탁해서 나타나는 것"이라고 하여 백성의 뜻을 하늘의 뜻이라 여기고 이들의 어려움을 헤아리는 것은 하늘의 명을 받드는 것이라고 말하고 있다(전정희, 2004: 83). 성리학의 여러 계파들 중 하나인 주자학을 통치 이념으로 삼은 조선 왕조 역시 민본사상(民本思想) 또는 위민사상(爲民思想)을 국가 통치의 기본으로 삼았다. 이렇듯 민본사상과 민의 수렴의 중요성은 조선 시대에 걸쳐 강조되어 왔고, 조선 후기 실학 및 개화 사상의 전파와 함께 더욱더 강조되었다. 이러한 전통은 오늘날에도 이어져 1980년대 중반 민의의 중요성을 강조하는 시민운동은 최고점에 달했고, 1990년대 이후 우리나라에 민주주의가 정착되도록 했다. 민의 수렴의 중요성이 확대되어 가면서, 정부의 노력은 물론 학계의 관심 또한 커져, 여론의 수집 및 수렴, 정책 홍보, 행정 PR과 같은 다양한 개념이 소개되고 있다(유종해, 1985; 이승종, 1992).[1]

다산(茶山) 정약용(丁若鏞)은 그의 저서들, 특히 『목민심서(牧民心書)』를 통해, 민의의 주체가 되는 백성은 조선 시대 정치의 한 축으로서 군신이 돌봐야 할 사람들이며, 군신은 이들의 어려움을 잘 헤아리고 이를 극복할 수 있는 방안을 끊임없이 탐구해야 한다고 말한다. 그렇다면 과연 백성은 누구를 지칭하는 것인가?

왕정국가이자 신분제 사회였던 조선 시대에는 왕을 제외한 모든 신분의 사람들이 백성에 포함되는데, 이들은 기본적으로는 양천제(兩班과 賤民)의 2개 신분이었으나, 실제로는 양반(兩班), 중인(中人), 상민(常民), 그리고 천민(賤民)의 4계급으로 분류되어 있었다. 문반(文班)과 무반(武班)으로 나눠진 양반은 관직에 진출할 수 있고, 세금과 부역에서 면제된 특권 계층이었다. 기술직과 의원직을 주로 수행하던 중인 계층은 양반과 상민 사이에 위치해, 관청에서 양반들을 도와 일했다. 이들은 의관으로서 내의원 또는 혜민서에서 왕이나 신하, 백성들을 치료하기도 했고, 역관(譯官)으로서 중국이나 일본을 왕래하는 사신들을 수행해 통역 또는 상업에 종사했다. 상민(常民) 또는 중인(中人)은 당시 인구 중에서 대부분을 차지하는 신분 계층으로 주로 농민이 대부분이다. 이들은 국가의 중추적인 인적 자원으로서 세금을 내고, 국가의 대소사에 부역을 제공하고, 군역을 수행함으로써 국가의 주요 업무를 수행하고 국가를 유지하는 데 중요한 역할을 했다. 이들은 수적으로나 그 역할에서도 국민의 의무를 수행하며 오늘날 중산층의 사회적 역할을 수행했다. 최하위 신분인 천민은 노비, 백정, 무당 및 광대로 주로 관청이나 양반집에서 험한 일에 종사했다. 이들은 일종의 재산으로 취급되어 인간으로서의 기본권이 인정되지 않고, 또 주인에게 예속되어 있어 생활의 자율권이 없었다.

이 장에서는 조선 시대 4개의 계급으로 구성되어 있던 당시의 백성

---

1) 여론 수렴, 정책 홍보, 행정 PR 등은 유사하지만, 그 속에는 서로 다른 요소들을 지니고 있다. 각 용어들의 정확한 개념 정의는 이승종(1982)을 참조.

중 상민(常民)에 중점을 두고, 이들의 의견이 수렴되는 과정에 관한 다산의 생각과 가르침을 그의 저술, 특히 『목민심서』를 통해 살펴보겠다. 양반과 중인(中人)의 의견이 공론정치를 통해 공식적으로 국정에 전달될 수 있었던 것에 비해, 백성들의 의견이 수렴되고 통치자에게 전달되는 통로는 극히 제한적이었다. 또 인구 비율에서 가장 많은 비중을 차지했던 상민은 조선왕조 내에서 군역(軍役)과 부역(賦役)을 제공하며 국가 운영 및 발전에 중추적인 역할을 수행했다. 이들이 조선에서 다수를 이루고 있었던 계층임을 고려할 때, 상민들의 의견을 수렴하는 것은 조선 사회 다수의 의견을 수렴한다는 면에서 중요한 의미를 지닌다. 따라서 이 장에서는 다산의 저술을 바탕으로 오늘날 민주주의 이념을 기본으로 하는 우리 정치·행정 체제에서 다산이 주는 가르침을 살펴본다.

2 조선 후기 민의 수렴의 실태 및 문제점

조선은 건국과 동시에 중국 성리학(性理學)의 일파인 주자학(朱子學)을 국가의 운영 이념으로 채택했다. 성리학은 고대 춘추전국 시대 공자와 맹자 등 제자백가들이 주장한 부국강병(富國强兵) 및 경세(經世)를 위한 통치 이념으로, 백성들이 바르고 행복한 삶을 살 수 있도록 하는 민본주의(民本主義) 또는 위민주의(爲民主義)를 근본으로 하고 있다. 따라서 주자학은 민의 수렴을 국가의 가장 중심적인 기본 업무로 제시하고 있다.

1) 조선 시대 민관 및 민본주의

조선 시대의 통치 이념으로서 민본주의의 전통은 퇴계(退溪) 이황(李滉)과 율곡(栗谷) 이이(李珥)에 의해 체계화되었다. 이들은 통치 대상인 백성의 진의(眞意)를 살피고, 올바르게 이끌 수 있는 방법에 대해 논의했다. 퇴계 이황은 "임금이 몸소 행하고 마음으로 얻은 것에 근본하여 민생이 일상생활에서 행하도록 인륜을 가르치는 것이 본(本)이요, 법제를 추종하고 문물을 습미(習味)해서 지금의 것을 개혁하고 옛것을 스승으로 모방하고 비교하는 것이 말(末)입니다"라고 말하면서(전정희, 2004: 86), 백성을 이끄는 데에 인간의 내면적 도덕성을 중요시하고 교화하는 정치를 강조했다.

율곡 이이 역시 백성을 정치의 근본으로 생각해 이들을 교화하는 것을 강조했지만, 이를 달성하기 위한 선결 조건으로 백성의 경제적인 면을 우선시하는 양민론(養民論)을 주장했다. "세검(稅斂)을 적게 하는 것, 요역(徭役)을 가볍게 하는 것, 형벌을 삼가는 것 등이 안민(安民)의 대요"라는 그의 말에서 알 수 있듯이(전정희, 2004: 87), 백성의 생활 안정이란 경제적 측면을 최우선으로 생각했다. 나아가 이이는 민의가 정치 과정에 효과적으로 반영될 수 있는 제도적 장치가 갖추어져 있지 않았기 때문에, 백성은 수동적이고 소극적인 위치에 머물러 있었고, 따라서 통치자의 시찰만을 통해 이들의 뜻이 정치에 반영될 수 있다고 생각했다.

많은 실학자들은 율곡의 양민론을 계승해, 백성들에게 경제적 풍요를 제공함으로써 이들의 삶의 질을 향상시키는 것을 정치의 가장 중요한 요건으로 삼았다. 실학자들 역시 백성을 국가의 기본으로 여기고, 군주와 백성 사이를 아버지와 아들의 관계로 보면서 떨어질 수 없는 사이로 이해하며, 군주가 백성들의 뜻을 파악하고 어진 정치를 베푸는 것을 중요시했다. 성호(星湖) 이익(李瀷)은 "대저 군주가 심(心)을 노(勞)하여 민은 힘(力)을 노(勞)하여 군주를 섬겨 양자가 서로 보혜(報惠)함은 부(父)가 그 자(子)를, 자(子)가 그 부(父)에게 효도함과 같은 것으로 어느 하나가 없어서도 안 된다"라고 말한다(전정희, 2004: 87). 백성들이 안정된 삶을 추구할 수 있는 방법으로서 실학자들은 토지, 조세, 교육, 관리의 선발, 군역, 부역 같은 제도의 개혁을 추구했다. 반계(磻溪) 유형원(柳馨遠)은 균전론(均田論)에 근거해 신분에 따라 토지를 재분배해 자영농을 육성한 뒤, 이들을 중심으로 병농(兵農) 일치의 군사 조직과 사농(士農) 일치의 교육 제도를 확립해야 한다고 주장했다. 이익은 『성호사설』과 『곽우록』에서 한전제를 통해 농지의 매매를 금지하고, 그 밖의 토지는 매매를 허용해 토지 소유의 평등을 주장했다. 아울러 연암(燕巖) 박지원(朴趾源) 등은 농업 생산을 증대시키기 위한 새로운 농업 기술의 도입, 토지개혁을 위한 한전론, 화폐 개혁 및 신분 제도의 불합리성에 대해 주장했다. 이러한 주장은 국가의 근본인 백성에게 경제적 안정을 제공하기 위한 방법이었다.

2) 조선 후기 민본주의의 붕괴

민의의 중요성이 조선 시대에 끊임없이 강조되어 왔음에도 불구하고, 조선 후기에 들어서 군신들은 백성의 뜻을 헤아리지 못했고, 백성들은 과다한 군역과 요역 등으로 궁핍한 생활을 했다. 임진왜란과 병자호란으로 인구가 줄면서 국가재정이 악화되었고, 매관매직(賣官賣職) 같은 부정부패가 만연했으며, 흉년과 전염병의 창궐로 농민들은 만주나 연해주로 이주하거나 산 속으로 들어가 도적질을 일삼는 등 백성들의 어려움은 극에 달했다. 또 어려움에 처한 백성들은 민란을 일으키기도 했다.

백성들의 생활이 어려워지자 국가는 도움을 주기보다는 어려움을 배가시켰다. 한 예로 조선 시대에는 공채(公債)가 성행해 탐관오리들은 채권자로서 공채의 이자와 기한을 마음대로 정해 횡포를 부렸다. 정부나 지방 관청은 조세로 거둔 미곡을 다시 농민에게 고리(高利)로 대여해 그 이자로 재정을 보충했다. 왕실 재정을 담당했던 내수사(內需司)는 고리대 행위를 일삼았으며 구휼을 위해 설치한 환곡미(還穀米)의 고리 대여를 자행함으로써, 조선 후기 민란의 한 동기를 유발했다.

다산 정약용은 당시 백성들의 어려움을 직접 보아서 그들의 어려움을 몸으로 느끼고 있었다. 다산은 암행어사로서 경기도의 민정을 살피는 동안, 또 강진 등지에서 귀양살이하는 동안 탐관오리와 사악한 아전들의 횡포로 백성들이 고통당하는 것을 직접 눈으로 보았다. 다산은 당시의 시대상 및 민의가 수렴되지 않는 상황을 한탄하며 『목민심서』의 서문에서 다음과 같이 이야기하고 있다.

> 성인의 시대는 이미 멀어졌고 그 말씀도 없어져서 그 도가 점점 어두워졌으니, 오늘날 백성을 다스리는 자들은 오직 거두어들이는 데만 급급하고 백성의 기를 바를 알지 못한다. 이 때문에 하민들은 여위고 시달리고 시들어 병들어 서로 쓰러져 진구렁을 메우는데, 그들을 기른다는 자는 바야흐로 고운 옷과 맛있는 음식으로 자기만 살찌우고 있으니 어찌 슬프지 아니한가(牧民心書, 自序).

다산은 백성들의 뜻이 제대로 수렴되지 않고, 백성들이 어려움을 겪는 이유를 첫째, 아전들의 횡포와 수령의 짧은 임기, 둘째, 수령 자신들의 실정(失政), 셋째, 목민관 선발 제도의 결함 등에서 찾고 있다. 끝으로 조선 시대에 시행되던 백성들이 이용할 수 있는 민의 전달 수단들이 가진 제도적 결함을 민의 수렴이 제대로 되지 않았던 네 가지 이유로 제시하고 있다.

(1) 아전들의 횡포와 수령들의 짧은 임기

다산은, 아전들을 그 고장에 조상 대대로 살며, 관직을 세습해 오면서 백성들의 안위(安危) 대신 자신의 이익을 채우는 데 급급한 부류로 비판했다. 이는 『경세유표』와 『목민심서』를 통해 아전들이 농간 부리는 법은 물론, 이들을 다루는 방법까지도 소상하게 적고 있다. 다산은 경험을 바탕으로 아전들의 횡포를 다음과 같이 정리했다.

백성은 토지로써 논밭을 삼지만, 아전들은 백성으로써 논밭을 삼는다. 백성의 껍질을 벗기고 골수를 긁어내는 것으로써 농사짓는 일로 여기고 머릿수를 모으고 마구 거두어들이는 것으로써 수확하는 일을 삼는다. 이러한 습성이 오래되어 당연한 것으로 여기게 되었으니, 아전을 단속하지 아니하고서 백성을 다스릴 수 있는 자는 없을 것이다(牧民心書, 吏典六條, 束吏).

다산은 아전들이 삼정(三政)의 문란을 야기해 백성을 어렵게 하고 국고를 축내는 사례들을 제시했다. 그 중 한 사례가, 다산이 장기에서 귀양살이할 당시 본 사건으로, 아전들이 인명에 관한 문서를 위조해서 다른 아전들과 공모, 수령을 기만하는 극단적인 사건들도 있었다.

내가 장기로 귀양을 가 있을 때 보았는데, 한 아전이 살인한 사건이 있었다. 여러 아전들이 짜고서 간계를 부려 검장(檢狀)을 온통 고쳐 버렸다. 감영으로부터 회제가 오매 현감이 깜짝 놀라고 의심했으나 이해할 수가 없었다. 마침내 간계를 밝히지 못하고 살인범을 석방하고 말았다(牧民心書, 奉公六條, 文報).

아전들의 횡포에도 불구하고 수령의 임기는 매우 짧아 고을의 사정을 파악하고 백성들의 어려움을 살피는 데 어려움이 많았다. 또 고을의 사정을 파악할 때도 부패한 아전들의 도움을 받아야 하기 때문에 고을의 사정과 백성의 생활을 제대로 파악하기가 힘들었다. 이러한 이유로 아전들은 고을 백성의 어려움을 외면하고 쉽게 수령을 기만할 수 있었다. 다산은 고을 수령의 처지를 다음과 같이 말한다.

지금의 수령은 만백성 위에 홀로 외롭게 있으면서 간민(奸民) 3인으로 좌(佐)를 삼고 교활한 아전 670인으로 보(輔)를 삼고 거칠고 거센 자 몇 명으로 막빈(幕賓)을 삼고 성격이 패악한 자 수십 인으로 복례(僕隷)를 삼고 있는데, 이들은 서로 패거리를 지어 굳게 뭉쳐서 수령 1인의 총명을 가려 기만하고 무롱(舞弄)하여 만백성을 괴롭힌다. …… 지금의 수령은 임기가 길어야 혹 2년 가고, 그렇지 않으면 몇 달 만에 바뀌게 되니, 그 됨됨이가 주막에 지나가는 나그네와 같은데, 저들 좌(佐), 보(輔), 막빈, 복례 등은 모두 아비가 전하고 자식이 이어받아 옛날의 세습하는 경(卿)과 같다(牧民心書, 赴任六條, 除拜).

(2) 수령의 실정(失政)

다산은 백성들의 뜻이 수렴되지 않고 또 이들이 궁핍한 생활을 하는 이유를 수령 자신에게서 찾아보도록 하고 있다. 다산은 백성의 생활을 직접 알려 하지 않고, 아전들을 통해 편하게 업무를 수행하려는 자세를 비판하고, 아울러 각 고을에서 전해 내려오는 관례를 수령들이 자신의 편의에 따라서 고치는 것을 지적하고 있다.

각 고을 여러 고(庫)에는 모두 예로부터 내려오는 관례가 있으니 이름하여 절목(節目)이라 한다. 그것이 처음 이루어질 때에도 원래 잘되지 못한 점이 많았는데, 뒤에 온 수령들이 마음대로 고쳐 혹은 더하고 혹은 줄이되 모두 사사로운 생각으로 제게만 이롭고 백성들을 착취하게 만들었으니, 거칠고 구차하고 고루해 그대로 시행할 수가 없는 것이다. 이를 핑계로 이에 그 절목을 폐지하고 임의로 새로운 영을 시행하니, 무릇 백성을 착취하는 조목은 해마다 불어나고 달마다 늘어나기 마련이다. 백성들이 편히 살 수가 없음이 주로 여기에 말미암은 것이다(牧民心書, 奉公六條, 守法).

수령이 자의적으로 고친 제도가 백성을 위하지 않고, 고을의 사정에 적합하지 않을 경우 이는 민의를 제대로 수렴하지 못한 제도로서 백성들에게 더 큰 고통을 주었다.

(3) 수령 선정 방법의 제도적 결함

다산은 목민관의 자질은 하늘이 내린 것이라 말하고 있다(牧民心

書, 赴任六條, 除拜). 이러한 다산의 생각은 조선 시대를 통해 계속 이어져 왔다. 조선의 경세서인 『경국대전』은 백성을 위하는 어진 마음과 이들의 어려움을 헤아리기 위한 재주와 학식을 가진 자만이 수령으로서 적합한 자로 선발되도록 규정하고, 이를 위해 천거와 시험을 통해 인격과 재주가 모두 갖춰진 자만을 선발하도록 하고 있다.

조선 후기에 들어서는 목민관을 선발하기 위한 제도적 장치가 사문화되어 자격에 미달된 사람도 수령이 될 수 있었다. 이로 인해 부덕하고 재능 없는 자가 수령이 되어 백성들을 궁핍한 생활로 몰아넣었다.

> 살피건대, 옛 법은 수령의 임명을 가장 중히 여겨, 임명하기 전에 천거의 절차를 두었고 임명한 후에는 서경의 절차를 두었으며, 이에 또 경서와 법률로써 시험하여 그 재주와 학식을 관찰한 것이다. 이제 법은 문구와 격식만 갖추었을 뿐 유명무실해져서 용렬하고 무식한 자도 다 수령으로 나아가 거리낌이 없게 되었다(牧民心書, 赴任六條, 辭朝).

수령을 천거하는 과정에도 신중을 기하기 위해, 수령을 천거하는 자 역시 수령과 연좌해서, 수령이 과오를 범했을 때 그 죄를 함께 묻도록 『경국대전』은 정하고 있었다. 그러나 조선 후기에 이르러 책임성을 강조하기 위한 제도 역시 형식상의 규정으로만 남게 되었다.

> 『경국대전』에 이르기를, 해마다 초봄에 문관 3품과 무관 2품 이상인 관원은 각기 수령이나 만호가 될 만한 자를 천거하되, 각각 세 사람을 넘어서는 안 된다 했다. 또 이르되, 만약 천거된 자가 장오(贓汚)나 패상(敗常)의 죄를 범하면, 천거한 자도 연좌된다 했다. 살피건대 천거의 법은 지금도 그 형식은 남아 있으나 이미 장오의 죄를 범했을 경우라도 그 천거한 자를 연좌시키기 않으니 무슨 도움이 있을 것인가(牧民心書, 赴任六條, 辭朝).

(4) 민의 수렴 방법의 제도적 · 실행상의 결함

백성이 자신들의 뜻을 직접 표현하는 방법 중 하나로서 가장 널리 알려진 신문고(申聞鼓)는 억울한 일을 당한 백성의 고충을 통치자가 직접 해결함으로써 선한 정치를 해나가겠다는 의도에서 만들어진 청원, 상소 및 고발 장치이다. 즉 백성의 목소리를 통해 시정(市井)을 직접 파악함으로써, 몇 겹의 관료 체계를 거치면서 걸러지거나 변형되는 민의를 정확히 파악하여 국가의 안정과 국왕 중심의 정치를 구현할 목적으로 만들어졌다.

조선 태종은 1401년 안성학장 윤조와 전좌랑 박전(朴甸) 등이 송나라 태조가 등문고(登聞鼓)를 설치해 백성들의 의견을 상달하게 한 제도를 본받으라는 상소를 수용해 신문고를 설치했다. 먼저 억울한 일이 있는 백성은 거주지 관청에 그 억울한 일을 고하되, 해당 관청에서 수리하지 않을 경우 신문고를 두드려 직접 국왕에게 호소하도록 했다. 접수된 억울한 일은 사헌부에서 규명하게 한 후에 정당한 것은 다시 판결해 억울함을 풀어 주되, 사사로운 원한과 무고로 인한 것은 오히려 북을 친 자에게 벌을 주도록 했다.

백성들에게 언로(言路)를 개방해 그들의 뜻을 전하는 신문고의 취지에도 불구하고, 그 시행에는 제도적 모순이 많았다(김경수, 2000: 80-85). 우선 신문고는 백성들이 접근하기 어려운 대궐 근처에 있어, 서울에 거주하는 관리 및 양반만 이용할 수 있었을 뿐 실제 백성이나 지방에 사는 관리 및 양반들은 사용하기 힘들었다. 또한 신문고를 칠 때 까다로운 절차를 두어, 절차를 어겼을 경우는 엄벌로 다스렸다. 북을 칠 수 있는 사안에 대해서도 제한을 두어, 특히 윗사람에 대한 일은 철저히 통제되었기 때문에 대부분의 사안이 개인적인 이해나 노비, 형벌, 재산 문제에 관한 것이었다. 그리고 이런 개인적인 이유들 중 오직 종묘와 사직에 관계되거나 불법으로 살인한 자에 관련된 일에 한해 받아들였다. 따라서 백성들의 의견을 수렴하는 데는 큰 효력을 발휘하기 어려웠다.

3 다산의 저서에 나타난 민의 수렴 방안

다산은 그의 저서들, 특히 『목민심서』에서 민의 수렴과 민정의 올바른 수행을 위한 다음의 절차를 권고했다. 다산은 목민관이 고을에 부임하는 첫날 사족(士族)과 백성들에게 영을 내려 고을의 폐막(弊瘼)을 물을 것을 제안하고 있다. 백성들의 의견이 전달되는 과정에서 아전이나 향리들의 개입으로 민의가 왜곡되는 것을 막기 위해 여러 명이 한 곳에 모여 고을의 병폐를 적은 뒤, 이를 봉투에 넣고 봉하도록 했다. 이 과정에서 다른 불순한 의도가 개입되는 것을 미연에 방지하기 위해 백성들의 뜻을 왜곡하려는 자에 대한 경고까지도 권하고 있다.

> 행현령(行縣令)이 알리고자 하는 일은 본관이 적재(適材)가 아님에도 과분한 나라의 은혜를 입고 이 고을에 부임해 조석(朝夕)으로 근심과 두려움으로 어찌할 바를 모르고 있다. 묵은 폐단이나 새로운 병폐로 백성들의 고통이 되는 것이 있으면 한 방(坊) 중의 일을 잘 아는 사람 대여섯 명이 한 곳에 모여 조목을 들어 의논하고 문서를 갖추어 가져오게 하라. 혹 한 고을 전체에 해당되는 폐단과 1방, 1촌의 특수한 고통은 각각 한 장의 종이에 쓰되 방마다 하나의 문서를 갖추어서 지금부터 7일 이내로 일제히 와서 바치라. 혹 아전, 군교, 토호들이 들으면 싫어할 일이어서 후환이 두려워 드러내어 말하지 않는다면 수령이 부임한 초에 폐단을 묻는 본의에 어긋나는 것이다. 각각 엷은 종이로 풀칠해 봉하고 그 바깥에 표시를 한 후 어느 날 정오에 함께 읍내에 들어오고 또 함께 관아의 뜰에 와서 본관의 면전에 직접 바치도록 하라. 만약 어떤 간민이 있어 읍내에 들어와 오래 머물면서 위의 문서를 고치거나 삭제하는 사람이 있으면 마땅히 엄한 징계가 있을 것이다. 이 점을 익히 알라. 여론은 수집하기 쉬우나 개혁하는 것은 어려운 일이다. 고칠 만한 것은 고치고 고칠 수 없는 일은 그대로 둘 수밖에 없다. 오늘에 들떠서 날뛰지 말

> 며 다음에 실망하지도 말 것이다. 방리의 사사로운 폐단이 혹시 사심을 품고 사를 끼며 헛되이 과장되고 그 실상을 감추거나 뜬소문을 꾸미는 사람이 있으면 결국에는 죄를 받게 될 것이니 조심하라(牧民心書, 赴任六條, 莅事).

다산은 목민관의 민의 수렴 노력이 효과를 거두기 위한 조건으로 ① 민의를 파악하려는 목민관의 노력, ② 아전 및 향리의 단속, ③ 백성들이 고충을 말할 수 있는 분위기 조성, ④ 민의를 표출하기 위한 백성들의 저항권 등 네 가지를 제시한다.

1) 민의를 파악하려는 목민관의 노력

다산은 수령이 민의를 수렴하는 데에 수령 스스로의 노력, 즉 수신(修身)을 강조했다. 수령이 직분을 제대로 수행하기 위해서는 덕, 위엄, 뜻, 그리고 현명함을 두루 갖추어야 하며, 이를 위해서는 검소하고, 공명정대함을 솔선수범하여 아랫사람들에게 모범이 되어야 한다.

> 수령의 직분은 비록 덕이 있더라도 위엄이 없으면 제대로 할 수 없고 비록 뜻이 있더라도 밝지 못하면 제대로 할 수 없는 것이니, 제대로 할 수 없는 경우는 백성이 그 해독을 입어 괴로움을 당하고 길바닥에 쓰러질 것이다(牧民心書, 赴任六條, 除拜).

다산은 『목민심서』에서 '치현결(治縣訣)'의 예를 들어 목민관의 수신(修身)을 강조했다.

> 군자가 백성을 대할 때에는 나의 성품이 편벽된 곳을 찾아 바로잡아야 한다. 유약한 것은 강하게 고치고, 게으른 것은 부지런하도록 고치고, 굳센 데 치우친 것은 과대하도록 고치고, 완만한 데 치우친 것은 위맹(威猛)하도록 고쳐야 한다(牧民心書, 赴任六條, 上官).

수신과 함께 목민관은 백성들의 희로애락을 파악하기 위해 항시 이들을 살피고자 하는 마음을 지니고 있어야 한다. 재난을 당한 백성에게는 나라에서 주는 휼전(恤典) 외에 별도로 방법을 마련하여 고을 주민들을 구휼해야 한다. 또 불구자와 중환자 등 질환이 있는 사람에 대해서는 신역(身役)을 면제해 주어야 한다. 상을 당한 사람에게는 요역을 감면해 주고, 궁한 이들에게는 그들이 스스로 자립할 수 있도록 도와 주어야 한다(牧民心書, 愛民六條). 이렇듯 목민관은 법과 제도의 개선을 위해, 스스로가 백성들의 어려움을 먼저 살피고 돌보는 마음자세와 행동을 항시 가지고 있어야 한다. 이것이 다산이 말하는 진정한 목민관으로서의 수신이며, 더 나아가 다산은 목민관으로 하여금 항시 백성을 생각해 이들을 편하게 해 줄 수 있는 방책을 강구하라고 강조했다(牧民心書, 律己六條, 飭躬).

2) 아전 및 향리의 단속

다산은 백성의 어려운 생활은 물론 그들의 뜻이 수령에게 제대로 전해지지 않는 가장 큰 이유 중 하나로 아전과 향리의 횡포를 들고 있다. 다산은 모든 방법을 동원해서라도 아전의 횡포를 막도록 수령에게 강조한다. 다산은 주자(朱子)의 말을 인용하면서 "벼슬살이 할 때에는 모름지기 스스로는 항상 한가하고 아전들은 항상 바쁘도록 해야만 한다. 만약 스스로 문서 속에 파묻혀서 정신을 차릴 수 없으면 아전들이 곧 작폐를 할 것이다"라 말하며, 아전을 단속하고 이들이 횡포 부릴 수 없도록 관리할 것을 권한다.

다산은 백성이 아전에게 당한 억울함을 목민관에게 직접 호소할 수 있게 했다. 억울한 일을 당한 백성이 직접 수령에게 억울함을 호소하려고 할 때 아전이 자신들의 잘못을 숨기기 위해 이를 막는 일이 생길 수 있다. 이런 경우를 대비해 억울한 백성은 직접 수령에게 소장을 가져와 억울함을 호소할 수 있도록 허락하고, 또 형리가 이를 막을 경우에는 바깥 문설주에 설치한 북을 쳐서 억울함을 호소할 수 있도록 『목민심서』에서 권하고 있다.

> 소장을 가지고 관아에 오는 사람은 형리를 만나거나 문지기에게 묻지 말고 곧바로 관아의 바깥문으로 해서 안문으로 들어와 직접 수령 앞에 바치면 형리나 문지기가 뒤따라와서 이를 가로막는 폐단이 없을 것이다. 그래도 가로막는 일이 있으면 관아의 바깥 문설주에 특별히 북을 하나 걸어 놓고 새벽이나 저녁, 혹은 언제라도 와서 이 북을 치면 과에서 그 사람을 불러서 사정을 물을 것이니 그리 알도록 하라(牧民心書, 赴任六條, 莅事).

3) 민의 수렴 제도의 마련 및 사회적 분위기 조성

다산은, 수령은 백성과 부자와 같은 관계를 맺고, 백성이 어려움을 겪을 때 주저하지 않고 찾아올 수 있는 분위기와 여건을 만들도록 강조했다. 다산은 『운곡정요(雲谷政要)』[2]를 인용하며, "호소를 하러 오는 백성이 부모의 집에 들어가는 것같이 친숙하고 하정(下情)이 통달해 막힘이 없어야 백성의 부모라 말할 수 있다. 마침 밥을 먹거나 목욕하는 때라도 문지기가 이를 금하지 않아야 할 것이며, 문지기가 이를 어기면 곤장 서너 대를 호되게 쳐야 할 것이다"(牧民心書, 赴任六條, 莅事)라고 말한다. 다산은 또 백성이 자신들의 사정을 호소할 곳이 없으면 민정(民情)이 그 때문에 답답하게 되는 것이니, 그러한 백성으로 하여금 부모의 집에 들어온 것과 같이 해 주어야만 백성의 어려움을 알아 주는 수령이라고 말한다(牧民心書, 刑典六條, 聽訟).

다산은 양로 행사 등 각종 마을 행사를 검소하고 간결하게 하도록 요구하지만, 아울러 이러한 행사를 백성의 뜻을 이해하는 기회로 삼도록 하고 있다.

---

2) 이광좌(李光佐, 1674-1740)가 지은 목민서.

장횡거가 운암 현령으로 있을 때, 매월 초하루에 술과 음식을 갖추어 놓고 고을의 연세 많은 분들을 불러 현청에 모아서 친히 술을 권하고 사람들로 하여금 양로와 어른 섬기는 뜻을 알게 했다. 그리하여 백성들의 괴로운 사정을 묻기도 하고 자제들을 훈계하는 도리도 묻곤 했다(牧民心書, 愛民六條, 養老).

백성들이 자신의 어려움을 스스로 말할 수 있는 분위기를 만들고 또 그런 자리를 만드는 것만으로는 충분하지 않다. 다산은 백성의 생활과 그들의 어려움을 자세히 알기 위해, 자제와 빈객 가운데 마음가짐이 단정·결백하며 실무에 능한 사람을 골라 이들로 하여금 몰래 민간을 살펴보도록 권하고 있다. 또 이들이 백성들의 어려움을 살필 때는 사전에 많은 정보와 지침(guideline)을 주어 민의를 정확히 수집할 수 있도록 하라고 권고했다. 또 일을 잘 해낸 사람에게는 봉록을 후하게 쳐주어 그 노고에 보답하도록 했다.

일가친척과 그리고 문생이나 연고 있는 아전 가운데 단정·결백하여 마음이 곧은 사람이 한 사람 정도야 없겠는가. 서울에 있을 때 이 사람과 미리 약속하기를 "부임해서 두어 달 되거든 내 마땅히 편지하리니 군이 내려와서 몰래 민간을 다니며 조목조목 염찰하도록 하라" 하고, 혼첩 한 장을 주어 둘 것이다. …… 이때에 이르러 그 사람에게 다음과 같이 편지를 낸다. "북창에서 양곡을 거두고 있는데(곧 환곡을 거두어들이는 일) 내가 몸소 받지를 못하니, 그 말질이 공평하고 낙미(落米)를 돌려주라는 나의 지시는 과연 그대로 따르고 있는가? 장삼이사 가운데 혹 억울하다고 하는 사람이 있는가? …… 모든 조목은 위의 예에 준할 것이다. 무릇 마음가짐이 단정·결백하고 이 일을 잘 해내는 사람에게는 마땅히 월름(月廩)의 일부를 후하게 그 노고에 대한 보수를 주어야 할 것이다. 비록 백이나 오릉중자라 하더라도 아무 까닭없이 힘을 들일 리는 없는 것이다(牧民心書, 吏典六條, 察物).

다산은 매 계절 첫 달 초하룻날에 향교(鄕校)에 첩문(帖文)을 내려 백성들의 질고(疾苦)를 물어 진술하게 했다. 향교는 정사를 논하는 곳으로 어떤 사안에 대해 다양한 측면에서 논하도록 하고 있다. 이를 위해 연장자 중 행실이 올바르고 일을 잘 아는지를 물어, 면마다 4인씩 취해 향로(鄕老)로 삼는다. 이는 고을의 사정에 밝고 현명한 자들을 통해 집행된 정책의 효용 및 역효과, 즉 백성들이 받는 영향을 살펴보고 이를 정사에 반영하는 것이다.

> 전달 어느 날에는 양곡을 방출했고 그 다음 어느 날에는 창고를 열어 세곡(稅穀)을 거두었고, 그 다음 어느 날에는 새로 군보(軍保)를 작성했는데 여기에 만일 백성에게 깊이 해가 되는 부정과 폐단이 있으면 각기 지적해 진술하라(牧民心書, 吏典六條, 察物).

수령이 백성들의 생활과 어려움을 살필 때, 그 고장에서 계속되었던 관례, 악습까지도 살펴보아야 한다. 취임 후 고을의 제도와 관례 중 백성들의 생활을 어렵게 하는 관례나 법이 있으면, 백성들의 어려움을 살핀 뒤 이를 고쳐서 백성들이 편안한 생활을 누릴 수 있도록 한다. 수령으로 취임한 후, 고을의 사정을 어느 정도 알게 되면 그곳에 내려오는 관례를 소상히 살펴본 뒤, 사리에 어긋나고 백성의 생활을 어렵게 하는 것이 있으면 이를 수정하도록 권장한다.

> 각 고을 여러 고(庫)에서 예로부터 내려오는 관례가 있으니 이름하여 절목이라 한다. …… 취임한 지 몇 달이 지났거든 여러 고의 절목들을 가지고 조목조목 조사하고 물어서 그 이롭고 해로움을 알아내어, 그 중에서 사리에 맞는 것은 표시해 드러내고, 사리에 어긋나는 것은 고쳐버릴 것이다(牧民心書, 奉公六條, 守法).

4) 민의를 반영하지 못했을 경우 백성에게 저항권 부여

민본주의를 강조한 여러 실학자와는 달리 다산은 민본주의를 넘어서 민주주의를 주장하고 있다. 그는 맹자의 경서를 근본으로 하이상왕정론(下而上王政論)을 펼치며, 임금은 하늘의 뜻을 대변하는 민심에 의해 결정되고, 천명을 받들었던 임금이 백성의 뜻을 헤아리지 못할 때는 역성혁명의 대상이라고 말해, 현대 민주주의가 주장하는 국민주권론을 주장한다(정윤재, 1999; 백철현, 2004). 이는 당시에 퍼지기 시작한 기능주의적이고 공리주의적 관념을 이어받아 군신과 백성들 간의 상호주의적 관계, 즉 동등한 위치에서 서로의 잘못을 일깨워 주고 또 거부할 수 있는 국민저항권으로 해석될 수 있다(한상익, 2002: 140-144).

> 황해도 곡산 지역에서 이계심이란 사람이 주민 천여 명을 인솔하고 아전들의 부정부패를 용감하게 고발, 저항하다가 쫓겨난 적이 있는데, 이곳 부사로 부임했던 다산은 자수한 이계심을 엄벌해 달라는 주변의 청을 듣기는커녕 오히려 "관장이 밝지 못하게 되는 이유는 백성이 자기 몸을 위해서만 교활해져 폐막을 보고도 관장에게 항의하지 않기 때문이다. 너 같은 사람은 관에서 마땅히 천 냥의 돈을 주고라도 사야 할 사람이다"라고 격려까지 하고 무죄 방면했다고 한다(茶山文學選, 나의 삶, 나의 길).

이계심의 저항에 대한 다산의 해석에서 볼 수 있듯이 그는 관(官)의 부당한 행동에 대해 백성들이 저항해, 또는 힘으로라도 개선시키는 것을 당연하게 여겼다. 오히려 항의하지 못하는 백성들에 대해 "자기 몸을 위해서만 교활해졌다"라고 질책하며, 단순히 수령 개개인의 수신(修身) 이전에 이를 고치도록 요구하지 못하는 백성에 그 책임을 물음으로써 백성들이 적극적으로 통치 행위에 관여하도록 권장하고 있다.

4 해석과 시사점

오늘날 모든 국민은 평등하며 자신이 국가의 주인인 민주주의 정치 체제에서 살고 있다. 국민의 뜻을 잘 헤아리는 정부만이 살아남을 수 있다는 점에서 민의 수렴 및 반영의 중요성은 더욱 커져 왔고, 이를 위한 방법 역시 더 포괄적이고 적극적으로 확대되어 왔다. 이는 국민의 참여가 확대되면서 이들의 의견을 정책에 반영하고, 정부 역시 국민의 의견을 중심으로 움직이는 행정 PR의 개념까지 발전해 왔다.

다산의 가르침은 오늘날 국민의 의견을 효과적으로 수렴하고 이를 행정에 반영하는 데 여러 가지 교훈을 준다. 오늘날 정치·행정의 주요 이념이 된 민주주의와 발전된 정보통신 기술이 제공하는 다양한 민의 표현과 수렴을 위한 방법들은 다산이 살던 조선 시대의 그것과는 상대가 되지 않을 만큼 세련되고 발전했다. 그럼에도 그 당시 백성을 위하는 다산의 마음과 이를 실천에 옮기려는 정신은 행정에 종사하는 사람에게 그대로 받아들여져야 한다.

첫째, 백성을 아끼고 사랑하는 목민관의 자세는 오늘날 행정부의 공무원들이 항상 명심해야 할 자세이다. 오늘날 기술관료로서 행정 업무를 수행하는 사람의 범위에서 벗어나, 진정으로 국민을 위하고 이들의 어려움을 살피고 제거하려는 자세는 국가 업무를 수행하는 사람의 기본이 되어야 할 덕목이다.

둘째, 당시 백성, 평민의 위치는 정치와 행정에서 큰 소리를 내지 못하는 사회적 약자의 위치에 있다. 사회적 약자들이 자신의 의견을 나타낼 수 있는 분위기를 만들어야 한다. 이를 위해 정부는 이들이 자신의 의견을 낼 수 있는 분위기를 만들고 민의 수렴을 위한 프로그램을 만들어야 된다.

셋째, 당시 체제의 제도적 결함을 보완하려는 다산의 노력은 오늘날 공무원들이 받아들여야 할 자세이다. 또 당시와는 달리 오늘날 복잡하게 짜인 법률 체계 속에서 불합리한 제도를 개선하려는 노력은 필수이다.

참고 문헌

김경수(2000). 『언론이 조선왕조 500년을 일구었다』. 서울: 가람기획.

박현모(2004). 조선왕조의 장기지속성(longevity) 요인 연구 1: 공론정치를 중심으로. 『한국학보』, 30(1): 31-61.

백철현(2003). 정약용의 민권의식과 국민주권론으로의 이행 가능성에 관한 연구, 『한국행정사학지』, 12: 1-25.

오창택. (2003) 정약용의 민본행정 사상에 관한 연구, 『한국행정사학지』, 11: 141-168.

유종해(1985). 『현대행정학』. 서울: 박영사.

이승종(1992). 지방정부의 여론 수렴 효율화. 『지방행정연구』, 7(3): 1-23.

전정희(2004). 개화사상에서의 민의 관념. 『정치정보연구』, 7(2): 81-107.

정약용(다산연구회 역주)(1988). 『역주 목민심서』. 서울: 창작과비평사.

정약용(박석무 · 정해겸 편역)(1996). 『다산논설선집』. 서울: 현대실학사.

정약용(박석무 · 정해겸 편역)(1996). 『다산문학선집』. 서울: 현대실학사.

정약용(이익성 역)(1997). 『경세유표』, 서울: 한길사.

정윤재(1999). 정약용의 자작적 인간관과 왕정개혁론: 조선 후기 정치 권력의 공공성 문제와 관련하여. 『한국정치학회보』, 33(4): 83-104.

한상익(2002). 다산의 목민론: 민본을 넘어 민주로. 『역사와 사회』, 3(28): 125-154.

제11장 지방행정 체제

홍준현

1 서 론

지방행정 체제의 개편에 대한 논의는 요즘에만 있었던 것이 아니라, 조선 시대에도 문제점이 끊임없이 제기되어 왔고, 정도의 차이는 있을지언정 실제로 지방행정 체제는 지속적으로 개편되어 왔다. 따라서 조선 시대 지방행정구역에 대한 연구는 현행 지방자치구역의 모태가 되고 있는 조선 시대의 지방행정구역이 어떤 목적에서 획정되었고 또 어떻게 운영되어 왔는가를 파악함으로써 자치구역의 적합성을 판단하는 기초 자료로 활용할 수 있다.

다산 정약용도 그의 역저인 『경세유표(經世遺表)』를 통해 행정개혁을 주창하면서 지방행정 체제에 대한 구체적인 개혁안을 제시했다. 이 장에서는 조선 시대 지방행정 체제의 실태와 당시 제기되었던 문제점을 살펴보고, 다산은 이러한 문제점을 혁파하기 위해 어떠한 근거와 어떠한 방법으로 어떠한 개혁안을 제시했는지 살펴보고자 한다.

2 조선 시대 지방행정 체제의 실태 및 문제점

1) 조선 시대 지방행정 체제의 실태

조선 시대 지방 제도는 국가가 민을 장악하고 전국적인 지배력을 행사하기 위한 장치라고 할 수 있다. 도 이하 군, 현까지 중앙정부에서 책임관을 파견해 직접 다스렸으며, 군현 내부의 운영은 수령과 향리, 향청(鄕廳) 및 면리임(面里任) 등에 의해 이루어졌다 (강석화, 1991). 물론 조선 시대의 도(道) 체제와 유사한 지방행정 단위가 고려 성종 때와 현종 때에 처음 등장하긴 했지만, 이때의 도 제도는 실질적 행정구역의 의미를 가지고 있지 않았으며, 따라서 군, 현 등이 도와 종속 관계에 있지도 않았다 (하현강, 1993).[1]

8도제는 조선 시대 전반에 걸쳐 지방 정치행정의 중심을 이루어 온 제도이다.[2] 8도제는 전국을 8개의 도(道)로 나누고, 그 밑에 부(府), 대도호부(大都護府), 목(牧), 도호부(都護府), 군(郡), 현(縣) 등으로 구분해 외관(外官)·외직(外職)·외임(外任) 등으로 불리는 관찰사와 수령을 파견해 관할구역을 통할케 하는 지방 통치 방식으로 태종 13년(1413)에 그 골격이 확립되었다 (최봉수, 1993).[3]

도의 관찰사는 종2품으로 국왕에 대해 직계권(直啓權)이 있었으며 군사·행정을 비롯해 도 내의 제반 사항에 대해 전권을 장악하고, 감사(監司), 도백(道伯), 도신(道臣), 방백(方伯)이라고도 불리었다 (김기

1) 고려 성종은 통일신라의 지방 제도인 9주제를 개편해 983년 12목제를 실시했고, 995년에는 당의 10도제를 모방해 전국을 10도로 구분했다. 그 뒤 고려 현종(1047~1083) 때 다시 10도제를 개편해 개성을 중심으로 10여 개의 현을 따로 떼어 경기라 하고, 나머지는 양광도(현재의 충청도와 경기도 일대), 경상도, 전라도, 교주도(강원도 영서 지방), 서해도(황해도) 등 5도와 동계(함경도의 일부 해안 지대와 강원도의 영동 지방), 북계(평안도) 등 양계로 구분해 이른바 5도 양계라고 하는 조선 시대 8도 체제의 기반이 형성되었다 (조창현 외, 1995: 203).

2) 1413년에 태종은 고려의 5도 양계를 8도제로 개편해 5도 구역과 양계 구역의 경계를 부분적으로 조정한 도의 경계를 확정하고 그 하위의 군·현을 관할하도록 했다 (최창호, 1980). 이러한 8도 체제는 고종 23년(1895) 을미개혁으로 23부제(府制)로 바뀌고, 이듬해 아관파천(俄館播遷) 이후에 다시 13도제로 바뀌었다 (김기옥, 2001: 35).

3) 군·현제가 제도적으로 처음 마련된 것은 통일신라의 경덕왕 때로 9주 아래에 117개의 군을 두고 다시 군의 하위 행정구역으로 293개의 현을 두었다. 고려 시대에도 통일신라 시대의 군현제가 계승되었는데, 다만 군현 간의 상하 관계가 대등 관계로 바뀌었다. 조선 시대에 들어서는 태조에서 세조에 이르는 시기에 강력한 중앙집권을 위해 실질적인 지방행정 조직으로서 군·현제를 정비했다 (이존희, 1990).

옥, 2001: 28).[4] 그 이하의 읍은 장관의 품계상 상하 관계에 있었으나, 명령 계통으로 연결되어 있는 것은 아니고, 모두 관찰사에게 병렬적으로 예속되어 있었다(강석화, 1992: 262).

2) 조선 시대 지방행정 체제의 문제점

조선 시대 지방행정 체제 운영의 문제점을 보면 지방행정 단위 가운데 가장 상위인 도는 대구역주의에 입각해 구획되어 있어 행정의 능률을 꾀하기 힘들었으며(윤정애, 1985: 80), 도별 민호 수나 전결 수에서도 격차가 컸다. 경상도는 속읍 수가 71개이나 함경도와 황해도는 23개에 불과해 3배 이상 차이가 났고, 민호 수에서도 경상도는 강원도의 4배 가까이 되었으며, 전결 수에서도 전라도가 강원도보다 무려 9배나 많았다.

읍 이하 가운데에는 민호 수나 전결 수 등을 종합한 읍세와 주·부·군·현 등 읍등(邑等)이 일치하지 않은 읍이 상당수 존재해 전국적으로 일원적인 지방행정 체제를 운영하는 데 장애가 되었다. 하위읍보다 읍세가 열등한 상위 읍도 많았고, 같은 등급에 속하는 읍 사이에도 그 규모 및 세력에서 현격한 차이를 보이는 경우가 많았다. 이러한 현상이 나타난 이유 중 첫 번째는 연대 책임에 의한 군현의 강등 조치에 기인한 것이었다.

도호부 이상의 읍은 증가한 반면 군 이하의 읍은 감소해, 도호부 이상의 읍이 차지하는 비율은 21.9%에서 31.8%로 증가한 반면, 군 이하의 읍은 78.1%에서 68.2%로 감소했다. 이러한 변화가 생긴 이유는 대부분 감영 이설이나 관방시설 설치로 말미암아 비중이 커진 읍이 승

---

4) 관찰사의 직무는 본래 순력(巡歷)이라 하여 관하 각지를 순찰해 수령의 행적과 민정을 관찰해야 하며 관찰사의 직은 반드시 순찰사를 겸하게 되어 있었다. 그러므로 임지에는 가족을 대동하지 못하는 것이 원칙이었다(經世遺表, 天官修制). 그 후 점차 관찰사의 영(營)인 감영(監營)이 생기고 또 가족을 대동함에 따라 후에는 춘추로 한 차례씩 관하를 순회하게 되었고 마침내는 그나마도 행해지지 않았다(김기옥, 2001: 28).

〈표 11-1〉 도별 속읍 및 민호 수·전결 수

도명	속읍 수	민호 수	전결 수	도명	속읍 수	민호 수	전결 수
경기도	36	156,200	86,011	강원도	26	89,000	40,882
황해도	23	123,204	139,149	충청도	54	217,400	255,585
전라도	56	273,387	349,703	평안도	42	197,125	119,210
경상도	71	335,600	336,749	함경도	23	119,300	104,043

주: 『대전통편』에 수록된 도별 속읍 수와 『대동지지』에 기재된 도별 민호 수와 전결 수를 정리한 것임.

자료: 강석화(1992: 263).

격되거나, 왕비의 관향(貫鄕), 태실 봉안처, 능침 봉안지 등의 읍이 승격되었기 때문이지, 읍세(邑勢)의 성장으로 승격된 경우는 매우 드물었다. 또한, 강상죄인(綱常罪人) 때문에 읍등(邑等)이 바뀌는 경우 그 기한이 한시적인 반면, 군현이 승격된 곳은 다시 격하되는 일이 거의 없어 상등급(上等級) 읍의 수가 지속적으로 증가하는 결과를 초래했

〈표 11-2〉 조선 시대 법전별 읍의 등급 총수

읍의 등급	경국대전	속대전	대전통편	대전회통
부	4	6	6	5
대도호부	4	4	5	5
목	20	20	20	20
도호부	44	74	77	75
소계	72(21.9%)	104(31.6%)	108(32.6%)	105(31.8%)
군	82	71	71	77
현(령)	34	26	26	26
현(감)	141	128	126	122
소계	257(78.1%)	225(68.4%)	223(67.4%)	225(68.2%)
계	329	329	331	330

자료: 강석화(1991: 81)에서 재작성.

〈표 11-3〉 유형별 등급 변화

구분	등급 변화 이유	읍 수	비율(%)	총비율(%)
승격·신설	왕실 관련	13	22.8	19.7
	읍민 공적	3	5.3	4.5
	관방 설치	29	50.9	43.9
	읍세 성장	3	5.3	4.5
	기 타	9	15.7	13.6
	계	57	100	86.3
강등·혁파	반역향	1	11.1	1.5
	관방 철거	2	22.2	3.0
	읍세 하락	2	22.2	3.0
	기 타	4	44.5	6.1
	계	9	100	13.6
합 계		66		100

자료: 강석화(1991: 82).

다.[5]

이러한 군현 혁파(革罷)·강등(降等)의 원칙은 숙종 20년(1694) 남구만(南九萬)이 제시한 것이다. 이에 따라 영조대의 『속대전(續大典)』 형전(刑典)에서는 첫째, 강상죄인이 발생한 읍의 수령은 파직한다. 둘째, 강상죄인이 사는 읍호가 현령관 이상이면 강등하되 그 기한은 10년이다. 셋째, 현감관의 읍호에서는 혁파하지 않으나, 현의 서열에서 맨 뒤로 돌리고 그 기한은 10년이다. 넷째, 반역죄가 발생한 경우도 강상죄와 마찬가지로 파가(破家) 이하의 규정을 적용한다고 규정했다(김진봉 외, 1981: 47).

5) 군현의 등급은 본래 고려의 성립 시기에 왕실과 지방 호족과의 관계, 국가 및 왕실과의 연고, 군사적 중요성, 호구와 토지의 다소광협(多少廣狹)에 따라 차등을 두었으며, 그 등급의 승강도 지방 토성이민(土姓吏民)의 국가 및 왕실에 대한 공과 죄에 따라 결정되는 일이 빈번했다. 고려 시대의 이러한 폐단은 조선 초에도 계속되었다(최봉수, 1993: 12; 1995: 69).

조선 시대에도 고려 때와 마찬가지로 집단 형벌인 군현강등제를 채택한 것은 지역 주민 스스로의 규율과 책임에 의해 군현의 질서를 유지케 한다는 통치 이념이 내포되었기 때문이며, 명분과 명예를 중시했던 당대 중앙통제의 한 방법이었다고 볼 수 있다(최봉수, 1993: 16).

이같이 읍등(邑等)이 승격되면 지방관의 직급이 상승하고 향리의 정원이 증가하기 때문에 읍세와 관계없이 승격된 읍의 백성은 과중한 부담을 지게 되었다. 당시 농민 지배의 직접적인 실현 형태라고 할 수 있는 각종 부세와 역의 수취가 군현 단위로 운영되고 있었으므로, 농민 부담의 균평화라는 측면에서 합리적이고 효율적인 군현제의 운영은 절실한 것이었다(김무진, 1985).

3 다산의 지방행정 체제 개편론

1) 행정구역의 조정안

다산은 기존 8도 가운데 전라 · 경상 · 평안 · 함경 4도를 남북 혹은 동서로 나누어 전국을 12성(省)으로 재편했다. 평안도는 청천강과 적유령을 경계로 남북으로 나누어서 남쪽은 패수(浿水: 대동강)의 명칭을 따서 패서성(浿西省)이라고 칭하고, 북쪽은 청서성(淸西省)이라 칭했다. 함경도는 마천령을 경계로 남북으로 나누어서 북동쪽은 두만강의 이름을 따서 만하성(滿河省)이라 하고 남서쪽은 옛 현도 지역이므로 현도성(玄菟省)이라고 했다. 전라도는 노령을 경계로 남북으로 나누어서 남쪽은 광주의 옛 명칭인 무주(武州)를 따서 무남성(武南省)이라 하고, 북쪽은 전주의 옛 명칭인 완산주(完山州)를 따서 완남성(完南省)이라 했다. 경상도는 황수(潢水: 낙동강)를 경계로 동서로 구분해 동쪽은 영남성(嶺南省), 서쪽은 황서성(潢西省)이라고 했다(經世遺表, 天官修制, 郡縣分隷).[6]

또한 수부(首府)의 명칭을 따서 붙인 도명 대신 각 지역의 중요 산천 지명이나 역사적 유래에 따라 성명(省名)을 개명하고자 했다.[7] 즉 경기도는 봉천성(奉天省)으로 개명하고, 충청도는 금강의 옛 명칭이 사비하(泗沘河)이므로 사천성(泗川省)으로 고치고, 강원도는 열수(洌水: 한강)의 동쪽에 있으므로 열동성(洌東省)으로 개명했다. 또한, 황해도는 송해성(松海省)이라고 했는데, 이는 황주(黃州)보다 송경(松京: 개성)이 중요하기 때문이었다. 이 같은 변화를 보이는 가장 큰 이유는 다산이 성의 구획 기준으로 강과 산맥을 중요시했기 때문이다(經世遺表, 天官修制, 郡縣分隸).

다산이 기존의 8도 중 전라, 경상, 평안, 함경 4도를 각각 둘로 구분하려고 한 이유는 지방이 광대하고 인구가 많아 정무가 번거로운 방에서의 통치 효율성을 높이기 위함이었다.

> 서도(西道)와 북도(北道)는 땅이 넓은데 감사가 경계의 첫 고을에 앉아 수천 리 지역을 통제하니 명령이 빠를 수 없고 간악함을 살필 수 없다. 마땅히 각각 2성씩 나누어야 한다. 호남과 영남은 백성이 번성하고 정무(政務)가 번거로우니 정무에 능통한 인재이거나 국량이 큰 자가 아니면 다스릴 수 없다. 고려 시대에도 호남에는 남북 두 도가 있었고, 영남에도 두 도가 있었다(經世遺表, 天官修制, 郡縣分隸).

반면, 봉천성은 경기(京畿)에 해당되고, 사천성, 열동성, 송해성은 도성에 아주 가까이 있어 울타리가 되므로 분할하지 않도록 했다.

> 열수 서쪽에 있는 것을 경기에 붙여서 근본되는 곳을 두텁게 함이 마

---

6) 이러한 자연지리적인 분할은 공교롭게도 부족국가 시대의 영역과도 부분적으로 일치한다. 만하성은 옛 북옥저 지역이며, 영남성은 진한, 황서성은 변한 지역이다. 열동성 가운데 옛 예맥 지역인 영동 9고을은 강릉부사가 따로 관할하도록 했다. 자연지리를 경계로 나누다 보니 그것이 자연히 지역적 생활권을 단위로 형성되었던 부족국가 시대의 영역과 일치하게 된 것이다(조성을, 1993: 581).

7) 기존의 도명이 수부의 명칭을 중심으로 된 것은 지방자치적인 요소의 반영이라고 할 수 있다(강석화, 1992: 265).

땅하다(經世遺表, 天官修制, 郡縣分隷).

> 사천성은 도성에 아주 가까운 울타리이므로 웅대했으면 하는 생각에서 깎거나 가르지 않았다(經世遺表, 天官修制, 郡縣分隷).

다만 열동성의 경우, 지리적 특성 때문에 감사가 원주에 있으면서 동해안까지 통제하기가 어려우므로, 강릉부사도 안찰사라는 직명을 겸해서 영동 지역 아홉 고을의 작은 일들을 다스리게 하고, 큰 일만 감사가 다스리도록 했다(經世遺表, 天官修制, 郡縣分隷).[8]

이렇게 12성으로 전국 행정구역을 재편할 경우 봉천, 열성, 송해, 사천 등 중부 4성의 민호 수와 전결 수는 상대적으로 증가하게 된다. 기존 8도의 도별 평균 민호 수는 188,902호이고 전결 수는 176,500결인데, 중부 4도의 평균 민호 수는 146,451호이고 전결 수는 130,406결이므로, 전국 평균에 못 미친다(<표 11-4> 참조). 그러나 12성 재편 안

〈표 11-4〉 12성의 민호 수 및 전결 수

성명(省名)	민호 수	전결 수	성명(省名)	민호 수	전결 수
봉천성	147,019	65,984	열동성	74,613	42,331
송해성	160,458	150,278	사천성	214,542	253,434
완남성	127,397	167,619	청서성	95,295	44,910
무남성	145,990	182,084	패서성	90,930	65,100
영남성	175,140	177,617	현도성	61,345	54,680
황서성	160,460	159,132	만하성	57,955	47,363

注: 이 표는 다산의 구상대로 군현을 이속시키고, 『대동지지』 전민표(田民表)의 수치를 대입해 작성한 것임.

자료: 經世遺表, 天官修制, 郡縣分隷; 강석화(1991: 77).

8) 다산은 평안도 지역의 폐사군(廢四郡) 지역(무창, 여연, 우예, 자성)의 경우에도 평양과의 거리가 수천 리나 되어, 감사가 직접 통제하기 어려우므로, 강계부사가 안무사라는 직명을 겸해서 결재를 받고, 오직 큰 일만 감사에게 통제를 받도록 하는 것이 마땅하다고 했다(經世遺表, 天官修制, 郡縣分隷).

에서는 성별 평균 민호 수가 125,934호이고, 평균 전결 수가 117,711결이 되어, 중앙 4성의 평균 민호 수(149,158호)와 전결 수(128,006결)가 전국 평균보다 상대적으로 크게 된다. 다산은 이에 대해 수도를 중심으로 한 중부 지역의 경제·군사적 비중을 높이려는 의도가 있음을 밝히고 있다.

> 원제에 양남과 양북은 면적이 아주 넓은데 중앙의 4도는 그 땅이 아주 작으니 안쪽은 중하게 바깥은 경하게(重內輕外) 하고, 줄기는 억세게 가지는 약하게(强幹弱支) 하는 뜻에 심히 어긋난다. 이제 양남과 양북을 8성으로 나누고 중앙 4도의 강역은 예전대로 했다. 그렇게 하면 중한 데에 있으면서 경한 것을 막고(居重禦輕), 강함으로써 약함을 제어하게 되니(以强制弱), 진실로 형세에 도움이 있을 것이다(經世遺表, 天官修制, 郡縣分隷).

2) 군현 등급의 조정

첫째, 다산은 주, 부, 도호부, 대도호부로 나뉘고, 주에도 부윤, 목사, 부사가 있는 지방행정 체제를 비판하면서, 직관 제도는 간략해야 하며 번거로워서는 안 된다고 했다. 따라서 주와 부를 합쳐서 한 등급으로 하여 모두 도호부라 일컫도록 하여, 도호부-군-현령의 체제로 단순화시키고, 현감이라는 명칭은 없애자고 했다(經世遺表, 天官修制, 郡縣分隷).

> 그 중에서도 예전부터 부윤이라 일컫던 곳은 도호부 대윤이라 일컫고, 예전부터 대도호라 일컫던 곳은 도호부 대사라 일컬으며, 예부터 목사라 일컫던 곳은 도호부 목사라 일컫는다(經世遺表, 天官修制, 郡縣分隷).

군현 등급에 대한 개혁은 태종 때부터 있었다. 태종 6년에 군현 등급과 명호 개정에 관한 건의가 있어 동 13년에 개혁을 단행했다. 이때의 개혁은 당해 지역의 토착 세력의 강약에 따라 등호를 정했던 고려 때와 많이 달라진 것으로서 전정(田丁)·호구(戶口)와 행정상의 편의를 중심으로 개편이 이루어진 것이었다. 그러나 토착인의 의식은 이전 시기와 크게 변화되지 않아서 종종 물의가 일어나기도 했고, 이에 따라 구역 개혁에 대한 논의는 계속되어, 태종 15년에도 호구를 기준으로 일부 군현을 승격시켰다(김진봉 외, 1981: 34). 세종 때에도 이러한 노력은 계속되어, 군현의 승격이 인구 규모에 따라 조정되도록 했다(최봉수, 1993: 15).

둘째, 다산은 읍세와 무관한 군현의 승강 반대, 읍의 경제력에 기준한 등급의 재조정을 특징으로 하는 개혁안을 제시했다. 다산의 개혁안은 사실 『태종실록』에 나타나는 사간원의 상소와 맥을 같이하는 것이라고 할 수 있다.[9] 또한 이러한 다산의 개혁안은 가치 지향적 경향이 강한 도학·명분 위주의 정치론이 쇠퇴하고, 효율성을 지향하는 공리적 정치론이 강화된 당시의 시대적 변화를 반영하는 것이다(이상엽, 2004: 188).

> 과거 고려 때에, 주·군의 승격 사유는 혹은 왕비의 관향(貫鄕)이라는 이유로, 혹은 공신의 관향이라는 이유로, 혹은 고승(高僧)의 관향이라는 이유로 했다. 국운이 길어 천 년을 넘게 되면 나라의 군현이 나중에는 모두 주로 승격될 것이다. 지금부터라도 주·군·현 세 등급은 한번 정하면 다시 번복하지 않는 것이 왕정의 기본이다(經世遺表, 天官修制, 郡縣分隷).

또한 강상(綱常)에 관계되는 죄를 지은 자가 그 고을에서 나오면 비록

9) 군현의 대소 등급을 확정하기 위해서는 환시(宦侍) 등의 간청으로 명호를 지나치게 올려 준 것을 복구하고, 후비(后妃), 사신(使臣), 재상, 왕사(王師), 국사(國師)의 출신지도 모두 구호(舊號)로 환원해 가호(加號)가 없게 하면 감히 조령(條令)을 받들지 않을 수 없을 뿐만 아니라 번잡한 간섭도 없어져 결국 일대의 이목이 새로워진다고 보았다(김진봉 외, 1981: 34).

웅장한 주와 큰 군이라도 낮추어 현으로 만들고 고을 명칭도 고쳤다가 10년이 지난 다음에야 복구하는데 이것은 매우 무의미한 일이다. 감정이 없는 물(物)에다 벌을 시행하고 징계하지 못할 땅에다 징계를 내리는 것이 장차 무슨 도움이 되겠는가? (經世遺表, 天官修制, 郡縣分隷)

다산은 군현의 등급을 설정할 때, 민호와 전결을 합계하고 그 수효로써 군·현의 대소를 분변해 일곱 등급으로 차등화했다.

무릇 민호는 많은데 결수(結數)가 적은 것은, 혹 산골 백성은 화전을 많이 경작하고, 바닷가 백성은 어획의 이(利)가 있기 때문이다. 그러므로 고을 힘이 넉넉해 전결이 많은 것과 서로 같다. 이로 말미암아 말한다면 모든 군·현의 크고 작음은 민호의 많고 적음을 보는 것이 마땅하며 전결은 그 다음이다 (經世遺表, 天官修制, 郡縣分等).

이를 통해 각 지역 경제권이 지방행정 단위와 일치되고 비슷한 규모를 가짐으로써 각 지역경제권의 균등한 발전을 꾀했던 것이다 (조성을, 1993: 581).

그러나 다산은 이러한 원칙을 획일적으로 적용한 것은 아니고, 서북지역과 같이 면적은 광활한데 인구가 적은 지역에 대해서는 다른 기준을 적용하자고 했다. 즉 인구가 적고 농업이 발달하지 않았다고 해도 다른 경제력이 충분한 곳에서 획일적으로 민호와 전결만을 기준으

〈표 11-5〉 다산의 군현 분등(郡縣分等) 기준

구분	민호+전결의 수	구분	민호+전결의 수
대주	2만 5천 이상	대현	8천 이상
대군	2만 이상	중현	6천 이상
중군	1만 5천 이상	소현	4천 이상
소군	1만 이상	4천 미만은 합병	

자료: 經世遺表, 天官修制, 郡縣分等.

로 군현의 등급을 매기는 것은 불합리하다는 것이다.

> 서북 두 도는 땅은 넓으나 사람이 드물고, 평탄한 전지(田地)가 아주 적다. 그런데 인삼·돈피·은·베와 어획의 이익이 또한 많으니, 남도에서 시행하는 법으로 셈할 수 없다. 따라서 서북의 경우 군·현의 크고 작음을 정하는 데에 율(律)을 다르게 적용함이 마땅하다(經世遺表, 天官修制, 郡縣分等).

〈표 11-6〉 다산의 군현 분등 기준(서북 2개 도[道]의 경우)

구분	민호+전결의 수	구분	민호+전결의 수
대주	1만 5천 이상	대현	6천 이상
대군	1만 이상	중현	4천 이상
소군	8천 이상	소현	4천 미만

자료: 經世遺表, 天官修制, 郡縣分等.

이 같은 견해는 상업의 발달과 상공업 성장에 따라 새로운 재원이 창출되고 있었던 당시의 경제적 여건 변화를 수용하려는 것이었다고 볼 수 있다(강석화, 1992: 269). 다산은 천연자원의 개발이나 상행위에 대한 세금의 비중이 적고 전결을 첫째 기준으로 부과하는 기존의 부세 제도 아래에서는 농민에게만 부세가 집중되어 공용(公用)은 공용대로 부족하고, 민생의 고통이 가중되므로 관에서 자원을 장악하고 직접 개발을 담당하며 모든 재원에 대해 구일세법(九一稅法)을 시행해야 한다고 역설했다(經世遺表, 冬官工曹, 事官之屬).

셋째, 다산의 군현제 정비론이 갖는 또 다른 특징은 신읍(新邑)의 설치이다. 다산은 중앙관제 개혁안을 제시하면서도 무조건 관직을 혁파해 줄이는 것만을 중시하지 않고 필요한 관서라면 신설해 국정 운영에 소홀함이 없도록 해야 한다고 주장했는데, 지방행정 체제 개혁안에서도 동일한 입장을 보이고 있다.

다산이 신읍 설치를 제안한 곳은 모두 12개소였으며, 내륙의 요해처(要害處), 연해(沿海)의 도서 지역, 북벌(北伐) 일대였다. 이러한 곳은 모두 관방을 강화하고 민폐를 줄이기 위해 중시했던 곳이다. 특히 북부 국경 지방에는 보(堡)를 설치해 방어에도 충실하게 하고 남부 지방의 인구를 이주시켜 지역별 인구의 불균형을 해소시켜 보고자 했다. 다산은 특히 폐4군 지역의 중요성을 강조하면서, 이 지역이 버려지고 이역처럼 여겨지는 것에 대해 큰 우려를 나타냈다. 북쪽 변경 지역에 대한 보장이 완성되면 고을 관아를 설치할 수 있고, 인구의 이주도 가능하게 될 것이라 주장했다(經世遺表, 天官修制, 郡縣分隷). 다만 남북 기후가 다른데 갑자기 멀리 이주하는 데서 오는 불편을 감안해 순차적인 지역 이동을 고안했다.

> 남방 백성은 복판 도(中道)로 옮기고, 복판 도(中道)의 백성은 양서(兩西)로 옮기고, 서도 백성은 4군(폐4군)으로 옮긴다면, 남방에는 호총(戶摠)이 줄어들고 4군에는 읍과 부락이 이루어질 것이다(經世遺表, 天官修制, 郡縣分隷).

또한 전라도 도서 지역(나주, 순천 인근 지역)의 경우 육지까지 와서 민원을 해결하는 비용이 커서 백성들이 억울해 하므로 새로운 현을 세워야 한다고 주장했다.

> 나주 바다에 열두 개의 큰 섬이 있고 …… 나주 군관이 바깥 섬 주인이 되어, 그 이(利)를 다 먹으면서 …… 섬 백성이 바다를 건너 육지에 와서 고소하려 해도 한 번 부성(府城)에 들어오려면, 헛되이 드는 비용이 매우 많고 사건은 결국 바로잡아지지 않기 때문에 원통함과 억울함이 쌓여서, 별도로 한 현을 세우고, 열두 섬을 다 이 현에다 붙이기를 원하고 있다(經世遺表, 天官修制, 郡縣分隷).

이렇게 도서 지역에 독립된 관아를 만드는 것은 외적의 침입을 막

는 것에도 도움이 되는 일이라고 했다(經世遺表, 天官修制, 郡縣分隸).[10]

넷째, 다산은 이러한 군·현의 등급에 따라 서리의 정원도 비례해 정하자고 했다. 이때 대략 20명을 시점으로 하여, 100호에 1명의 서리를 추가하는 비율을 적용해 매율(每率)에 5명씩을 보태며, 40명이 넘으면 10명을 더 추가하도록 하되, 100명을 상한선으로 잡았다. 20명을 하한선으로 잡은 이유는 민호와 결수를 합해 4,000 이상인 경우 독립된 현이 되도록 했는데, 이때 민호의 수를 대략 2,000으로 잡는다면 20명의 서리 정원이 도출되기 때문이다. 이 경우 서북 지방은 민호와 결수가 4,000에 못 미치더라도 독립된 현이 되도록 했으므로, 서리의 하한 정원을 20명으로 한다는 것이다. 다산은 서리 이외에 군관이나 노예의 정원도 이러한 원칙에 따라 차등 있게 비율대로 적용할 것을 주장했다(經世遺表, 天官修制, 郡縣分等).

이렇게 군현 등급의 조정과 서리, 군관, 노예 정원을 연계시킴으로써 다산은 과다한 혈관(穴官), 서리로 인한 지방 주민의 피해를 막고,

〈표 11-7〉 군현 등급에 따른 서리의 정원

민호의 수	서리의 수	민호의 수	서리의 수
4천 호 미만	20인	1만 호 이상	50인
4천 호 이상	20인	1만 5천 호 이상	60인
5천 호 이상	25인	2만 호 이상	70인
6천 호 이상	30인	2만 5천 호 이상	80인
7천 호 이상	35인	3만 호 이상	90인
8천 호 이상	40인	3만 5천 호 이상	100인

자료: 經世遺表, 天官修制, 郡縣分等.

10) 다산은 해안 도서 지방에 대해서는 형조 휘하에 유원사(綏遠司)라는 관청을 두어 전국의 섬을 관장하고, 그 판적(版籍)과 부세(賦稅) 관계를 전담하게 할 계획도 세워놓았다(經世遺表, 秋官刑曹, 刑官之屬).

통일적이고 효율적인 부세(賦稅) 행정과 지방행정 체제를 수립하고자 했던 것이다.

3) 군현 병합

다산은 군현 병합을 통한 잔읍 혁파(殘邑革罷)의 필요성도 역설했다. 정약용의 구상에 따르면 성별 속읍의 평균은 26.1개소가 되는데, 이는 기존 8도의 도별 평균 속읍 수 41.4개소보다 훨씬 적은 것으로, 본래 346읍에서 43읍으로 12%를 줄여서 314읍이 된 것이다.[11] 이같이 성별 속읍 수를 줄인 의도는 중앙정부와 각 성에 각 읍에 대한 통제와 관할을 더욱 용이하게 하려는 것이었다(강석화, 1992: 268).

> 작은 현을 합쳐서 하나의 군으로 만드는 것이 이치에 맞다. 작은 현을 구차스럽게 남겨두면 그 폐단이 점점 심해진다. 왜냐하면 조그마한 고을에도 사직(社稷)이 있고, 빈객(賓客)이 있으며, 관원에게 권속(眷屬)이 있고, 관청에 아전과 하례(下隷)가 있다. 백성의 재물을 벗겨내고, 침해해서 큰 고을이 하는 짓을 다 본받고자 하니 백성을 해쳐서 만 가지로 괴롭힌다(經世遺表, 天官修制, 郡縣分隷).

이러한 군현 병합은 군자(軍資)의 확보, 인재 확보 문제의 해소, 주민 부담의 균등화 및 국가재정 절약 등의 목표로 조선 초기부터 추진되어 왔으나, 실제 효과는 별로 없었다. 태조에서 세종 때까지 지속된 군현 병합의 개혁은 대부분 1년도 지속되지 못했는데, 이는 군현 병합의 반대 여론이 비등했고, 또한 병합되는 군현의 토성이민(土姓吏民)들이 불만을 품고 온갖 방법으로 병합을 방해했기 때문이다. 군현 병합에는 각 도의 감사들도 대체로 반대하는 의견을 보이고 있었으며, 토호와 향리들이 가장 반대하는 계층이었다(최봉수, 1993: 20; 1995: 67-68).

---

11) 이는 유형원이 전체 속읍 수의 1/3을 줄이자고 한 것보다는 보수적인 제안이라고 할 수 있다(김무진, 1985).

〈표 11-8〉 다산이 구상한 읍의 등급별 총수

구분	주	군	현	계	구분	주	군	현	계
봉천성	5	11	22	38	열동성	3	6	12	21
사천성	4	10	28	42	송해성	3	12	12	27
완남성	3	6	18	27	패서성	2	6	12	20
무남성	4	6	20	30	청서성	3	18	2	23
영남성	3	9	18	30	현도성	2	4	10	16
황서성	3	9	18	30	만하성	2	8	0	10

자료: 經世遺表, 天官修制, 郡縣分隸.

세조 때에는 전국의 수취제(收取制)를 정비해 백성의 부담을 균등케 하려는 명분으로 군현의 병합에 착수했다. 당대의 석학 양성지(梁誠之)는 군소 군현을 무조건 병합할 것이 아니라 산천 지세, 도로 원근, 인물 번간(人物繁簡) 등 각 고을의 실정을 참작해 실행하되, 정부의 입장과 현지 주민의 입장을 충분히 고려해야 한다고 주장했다. 또한 군현의 개편에 앞서 참고 자료가 되는 지도·지지 등을 만들어 산천경계, 도로 거리, 인구와 토지의 다소광협(多少廣狹)을 충분히 파악할 것을 강조하면서 전국에 산재한 견아상입지(犬牙相入地)와 월경지(越境地)를 정리하는 것이 무엇보다도 시급하다고 했다. 그러나 군현의 병합은 막료들과 각 도의 감사들 거의가 반대하는 입장에 있었고, 재야 세력의 끈질긴 반대에 부딪혀 거의 진척되지 못했다(최봉수, 1993: 22).

선조 27년(1594)에 군현 병합의 논의는 다시 시작되었다. 병합을 주장하는 측은 첫째, 조선 8도가 중국의 일대주(一大州)의 크기에 불과하나 300여 개의 군현으로 분리되어 있어 소읍의 경우는 가구 수가 100호도 안 되고, 둘째 소읍이라도 관청의 조직은 대읍과 다를 바가 없어 읍민의 고통이 더해지고 역(役)에서 불균형이 발생한다는 논리를 내세웠다. 대신 병합된 군현에는 어사를 수시로 파견해 수령을 철저히 감

독함으로써 민원을 해소해야 한다고 했다(최봉수, 1993: 22-23).[12]

4) 감사의 기능

다산은 상위 지방행정 계층인 도를 관할하는 감사(監司)의 기능을 순행(巡行)을 통해 하위 지방행정 계층에 대해 지도·감독하는 기능으로 국한하고 직접 대민 행정 업무를 담당하지 않아야 한다고 주장했다. 이를 위해 감사는 관찰을 버리고, 다만 순찰사라 일컬어서 순찰하는 일에만 전념하도록 하고 별도로 판관을 두도록 하는데, 이는 감사는 순행하는 것을 본연의 직무로 하므로 거처를 정하지 않기 때문이라고 했다(經世遺表, 天官修制, 郡縣分隷).

> 감사가 솔권(率眷)하기 시작한 이래로 온갖 폐단이 어지럽게 일어나서 한 가지 일도 거행되지 않고, 봄 가을 순행(巡行)도 겉치레뿐이다. 이제부터는 감사가 솔권(率眷)하는 법을 영원토록 철폐함이 마땅하다(經世遺表, 天官修制, 郡縣分隷).

4 해석과 시사점

이상 다산의 지방행정 체제 개편과 관련된 논의는 오늘날의 지방행정 체제 개편 논의에도 시사하는 바가 있다.

첫째, 다산은 지방행정 계층제 논의에서는 상급 지방행정 계층을 도(道)에서 성(省)으로 바꾸고 그 관할 구역에 대한 조정만을 주장했을 뿐, 지방행정 계층의 통합을 주장하지는 않았다. 즉 다계층제의 필요

---

12) 그러나 이조(吏曹)는 유민(流民)의 안정과 정착을 위해서는 군현 병합보다는 유능한 수령을 선발하고, 수령에 대한 감독을 강화해 관찰사의 책임 아래 군정과 민정을 함께 관할하는 조치가 불가피하다고 주장했다. 그리고 이러한 의견은 군현 병합보다 실행이 용이했기에 선조는 향리의 재건과 치안 유지의 성과를 이유로 병합불가론을 채택했다(최봉수, 1993: 22-23).

성을 간접적으로 인정하는 것이라고 할 수 있다.[13] 그러나 다산은 도의 역할에 대해서는, 감사(監司)의 역할에 대한 언급에서 알 수 있듯이, 하급 지방행정 계층에 대한 감찰로 국한하고, 대민 행정의 수행에 직접 관여해서는 안 된다고 주장했다. 이는 지방행정 계층이 2계층이면서도 그 기능에서는 구분되어 상호의 역할이 중복되지 않도록 하려는 의도라고 생각되며, 또한 대민 행정의 핵심은 하위행정 계층에 있음을 암시해 주는 것이라고 할 수 있다. 다시 말해서 상위 지방행정 계층과 하위 지방행정 계층 간의 기능 배분이 명확하지 않을 경우에는 행정 책임이 모호해져서 권한 사항에 대해서는 자기 소관이라고 주장하는 반면 책임 사항에 대해서는 자기 소관이 아니라고 회피·전가하는 폐단을 막을 수 없게 된다. 또한 행정 계층 수가 많아짐에 따라 행정의 지체가 발생하고 계층 간의 거래 비용과 의사결정 비용이 늘어나는 폐단도 막을 수 없게 된다(정세욱, 1996: 405).

둘째, 다산의 군현 병합 논의는 최근의 시·군 통합 논의와 일맥 상통하는 바가 있다. 시·군 통합의 목적이 시와 군으로 분리되어 있던 행정구역을 하나의 시로 통합해 일원화함으로써 기구, 인력, 공공 서비스 생산 비용의 절감을 통해 세출 경비를 줄이는 데 있는데(최양부·윤원근, 1988; 홍준현, 1997; DeGrove, 1973; Horan & Taylor, 1977),[14]

---

13) 물론 다층제의 경우는 전근대적인 산물인 경우가 많다. 즉 교통과 통신이 충분히 발달하지 못한 전근대에는 중앙정부가 전 영토를 직접 통치할 수 없었고, 또한 생활권은 촌락을 중심으로 소규모로 형성되어 있어서 자연 다층적인 행정구역이 발생했던 것이다. 그러나 현대 사회에서도 행정구역의 다층제는 여러 이점이 있다. 지방정부 간의 수직적 분업 체계를 가지고 행정 기능의 적정관리 규모에 맞도록 행정구역을 구획함으로써 전문화와 효율성을 제고할 수 있다. 즉 상위 지방정부는 구역의 크기에 맞게 대규모 사업이나 광역적인 행정 기능을 수행할 수 있게 되고, 하위 지방정부는 좁은 범위의 지역적 특성에 맞는 주민에 대한 직접 서비스 기능을 원활하게 수행할 수 있다는 것이다(Barlow, 1981: 131). 그러나 다층제는 여러 개의 행정계층이 존재함에 따라 이중행정과 하위계층의 지방정부 구역에 대한 이중 감독의 폐단을 초래할 수 있으며 그 결과 행정 능률의 저하와 낭비를 초래할 수 있다(Leemans, 1970: 78).

14) 본래 하나였던 행정구역이 두 개 이상으로 나뉘게 되면, 복수의 행정기관이 필요하고, 공무원의 수가 늘며, 공무원의 직급도 상향 조정되어 일반행정 비용이 중복 지출

다산 역시 군현 병합을 통해 군자의 확보, 주민 부담의 균등화 및 국가재정의 절약을 꾀할 수 있다고 보았던 것이다. 또한 다산의 군현 병합 논의는 행정 계층 간 인구나 경제력의 격차를 줄여서 농민 부담의 형평을 꾀하고자 하는 것이었는데, 이는 오늘날 동일 행정 계층 내의 자치단체 간 인구나 재정적 편차를 감소시키기 위해 행정구역 통합을 추진하는 것과 일맥 상통하는 것이다(박희정, 1994; 이병철, 1994; 임성일, 1994).15) 특히 8도를 12성으로 개편하는 논의에서 각 성의 하부계층인 속읍의 수를 균등화시키려 했다는 것도 오늘날의 행정구역 개편 논의와 일치하는 바가 있다. 또한 시장의 확대로 인한 종래 군현의 경계와 경제권의 불일치를 시정하려는 다산의 노력 역시 생활권과 행정구역의 불일치를 조정하려는 오늘날의 행정구역 개편 논의와도 일치한다.

셋째, 다산은 군현 등급을 조정할 때, 직관 제도는 간략해야 하며 번거로워서는 안 된다고 하여, 주(州)와 부(府)를 합쳐서 한 등급으로 하여 모두 도호부라 일컫도록 하여, 도호부-군-현령의 체제로 단순화시키고, 현감이라는 명칭은 없애자고 했다. 그러나 그렇다고 해서 군현을 모두 동일하게 취급했던 것은 아니고, 군을 대군·중군·소군의 3단계, 현을 대현·중현·소현의 3단계로 구분하고 이에 따라 서리나 군관, 노예의 수에 차등을 두고자 했다. 이는 요즘의 차등 분권에 해당하는 것으로 외형상 기초자치단체인 시(市)일지라도 인구나 경제력

되는 낭비를 초래한다. 즉 읍이 시로 승격하면 종래 군수 밑에 별정직 사무관급인 읍장이 맡아보던 사무를 부이사관급인 시장이 담당하게 되고, 읍사무소에서 일괄 처리하던 민원 업무는 동사무소가 6~8개씩 신설되어 거기에서 담당하게 된다. 이는 행정민원의 증가와는 별로 관계없이 공무원의 수를 팽창시키는 결과를 초래한다. 또한 읍의 시 승격 이후에도 잔여 군 지역의 공무원 수도 군으로부터 읍의 분리에 따른 행정 수요의 감소에도 불구하고 감소하지 않고 오히려 꾸준히 증가하는 모순을 보여왔다(강희주, 1994; 이규환, 1994).

15) 미국의 경우도 부유한 지역과 가난한 지역 간 재정 불균형이 심각한 상태에서 시·군통합은 관할 구역 간 서비스 수혜의 형평성을 상당한 정도로 제고할 수 있다고 보고 있다(Glendening & Atkins, 1980).

의 규모에 따라 시가 수행하는 권한에 차등을 두자는 논의(홍준현, 2001)와 일맥 상통하는 것이라고 할 수 있다.

넷째, 다산의 군현 등급 조정 기준에 대한 논의에서 읍세와 무관한 군현의 승강 반대, 읍의 경제력에 기준한 등급의 재조정을 특징으로 하는 개혁안을 제시했는데, 이는 오늘날 읍의 시 승격이나 시의 광역시 승격에서, 법령상의 원칙이 적용되기보다는 정치적 배려에 의한 승급이 있었던 현상에도 시사하는 바가 있다.[16] 또한 다산이 군현 등급의 조정 기준으로 단순히 인구를 기준으로 하기보다는 인구와 경제력을 함께 고려했다는 점도 현대적인 시나 읍 승격 기준[17]과 일견 일맥 상통하는 바가 있다.

물론 다산의 이러한 지방행정 체제 개편 논의는 중앙집권을 강화하기 위한 방편으로 구상되었다는 점이, 지방자치 역량을 강화시키기 위한 정책 방안으로 논의되고 있는 오늘날의 지방행정 체제 개편 논의와 근본적인 시각의 차이가 있음을 간과해서는 안 될 것이다. 그러나 다산이 지향했던 중앙집권은 정조의 좋은 정치 구현의 중요한 도구였음도 주목해야 한다. 정조가 생각하는 좋은 정치란 국왕과 백성 사이에 어떠한 장애물도 놓여 있지 않은 상태를 가리키며, 이는 종래 사림정치의 구도인 국왕-신하-백성의 3단계를 국왕-백성의 2단계 구조로

---

16) 시 승격은 도시 인구의 증가에 따라 해방 이후 꾸준히 증가하긴 했으나, 1960년대에 4개 읍이 시로 승격되고, 1970년대에 8개 읍이 시로 승격된 것에 비해 1980년대에는 29개 읍이 시로 승격되었다. 그러나 상주시의 예에서 보듯이 시 승격 이후 오히려 인구가 감소한 곳도 있다(김광식, 1995). 심지어 김제시의 경우, 시 승격 전 1987년 김제읍의 인구가 39,048명이었으나, 시 승격 요건인 인구 5만의 기준을 맞추기 위해 1989년 1월 시 승격 당시 김제읍뿐만 아니라 김제읍 주위의 월촌면 전체와 백산, 황산, 봉담면 일부를 김제시로 편입시키기도 했다(최양부 · 윤원근, 1993: 91-92). 한편 광역시 역시 1970년대까지 2개에 불과했으나, 1980년대에 4개의 시가 새로 광역시로 승격했다. 광역시로 승격할 경우 통상 인구 100만 이상인 시를 검토 대상으로 해왔을 뿐 특별한 법정 요건이 없다.

17) 현행 시 승격 기준은 인구가 5만 이상일 것이라는 기준 외에도 1인당 지방세납부액이 인구 10만 이하인 시의 평균 이상일 것이라는 기준도 포함되어 있다(행정구역조정업무처리에 관한 규칙 제6조).

바꿈으로써 상대적으로 평등한 사회를 만들기 위한 것이었다(박현모, 2001: 373-400). 따라서 다산이 중앙집권을 지향했던 바가 지방관이나 지방 토호로부터 농민이 수탈당하는 것을 보호하려는 취지였다는 점에서는 오늘날의 지방자치 역량 강화의 목적과도 일맥 상통하는 바가 있다고 본다.

또한 다산의 지방행정 체제 개편과 관련된 주장은 다산의 여타 부문에서의 주장들과 마찬가지로 사회적 담론을 형성하는 데까지는 미치지 못하고 재야 학자의 단순한 주장으로 그치고 말았다는 점도 다산 개혁의 한계라고 할 수 있다.

참고 문헌

강석화(1991). 조선 후기 지방제도의 운영과 정약용의 개혁안. 『한국학보』, 17(4): 70-100.

강석화(1992). 정약용의 지방제개혁안 연구. 『국사관논총』, 34: 261-287.

강희주(1994). 시·군 통합, 시민은 찬성 군민은 반대. 『지방자치』, 4월호: 28-31.

김광식(1995). 시·군 통합과 지방자치단체의 정책과제. 『지방행정연구』, 9(4): 1-18.

김기옥(2001). 조선 지방행정구역과 지방관료제도에 관한 고찰. 『중앙행정논집』, 15(1): 15-39.

김무진(1985). 반계 유형원의 군현제론. 『한국사연구』, 49: 49-78.

김진봉 외(1981). 지방 행정구역 변천의 정치사회적 배경에 대한 연구. 『호서문화연구』, 1: 7-55.

박현모(2001). 『정치가 정조』. 서울: 푸른역사.

박희정(1994). 도농 통합 이후의 지역발전 과제. 『지방행정』, 9월호: 50-68.

윤정애(1985). 한말 지방제도 개혁의 연구. 『역사학보』, 105: 67-109.

이규환(1994). 도농통합시의 행정체계. 『자치행정』, 9월호: 15-28.

이병철(1994). 행정구역 개편에 관한 연구: 김영삼 정부의 행정구역 개편안을 중심으로. 『울산대학교 사회과학논집』, 4(2): 23-41.

이상엽(2004). 정조의 지방통치 관련 개혁정책에 관한 연구. 『동방학』, 10: 183-208.

이존희(1990). 『조선 시대 지방행정제도 연구』. 서울: 일지사.

임성일(1994). 도농통합형 도시 행·재정의 과제. 『도시문제』 6월호: 44-59.

정약용. 민족문화추진회 편(이익성 역)(2002). 『경세유표』 I. 서울: 한길사.

조성을(1993). 정약용의 지방제도 개혁론. 『동방학지』, 77-79: 567-585.

조창현(1995). 『정부간 관계: 이론과 실제』. 서울: 법문사.

최봉수(1993). 조선 시대 지방행정구역의 정비에 관한 연구. 『정책과학연구』, 5: 3-41.

최봉수(1995). 한국 중세의 행정구역 조정과 중앙집권화에 관한 연구: 조선군현제의 형성 배경을 중심으로. 『한국행정사학지』, 4: 63-87.

최양부·윤원근(1988). 『행정구역의 합리적 조정 방안: 정주 체계에 따른 도농통합적 행정구역의 모색』. 서울: 한국농촌경제연구원.

최양부·윤원근(1993). 도농 통합적 시·군행정구역의 설정 방안. 『지방행정연구』, 8(2): 87-104.

최창호(1980). 『지방행정구역론』. 서울: 법문사.

최창호(1990). 『지방자치제도론』. 서울: 삼영사.

하현강(1993). 『한국중세사연구』. 서울: 일조각.

홍준현(1997). 시·군 통합에 의한 행정구역 개편의 효과분석. 『한국사회와 행정연구』, 8(2): 59-90.

홍준현(1998). 『지방행정계층 조정과 행정구역 개편 방안』. 서울: 한국행정연구원.

홍준현(2001). 중앙사무의 지방이양에 있어서 차등이양제도의 도입 방향. 『한국지방자치학회보』, 13(3): 5-24.

DeGrove, J. (1973). The City of Jacksonville: Consolidation in Action, in Advisory Commission on Intergovernmental Relations.(ed.), *Regional Governance Promise and Performance*. Washington, DC: US GPO.

Glendening, P. N. & Atkins, P. S.(1980). City-County Consolidations: New Views for the Eighties, in International City Management Association.(ed.), *The Municipal Year Book 1977*. Washington, DC: International City Management Association.

Horan, J. & Taylor, G. T.(1977). *Experiments in Metropolitan Government*. New York: Praeger.

Leemans, A. F.(1970). *Changing Patterns of Local Government*. Hague: The International Union of Local Authorities.

제12장 중앙행정과 지방행정 간 관계

홍준현

1 서 론

이 장에서는 『경세유표(經世遺表)』와 『목민심서(牧民心書)』에 나타난 다산(茶山) 정약용(丁若鏞)의 중앙행정과 지방행정 간의 관계에 대한 개혁론을 살펴보고, 이를 현대의 정부 간 관계의 시각에서 평가하고자 한다. 다산의 『경세유표』는 국가개혁론의 집대성이라 할 수 있다. 다산은 『경세유표』 제1권 방례초본 인(邦禮草本 引)에서

> 임진왜란 이후 온갖 법도가 무너지고 모든 일이 어수선해졌다. …… 전제(田制)가 문란해져서 세금을 거두는 것이 공평하지 못하다. …… 관직이 정비되지 않아서 정사(正士)에게 녹이 없고 탐묵(貪墨)한 풍습이 크게 일어나서 백성이 시달림을 받았다. 그윽히 생각하건대 대개 터럭 하나만큼이라도 병통 아닌 것이 없는바, 지금이라도 고치지 않으면 반드시 나라가 망할 것

이라고 하여 국가재정의 확충과 토지 제도, 조세 제도의 개혁을 강조했다.

물론 다산이 살았던 시기인 조선 후기에 중앙행정과 지방행정 간의 관계가 직접적으로 논의된 바 없고, 더군다나 정부간 관계를 논할 사회적 토대가 형성되어 있었던 것은 아니다. 따라서 다산의 개혁론은

조선 후기와 오늘날 상황 간의 격차로 인해 직접적인 교훈을 얻기는 힘들 것이다. 그럼에도 불구하고 다산이 제시한 제도개혁론에는 중앙행정과 지방행정의 관계 속에서 파악되어야 하는 논지들이 다수 발견되고 있으며, 이 중에는 현재의 중앙-지방 관계에도 시사하는 바가 크다.

2 다산의 중앙행정과 지방행정 간 관계 논의의 기본 전제

다산은 국왕이 정치에 대한 올바른 생각과 신념을 갖는 것이 선결요건이지만, 이에 못지않게 중요한 것이 국왕이 뜻을 굽히거나 왜곡함이 없이 제대로 펼칠 수 있는 행정 체제를 구비하는 것이라고 강조했다. 그러면 세상의 모든 일은 "마치 망건의 윗부분을 팽팽하게 묶어야 아래가 쫙 펼치는 것처럼" 바로잡아질 것이라고 보았다. 선한 국왕의 존재도 중요하지만 멸사봉공의 자세로 헌신하는 신하를 중용하되 국왕을 주도면밀하게 통제할 수 있어야만 왕정사상을 실천에 옮길 수 있다고 보았던 것이다(최병선, 2006: 28-29).[1)]

> 오늘날 수령된 자는 스스로 학정(虐政)을 해서 원망이 조정으로 돌아오게 한다. 부세(賦稅)의 징수를 연기하라는 조서가 내렸으나 감추어 반포하지 않고 오로지 백성들에게 긁어내 스스로 치부하기 위한 거래를 자행하며, 부채를 탕감하라는 조서가 내렸으나 감추어 반포하지 않고 아전들과 작당 농간해 그들의 요리(料理)에 이바지하며, 병자를 구호하고 시체를 묻어 주라는 명령은 감추어 반포하지 아니하며, 결혼 못한 자의 혼인을 권하고 부모 없는 어린이를 거두어 주라는 명령은 감추어 반포하지 아니한다. 재상(災傷)을 가로채 먹고는 "조정에서 이것을 인정하지 않아 깎아 버렸다" 하며, 많은 굶주린 백성을 구호 대상에서 제외하

1) 당시의 시대상은 임금의 법령이 백성에게 하달되지 못하고 중간에서 시행되지 않고 왜곡되는 사례가 빈번했다(최병선, 2006: 29).

> 고는 "조정에서 구하기 어렵다" 한다 하며, 피륭(罷癃)[2]이 호소하면, "조정의 명령이 지엄하니 난들 어찌 하겠나" 하며, 무고한 백성을 가두고, 속전의 명목으로 돈을 빼앗고자 할 때는 "조정의 금령이 본래 엄한데 네가 어찌 죄를 범했나" 하여 백성들로 하여금 조정을 원망해 아우성치게 한다. 아! 이래서야 되겠는가? (牧民心書, 奉公六條, 宣化)

또한 다산에게서 탄탄한 국가재정의 확보는 왕도정치 실현을 위한 대전제였다. 그런데 탐관오리의 수탈과 농간이 이것을 가로막는 가장 큰 요소이고, 따라서 원악향리(元惡鄕吏)에 대한 근본 대책을 마련해 이들을 통제하지 못하는 한 민생의 안정은 기하기 어렵고 국가재정의 누수 현상을 방지하기도 어렵다고 보았다 (최병선, 2006: 30).

따라서 다산의 지방 제도 개혁 구상은 재지사족과 향리층 중심의 향촌 자치적 전통을 거부하고 왕-목민관-민으로 직접 연결되는 체제를 지향했다. 이것은 양반 사족 중심의 정치를 지양하고 왕권을 강화해서 왕명이 지방관을 통해 민에게 직접 연결되는, 그리고 왕과 민이 목민관을 통해 원활하게 소통되는 체제라고 할 수 있다 (김기승, 2005).

> 천하의 전지는 모두 왕의 전지이며 천하의 재물은 모두 왕의 재물이며 천하의 산림·천택 역시 모두 왕의 산림·천택이었다. 무릇 그런 다음에 왕이 그 전지와 재물을 그 백성들에게 널리 나누어 주었는데, 이것이 옛 선왕의 뜻이었다. 왕과 백성 사이를 막는 사람이 있어서 그 거두는 권한을 훔치고 그 널리 나누어 주는 은덕을 막는다면, 임금이 능히 극을 세우지 못하며 백성도 능히 고르게 받지 못한다. 탐관오리가 부당하게 거두고, 큰 상인과 교활한 장사치들이 이익을 독점하는 것이 이런 경우이다 (經世遺表, 地官修制, 賦貢制).

정약용은 아전이 지방정치의 강력한 행위자로서 이미 수령의 통제를 벗어나 있다고 보았다. 물론 당시 정조도 기본적으로 "간사한 향리

2) 곱사등이. 이들에게는 요역(徭役)을 면제했다.

와 교활한 하리(下吏)는 백성들의 좀"(正祖實錄, 戊辰)이라고 하여 아전의 폐단을 인식하고 있었다. 그럼에도 정조는 아전 문제가 수령의 선정(善政)에 따라 좌우될 수 있다고 보았다.

> 만약 수령들이 그칠 줄 안다면 하찮은 간사한 아전들이야 그 사이에 낄 것이 있겠는가(正祖實錄, 丙寅).

그러나 정약용에 의하면, 당시의 아전은 결코 수령정치의 종속 변수로 볼 수 없을 만큼 강력한 정치 세력이었다. 지방행정에서 아전의 역할과 권한은 지대해 수령의 통제를 실제로 벗어나 있었는데, 심지어 국왕의 경장 정책까지도 성공시키거나 좌절시킬 수 있는 구체적 방법을 알고 있는 세력이라는 것이다(박현모, 2003).

> 아전은 마치 나그네 겪어 보기에 이력이 난 주막의 주인과 같아서 새로 부임하는 수령의 성위(誠僞)와 허실(虛實)을 환히 눈에 익혀 두고 있다가 병법(兵法)의 반간계(反間計)까지 동원해 수령을 농간했다(牧民心書, 赴任六條).

> 『한서(漢書)』에 왕망(王莽)이 "천하 전지의 명목을 고쳐서 왕전(王田)이라 하고, 노비는 사속(私屬)이라 하여, 모두 매매하지 못하도록" 했고, 이를 어길 경우 죽이기까지 했다. "그러나 제도가 정해지지 않았고, 아전이 이를 이용해서 간사한 짓을 하니, 천하가 시끄러워 형에 빠지는 자가 많았다. 그 후 3년 만에 망(莽)은 백성의 괴로움을 알고 조서를 내려서 폐지했다(經世遺表, 地官修制, 田制).

3 다산의 중앙행정과 지방행정 간 관계 개혁안

다산 정약용의 중앙행정과 지방행정 간 관계 개혁안은 상급 행정기관의 하급 행정기관에 대한 통제 내지 감독 관계와 하급 행정기관의 상급행정기관에 대한 참여 내지 영향력의 행사를 모두 포함한다.

1) 상급 행정기관의 하급 행정기관에 대한 통제 및 감독 강화

다산 정약용이 주장한 상급 행정기관의 하급 행정기관에 대한 통제 내지 감독 관계 개혁안은 주로 지방행정의 실무자인 서리들에 대한 중앙의 직접 통제를 강화하는 것과 하급 행정기관인 수령에 대한 상급 행정기관인 감사의 통제를 강화하는 것, 지방관에 대한 평가를 엄격하게 하는 것과 이를 위해 보고의 중요성을 강조한 것과 더불어, 지방행정 체제를 체계적으로 정비하도록 한 것으로 구분된다.

(1) 지방 서리에 대한 중앙의 직접 통제 강화

① 장서원의 설치

다산 정약용은 『경세유표』의 서문에서 배열한 15항목의 불가역론(不可易論)에서 14번째 항목으로 향리의 정원을 제한하고 그 세습을 금해 간사함과 교활함이 발붙이지 못하도록 하는 일을 들고 있고, 이는 결코 변동할 수 없는 것이라고 못박고 있다.

이에 따라 정약용은 형조 내에 별도로 장서원(掌胥院)을 두어 향리를 관장하도록 했다. 이를 통해 향리의 정원을 정하고, 그 조례를 반포해 그 한계를 엄하게 해서, 한 가지라도 위반하는 것이 있으면, 장서원에서 엄히 다스리도록 했다(經世遺表, 秋官刑曹, 刑官之屬).

첫째, 다산은 군·현의 등급에 따라 서리의 정원도 비례해 정하자고 했다. 이때 대략 20명을 시점으로 하여, 100호에 1명의 서리를 추가하는 비율을 적용해 매율(每率)에 5명씩을 보태며, 40명이 넘으면 10명을 더 추가하도록 하되, 100명을 상한선으로 잡았다. 20명을 하한선으로 잡은 이유는 민호와 결수를 합해 4,000 이상인 경우 독립된 현이 되도록 했는데, 이때 민호의 수를 대략 2,000으로 잡는다면 20명의 서리 정원이 도출되기 때문이다. 이 경우 서북 지방은 민호와 결수가 4

천에 못 미치더라도 독립된 현이 되도록 했으므로, 서리의 하한 정원을 20명으로 한다는 것이다(經世遺表, 天官修制, 郡縣分等).

둘째, 다산은 향리는 세습하지 못하도록 했다. 다만 현손대에 이른 다음에야 이에 구애됨이 없게 했다. 또한 향리는 한 가족이 전적으로 하지 못하도록 해서 친형제끼리 함께 될 수 없고 8촌 안에는 세 사람을 넘지 않도록 했다(經世遺表, 秋官刑曹, 刑官之屬). 이를 통해 향리의 신분적 특권을 없애고자 했다.

셋째, 이방(吏房)·창리(倉吏)·도서원(都書員)·균역리(均役吏)·대동리(大同吏) 등 돈과 곡식을 출납하는 임무는 이웃 고을 아전이 와서 하도록 했다. 또한 이방의 임무를 매년 바꾸어서 12년이 지난 다음에야 재임할 수 있도록 했다(經世遺表, 秋官刑曹, 刑官之屬). 이는 향리가 그 고을 토호와 결탁하는 것을 막으려는 것이다.

결국 지방 서리의 폐단이 조선 후기의 시대적 문제로 크게 대두되고 있었는데, 정약용은 지방관인 수령에게 이들에 대한 자율적인 통솔을 맡기기보다는 중앙에서 제도를 정해 지방 서리에 대한 직접적인 통제를 강화할 필요가 있다고 보았던 것이다.

② 제도의 보완

다산은 수령이나 감사와 같은 지방관은 지방 실정에 정통하지 않아 지방 서리의 편법을 자세하게 모두 파악한다는 것은 현실적으로 힘들다고 보았다. 또한 수령이나 서리의 편법을 중앙에서 파견한 어사가 철저하게 파악하는 것도 현실적으로 힘든 일이라고 보았다. 따라서 다산은 지방에서의 편법이 작용하지 않도록 중앙에서 세밀한 제도를 만들고 이를 모든 지방에서 철저하게 시행하도록 할 필요가 있다고 강조했다.

전제(田制)에서, 전등(田等)과 연분(年分)을 혼동해 세액이 부당하게 부과되어도 현령이나 감사, 호조에서도 알 수가 없고 오직 향리만이 하

> 늘이 준 녹으로 여긴다. 어사가 비록 남모르게 마을을 다닐지라도 알 수가 없다. 조정에서 안다는 것은 그저 결수를 숨기는 것과 결수를 누락시키는 것일 뿐이다. 따라서 연분에 다만 3등만 남겨서 상등·중등·하등이라고 하고, 한 도 여러 고을을 3등으로 가르고, 한 고을 여러 면을 3등으로 가른다. 이리하여 마을마다 어린도(魚鱗圖)를 자세하게 상고하고, 배미마다 조사하여 3등으로 가른다. 이것으로 조세를 감면하고, 이것으로 부세를 너그럽게 하고, 이것으로 구휼하는 정사를 시행해 잡다한 명목을 죄다 씻어 없앤다면 일하기에 편리할 것이다(經世遺表, 地官修制, 田制).

> 지금 우리나라는 조종이 마련한 법전 이외에 감사가 증액하고, 현령이 증액하고, 하례가 증액하고, 이정(里正)이 증액해 명령이 여러 갈래로 나오니, 박을 쪼개듯이 제 뜻대로 해서 혼란스러워 기강이 없으며, 법도가 날로 무너진다. 사람이 흔히 "고을마다 같지 않다" 하는데 대저 고을마다 같지 않다는 것은 놀랄 만한 일이니, 한 임금이 위에 있는데 어찌 감히 고을마다 같지 않다고 하는 것인가(經世遺表, 地官修制, 田制).

> 지금 각 도의 군현마다 이른바 민고(民庫)라는 것이 있다. …… 민고라는 것은 향리들이 제멋대로 그 규례를 만들었고 수령들이 제멋대로 그 법을 만들었으니, 천지가 생긴 이래로 이런 일이 있었던가. 8도에 모두 민고가 있지만 그 법식은 도마다 각기 다르고, 고을마다 모두 민고가 있지만 그 규례가 각기 다르다. 그 법의 득실은 고사하고 한 임금의 나라에는 마땅히 한 임금의 제도가 있어야 하겠거늘, 그 산란함이 이와 같으니 천지가 생긴 이래로 이런 일이 있었던가(牧民心書, 戶典六條, 平賦).

정약용은 어세(魚稅)를 거둘 때에도 배 세운 것의 많고 적음은 오직 서울 관청에서 멀어 능히 살피지 못할 뿐 아니라 첨사(僉使)도 또한 자세히 알 길이 없다고 하여, 배의 척수를 약정해서 세율을 정함이 마땅하다고 했다(經世遺表, 均役事目追議, 魚稅).

(2) 수령에 대한 감사의 직접 감독 강화

① 경저리(京邸吏)와 영저리(營邸吏) 제도의 개혁

다산은 수령을 감독할 때 중앙이나 상급기관인 감사가 직접 하지 않고, 별도의 기관을 통해 간접적으로 실시하고 이러한 별도 기관에 전적으로 의존하는 것을 비판했다. 이러한 감독권의 간접적인 행사는 대리인이 주인의 의사를 왜곡하는 결과를 가져올 수 있다는 것이다.

다산은 군현의 향리보다 서울과 감영의 저리의 폐단이 더 크다고 보아, 서울과 지방의 저리에 대해서도 장서원에서 감독하도록 했다. 사실 감영의 저리의 권한이 큰 것은 감사가 수령을 통제하는 권한이 큰데, 그 감사의 수령 감독 임무를 실지로 저리가 하는 데 따른 것이었다(經世遺表, 秋官刑曹, 刑官之屬).

> 경저리는 본래 아전 또는 서민으로서 서울에 있으면서 그 지방 관청의 사무를 연락하고 대행해서 보던 사람이고, 영저리는 감영에 딸린 이속으로서 각 고을 관청과 사무를 연락하던 사람인데, 감사가 한 도의 저인을 사사로운 하례(私隷)로 알고 문하에 불러 세우는 날이 거의 빈 날이 없다. 감사가 염문(廉問)하는 데는 친빈(親賓)이나 사사(死士)를 시켜서 남모르게 촌야를 다녀야, 이에 민정을 알게 되고 관폐를 알게 되나, 지금은 감영 서리를 심복으로 여겨서 모든 염문에 모두 이 무리를 보내는데, 이 무리가 여러 고을의 교활한 아전들과 통하고 맺어서 안팎으로 엉켜 있음을 알지 못한다. 저리에게 미움을 받는 현령은 고과가 하등급으로 매겨져서 관직을 잃고 낭패해서 돌아오는 경우가 빈번한데, 현령이 어찌 이들을 두려워하지 않겠는가? 모든 영주인의 말에 머리를 숙이고 몸을 굽혀서 그들의 말을 감히 어기지 못하고, 물이나 불에 뛰어드는 것도 사양하지 못할 터인데, 하물며 역가(役價)를 조금 증액하는 변변찮은 일이겠는가(經世遺表, 地官修制, 田制).

> 매년 겨울과 여름에 포폄(褒貶)을 시행할 때와 봄·가을에 순행할 때가 되면 이른바 염객(廉客)이 기일에 앞서 통보를 띄우고, 그 고을의 일

맡은 아전은 역시 기일에 앞서 화사한 방에 호화로운 자리를 마련하고, …… 염객을 기다린다. …… 이에 영저리(營邸吏)와 고을의 아전이 왜쟁개비에 고기를 볶으면서 염객과 한자리에 앉아 현령을 살리느냐 죽이느냐를 의논하는 것을 나는 많이 보았다. 현령(縣令)이 저리의 비위를 거슬러서 최하의 고과(考課)를 맞아서 자리에서 떨려나 낭패해서 돌아가는 자들이 잇따라 있으니 현령이 어찌 두려워하지 않을 수 있으리오(牧民心書, 吏典六條, 察物).

감사가 수령을 믿지 않고 편비(偏裨)를 보내서, 수령 대우하기를 도둑같이 하고, 편비를 믿어서 심복으로 여기면 수령이 어찌 견디겠는가? 생선이 있고 없음은 수령도 오히려 알기 어려운데 편비가 갑자기 와서 무엇으로 알아내겠는가? 2년마다 균역청 낭관을 한 차례씩 보내어 어지(漁地)에 암행해야 그 숨겨진 것을 발견할 수가 있다. 여러 어장과 염장(鹽場)은 모두 궁벽한 바닷가나 떨어진 섬 중에 있으니 어사가 어찌 다 살피며 영리(營吏)가 어떻게 관리해 내겠는가? 반드시 균역청 낭관을 보내야 적발할 수 있다(經世遺表, 總論).

② 감사의 수령에 대한 인사권의 강화

다산은 감사의 수령에 대한 인사권의 강화도 논하고 있다. 감사는 수령의 임기 단축을 건의할 수 있어야 한다는 것이다.

아무 달 아무 날 장계를 올려서, 용주목사 안 모는 혼미하고 무식해서 일을 전혀 하지 못하니, 세말까지 기다릴 수 없으므로 급히 파출하기를 논했다.

아무 달 아무 날 장계를 올려서 금산군수 이 모는 방폐가 사정을 부려서 경전한 것이 평균하지 못해 민원이 물 끓듯 하니 급히 파출하기를 논했다(經世遺表, 天官修制, 考績之法).

③ 감사의 역할 제한

이렇게 상급 행정기관인 감사의 하급 행정기관인 수령에 대한 직접적인 감독의 중요성을 강조하고 있음에도, 다산은 상위 지방행정 계층인 도를 관할하는 감사의 기능을 순행을 통해 하위 지방행정 계층에 대해 지도·감독하는 기능으로 국한하고 직접 대민행정 업무를 담당하지 않아야 한다고 주장했다. 이를 위해 감사는 관찰을 버리고, 다만 순찰사라 일컬어서 순찰하는 일에만 전념하도록 하고, 별도로 판관을 두도록 하는데, 이는 감사는 순행(巡行)하는 것을 본연의 직무로 하므로 거처를 정하지 않기 때문이라고 했다(經世遺表, 天官修制, 郡縣分隷).

> 감사가 솔권(率眷)하기 시작한 이래로 온갖 폐단이 어지럽게 일어나서 한 가지 일도 거행되지 않고, 봄가을 순행(巡行)도 겉치레뿐이다. 이제부터는 감사가 솔권하는 법을 영원토록 철폐함이 마땅하다(經世遺表, 天官修制, 郡縣分隷).

④ 감사의 폐해

다산은 수령에 대한 감사의 직접적인 감독을 강조하면서도, 이러한 감독이 형식화되고 병폐로 작용하는 것에 대해서도 경고한다.

> 계방(契房)의 폐단은 감사의 순력(巡歷) 때문이다. 봄가을에 순력하는 것 때문에 아전의 수를 줄이지 못하는 것이고, 계방을 혁파하지 못하는 것이다. 전부(田賦)가 증가하는 것, 연호잡역(煙戶雜役)이 늘어나는 것, 점촌(店村)이 피폐해 가는 것, 사찰이 황폐해 가는 것도 순력 때문이다. 감사의 순력하는 법을 고치지 않고는 목민의 정사는 논의할 여지가 없다(牧民心書, 戶典六條, 平賦).

> 계방은 모든 폐단의 근원이요 농간의 구멍이니, 계방을 혁파하지 않으면 아무 일도 되지 않을 것이다. 계에는 이계(里契: 온 마을을 계방으로 삼아 해마다 돈 수백 냥을 거두는 것), 호계(戶契: 특정한 호를 뽑아서 계방으로 삼아 해마다 돈 1백 여 냥을 거두는 것)이 있는데, 계방촌이 된 곳은 환곡의 배당도 면제되고, 군첨(軍簽)의 침해에서 면제되고,

민고(民庫)에 바치는 요역(徭役)을 일절 부담하지 않고, 한번 돈 수백 냥을 가져다 바치면 그 해가 다 갈 때까지 편안히 지낼 수 있었다. 따라서 반드시 마을의 재력이 풍부하고 부호가 있어야 계방이 될 수 있고, 영락하고 고단한 백성들은 공부(公賦)를 내고 관요(官徭)를 바치게 된다. 따라서 백성의 부담이 커지게 마련이다(牧民心書, 戶典六條, 平賦).

(3) 지방관에 대한 엄격하고 공정한 평가의 시행

① 지방관에 대한 평가

다산 정약용은 지방관에 대한 감독과 통제가 좀 더 공정하게 이루어질 수 있도록 중앙에서 지방관에 대한 엄격한 평가를 시행할 것을 주장했다. 다산은 백성을 직접 대하는 지방관에 대한 평가가 중앙 관리들에 비해 좀 더 엄격해야 한다고 했다. 특히 백성을 최일선에서 대하는 하급 행정기관인 수령에 대한 평가가 매우 중요하다고 강조한다.

> 매양 대비(大比)의 해가 되면, 춘분 날에 3년간의 공적을 통틀어 고찰하여 출척(黜陟)을 크게 시행한다(經世遺表, 天官修制, 考績之法).

> 외관인 관찰사와 절도사를 고적하는 법이 없어서 탐학(貪虐)하기를 제 마음대로 하고, 황음(荒淫)하기를 법도 없이 하나, 감히 묻는 사람도 없어 마침내 온갖 법도가 무너졌다(經世遺表, 天官修制, 考績之法).

> 외관을 고공하는 법은 경관보다 그 절차와 조목을 더 엄밀하게 한다. 순찰사와 절도사의 성적은 다섯 등급으로만 분간한다. 순찰사, 병마사, 수군사를 모두 합해 27명인데, 고적할 때마다 하등·상등 각 한 명, 중지하와 중지상이 각 세 명, 중지중이 열아홉 명으로 하고 가감하지 못하도록 한다. 이렇게 하는 이유는 인원이 본래 적은데 만약 상등·하등을 세 등급씩 갖추려고 하면, 억지로 만든 폄출(貶黜)과 수만 채우는 표창이 있을 수 있기 때문이다(經世遺表, 天官修制, 考績之法).

이러한 지방관에 대한 평가 제도의 확립과 더불어, 다산은 감찰의 중요성도 강조해 중앙에 감찰원을 둘 필요가 있다고 했다. 즉 사헌부에 예속되어 있던 감찰 13명을 구별해 별도의 한 원(院)으로 만들 필요가 있다는 것이다.

> 무릇 법을 굽히거나 뇌물을 받거나 옥송을 부당히 처리한 것과, 재물을 탐내어 법 아닌 짓을 한 것과, 유약해서 이를 감당하지 못하는 자에 대해 감찰이 조사해서 탄핵한다면 서울과 지방이 반드시 숙연해질 것이다. …… 도어사(都御史) 한 자리는 대사헌이 예겸하고 상사 네 사람이 이조, 병조, 동중부, 서중부와 경기, 사천성, 열동성, 송해성을 관장하며, 중사 여덟 사람이 호조, 예조, 공조와 동쪽 양부와 남쪽 네 성, 북쪽 네 성을 관장하도록 함이 또한 타당하겠다(經世遺表, 秋官刑曹, 刑官之屬).

② 수령에 대한 평가

다산은 특히 백성을 최일선에서 대하는 하급 행정기관인 수령에 대한 평가가 매우 중요하다고 강조하며, 가장 엄밀한 평가를 시행하도록 제도화할 것을 권한다.

> 수령을 고공(考功)하는 법은 더욱 주의해야 한다. 국가의 안위는 인심의 향배에 달렸고, 인심의 향배는 백성의 기쁘고 슬픈 일에 달렸으며, 이는 수령의 현부(賢否)에 달렸고, 수령의 현부는 감사의 포폄에 달렸으니 감사가 고과하는 법은 바로 천명과 인심이 향배하는 기틀이며, 국가의 안위가 결정되는 바이다(經世遺表, 天官修制, 考績之法).

다산은 수령에 대한 고과가 반년마다 이루어지고 고과 등급도 3등급에 불과해서 그 실제 공적을 따지기가 어려우므로, 수령에 대한 고과를 9등급으로 세분하고, 연말에 한 번 고적해야 한다고 했다. 이와 같이 1년에 한 번 평가를 하는 것은 관리들에게 임무 수행에 필요한 충분한 기간을 주기 위함이고, 동시에 상사들도 평가에 필요한 충분한 자료를 수집할 시간을 가져야 하기 때문이다(송하중·김태영, 2006: 23). 결국 이를 통해 평가의 공정성과 엄정성을 기하고자 한 것이다.

> 우리나라 군·현의 일은 모두 세말(歲末)이 가까워야 일이 끝나서 공죄가 나타난다. 그러므로 공적은 비록 세말에 아뢰어도 고적하는 것은 저절로 초봄에 있게 된다(經世遺表, 天官修制, 考績之法).

> 수령을 고적하는 데에는 아홉 가지 강령이 있다. 첫째 율기(律己), 둘째 봉공(奉公), 셋째 애민(愛民), 넷째 이전(吏典), 다섯째 호전(戶典), 여섯째 예전(禮典), 일곱째 병전(兵典), 여덟째 형전(刑典), 아홉째 공전(工典)인데, 아홉 가지 강령 하에 각각 여섯 가지 조목이 있어 모두 54조목이 된다(經世遺表, 天官修制, 考績之法).

다산은 수령에 대한 평가의 공정성을 좀 더 엄격하게 기하기 위해 2단계의 평가 시스템을 도입할 것도 주장했다. 즉 감사가 일차적으로 수령을 평가하고, 다시 이러한 감사의 수령에 대한 평가를 중앙에서 다시 검토하도록 한 것이다. 이를 통해 감사의 수령에 대한 부당한 통제를 적발하고, 평가의 공정성을 확보할 수 있다는 것이다.

> 감사가 고적한 계본(啓本)과 수령이 주적한 서장을 아울러 조정에 올리면 조정에서는 아울러 이조에 회부한다. 수령이 주적한 서장을 감영에서 없애서는 안 된다. 이는 감사도 수령의 실적을 엄폐해서 폄척(貶斥)하지 못하도록 하기 위한 것이다(經世遺表, 天官修制, 考績之法).

> 3년마다 세 차례 고적을 대비(大比)하는데, 수령은 이미 체대(遞代)되었거나 체대되지 않았음을 막론하고 모두 서울에 올라와서 주적한 서장을 직접 아뢴다. 이러한 절차가 끝나면 암행어사 12인을 12성에 파견하여 그 공과 죄의 허실을 고찰한다. 어사는 수령이 주적한 서장과 감사가 고적한 계본을 가지고, 여러 고을에 남모르게 다니면서 그 허실을 사찰

> 해 공이 없는데도 있는 것처럼 꾸며 아뢰었는데 감사가 부동(敷同)했으면 거론해서 탄핵하고, 공적이 있어서 아뢰었는데 감사가 억누른 것도 탄핵한다. 조정에서 어사를 보내는 것은 3년마다 한 번씩 보내도록 한다. 혹 7~8년 만에 보내기도 하는데 수령과 향리가 모두 요행을 바라고 간악한 짓을 부리면서 오래된 사건이 발각되지 않기를 바란다. 이 경우 수령과 감사는 같은 때에 함께 있어 세력으로 움직일 수 있고 안면으로써 구원을 받을 수 있겠으나, 어사는 3년 뒤에 사찰을 하므로 감사가 고적하는 것도 어사가 뒤에서 논의하고 있는 줄 알면 고적하는 것을 공정하게 하지 않을 수 없을 것이다(經世遺表, 天官修制, 考績之法).

이렇게 수령에 대해서는 감사로부터의 평가가 우선되는 것을 원칙으로 하나, 상황에 따라서는 중앙으로부터의 직접적 감찰이 필요하다고 다산은 강조한다.

> 항상 재상(災傷)된 해를 당하면 조정에서 경전어사를 보낸다. 삼남(三南)은 한 도에 네 사람씩을 보내어 한 사람이 각각 10여 고을을 관장해야 자세하게 알 수 있다…… 어사가 그 지방에 도착하면 현령은 자신이 가진 재상 문부를 어사에게 올린다. 어사는 그것을 받아서 공전(公田)을 순시하는 데 착오가 있는 것은 고치고, 속였거나 숨김이 있는 것은 계문(啓聞)해서 논죄한다. …… 만약 그 지방에 기근이 크게 들었으면 경전어사는 곧 사전(私田)을 살펴서 그 재상을 파악한 다음 그 지방에 진정(賑政)을 베풀고 감진어사(監賑御使)가 되어야 백성을 구활(救活)할 수가 있다(經世遺表, 地官修制, 田制).

③ 향리에 대한 평가

다산은 지방관에 대한 평가뿐만 아니라, 향리에 대한 평가도 제도화되어야 한다고 강조하며, 이러한 평가의 공정성을 확보하기 위해 역시 상급기관으로부터 이중 평가의 중요성을 역설한다.

> 고공(考功)하는 법은 오직 정관(正官)에게만 있는 것이 아니다. 향관, 군교 등도 연말에 그 공적을 고찰하고, 상중하 세 등급을 만들어서 상고에 있는 자는 계속 차임(差任)하고, 하고가 된 자는 연한을 정해서 서용하지 않는다. 이에 대해서는 감사가 규찰함이 마땅하다(經世遺表, 天官修制, 考績之法).[3]

④ 보고의 중요성

다산은 또한 지방관에 대한 평가의 공정성을 기하기 위해 정확한 실태 보고의 중요성을 강조하며, 중앙에서는 이러한 보고의 정확성을 검증하는 절차가 반드시 필요하다고 주장했다. 심지어 중앙의 검증 과정에서 문제가 있을 때 이를 엄히 다스릴 필요가 있다고도 주장했다.

> 보고를 한 다음이라야 고찰할 수 있다. 외관은 위로는 감사에서 아래로는 변장(邊將)까지 모두 연말에 그 공장(功狀)을 올리고, 체직(遞職)되어서 돌아온 후에는 임금 앞에서 직접 말로써 아뢰도록 한다. 이에 어사를 보내서 그 공장을 가지고 허실을 상고하도록 하면 공도 없으면서 있는 것처럼 아뢴 것은 그 실정을 숨기지 못할 것이다(經世遺表, 秋官刑曹, 刑官之屬).

> 봉공의 여섯 조목 중 네 번째는 보고하는 것인데, 민정・농형(農形) 및 변경(邊境) 기밀과 사변(事變) 따위는 즉시 급보함이 마땅하다. 만약 지체해서 시기를 놓치거나 보고한 바가 상세하지 못한 자는 죄가 있다(經世遺表, 天官修制, 考績之法).

> 은결을 없애고자 하면, 마땅히 조정에서 특별히 엄한 조서를 내려서 100일을 한정하고 조사・보고하도록 하고, 조사・보고가 모두 도착하기

---

3) 같은 내용이 『목민심서』 이전6조 고공(吏典六條 考功) 편에서도 나온다. 여기서는 좀 더 자세하게 "상(上)의 3등급에 든 자는 새해 차임할 적에 반드시 요직을 주고, 중(中)의 3등급에 든 자는 상(賞)을 논함에 차별이 있게 하고, 하(下)의 3등급에 든 자는 1년 동안 정직을 시켜 직임을 얻지 못하게 하면 어느 정도 권선하는 데 도움이 될 것"이라고 하고 있다.

를 기다렸다가 암행어사를 보내 전적으로 이 일을 채근하도록 한다. 또 한 어사가 복명한 후에 또 어사를 보내되, 그 은결과 누결이 있는데도 능히 적발하지 못한 어사는 제주에 유배해서 10년 동안 사면하지 않는다 할 것이다(經世遺表, 地官修制, 田制).

(4) 지방행정 체제의 정비

다산은 중앙의 지방 통제를 효율적으로 하기 위해 지방행정 체제의 정비도 주장했다. 조선 시대 지방행정 체제 운영의 문제점을 보면, 민호 수나 전결 수 등을 종합한 읍세와 주·부·군·현 등 읍등(邑等)이 일치하지 않은 읍이 상당수 존재해 전국적으로 일원적인 지방행정 체제를 운영하는 데 장애가 되었다. 하위 읍보다 읍세가 열등한 상위 읍도 많았고, 같은 등급에 속하는 읍 사이에도 읍세면에서 현격한 차이를 보이는 경우가 많았다. 도호부 이상의 읍은 증가한 반면 군 이하의 읍은 감소했다. 이러한 변화가 생긴 이유는 대부분 감영 이설이나 관방시설 설치로 말미암아 비중이 커진 읍이 승격되거나, 왕비의 관향, 태실 봉안처, 능침 봉안지 등의 읍이 승격되었기 때문이지, 읍세 성장으로 승격된 경우는 매우 드물었다. 또한 강상죄인 때문에 읍등이 바뀌는 경우 그 기한이 한시적인 반면, 군현이 승격된 곳은 다시 격하되는 일이 거의 없어 상등급(上等級) 읍의 수가 지속적으로 증가하는 결과를 초래했다.[4]

이같이 읍등(邑等)이 승격하면 지방관의 직급이 상승하고 향리의 정원이 증가하기 때문에 읍세와 관계없이 승격된 읍의 백성은 과중한 부담을 지게 되었다. 당시 농민 지배의 직접적인 실현 형태라고 할 수

4) 군현의 등급은 본래 고려의 성립 시기에 왕실과 지방 호족과의 관계, 국가 및 왕실과의 연고, 군사적 중요성, 호구와 토지의 다소광협(多少廣狹)에 따라 차등을 두었으며, 그 등급의 승강도 지방 토성이민(土姓吏民)의 국가 및 왕실에 대한 공과 죄에 따라 결정되는 일이 빈번했다. 고려 시대의 이러한 폐단은 조선 초에도 계속되었다(최봉수, 1993: 12; 1995: 69).

있는 각종 부세와 역의 수취가 군현 단위로 운영되고 있으므로, 농민 부담의 균평화(均平化)라는 측면에서 합리적이고 효율적인 군현제의 운영은 절실한 것이었다(김무진, 1985).

이에 따라 다산은 첫째, 주, 부, 도호부, 대도호부로 나뉘고, 주에도 부윤, 목사, 부사가 있는 지방행정 체제를 비판하면서, 직관 제도는 간략해야 하며, 번거로워서는 안 된다고 했다. 따라서 주와 부를 합쳐서 한 등급으로 하여 모두 도호부라 일컫도록 하고, 도호부-군-현령의 체제로 단순화시키며, 현감이라는 명칭은 없애자고 했다(經世遺表, 天官修制, 郡縣分隷).

> 그 중에서도 예전부터 부윤이라 일컫던 곳은 도호부 대윤이라 일컫고, 예전부터 대도호라 일컫던 곳은 도호부 대사라 일컬으며, 예부터 목사라 일컫던 곳은 도호부 목사라 일컫는다(經世遺表, 天官修制, 郡縣分隷).

둘째, 다산은 읍세와 무관한 군현의 승강 반대, 읍의 경제력에 기준한 등급의 재조정을 특징으로 하는 개혁안을 제시했다.

> 과거 고려 때에, 주·군의 승격 이유는 왕비의 관향(貫鄕)이라는 이유로, 혹은 공신의 관향이라는 이유로, 혹은 고승(高僧)의 관향이라는 이유였다. 국운이 길어 천년을 넘게 되면 나라의 군현이 나중에는 모두 주로 승격될 것이다. 지금부터라도 주·군·현 세 등급은 한 번 정하면 다시 번복하지 않은 것이 왕정의 기본이다(經世遺表, 天官修制, 郡縣分隷).

셋째, 다산은 군현제를 정비하기 위해 신읍(新邑)의 설치를 주장했다. 그가 중앙관제 개편안에서 주장했던 것처럼 지방행정 체제의 개혁 역시 무조건 줄이는 것이 아니라 필요한 부분에 대해서는 새로운 계층을 신설해 국정 운영에 소홀함이 없도록 해야 한다고 주장했다. 다산이 신읍의 설치를 주장한 곳은 모두 12개소로 모두 연해(沿海)의 도서 지역, 내륙의 요해처(要害處), 북벌(北伐) 일대에 위치한다. 이 중 북부 국경 지방에는 보(堡)를 설치해 방어에도 충실하게 하고 남부 지방의 인구를 이주시켜 지역별 인구의 불균형을 해소시켜 보고자 했다. 특히 북방의 폐4군 지역의 중요성을 강조하면서, 이곳에 대한 안전이 보장되면 고을 관아를 설치할 수 있고, 인구의 이주도 가능하게 될 것이라 주장했다(經世遺表, 天官修制, 郡縣分隷).

또한 전라도 도서 지역(나주, 순천 인근 지역)의 경우 내륙까지 와서 민원을 해결하는 비용이 커서 백성들이 억울함을 호소하므로 새로운 현을 세워야 한다고 주장했다.

> 나주 바다에 열두 개의 큰 섬이 있고 …… 나주 군관이 바깥 섬 주인이 되어, 그 이(利)를 다 먹으면서 …… 섬 백성이 바다를 건너 육지에 와서 고소하려 해도 한 번 부성(府城)에 들어오려면, 헛되이 드는 비용이 매우 많고 사건도 결국 바로잡아지지 않기 때문에 원통함과 억울함이 쌓여서 별도로 한 현을 세우고 열두 섬을 다 이 현에다 붙이기를 원하고 있다(經世遺表, 天官修制, 郡縣分隷).

이렇게 도서 지역에 독립된 관아를 만드는 것은 왜적의 침입을 막는 데에도 도움이 되는 일이라고 했다(經世遺表, 天官修制, 郡縣分隷).[5]

> 먼 지역 사람을 편하게 하는 것은 왕자의 큰 정사이다. 우리나라는 지역이 편소해 북쪽은 2,000여 리에 불과하고 남쪽은 1,000리에 불과하다. 그런데 북쪽은 모두 대륙과 연속된 지역이어서, 폐4군 너머에는 왕의 덕화가 일찍이 이르지 못했다. 오직 서남쪽 바다 여러 섬이, 그 중 큰 것은

---

5) 다산은 해안 도서 지방에 대해서는 형조 휘하에 유원사(綏遠司)라는 관청을 두어 전국의 섬을 관장하고, 그 판적(版籍)과 부세(賦稅) 관계를 전담하게 할 계획도 세워 놓았다.

둘레가 100리나 되고 작은 것도 40~50리가 된다. 별이나 바둑알처럼 많은 데다 작고 큰 것이 서로 끼여 있어 수효가 대략 1,000여 개인데 이것이 나라의 바깥 울타리이다. 그런데 개벽 이래로 조정에서 일찍이 사신을 보내 이 강토를 다스리지 않았다. 그러므로 연해 고을끼리 각자 자력으로 서로 부리고 붙여서 강한 자는 많이 차지하고 약한 자는 적게 얻었다. …… 내 생각에는 별도로 한 관청을 세워서 온 나라 섬을 관장하고 그 명칭을 유원사라 하여 그 판적을 맡고 부세를 고르게 하여, 침어를 금단하고 질곡을 제거하도록 하는 것이 마땅하다는 것이다(經世遺表, 秋官刑曹, 刑官之屬).

2) 하급 행정기관의 상급 행정기관에 대한 참여 내지 영향력 행사

다산은 상급 행정기관의 하급 행정기관에 대한 통제와 감독의 강화만 주장한 것이 아니라, 하급 행정기관의 상급 행정기관에 대한 참여 내지 영향력의 행사도 필요하다고 주장했다.

(1) 지방의 국정 참여

다산은 중앙에서 정한 법례가 지방의 사정에 맞지 않을 경우, 이에 대한 수정을 중앙에 요구할 수 있어야 한다고 주장했는데, 이는 오직 백성을 편하게 하기 위한 경우에 한한다. 물론 다산은 감사와 수령 간의 계층적 위계 질서를 감안해, 수령은 감사를 경유하여 이러한 수정을 중앙에 요구해야 한다고 했으나, 이 경우 감사가 부당하게 수령의 이러한 요구를 방해할 경우 편법이 동원될 수밖에 없으므로, 수령이 독자적으로 중앙에 의견을 전달할 수 있는 것이 더욱 바람직하다고 보고 있다.

무릇 백성을 편하게 하는 정사는 반드시 법례(法例)에 구속될 것은 아니다. …… 수령이 순분법(巡分法)을 좇지 않으려고 한다면(한 번에 분급[分給]하고자 한다면: 필자) 모름지기 먼저 감영에 가서 면대해서 이 일을 의논하고, 만약 의논이 서로 합치되면 반드시 중앙에 보고하게 한다. 만약 감사가 법례에 구애되어 그것을 허락하지 않으려고 한다면, "이 일은 단지 내가 스스로 편의에 따라 시행하고 감사가 중앙에 올리는 문보(文報)에서는 종전 관례에 따르는 것으로 하십시오" 하면 감사는 반드시 그 일을 허락할 것이다.

중국에서는 제주(諸州)의 판관(判官)도 천자에게 직접 상주할 수가 있는데, 이것은 백성의 사정이 위에 알려지고 천자의 은택이 백성에게까지 흐르도록 하게 한 것이다. 우리나라 수령은 독자적으로 국왕에게 의견을 전달할 수 없으니 다스리기가 더욱 어려운 것이다(牧民心書, 戶典六條, 穀簿).

또한 다산은 중앙이 일괄적으로 인재를 선발하는 과거 제도보다는 지방에서 인재를 천거하고 이렇게 천거된 사람들에 대해 과거를 치르도록 하는 제도의 이점도 강조하고 있다.[6] 즉 인재 선발에서 부분적으로 지방의 의사가 반영되도록 하자는 것이다.

삼대의 제도는 모두 리(里)에서 선발하고, 향에서 천거했고, 한·위(漢魏) 시대에도 오히려 이 법을 시행했는데, 당나라 이래로 과거법이 나오면서 리에서 선발하던 법이 없어져 버렸다. 마을에서 선발하고 고을에서 천거해 그 중에서 과거할 사람을 가려서 과거하는 계제(階梯)를 만들면 거의 고금을 참작해서 알맞게 될 것이다(經世遺表, 地官修制, 敎民之法).

현인(賢人)을 천거하는 것이 수령의 직책이다. …… 학행(學行)과 이재(吏才)의 천거는 나라에 일정한 법전이 있으니, 한 고을의 착한 이를 덮어 두어서는 안 된다. …… 거인(擧人)을 천거하는 것은 목민관으로서

6) 조선 후기의 과거 제도는 신분제의 붕괴와 더불어 매관매직(賣官賣職)과 위인설관(爲人設官)이 난무했다. 다산은 이러한 과거제가 고려 광종조에 후주인 쌍기(雙冀)의 건의를 받아들여 도입했으나, 잘 활용하고 있지 못했다고 주장했다. 다산의 천거제 주장은 공직 진출 경로의 다양화를 통해 우수한 인재를 등용하고, 초야에 묻힌 실력 있는 사림(士林)들을 등용하기 위한 것이다(송하중·김태영, 2006: 13-17).

마땅히 힘써야 한다. 중국의 과거법은 지극히 상세하고 치밀해서 그것을 본받아 행하여 천거하는 것은 목민관의 직무인 것이다(牧民心書, 吏典六條, 擧賢).

(2) 중앙에 대한 지방의 이행 명령 거부

다산은 백성에게 불필요한 부담을 지우는 중앙이나 상급 행정기관의 부당한 명령에 대해서는 지방이 합당한 이유를 들면서 이를 거부할 수 있어야 한다고 주장했다.

상사의 명령이 공법에 어긋나고 민생에 해를 끼치는 것이라면 마땅히 의연하게 굽히지 말고 확연히 자신을 지키도록 할 것이다(牧民心書, 奉公六條, 禮際).

환곡을 반 이상 받아들였을 때 갑자기 작전(作錢)하라는 명령이 있으면 이치를 따져서 방보(防報)하고 이를 받들어 행하면 안 된다. …… 만약 환곡을 반 이상 거두었을 때 갑자기 작전하라는 명령이 있으면 환곡을 아직 갚지 못한 호로서 빈궁한 자들이 유독 피해를 본다. 또 혹 그 호들의 환곡이 작전의 액수를 충족하기에 부족하면 창고에 수납한 곡식을 환급하고 곡식을 판 돈을 요구한다. 이때 아전들이 이를 기화로 농간을 부려서 백성들이 실로 이중으로 부담을 질 것이니, 어찌 되돌려 받을 수 있겠는가. 감사가 만약 작전하기를 원한다면 왜 일찍 지시하지 않았는가. 수령은 마땅히 이유를 따져서 방보할 것이요, 끝내 벼슬을 그만두는 일이 있더라도 받들어 시행할 수는 없는 것이다(牧民心書, 戶田六條, 穀簿).

4 해석과 시사점

이상에서 살펴본 다산 정약용의 중앙행정과 지방행정 간의 관계는 현대적 의미의 정부간 관계론에서 본다면, 라이트(Deil S. Wright) 교수의 대등적 권위모형(coordinate-authority model), 중복적 권위모형(overlapping-authority model), 포함적 권위모형(inclusive-authority model) 중 포함적 권위모형에 가까운 것이라 할 수 있고, 무라마쓰 미치오(松村岐夫) 교수의 수직적 행정통제모형과 수평적 정치경쟁모형 중 수직적 행정통제모형에 가까운 것이라고 할 수 있다.

라이트(Wright, 1988)의 포함적 권위모형에서는 연방정부, 주정부, 지방정부는 서로 계층제적 상하 관계에 있으며, 지방정부는 주정부에, 주정부는 연방정부에 종속되어 있다고 보고 있다. 따라서 주정부와 지방정부의 독자적인 권한이 존재하지 않음을 전제로, 연방정부와 주정부의 의견이 상충될 때, 연방정부가 최종적으로 결정할 권한을 보유하며, 주정부는 이를 따라야 한다는 것이다.

무라마쓰(村松岐夫, 1988)의 수직적 행정통제모형에서는 중요한 정책들이 중앙의 정치가가 아닌 중앙정부 성청의 관료들에 의해 발의되고 결정되는 경우가 많고, 중앙의 성청은 모든 사업을 도・도・부・현의 관계 부국을 통해 시・정・촌의 관계 조직 단위까지 내려보내서 집행을 실시하며, 중앙 성청이 직접 집행하는 사업은 그리 많지 않다고 보고 있다. 이에 따라, 지방정부 공무원의 상당수가 중앙정부에 적을 두고 중앙과 도・도・부・현을 순환하며 승진한다.

다산 정약용의 중앙행정과 지방행정 간, 그리고 상급 지방행정기관과 하급 지방행정기관 간의 관계도 장서원의 설치 등을 통한 지방 서리에 대한 중앙의 직접 통제 강화, 경저리・영저리 제도의 개혁과 수령에 대한 감사의 인사권 강화 등으로 수령에 대한 감사의 직접 감독 강화, 지방관과 수령, 향리에 대한 엄격하고 공정한 평가의 시행, 중앙의 통제 체계화를 위한 지방행정 체제의 개편 같은 제도개혁안에 비추어 볼 때, 기본적으로 포함적 권위모형이나 수직적 행정통제모형에 가까운 것으로 보인다.

그러나 다산이 제기한 하급 지방행정기관인 수령의 중앙에 대한 직접적인 의견 전달과 인재 선발에서 지방의 국정 참여 기회 보장, 지방의 중앙에 대한 이행 명령 거부권, 상급 지방행정기관인 감사와 하급 지방행정기관인 수령 간의 명확한 역할 분담 등은 자칫 엄격한 계층제적 중앙-지방의 관계에서 발생할 수 있는 정책 오차와 정책 집행의 비능률성에 대한 보완 장치로 해석될 수 있다는 점에서 오늘날의 중앙행정과 지방행정의 관계에도 시사하는 바가 있다.

참고 문헌

김기승(2005). 다산 정약용의 부국강병형 국가 개혁 사상: 『경세유표』를 중심으로. 『한국사학보』, 19: 61-93.

김무진(1985). 반계 유형원의 군현제론. 『한국사연구』, 49: 49-78.

김재훈(1996). 『지방화 시대의 정부간 협력체제 구축 방안』. 서울: 한국행정연구원.

박현모(2003). 정약용의 군주론: 정조와의 관계를 중심으로. 『정치사상연구』, 8: 7-30.

송하중·김태영(2006). 다산의 인사행정 개혁에 대한 이해. 『정부학연구』, 12(1): 7-29.

이기우(1997), 정부간 관계의 모델 설정: 정세욱 편. 『정부간 관계: 이론과 실제』, 서울: 법문사.

정약용(다산연구회 역주)(1981). 『역주 목민심서』 3. 서울: 창작과비평사.

정약용(이익성 역)(1997). 『경세유표』 I~III. 서울: 한길사.

최병선(2006). 다산의 인간관, 사회관, 국가관 연구: 산업경제 분야 제도개혁안을 중심으로. 『정부학연구』, 12(2): 7-46.

최봉수(1993). 조선시대 지방행정구역의 정비에 관한 연구. 『정책과학연구』, 5: 3-41.

최봉수(1995). 한국 중세의 행정구역 조정과 중앙집권화에 관한 연구: 조선 군현제의 형성 배경을 중심으로. 『한국행정사학지』, 4: 63-87.

村松岐夫(최외출 · 이성환 공역)(1991). 『중앙과 지방관계론: 일본의 지방자치 이론과 실제를 중심으로』. 서울: 대영문화사.

Wright, Deil S.(1988). *Understanding Intergovernmental Relations*. Pacific Grove, CA: Brooks/Cole.

제13장 토지 제도 및 조세

김태영

1 서 론

조선 후기의 정치적 문란, 경제적 피폐, 그리고 사회적 병폐 등으로 당시 봉건적 관료 체제의 말기적 증상에도 불구하고, 집권층은 현실과 유리된 공리공론만을 일삼고, 유교사상의 봉건 체제 수호에만 급급해 민생 문제에는 관심조차 갖지 않았다. 이에 공리공담의 죽은 학문보다는 실제에 이로운 산 학문, 즉 이용후생의 학을 해야겠다는 생각을 한 이른바 실학자들이 역사적 사명을 자각하고 당시의 집권층인 보수적 양반 계급에 자연히 맞서게 된 것이다.

이러한 문제 인식은 결국 다산의 개혁사상에 많은 영향을 끼쳤고, 아울러 재정 및 토지 문제의 개혁에도 관심을 갖는 계기가 되었다. 오늘날 경제 및 재정 정책의 연구에서 대부분 서구의 경제 정책에 관심을 가졌을 뿐 우리의 전통적인 재정 및 경제 정책에는 예의 주시하지 못한 것이 사실이다. 그리고 관심을 가졌다 하더라도 그에 따른 사료의 부족으로 대부분 특정 부분에만 관심만 기울였을 뿐 전체적인 문제에 대해서는 관심을 갖기 어려웠던 것이 현실이다. 따라서 이 장에서는 다산의 재정 및 토지에 대한 관심을 갖고, 우리의 재정 및 경제 정책을 연구하며 또 더 나은 미래를 개척할 수 있는 계기를 마련하고자 한다.

2 다산의 재정 정책 인식 논의

1) 조세 정책

조선 시대의 조세행정은 표면상으로는 일정한 규범이 있고 공평무사한 것같이 되어 있었지만, 백성들이 실제 부담하는 조세는 정부기관의 장적에 기록된 것보다 훨씬 많았다. 다산은 조선 후기 문란한 조세제도를 한탄하고 이의 개혁을 주장하면서 『경세유표』와 『목민심서』에서 조선의 조세행정을 비판하고, 그 개혁 방안을 제시했다(장동희, 1990: 121-122).

다산은 조세 제도가 잘못된 것은 우선 토지 제도가 근본적으로 잘못되었기 때문이라고 보았다. 그는 전제가 기본적으로 잘못되어 있으니, 세법이 문란해지지 않을 수 없다고 했다. 전지의 단위가 면적 기준이 아니고 소출을 기준으로 하는 결부제로 되어 있는 데다가, '연분 9등'이라 하여 해마다 작황을 조사해 상상, 상중, 상하, 중하, 중중, 중하, 하상, 하중, 하하 등의 9단계로 나누어서 과세하게 되어 있기 때문에 부과하는 과정에서 부정이 저질러지고 국가재정의 손실을 가져온다고 했다(經世遺表, 地官修制, 田制). 그리고 법대로 시행되지 않아 문제가 많은 연분 9등법의 개혁은 국왕의 힘으로 개혁이 어렵기 때문에 오직 법적인 조치와 문서로서 정비하는 방법만 가능할 것이라고 했다.

또한 다산은 대동법(大同法)도 비판하면서 개혁의 필요성을 주장했다. 대동법 시행 목적은 복잡한 세금의 종류를 단일화하고 납세자의 편의를 증진하고자 한 것이다. 그러나 그 본래의 목적과는 달리 군현에서는 민고(民庫)를 설치하고 전세와 대동미 외에 전결로써 돈과 곡식을 하법으로 거두는데 그 수가 2배가 된다고 했다. 민고의 부정으로 수령들은 즐거워하고 국가에서는 방관하고 있기 때문에, 농민만이 억울하게 수탈되었다고 했다. 그래서 농민들의 부담을 줄이기 위해 실시한 대동법으로 인해 일어났던 민고의 폐단을 현지에서 조사해 개혁해야 한다고 주장했다(經世遺表, 地官修制, 功制).

다산은 『목민심서』에서 연분 9등법·재전(災田) 징세 대책·서리 횡령 방지·세율 책정·조세행정 계산화 등에 대해 논하고 있다. 그는 재전 징세 문제에 대해 재해를 조사하고 조세를 감면하는 일은 전정의 가장 기초적인 것이지만 극히 어려운 문제라고 했다. 그 이유는 재해를 조사하는 관리들이 횡포를 부리게 되는 경우가 많기 때문이다. 이런 문제는 수령 혼자의 힘으로는 어찌할 수 없을 것이므로 다산은 수령이 직접 농민들의 의견을 듣고 현지에서 조사해 결정하도록 했으며, 현지 조사 결과는 문서로 작성하도록 했다. 이처럼 다산은 그의 방대한 저술 속에서 언제나 서리의 부정행위를 어떻게 규제할 것인가 하는 점에 관심을 가졌던 것이다(장동희, 1990: 124). 다산은 조세 과정에서 서리들이 저지르는 대표적 비리로 제역촌 이입(除役村移入)을 중심으로 조세를 횡령하는 양호와 가짜 문서를 작성해 조세를 횡령하는 '속무망(束無亡)'을 들었으며, 속무망의 협잡은 날강도라고 비판했다.

다산은 서리들이 모여서 당해의 세율을 결정하는 것을 계판(計版)이라 하는데, 계판이 완성되어 그해의 세율이 결정되면 책(冊)으로 만들어서 백성들에게 나누어 주어 그 내용을 알도록 하라고 했다. 그는 백성에게 이런 것을 자세히 알려 주지 않고 징수만 하는 것은 관의 정당한 처사가 될 수 없다고 했다(牧民心書, 戶典稅法).

조세를 징수하는 마지막에 이르러서는 서리와 포졸들을 풀어서 민가를 수색해 납세를 장려하는데, 이것을 검독(檢督)이라고 한다. 다산은 백성이 비록 납세의 기한을 어겼다 하더라도 목민관은 검독으로 백성을 괴롭히는 것은 절대 있을 수 없다고 했다.

다산은 서북이나 기북 또는 관동 지방의 부세(賦稅) 제도를 극도로

찬양하면서 전국적으로 이와 같은 제도를 실시할 것을 주장했다.

창고가 있는 마을인 창촌(倉村)에는 남사당패를 비롯한 사람들의 접근을 금하고 있다. 다산은 이런 사람들을 들이게 되면 마을 사람들을 유혹하게 되니 창리(倉吏)가 여기에 빠져들어 그 비용이 많아지면 서리들의 협잡이 심해질 것이라고 생각했기 때문이다(장동희, 1990: 125).

이러한 환경에서 서리의 부정을 제거할 수 있는 방안은 조세 내용을 숫자로 정리하는 것이며, 숫자로 정리된 조세 내용을 농민에게 알려 주는 것이라고 다산은 생각했다. 농민들이 조세 내용도 모르고 세금만 내는 것은 불합리하며, 다산은 유배지인 강진의 예를 들어 계판에 차이가 심함을 보여 주고 있다. 다산은 조세행정의 목표는 백성의 부담을 줄여 주고 국가재정을 건전하게 하는 것이며, 그러기 위해서는 중간에 착취하는 서리들의 행위를 엄히 제거해야 한다는 것이다. 문제는 이들 서리가 중앙의 권력자들과 결탁하고 있기 때문에 법령이 내려와도 이행되지 않는다는 것이 문제라고 지적했다. 그리고 계판 외에 전세에 부과된 잡세를 농민들은 감당할 수 없었다고 한다(牧民心書, 戶典稅法).

2) 화폐 정책

다산은 일찍이 『전폐론(錢幣論)』에서 조선에서 전폐를 사용하게 된 지 100여 년이 되었는데, 이를 편리하게 여기는 사람들이 많다고 했다. 다산은 돈의 폐단은 돈의 모양이 작기 때문이라면서 얇고 나쁜 돈을 모아서 대전으로 고쳐 새로 주조해 사용하면 백성도 이롭고 화폐 제도도 변할 수가 없다고 했다. 이대로 하면 좋게 되는 점이 두 가지가 있는데, 하나는 돈이 오래 견딜 수 있다는 점이고, 또 하나는 쓰임새를 줄일 수 있다는 것이다(錢幣論, 錢書 1: 185).

다산은 화폐의 유용한 기능을 어떻게 최대한으로 발휘해 국가와 백성에게 도움을 줄 수 있는가에 관심을 두고 있었다. 다산이 관심을 기울인 것은 세곡(稅穀)과 화폐와의 관계에서 물납제(物納制)와 금납제(金納制)와의 효과상의 문제였다. 그는 『목민심서』에서 쌀로 내는 것은 돈으로 내는 것보다 못하니 본래 근본은 쌀로 내게 되었지만 능히 돈으로 바꿔서 개혁해야 한다고 주장했다(牧民心書, 戶典六條, 平賦). 그 이유는 곡납제(穀納制)가 기준을 설정하기 어렵고 매번 농민들만이 피해를 보기 때문에 농민들을 진정으로 위한다면 금납제로 바꾸어야 한다는 것이었다.

다산은 부세에 대해서도 화폐 제도에 긍정적 입장을 취하면서, 이에 대해 몇 가지 의견을 제시했다. 그는 화폐 제도의 중요성을 감안해 전환서(典圜署)의 설치를 주장했다. 그 당시에 사용되던 화폐는 모두 관내에서 제작했는데, 그 제작 내용에 기준이 없었다. 따라서 크기와 무게, 자서(字書) 등이 분명하지 않았다고 한다. 즉 백성들이 몰래 위반하더라도 가려낼 방법이 없었고, 이를 국가적 입장에서 일률적으로 규제할 필요가 있으므로 전환서의 설치를 주장한 것이다.

다산은 주화의 원칙을 다음과 같이 제시했다. 주화를 만들 때는 약한 철로만 만들 것이 아니라 강한 철로 제작해 경비를 절약하고 화폐의 내구성을 높여야 한다고 했다(經世遺表, 冬官工曹). 또한 일찍이 『전폐론』에서 자신의 화폐론을 제시했고, 다시 주철과 통화의 이론은 이후 『경세유표』와 『목민심서』에서 좀 더 전개시켰다. 이러한 일련의 화폐론은 영조 이후 사회의 경제 활동을 배경으로 하여 이루어진 것으로 국가재정의 정비책으로 조세 금납이론을 전제로 하는 것이었다고 할 수 있다.

결국 다산은 부패의 척결과 함께 농민들의 삶에 대한 인식을 통해 그들의 삶에 도움이 되도록 화폐개혁을 주장했던 것이다. 또한 화폐의 사용에 대한 논의까지 진행하면서 재정에 대한 하나의 대안을 제시하고자 했다.

3 다산의 토지 제도 인식 논의

1) 토지 제도에 대한 인식

인재(人災)라고 할 수 있는 삼정의 문란, 토호 및 권문 세족들의 토지 겸병, 고리대 등과 한발과 기근으로 인한 빈번한 흉작의 천재(天災)가 어우러져 농민의 생활은 비참해지고 국가재정마저 위태롭게 되었다. 이 같은 상황에서 다산은 특권 양반층과 부족이 토지를 겸병하고 착취적 지주(地主) 제도를 발전시켰기 때문에 다수의 농민이 토지를 잃고 소작농과 유민으로 전락되고 있음을 주지했다. 그는 당시 토지 제도로 인한 농민의 처지에 대해 커다란 우려를 표시하면서 토지 제도의 폐해에 대해 깊은 관심을 가지고 있었다. 그는 사적 토지 소유 제도가 농민의 생활을 궁핍하게 하고 국가재정을 약화시키는 근본 원인으로 보았다. 다산은 지주적 토지소유제에 대해 강하게 비판한다(박종근, 1982: 62).

> 천지의 공리로서 논한다면 농부가 국가의 토지를 경작하여 그 9분의 1을 국가에 바치고 나머지 8을 먹고 다시 아무도 침범하지 못하는 것이 옛날 법이다(牧民心書).

놀고 먹는 양반이 광대한 토지를 사적으로 소유하고 농민으로 하여금 경작하게 하여 그 절반을 징수하는 것은 부당하다고 주장했다. 토지 문제에 대한 다산의 관점은 고대 정전제(井田制)와 관련해서 볼 때 원시공동체 또는 촌락공동체 관계에 대한 그의 경제적 견해와 결부되어 있었다. 다산은 조선 후기의 모순과 질곡이 토지 및 농민 문제에 집중되어 있다고 보았으며, 이러한 문제의 해결은 지금의 제도로는 불가능한데, 부분적인 개혁은 미봉책에 불과하므로 토지 제도의 근본적인 개혁만이 만성적 악폐에 시달리는 농촌 사회와 국가를 바로잡을 수 있다고 믿었다. 이에 다산은 그의 사회개혁 사상 중에서도 핵심이 되는 토지 제도 개혁에서 여전제(閭田制)와 정전제를 구상하기 시작했다. 토지 문제에 대한 그의 개혁 사상은 크게 두 단계를 거쳐 발전하는데 하나는 고대 정전제를 조선 사회에 맞게 창조적으로 적용해 보자는 제안이고, 특히 그의 여전법에서는 토지 겸병과 토지소작제의 폐해를 제거함으로써 경제적 평등 실현을 강조하고 있다.

다산은 토지 문제의 인식에서 국유론의 원칙에 입각해 사적 토지소유 제도를 배제하고 정전 제도의 원칙을 재현시킬 것을 강조했다. 또한 토지는 본시 국가의 것이므로 사적 소유는 부당하며, 밭갈이하는 자만이 경지를 얻을 수 있다고 하는 '경자유전(耕者有田)'의 명제를 강조했다.

2) 정전론

(1) 정전론의 인식

『사과(四科)』에 의하면, 정전제는 등문공(滕文公)이 그가 신임한 신하 필전을 맹자에게 보내 정전법에 대해 물어보게 했는데 맹자의 답에서 유래했다는 것이다. 즉 이것은 사방 1리에 한 정전을 두는데 하나의 정전은 900묘(畝)이다. 그 가운데를 공전으로 하고, 8가구가 각각 100묘씩을 사유하고 함께 공전을 가꾼다. 공전의 일이 끝난 후에 사유지를 돌보는데, 이것은 야인들을 군자와 구별하기 위한 것이다. 위의 맹자의 답에 의하면, 정전은 토지를 정(井)자형으로 9등분해서 8가구가 각각 100묘를 사유하고 나머지 100묘는 공전으로 한 것으로 보아 정전의 한 단위가 900묘임을 알 수 있다. 그리고 공전 100묘는 8가구가 공동으로 경작하는 것이므로 가구당 100묘씩 주어진 토지는 농민의 기본 경지인 동시에 과세 표준 면적이 되는 셈이다. 이러한 고대 정전법의 실행에 대해 다산은 당시 조선의 실정으로는 완전히 적용하기는 어렵다고 보았다. 그 이유는 첫째, 지형상의 문제인데, 이것은 다산에게 근본적인 문제가 되지는 않았다. 둘째, 정전법의 골격을 갖추기 위해서는 사전과 택전의 일부 국가 소유를 제외하면 거의 모든 전토가 개인 소유로 되어 있다는 점이다. 셋째, 토지개혁 실시에 반대하는 관료들의 문제이다.

그럼에도 다산은 위와 같은 고대 정전제의 기본 정신과 정전법의 실시에 따른 세 가지 문제를 염두에 두고 자신의 정전론을 제시했던 것으로 보인다. 다산은 다음과 같은 몇 가지의 목적에서 정전론을 제기했다.

① 정전제의 목적은 여전제의 균산(均産)과는 달리 국가재정과 농업생산력의 증대로 국가의 부(富)를 확보하자는 것이다.

② 서리의 중문수취(中門受取)로부터 민산(民産)을 확보하기 위한 것이었다. 다산에 의하면, 당시 서리들은 공부와 사적을 따로 만들어 공부에는 토지 면적을 축소 보고하거나 재화 연적(硯滴)을 확대 보고하면서, 사적에는 농민의 소유지와 심지어 진황지까지도 확대 기재해 가혹한 농민 수탈을 함으로써 중간 착취를 극대화하고 있었다. 즉 서리들은 공납의 상설(常設) 두 배 이상을 농민들에게 징수해 중간에서 착복하고 있었던 것이다.

③ 국가재정을 서리들의 중간 착취로부터 보호해 재정을 튼튼히 확보하자는 것이다. 당시 서리와 부호들의 농간으로 은결이 광범위하게 존재해 재정은 극도로 궁핍했으며, 상설(常設)도 서리들이 중간에서 착복했다. 다산이 말하기를 "국가 세입은 상년에도 불과 12만 석에 지나지 않으며, 만약 흉년을 만나면 경강에 실어오는 것은 매번 수만 석에 지나지 않으니 나라의 경비를 어디서 낼 것인가"라고 개탄하고 있으며 "이제 하리들이 나라를 2분해서 공세에 바치는 것은 그 하나요, 서리가 먹는 것은 그 둘이다.

…… 반드시 대변통(大變通) 대경장(大更張)이 있어 먼저 이를 바로잡은 후에야 나라가 구실을 할 것이다"라고 주장했다.

④ 유민들에게 경작지를 주어 생산에 종사시키기 위해서이다. 다산은 당시 놀고 먹는 사대부층과 전국적으로 발생하던 유민들에게 토지를 지급해 생산에 종사시키고자 했다. 즉 다산은 위로는 나라의 부를 마련하고 아래로는 백성들의 생활 안정을 강구하려는 입장에 서 있으며, 위로는 나라의 부를 침식하고 아래로는 민초를 짜는 서리의 존재를 그 주된 모순으로 파악하고, 이를 제거함으로써 나라의 부를 증진시키려는 것이 근본 목표였다는 점이다.

이상에서 다산이 정전제를 창안하게 된 근본 목표와 그가 정전 개혁에서 가장 주된 모순으로 파악한 점 그리고 해결을 방안으로 정전법이 제안되었음을 살펴보았다. 그러나 이 정전제가 주대(周代)의 정전제로 복귀한다는 의미는 아니며, 당시의 토지 문제 해결을 위한 사상적 제도로서의 정전제를 뜻하는 것이다(김용섭, 1974: 37).

(2) 정전론의 개혁

다산이 주장한 정전론에서 주장한 제안을 구체적으로 살펴보면 다음과 같다.

> 반(班)이 비록 귀하다고 하더라도 천하의 모든 백성이 모두 전(田)에 돌아가면 역시 궁핍해 죽을 뿐이다. 공장(工場), 금(金), 나무(木), 자기(陶), 기와(瓦), 벽돌(甎), 찰흙(埴)을 다스려 용기를 만들지 않으면 죽음이 있을 뿐이다. 상인이 재화를 통하고 재화가 있는 데서 없는 데로 옮겨가서 그 궁핍한 것을 구제하지 않으면 또한 죽음이 있을 뿐이다. 이들은 모두 농사를 짓는 사람이라고 할 수 없으니 수전(收錢)할 수 없다. 어찌 구수(口數)를 헤아려 율을 정해 땅을 나누어 주는 것이 이치에 맞는가(經世遺表, 地官修制).

즉 민초의 어려움을 해결하기 위해 위와 같이 반문해 직접 농사를 짓는 자가 토지를 가져야 한다는 원칙을 제시했다. 이와같이 농업 노동에 종사하는 사람에게만 농지를 수여하며, 그 밖에는 직종에 따라 직업을 전업화하자는 사회적 분업의 주장을 나타내고 있다. 다산의 이와 같은 직업의 전업화에 대한 주장에서 보이는 '경자유전'의 견해는 반드시 그러하다고는 볼 수 없으나, 우선은 경작에 종사하는 자만을 수전 대상자로 파악하고 있다.

다음으로 수전의 기준을 농가 단위로 하되, '양력이수전(陽曆二水田)'이라 했던바 노동 능력을 참작해 토지를 분배했다. 사전 인구의 수전 대상자는 일가를 원칙으로 하며 일가 구성원은 적어도 5인 이상이어야 한다. 단 노동 능력이 있는 자로 그가 규정한 정(丁)이 그 가족 구성원의 절반을 넘어야 하며, 그렇지 못할 경우에는 수전 대상에서 제외된다. 이와 같은 한계 내에서의 토지 수수는 노동력의 다과에 따라 그 상, 중, 하 등 전의 분급이 이루어지며 노동력이 적은 자는 하등(下等)의 전(田)도 수여받을 수 없으며, 가족 구성원이 2인 1 여부는 1구의 4분의 1을 수전할 수 있을 뿐이다. 이는 노동력이 없는 자는 수전 대상에서 제외된다는 사실이다.

분전(分田)의 법은 답전(畓田)에 중점이 있다. 즉 경제적 평등에 정전법의 목표가 있는 것이 아니고 생산력의 증가에 그 목표가 있기 때문이다. 이와같이 다산의 입장에서는 결국 정전제 자체를 국부가 최고의 목표인 현실적인 개혁안으로 보았다는 것이다.

또한 정전제 실현을 위한 중앙의 공전 매입에 대한 다산의 방안에서 사전 8구를 제외한 공전 1구에 대한 것은 국가에서 매입하도록 한다. 그러나 사전 8구에 대해서는 토지 경작의 재분배는 실시하나 토지 소유의 재분배는 실시하지 않는다. 즉 기존의 사적 지주 제도는 그대로 두고 실제의 경작자만을 정전제 토지 분배의 원리에 따라 재분배하도록 한 것이다.

> 오늘날 나라 안의 땅이 사전(私田) 아닌 것이 없다. 장차 어찌할 것인가. 큰 일을 하는 데 어찌 세법을 돌아볼 것인가. 무릇 가정지지(家庭地誌)는 그 궁(肯), 불긍(不肯)을 물을 것 없이 정전으로 구획한 연후에 그 값을 물어서 공전 1구는 관에서 그 값을 내되 대략 후하게 하고 사전 8구는 시점에게 묻는다.(무릇 전은 모두 왕전이다. 사주는 전주라 할 수 없기 때문에 시점(時點)이라 명했다. 아래는 모두 이에 따랐으니 보는 자는 상지하라.) 만약 8구가 모두 일가의 전이면 역시 예대로 두게 하여 분열치 않도록 한다. 다만 시점으로 하여금 8부를 조달토록 하여 8구를 나누어 주되 일부로 하여금 2구를 가지지 못하게 하면 어시호(於是乎) 정전이다 …… 만약 1구 내에 절반은 갑의 전이고 절반은 을의 전인데 갑을 모두 가난해서 살 능력이 없으면 합한 1구를 양인이 변경토록 허락한다(全書 下; 經世遺表, 地官修制, 田制 1, 井田論 3).

다산의 이 같은 생각은 정전제에서 지주와 소작인 간의 모순을 정확하게 파악하고 있지 않은 것 같다. 그렇다고 할 때 역시 그의 정전제의 근본 목표는 생산력의 증가를 통한 국부에 있음을 보여 준다. 그리고 정전론에서 사(士)·공(工)·상(商)의 토지 분배 문제에 대해 사대부에게는 토지 분배에서 제외시키고 있는데, 그 이유로 두 가지를 들고 있다. 그 하나는 사대부의 본직은 사(士)에 있으므로 그들에게 지급될 것은 '녹(祿)'이지 '전(錢)'이 아니라는 것이다.

> 무릇 전은 모두 농부가 이를 경작하는 것인데, 사대부의 가(家)와 부서의 가가 그 가인이 별도로 수전(收錢)을 하면 장차 무엇을 할 것인가. 역시 이를 농부에게 줄 뿐인 것이다. 그 부가 녹(祿)을 받아 족히 가족을 부양할 수 있는데 그 자가 다시 족전(族田)을 받는 것은 역시 지나치지 아니한가(經世遺表, 地官修制).

다산은 위와 같은 사상을 통해 사에 있는 사대부에게 수전까지 주는 것이 지나침을 지적한다. 그러나 예외적으로 서자에게는 토지를 분배할 것을 주장했다. 그 이유는 세록(世祿) 사대부의 자손은 경작에 종사하지 않지만 서자의 자손은 결국에 농부가 되므로 농민과 마찬가지로 토지 100묘를 분배해야 한다는 것이다. 이는 당시의 적서 차별 제도에 대한 비판인 동시에 서자의 농민화 또는 생산자화를 염두에 둔 주장이다.

다음으로, 다산의 정전론은 지주 소작 제도를 철폐하고 있지 않다는 점이다. 당시 많은 사대부가 이미 지주화되어 광대한 사유지를 소유하고 있으므로 그 토지를 재분배하지 않는 한 사대부에 대한 토지 분배를 재론할 필요가 없다는 것이다. 한편 공·상에 대해서도 토지 분배를 제외하고 있다. 그 근거를 보면 다산은 공·상 분리에 의한 분업의 확립을 주장하고 있다.

> 상공은 각각 그 물(物)로써 농부와 더불어 통공역사(通功易事)하여 그 식을 탐하는 것인데 공·상의 수전이 이치에 맞겠는가(經世遺表, 地官修制).

다산은 위와 같은 주장을 통해 공·상의 생활을 보장하려는 구상을 따로 하고 있었다. 당시 이미 수공업과 상업이 상당한 정도로 발전해 농업의 수익성보다 상공의 수익이 더 높은 현실을 감안해서 토지분급에서 제외했다고 볼 수 있다. 또한 그의 정전론이 당시의 상업과 수공업이 어느 정도 수준으로 발전된 상태에서 제시한 토지개혁안임을 짐작하게 한다.

다산이 전개한 정전론에서 간과할 수 없는 것이 서리의 횡감(橫邯) 문제이다. 그는 일찍이 서리의 농간에 대해 서리망국론까지 주장했다. 따라서 그는 서리의 횡감을 배제하기 위해서는 농민들이 힘을 합해 정전법을 시행해야 한다는 것이다. 그는 위로는 나라의 부를 침식하고 아래로는 농민을 수탈하는 서리의 악폐를 제거함으로써 국부를 증진시킬 수 있는데, 그 방안으로 정전제를 제기했으며, 이는 단합된 농민의 힘이 상당한 역할을 할 것이라는 것이 그의 일관된 사상이기도 했다.

위에서 논의한 바와 같이 다산의 정전제가 문제점이 없는 것은 아니지만 서리의 농간과 횡감으로부터 농민을 보호하고 생산을 증대해 국가재정의 확립을 가져다 줄 개혁안으로 평가되고 있다. 위에서도 보았듯이 농민은 8가구가 각자 1구씩의 토지를 소유해 경작하고, 공전 1구에서 소출된 수확물로 공세를 지출하고 나머지 소출은 서리의 중간 수취를 막을 수 있을 것으로 보았다. 다산은 이에 대해 정전법이야말로 가장 적합한 토지 제도로서 성인의 상법이라고 보았다. 다산의 정전제 개혁안은 단순한 고대 정전법이 아니라 그 정신을 바탕으로 한 상당히 현실성이 있는 방안이었음을 알 수 있다. 당시 농업 경제의 여러 가지 문제를 매우 심도 있게 합리적으로 분석해 이를 체계적으로 해결하려는 노력이 역력했다. 즉 토지 소작 제도를 혁파하지 않은 채 농업생산력의 증대에 관심을 높였던 점, 농민에 대한 서리의 중간 착취 배제, 서리에 의한 부세의 중간 착복 배제와 국가재정의 권위 확보, 유민의 생산 저하 방지 등의 목표를 추구한 점이 이를 뒷받침해 준다 (이영래, 1979).

(3) 정전론의 문제

다산의 정전론은 당시 조선 사회의 정치적 문란과 경제적 피폐로 국가재정이 궁핍해지고 농민 생활이 극도로 열악해진 상황에서 제안되면서 상당히 현실성 있는 전제 개혁안으로 평가되는 것이 사실이다. 그러나 또 다른 면에서 볼 때 정전론은 몇 가지 문제점이 있다.

첫째, 그의 정전론은 당시 가장 큰 토지 문제의 하나였던 지주 소작 제도의 폐해에 대한 대책을 세우지 않고 있다는 사실이다. 다산은 그의 정전론에서 사전 8구가 모두 사적 지주의 사점지일 때에는 지주가 그의 정전론의 분배 원칙에 따라 소작인을 선정해 소작시킬 것을 언급하고 있는데 이것은 그의 정전론이 지주 소작 제도 문제의 해결을 회피하고 있음을 나타낸 것이다. 물론 그의 정전론이 토지의 평분(平分)에 목적이 있기보다는 농업생산력 증대를 통한 국부가 우선 목표이므로 이것이 정전론의 가치를 저하시킨다고까지는 할 수 없다 해도, 토지 소작 제도가 존재해 수확물의 반을 지주가 가져가니 제도가 존속하는 한 소작인에게는 별로 수익이 없는 것이다. 따라서 정전론의 실시에 따른 소기의 목적 달성을 위해서는 토지 소작 제도를 폐지하는 방안이 강구되어야 했다.

둘째, 다산의 정전론은 토지 겸병의 제한에 대안이 없다는 것이다. 지주 소작 제도의 존속을 당분간 인정하더라도 당시 급속하게 팽창되고 있던 토지 겸병에 대한 제한 조치가 반드시 있어야 하는데, 그에 비례하는 토지 분배만을 강조함으로써 소유와는 관계없는 노동력 단위당 경작지의 균등화를 통해 사회총생산력을 증대시킬 목적만이 나타나고 있었다. 이것은 토지 겸병이라는 당시 토지 문제가 악화되는 추세에 대한 지연이라고 볼 수 있으며, 그의 정전론이 가진 큰 문제점의 하나라고 볼 수 있다.

셋째, 다산의 정전론에서는 양반층의 생산자화가 충분히 실현되지 못하고 있다는 데 문제점이 있다. 즉 봉록 제도의 확립으로 벼슬에 종사하는 사대부는 녹을 받게 되고, 토지 제도의 존속에 의해 지주화된 사대부는 소작을 통해 생산된 곡물을 수취할 수 있지만, 벼슬도 하지 못하고 지주도 아닌 사대부의 처우 문제가 제시되어 있지 않다는 것이 문제점이다.

넷째, 그의 정전론은 공전 1구의 구입 비용은 계상되어 있으나 정전의 설치를 위한 비용은 계상되어 있지 않은 것이 문제점이다. 물론 그는 구릉지나 수전은 반드시 정방형의 정전을 만들지 않고서도 단지 그 면책만을 측량 조사해 정전론의 원리에 따라 분배하면 그 역시 그것을 구상했다고 생각했으나, 평야 지대에서는 얼마든지 정방형의 정전을 구획할 수 있고, 그 역시 그것을 구상했으므로 이 비용이 검토되어야 할 것이었다. 정전 구획의 비용은 막대할 것이 예측되므로 이에 대한 자금 조달의 원천을 제시하지 않고서는 일종의 경지 정리사업이라고도 볼 수 있는 이 거대한 사업의 현실성에 큰 회의를 갖게 할 개연성이 있는 것이다.

이상에서 본 여러 문제점에도 불구하고, 다산의 정전론은 당시 조선 사회의 정치적 혼란과 경제적으로 피폐한 상황에서 농업생산력을 증대하고 서리들의 중간 착취를 배제해 국가재정의 확보와 농민 생활의 향상을 위한 중요한 토지 개혁안이었다. 특히 고대 정전론에 바탕을 둠으로써 자칫 퇴보한 안이 될 수도 있었음에도, 당시 조선의 상황에 근접하는 것으로 다산의 독창성이 깊이 작용한 토지 제도 개혁안이라 할 수 있다.

3) 여전론

다산의 여전제 토지개혁 사상은 그의 저서인 『전론(田論)』 7편에 제시되어 있다. 『전론』은 그가 38세 때인 정조 23년(1799)에 쓴 것으로 비록 짧은 저서이지만 여전제 개혁사상에서 그가 구상하는 바가 무엇인지를 확실하게 알 수 있다. 여기서 특히 강조해 두고 싶은 것은 그의 여전제가 매우 독창적인 구상이라는 것이다. 물론 그의 주장을 뒷받침하기 위해 중국 고전을 자주 인용한 것은 사실이지만, 중국 고전에 여전론은 전혀 없다. 따라서 여전제 토지개혁 사상은 다산의 독창적인 사상이다.

(1) 여전론의 인식

여전제 토지개혁안은 조선 시대 토지 제도의 문제인 부호의 토지 겸병과 지주 소작 제도의 철폐 문제 그리고 양반 사족의 생산자화 문제, 협동과 분배 문제, 차액 지대에 관한 문제 등을 제기하고, 이에 대한 체계적인 해결책을 모색하고 있다. 그는 이 중에서도 강호의 토지 겸병과 지주 소작 제도의 폐해를 제거하고 백성의 재산을 균등 분할하게 하는 데 최대의 목적을 두었던 것 같다. 다산은 무엇보다도 먼저 지주 제도의 폐해를 극복하고 사회적 균등의 기초 위에서 농업생산력을 증대시키려는 문제 의식에서 출발한다. 다산은 『경세유표』에서, 지주는 앉아 놀면서 생산물의 10분의 5를 거두어들이고, 소작인은 소작료로 생산물의 10분의 5와 전세 10분의 1을 합해 총생산물의 10분의 6을 납부하지 않으면 안 되는 형편에 있다고 개탄했다. 다산 시대의 지주 제도는 병작법(竝作法)과 도지법(賭地法)의 두 종류가 있는데, 이 중에서 병작법이 지배적 방법이었다. 병작법은 원래 전세와 종자는 지주가 부담하고 추수 후에 지주가 소작인으로부터 생산물의 절반을 수취하는 소작 방법이었다. 한편 새로 대두한 도지법은 정액법으로서 풍흉(豊凶)에 관계없이 지주가 매년 일정량의 소작료를 소작인으로부터 수취하는 소작 방법이었다. 당시에는 풍흉의 차가 매우 커서 농업생산의 안정성이 극히 낮았으므로 도지법이 병작법보다 소작인에게 유리한 것은 아니었다. 다산 시대의 지배적 지주 제도였던 병작법에서는 시간이 지남에 따라 지주의 수취가 강화되어 심지어 전세와 종자도 소작인의 부담이 되기에 이르렀다. 다산은 『경세유표』에서 지주 제도의 폐해와 각종의 부과로 말미암아 소작농이 실제로 자식(自食)하는 것은 생산물의 10분의 2에도 미치지 못함을 실례로 들면서 다음과 같이 설명했다.

> 논해 보면, 남방의 논은 종자 10두를 심어서 개략 곡식 20포(석)를 얻는데, 이 중에서 10포는 지주에게 바치고 2포는 종자에 넣고, 2포는 환상에 넣고, 2포는 잡부(번잡해 이름은 다 적지 아니한다)에 들어가니, 소작농이 자식(自食)하는 것은 많아야 3, 4포에 지나지 않는다. 선왕의 10분의 1세가 지금의 10분의 7, 8이 되었으니 백성이 어찌 살 것인가(全

書, 時文集, 田論 1).

다산은 호남 지방에서 지주 제도와 토지 겸병이 만연해 총 호구 중에서 개략적으로 지주가 5%, 자작농이 20%, 소작농(자소작농 및 순소작농)이 70%에 달하는 분포를 보이고 있음을 지적하고, 전세와 종자도 모두 소작농이 부담하고 있다고 개탄했다(與猶堂全書, 時文集, 田論). 다산은 이러한 지주제의 폐해와 토지 겸병은 토지 개혁을 통해 단호히 폐지하고 재산의 균제가 이루어져야 한다고 주장했다. 그는 당시의 총 경지 면적을 80만 결로 보고, 총인구를 800만 명으로 추산하고 1호당 구성원이 10명이라고 가정하면, 1호당 1결씩 소유해야 적어도 균산이 가능하다고 보고 있었다. 또한 다산은 "선비가 직업을 바꾸어서 밭이랑과 인연을 맺게 되면 난민이 없어질 것"이라 하며, 양반사족으로 하여금 직업을 가지도록 하는 방안을 위해 상당한 관심을 보였다.

(2) 여전론의 개혁

여전제의 기본 원칙은 한마디로 '사농자득전 불위자부득전(司農者得田 不爲者不得田)' 즉 농사하는 자에게 토지를 주고 농사하지 않는 자에게는 토지를 주지 않는다는 것이다. 이 원칙은 우리나라 사회사상사에 획기적인 것으로 경자유전의 원칙을 이미 18세기 말에 확고하게 정립한 것이다. 다산이 유형원(柳馨遠)의 균전론, 이익(李瀷)·박지원(朴趾源)의 한전론·정전론 등을 거부하고 여전론을 주장한 까닭도 여기에 있다. 그는 토지 겸병과 지주 제도의 폐해를 막기 위해 농사짓는 농민만이 토지를 소유하게 해야 한다는 원칙을 주장하고 이를 실현하기 위해 여전제를 구상했던 것이다. 여전제의 내용을 보면, 그는 『전론』에서 다음과 같이 말한다.

여전법이란 무엇을 일컬음인가. 산속(山續)과 천원(泉源)을 기준으로 구를 규정하여 경계로 삼고, 그 경계선 안에 포괄되어 있는 지역을 1여(閭)로 삼는다.(주제에서는 25가를 1여라 했으나, 지금은 그 명칭만 빌리고, 대략 30가구 내외로 하고 출입이 있도록 한다. 어쨌든 그 졸이 반드시 일정할 필요는 없다.) 여 셋을 합쳐서 리(里)라 하고(풍속 통에는 50가구를 1리라 했으나, 여기서는 그 명칭만 빌리고 반드시 50가구로 하는 것은 아니다.), 이 다섯을 합쳐서 방(坊)이라 하고(방은 읍리의 명칭인데 한대에는 구자방이 있었고 국속에도 있다.), 방 다섯을 합쳐서 읍(邑)이라고 한다(주제에는 4정을 읍으로 삼았으나, 오늘날에는 군현의 치소를 읍이라고 한다)(與猶堂全書, 時文集, 田論).

다산의 여전제는 기본적으로 30가구로 구성된 1여를 기본 단위로 하는 농민의 협동농장제 또는 협업농장제를 창설하는 것이었다. 다산은 대략 30가구를 1여 호구의 기본 단위로 하고, 산속과 지형의 지세를 참작해 구획을 정해서 그 안에 포함되어 있는 모든 토지를 1여의 토지의 기본 단위로 하여 하나의 '여'를 조직할 것을 구상했다. 이때 1여 안에 포함되는 모든 사유지는 물론 모두 여의 토지에 넣을 것을 대전제로 한다. 즉 자연적 지세로 경계를 정하고, 행정조직은 여를 출발 단위로 하여 3여는 1리, 5리는 1방, 5방은 1읍으로 편제를 만들 것을 구상했다.

여전론의 기본 내용은 전국의 토지를 국유화하고 토지의 국유화가 이루어지면, 이를 새로이 재편성한 향촌 제도의 여에 위임해 여민으로 하여금 이를 공동으로 경작하게 하고 이를 통해 그들을 경제적으로 평등화하려는 것이었다. 다산의 여전제는 생산 수단에 대한 일체의 사적 소유를 허용치 않고 토지의 국유화와 집약적 점유를 결합시킨 경영 형태이다. 여기서는 지주적 토지 소유는 물론이고 자작농의 개인 경영에 의한 소규모 토지의 사유도 없고, 소작 제도와 토지의 매매도 없다. 그것은 공동 경작에 기초한 집약적 경영 형태로 원칙적으로는 밭갈이하는 자만이 거주할 수 있게 한다는 것이다. 다산의 여전제는 여 안에서의 토지는 공유되어 내 땅 네 땅의 구별이 없고, 모든 관리를 여민이 공동으로 한다. 즉, 여민이 공동 노동과 공동 경작을 수행해 모든 관리를 여민 공동으로 하는 것이다.

다산에 의하면, 이 공동 노동과 공동 경작을 관리하기 위해 여민은 여장을 선출하고, 여장은 여민의 생산 농업의 분담을 지시한다.

> 예컨대 여장은 모갑(某甲)에게 이곳을 갈고 모을(某乙)에게는 저곳을 김매게 하여 각자의 노동과 작업을 분화시켜 지시하며, 여민은 여장의 명령에 따른다. 또한 여장은 여민들이 노동하고 작업하는 경우 매일 개개인의 노동량을 '일역부'라고 하는 장부에 정확히 기입해 두는 일을 한다. 다산 시대의 조선 농촌에는 공동 노동의 조직으로서 '두레(사, 농, 사)'가 동리마다 조직되어 활동하고 있었다. 또한 농번기의 농경 작업에는 공동 노동의 관습이 널리 행해지고 있었다. 그러므로 다산이 공동 노동과 공동 경작을 통해 생산을 공동으로 하는 구상을 한 것은 공상적인 것이 아니라 당시의 현실과 밀접히 관련을 가진 것이었다. 종래 알려지지 않은 것이었지만 다산이 주장한 여전제의 사회적 기초는 당시 성행하고 있던 '두레' 공동체와 '두레'의 공동 노동이었음을 주목할 필요가 있다. 그의 여전제에서는 여 안에서 생산은 공동으로 하지만 소비는 가족 단위로 하도록 하여 수확 후에는 생산물을 가족 단위로 분배하는 것이다. 생산물의 분배 기준은 생산에 역입(逆入)된 수하 노동량에 따라서 결정한다. 즉 가을이 되면 수확한 생산물을 여중(閭中)의 공회당에 모두 갖다 놓고, 먼저 나라에 바치는 공세와 여장의 봉록을 공제한 다음, 그 나머지를 여장이 여민의 노동량을 기록한 장부에 따라 분배하는 것이었다. 여에는 여장을 두며, 무릇 1여의 토지는 1여의 백성으로 하여금 공동으로 경작하게 하고, 내 땅 네 땅의 구별 없이 오직 여장의 명령에 따른다. 여장은 매일 개개인의 노동량을 책부에 기록해 두었다가 가을이 되면 오곡의 수확물을 모두 여장의 집(여중의 도상)에 가져온 다음 그 곡물을 분배한다. 이때 공가에 바치는 세를 먼저 내고, 다음에는 여장의 봉급을 내며, 그 나머지를 가지고 일역부에 의거해 노동량에 따라 여민

에게 분배한다(與猶堂全書, 時文集, 田論).

그의 투하 노동량에 의거한 생산물의 분배는 대단히 공정하며 여민들의 노동 의욕을 자극해 농업생산력을 증대시키고, 나아가 백성들의 자산을 풍부하게 만들 것으로 예측했다. 다산이 제안한 수하 노동량에 의거한 생산의 분배는 상당히 합리적인 분배 방법으로 그의 토지개혁 사상의 탁월성을 보여 준다(이영래, 1979).

(3) 여전론의 노동력 이동

다산은 여와 여 사이에는 토지의 비옥도, 인구밀도와 노동의 생산성 등에 따른 분배량의 차이가 있게 마련이고, 이에 따라 수하 노동량에 비해 분배량이 많은 여로 이동할 것을 생각하고 있었다.

> 여기에 한 여가 있어 30가구가 함께 1여를 이루고 있다고 하자. 여장이 말하기를 갑모는 이곳을 갈고 을모는 저곳을 김매라고 하여 각자의 직무가 이미 나누어져 있는데, 만일 어떤 사람이 쟁기와 보습을 짊어지고 처자를 이끌고 와서 한 자리를 달라고 하면 어찌할 것인가. 받아들인다고 말해야 할 것이다. 그러나 1여의 토지는 더 이상 넓힐 수 없는데 1여의 백성은 일정한 정수가 없다면 어떻게 할 것인가. 그러나 백성이 이를 좇는 것은 물이 낮은 곳을 찾아 흐르는 것과 같은 것이다. 즉, 전지는 넓은데 인력이 부족하다는 것을 알았거나 전지는 작지만 생산되는 양곡이 많다는 것을 알았거나, 추수 때 분배받는 양곡이 많다는 것을 알았거나 한 다음에 쟁기와 보습을 짊어지고 처자를 이끌고 와서 한 자리를 달라고 하는 것이다(與猶堂全書, 時文集, 田論).

이에 대해 다산은 적어도 8~9년간은 완전히 자유 이동을 허락해 준다는 것이다. 즉 각 여 간에 일어나는 노동력의 이동은 합리적 이유에 근거한 자연스러운 현상으로 파악하고 자유롭게 허용할 것을 주장한다.

> 반대로 한 여가 있는데 20가구가 1여를 이루고 있다고 하자. 여장이 말하기를 갑모는 저곳을 갈고 을모는 이곳에 거름을 주라고 하여 각자의 직무가 이미 나누어져 있는데, 어떤 사람이 농구를 짊어지고 처자를 이끌고 가면서 다른 악사(鄂沙)로 가겠다고 말한다면 이를 어떻게 할 것인가? 이 또한 허락할 수밖에 없다. 백성들이 해로운 것을 피하는 것은 불이 습한 곳을 피하는 것과 같기 때문이다. 즉 전지는 좁은데 인력은 남는다는 것을 알았거나, 가을의 배당 곡물이 적다는 것을 알았거나 한 다음에 농기구와 처자를 이끌고 다른 악사를 찾아가는 것이다. 그러므로 위에서 명령을 내리지 아니해도 백성들의 빈부가 균등해질 것이다. 마음대로 오고 마음대로 가기를 8~9년이 못 되어 나라의 전지는 균등해질 것이다(與猶堂全書, 時文集, 田論).

그는 여기서 인구와 노동력의 이동을 자유롭게 허용하다 보면 8~9년 후에는 각 여의 노동생산성과 빈부가 균등하게 될 것이라는 낙관적인 전망을 하고 있다. 그러면 비로소 호적을 작성하고, 가옥을 등록시키고 문권(文券)을 만들어 농민의 이동을 인위적으로 관리해 노동생산성이 낮은 곳에서 높은 곳으로, 인구의 비율이 높은 곳에서 낮은 곳으로 이동하는 경우에만 허락한다는 것이다. 이렇게 하면 대체로 노동의 생산성이 균등하게 이루어질 것으로 다산은 보고 있었다.

다음 사족의 토지 소유 문제에 대해 다산은 여전제 토지개혁론에서 하는 바와 같이 농사짓는 사람에게만 토지를 갖게 하고 농사짓지 않는 사람에게는 토지를 갖지 못하게 하는 원칙을 주장해 사·공·상의 토지 소유를 반대했다. 다산에게 가장 문제가 된 것은 사(士)의 경우였다. 그는 사족도 놀고 먹는 것을 인정하지 않았으므로, 사족은 스스로 생산 노동에 참여하지 않는 한 생산물 분배에 참여할 수 없다는 것이 그의 결론이었다. 다산은 사족도 직업을 바꾸어 농사에 종사케 할 것을 강력하게 주장했다. 그는 만일 사족이 농업에 종사할 수 없으면 다른 직업에라도 반드시 종사해서 생산 활동에 참여할 것을 요청했다. 사(士)의 직업으로서 다산이 언급한 것은 주로 농사·상업·수공업·

교육 그리고 실학의 강구에 종사하는 일을 지적했다. 다산의 실리 강구란 토질에 적합한 농작물 연구, 수리(水利) 연구, 농기계 개량 및 제조 연구, 농사 기술 및 목축법 연구 지도를 들고 있다. 이는 사족으로 하여금 이용후생(利用厚生)할 수 있는 실학을 연구해 생산에 기여할 것을 주장한 것이다. 만일 '사(士)'들이 이러한 실리강구를 추구한다면 그들의 노력과 공헌은 육체 노동으로, 10일의 연구 노력을 100일의 육체 노동으로 평가해 '일역부'에 기입해야 할 것이라고 그 기술 연구의 중요성을 강조했다.

다산은 여전제 실시를 통해 착취적 지주 제도를 폐지하고 사족에 이르기까지 모든 사람을 생산자화해서 국부(國富)를 도모할 것을 강조했다. "사람들이 노력을 다하지 아니함이 없으면 토지의 이가 다하지 아니함이 없고, 토지의 이가 일어나면 백성들의 자산이 풍족해지며, 백성들의 자산이 풍족해지면 풍속(風俗)이 풍족해지고 제자의 도덕이 확립된다. 이것은 토지 제도로서 가장 좋은 방법이다"라고 함으로써 다산은 여전제 토지 개혁을 단행해서 당시 토지 제도의 모순을 근본적으로 해결하려 한 것이었다고 볼 수 있다.

(4) 여전제의 전세와 병농 일치

다산은 그의 『전론』에서 전세는 총 생산물의 10분의 1로 하는 것이 적당하다고 주장했다. 당시의 전세가 수확량의 20분의 1인데 비해 소작료는 10분의 5나 되어, 국가는 재정난에 허덕이고 농민은 궁핍지경에 이르는데, 오직 사적 지주는 폭군처럼 농민을 수탈하여 빈익빈 부익부를 가속화시킨다고 개탄했다(與猶堂全書, 時文集, 田論 6). 따라서 그는 지주 소작제를 없애고, 십일세를 시행하면 국가와 백성이 함께 부유해질 것이라고 주장했다. 따라서 전세의 정액제를 구상했다. 즉 연평균 생산량을 산출해 10분의 1의 세율에 일치하도록 법정화하자는 것이다. 만약 흉년의 경우에는 그 전세금을 대여해 주고, 풍년

(평년작보다)이 든 해에 대여분을 회수하면 된다는 것이다. 그리고 자연재해로 영구히 경작할 수 없는 경우에는 그 세를 영구히 면제해 주며, 신개간지는 수십 년에 한 번씩 토지대장에 기록한다는 것이었다. 다음 다산은 여전제를 통해 병농을 일치시켜야 한다는 주장을 폈다. 그는 『전론』에서 다음과 같은 병농 일치의 방안을 제시했다.

> 옛날에는 병이 농에 일치했다. 이제 여전법을 시행하면 병제를 바로잡는 데 더욱 좋다. 우리나라 제도에는 병이 두 가지로 쓰이고 있으니, 하나는 대오를 편성해 국경의 변란에 대비하는 것이고, 다른 하나는 군포를 거두어들여 서울의 병을 양성하는 것이다. 이 두 가지는 모두 폐지할 수 없다. 그런데 대오를 편성한 사병들은 언제나 통솔되어 있지 못해 장수와 병졸이 서로 얼굴도 잘 익히지 못하고 서로 쓰임이 되지 않고 있으니 어찌 병이라고 하겠는가. 이제 여에서 여장을 두어 초관을 삼도록 하고, 이(里)에는 이장을 두어 파총을 삼도록 하며, 방(坊)에는 방장을 두어 천총을 삼도록 하고(이장은 대여의 장으로 하여금 겸하게 하고 방장은 이장 중에서 현자를 골라 겸하게 하되 이중으로 받지 못하게 한다.), 읍에는 현령을 두어 통제하게 한다면 전제가 바로잡히면서 동시에 곧 병제가 그 가운데 있게 된다 (與猶堂全書, 時文集, 田論).

다산은 여전 그 자체를 하나의 소대로 편성해 여-리-방-읍에 따라 대오를 편성함으로써 병농을 완전히 일치시키려 했다. 그는 여전제에서는 이미 여장의 명령에 따라 여민이 생산 활동을 하는 작업 훈련이 되어 있으므로 병농 일치의 성과를 확신하고 있었다. 그는 또 1여를 3분해서 그 1은 호정(戶丁)을 내어 대오편성을 하도록 하고, 3분의 2는 호포(戶布)를 내게 하면 종래의 병제로 인한 폐단을 막을 수 있다고 주장했다. 이와같이 다산의 여전론은 국정 전반에 걸친 것으로 상당히 합리적이며 원대한 안목을 가진 독창적인 구상이었다 (김용섭, 1972).

(5) 여전론의 문제

다산의 여전제 토지개혁론이 매우 독창적이고 혁신적인 것은 틀림없다. 그러나 다산의 개혁론이 실현되는 데는 몇 가지 문제점이 발견되고 있다.

첫째, 당시 시대에는 토지 소유 제도가 상당히 발전되어 있었는데 그와 같은 상황에서 많은 사전을 어떻게 평가해 여전제에 사용할 것인지에 대해서는 구체적인 논의가 없었다. 당시 부호들은 광대한 토지를 사유해 지주화되어 있었고 따라서 많은 소작농층이 형성되어 토지 소유 관계는 매우 불균등했다. 이와 같은 여건에서 여전제를 시행할 경우 소작농이나 자작농 또는 소규모 자작농은 이를 수용할 것이나, 부농지주층과 대농들은 이에 반대할 것이 분명한데, 그들의 사전을 어떻게 평가해 여전에 수용할 수 있을지가 문제로 지적된다. 또한 여전론에서는 사전의 여전화 문제에서 국가 권력으로 강제력으로 편입시킬 것인지, 아니면 보상을 전제로 할 것인지에 대해서는 구체적인 방안 제시가 없었다.

둘째, 여전제를 성공적으로 시행하기 위해서는 여의 조직과 관리에 상당한 기술과 훈련이 필요한데 이에 대한 대책이 제시되지 않았다.

셋째, 전국의 각 여 사이의 인구 변동으로 말미암은 노동력 위치상 경지 면적과 분배량의 불균등성과 노동생산성의 차이에 따른 인구 이동의 완전한 자유화를 8~9년간 보장해 줌으로써 과연 균등화될 수 있을지도 문제이다. 인구의 변동은 자본의 이동처럼 유동성이 크지 못해 또한 농민은 자기의 연고지에 집착하려는 성향이 강하므로 모든 여 사이의 노동생산성과 노동력 위치상 경지 면적 및 분배의 합리화를 실현하기 위해 더욱 계획적인 대등(對等)이 부수되어야 함에도 불구하고 그렇지 못했다는 것이다.

다산의 여전론은 어떻게 보면 실현 불가능한 공상적인 것으로 비치는 경우도 있는데, 이는 지주적 토지 소유 제도를 청산하고 생산의 협동화를 지향하는 여 공동체가 봉건제, 자본제와는 속성을 달리하고 있기 때문으로 보인다. 그러나 반드시 그렇다고 볼 수는 없다. 다산의 여전론은 그 기본적 원리만을 간단히 밝힌 것뿐이고, 그 구체적 실현 방법에 대해서는 자세하게 논급한 것이 없으므로, 그 실현 방법의 여하에 따라서는 얼마든지 실시 가능하게 정립할 수 있는 것이다. 그러므로 『전론』의 기본 구상만을 가지고 실현 불가능한 토지개혁 사상이라고 말할 수는 없을 것이다.

다산의 여전제 토지개혁론은 당시 농촌 사회 현실에 바탕을 둔 것으로 마을마다 광범위하게 존재하던 '두레 공동체'와 '두레'의 공동 노동에 사회적 기초를 둔 것이며, 농경에서 널리 관행되던 바와 같은 공동 노동의 실재에 뿌리를 둔 것이다. 이러한 관점에서 볼 때, 그의 여전론은 근본적으로 농본적 사상에서 매우 차원 높은 토지개혁안을 제시하고 그 원리를 밝혀 놓은 독창적이고 혁신적인 개혁론으로 평가될 수 있다.

4 해석과 시사점

이 연구는 다산 시대의 사회상을 파악해 그 당시의 재정 정책의 모순에 대한 다산의 비판을 소개함으로써 재정 정책에 대한 다양한 사례를 의미 있게 정리해 다산 사상을 추출하는 데 그 목적이 있다.

다산의 토지개혁은 당시의 정치사회적 여건을 고려할 때 획기적인 개혁안이었다. 특히 여전제는 혁명적이라 할 수 있으며, 정전제는 당시의 현실을 인정한 타협적인 개혁안이라 할 수 있으나 그 기저에 흐르는 정신은 같은 맥락이라고 할 수 있다. 다산의 개혁안이 비록 당시의 집권층에 의해 받아들여지지는 못했다 하더라도 양 개혁안의 바탕에 깔린 농민의 단합된 힘을 근본으로 하는 개혁의 의지는 훗날 농민운동에 직접 또는 간접적으로 적지 않은 영향을 미쳤을 것이며, 현대로 넘어온 지금에도 많은 시사점을 제공한다.

다산은 원칙적으로 합리주의자이며 이론과 실천에 논리와 명분을 우선시한 것으로 알려지고 있다. 다산이 과연 국가의 절대적 개입을 통한 국리민복(國利民福)에 그의 관심을 집중시키고 있는지 아니면 국가의 개입은 오히려 백성의 생존권을 위협하고 있다고 보고 있는지 등에 관한 엄밀한 분석이 필요할 것이다.

참고 문헌

강만길(1980). 『한국근대사』. 서울: 창작과비평사.

강만길(1990). 다산의 토지소유관. 『다산의 정치경제사상』. 서울: 창작과비평사.

김광진(1989). 다산 정약용의 사회 경제사상. 『정다산연구』. 서울: 한마당.

김옥근(1980). 『한국토지제도사연구』. 서울: 대왕사.

김용섭(1974). 18, 19세기의 농업 실정과 새로운 농업경영론. 『대동문화연구』, 9: 1-174.

김용섭(1975). 다산과 풍석의 양전론. 『한국사연구』, 11: 147-163.

김용섭(1984). 『조선 후기 농업사 연구』Ⅰ, Ⅱ. 서울: 일조각.

민족문화추진회(1984). 『국역 經世遺表』 Ⅰ~Ⅲ. 서울: 민족문화문고 간행회.

박종근(1982). 『다산 정약용의 토지개혁사상의 고찰: 봉건사회 해체기의 사회경제구조』. 서울: 청아출판사.

박종홍(1964). 한국에 있어서의 근대적인 사상의 추이. 『대동문화연구』, 1: 3-54.

송주영(1969). 성호 이익의 경제사상. 『아세아연구』, 12(4): 129-160.

송찬식(1970). 조선 후기의 농업사 연구에 대하여, 『역사학회』, 46: 95-112.

송찬식(1976). 조선 후기의 농업에 있어서의 광작운동. 『한국사론문선집(조선후기편)』 Ⅴ, 역사학회 편. 서울: 일조각.

유원동(1971). 『다산의 전정논고』, 체암 류홍렬박사 화갑기념논총.

이경식(1973). 17세기의 토지개혁과 지주제의 전개. 『한국사연구』, 9: 87-125.

이영훈(1985). 『조선 후기 토지 소유의 기본구조와 농민경제』. 서울대학교 박사학위 논문.
이을호(1978). 『다산경학사상연구』. 서울: 을유문화사.
장동희(1990). 『정약용의 행정사상』. 서울: 일지각.
한우근(1961). 『조선 후기의 사회와 문화』. 서울: 을유문화사.
한우근(1985). 『정다산 연구의 현황』. 서울: 민음사.

제14장 다산 행정개혁의 현대적 해석과 평가

김영평 · 홍준현

1 서 론

다산 정약용의 행정개혁안은 구현되어 본 적이 없이 책으로만 남아 있다. 시대를 앞서간 다산의 개혁사상이나 개혁안에 대해 많은 평가가 있지만, 어디에서도 그것을 구현해 보려는 노력은 보고된 적이 없다. 그것들은 실현할 만한 가치가 없는 것들인가? 실현가능성도 없는 개혁안이라면, 왜 많은 사람이 중요성을 부여하는가? 실현가능성이 크다면 왜 아무도 그것을 구현시키려는 노력이 없을까? 만일 다산의 개혁안을 수용한다면, 그것은 성공적일까? 그가 살던 시절의 정치적 역동성이 그것의 수용성을 용납하지 못했다면, 오늘날에 순수하게 수용한다면 성공의 조건은 무엇일까? 그의 사상을 오늘날 수용한다면, 그것의 함축 의미는 무엇인가? 우리가 앞에서 살펴본 다산의 행정개혁에 대한 여러 가지 생각을 오늘날의 언어로 다시 쓴다면, 어떤 내용으로 전환될 수 있을까? 왜 지금 와서 다시 다산의 개혁이 논의되어야 할 가치가 있는가?

다산의 행정개혁을 논의하자면, 부수적 질문이 위와 같이 여러 가지 따라 나온다. 이들을 논의하지 않으면 다산에 대한 논의는 사실상 공허한 고전의 탐색을 넘지 못할 것이다. 그러나 그 많은 개혁안을 하나

하나 검토하면서 그들의 현대적 의미를 찾기란 아주 험난한 일이다. 이 책에서 우리가 시도한 노력도 이런 노력의 일부라고 할 수 있다. 그러나 현대적 의미를 찾았다는 주장이 위의 모든 질문을 용의주도하게 검토하는 일과 일치하지 못한다. 그의 주장의 일부는 오늘날에도 적실성이 큰 내용을 포함하지만, 또 다른 부분은 도저히 그대로 받아들이기 어려운 내용도 있다. 그러함에도 다산의 행정개혁이 오늘날에 중요한 이유는 단순한 개혁안의 적실성이나 수용가능성이 아닐는지 모른다. 최소한 우리는 그의 주장의 중요성을 검토하는 것으로 이 책의 결론을 대신하려 한다.

2 다산 행정개혁의 실현가능성

1) 실현가능성이 부족해 보이는 다산의 주장들

다산의 개혁안을 오늘날의 언어로 말하자면, 그의 『경세유표』에 포함되어 있는 대부분의 조직개혁에 관한 내용은 거의 실현가능성이 없다고 보아야 할 것이다(김태영, 1997: 29-54). 오늘날의 시대가 변화해 쓰이기도 어렵지만, 다산 생존 당시에도 고대의 『주례』를 준거로 한 기관 설립 방식으로 새로운 시대에 적합한 대폭적인 개편을 하기는 거의 불가능에 가까운 제안으로 보인다. 『주례』의 편제를 따르는 것은 당(唐)나라 이후 거의 모든 유교권 국가의 국가기관 구성 방식이었다.[1] 『주례』의 전형을 참작해 국가 체제의 개혁론을 제시한 것은 정약용의 『경세유표』뿐만 아니라 그 이전에 저술된 유형원의 『반계수록』도 그러하다(김태영, 1997). 김태영에 따르면, "『경세유표』는 『주례』의 편제를 그대로 따른 것이 아니었다." 다산의 『경세유표』에 나오는 기구의 개혁안에 대한 설명도 완결되어 있지 못하다고 한다.

---

1) 이 역사적 사실에 대해서는 윤재풍 교수에게 크게 의존했다.

다산 자신은 『경세유표』를 당장 실행해야 할 계획으로 설계했다. 그러나 『목민심서』의 서문을 읽으면, 당장 『경세유표』의 개혁안을 착수할 상황이 아니라는 사실을 그도 알고 있었다고 추리할 수 있다(김태영, 1997; 임형택, 2009).

오늘날 그가 옹호하는 왕도정치를 동조하기도 곤란하고, 왕권 강화에 초점을 둔 정부조직 개편을 동조할 사람은 찾기 어려울 것이다.[2] 그가 주장하는 토지 제도의 개혁안인 여전제(閭田制) 또한 혁명적인 제안이기는 하지만, 사유재산 제도를 근간으로 하는 자본주의 사회에 적합하지 않은 주장이기도 하다. 다른 말로 표현하면, 개인적 소유를 인정하는 것도 아니고, 개인적 노력의 결실에 부합한 분배 제도에 기반하지 않고 있다는 점에서 당시의 기득권자들을 설득하기도 어렵고, 그의 주장대로 집행한다 하더라도 현실적 제도로 정착하기가 아주 어려웠을 것이다. 사실상 그의 여전제에 관한 주장은 그 자신도 "현명한 왕권과 현명한 신료의 합심 아래 철칙 같은 불변의 법을 제정함으로써 점진적으로 실현할 제도"(김태영, 1997: 52)로 묘사할 만큼 실현가능성의 조건이 한정적이다.

다산은 『목민심서』에서도 백성을 "지극히 어리석은" 존재로 묘사하고 있으며, 따라서 목민관이 계도하고 다스려야 할 대상으로 보고 있다. 물론 다산의 관심을 민주주의 정부에 직접 적용할 수 없겠지만, 사실상 민주주의에서 지방단체장은 다스리는 사람이 아니라 주인인 주민에게 봉사하는 공복(公僕)으로 보고 있다. 이런 점에서 목민관과 공복은 치자와 피치자의 관계에서 근본적인 가정의 차이를 보여 준다. 따라서 그의 개혁안이 당시의 시각으로 볼 때에 선각자의 그것이라고

2) 민주주의 정부는 삼권분립을 근간으로 하지만, 최근 우리나라 헌법에서 제왕적 대통령제를 고쳐야 한다는 주장이 제기되고 있는 반면, 대통령의 권한을 강화해야 한다는 주장은 거의 찾기 어렵다. 이런 측면에서도 다산이 제안한 정부조직 개편의 실현가능성은 크지 않아 보인다.

단정할 수 있을지라도, 오늘날 그의 개혁안을 실현하는 데에는 여러 가지 가정의 수정이 수반되어야 한다.

2) 지방 권한 축소안의 인과적 맥락 분석

그의 개혁안 중에서 가장 실현가능성이 낮아 보이는 것은 왕권을 강화하기 위해 지방행정의 권한을 축소하려는 제안이다. 도(道)의 역할을 줄이면 왕권이 강화되고 중앙정부의 업무 수행이 원활하게 이루어질 것으로 보았다. 그는 도를 폐지하고 성(省)을 창설할 것을 제안하고 있으며, 군(郡)과 현(縣)을 통합하려는 방안을 모색했다(이 책 제11장 참조). 이러한 변화가 왕의 권한을 강화하고 중앙정부의 재정을 건실하게 만들어 줄 것으로 보았다. 그는 현대적 의미에서 지방분권의 이익을 인식하지 못했다.[3] 전제군주의 권한이 부족해 왕실의 적폐가 누적되는 것으로 보았다. 사실상 조선조의 왕의 권한이나 중앙정부의 권한은 견제를 받지 않았기 때문에 오차 수정의 압력이 없어 개선을 이루지 못했지, 권한 부족 때문이 아니었다. 필자들이 보기에는 오히려 너무 지나치게 강한 권한을 행사할 수 있었으나 복잡성과 상호작용에 대한 관리 능력의 부족으로 재정력도 강화하지 못했고, 지역 간의 차이를 인정하지 못하고, 결과적으로 변화를 차단하는 힘으로 작용했다. 따라서 왕권을 비롯한 중앙정부의 권한을 강화했다면, 당시로서는 더 강력한 군주의 출현이 실현 가능했을지 모르지만, 그 개혁 자체가 국가적 기틀을 강화하는 방향보다 그 반대로 작용할 가능성이 더 커 보인다. 관리과학적으로 말하자면, 강화된 중앙정부의 권한이 오히려 중앙정부의 실패를 더 손쉽게 만드는 힘으로 작용했을 것이다. 따라서 지방 토호로부터 농민이 수탈당하는 것을 방어하려는 원래의 다산의 의도와는 달리 중앙정부의 강화가 농민을 보호할 가능성은 크

3) 지방분권의 이익에 대해서는 김영평(1986). 지방자치의 정치경제론. 『사회과학연구』, 제9집(조선대학교 사회과학연구소), pp. 195-204 참조.

지 않다고 할 수 있다. 중앙정부의 권한 강화는 단순히 권한의 책정으로 가능한 것이 아니라, 의사 전달 기술의 문제이고 의사결정의 합리성으로 얻을 수 있는 대상이기 때문이다. 중앙정부가 좋은 정책을 선택한다 해도, 중앙정부에서 지방 관헌과 이속들의 활동을 감시 감독하고 관리할 수 있는 역량을 보유해야 한다. 이것은 오늘날과 같이 조선조보다 훨씬 발달한 사회에서도 지방분권의 강화를 주장하는 정황을 살펴보면, 쉽게 이해할 수 있을 것이다.

3) 여전히 쓸모있는 다산의 개혁안들

다산의 개혁에 관한 주장은 오늘날에도 쓸 만한 내용이 적지 않다. 조직개혁에서 조직의 축소나 확대를 이분법적으로 주장하기보다는 백성의 복리 증진을 기반으로 필요한 조직은 새로 만들고 확대하면서, 불필요한 기관의 인력을 줄이자는 주장(제2장 참조)은 오늘날의 개혁론자들에게 시사하는 바가 적지 않다. 그의 개혁사상에서 실현가능성이 높아 보이는 주장은 대부분 『목민심서』에서 발견할 수 있다. 인력관리에서 시험에 의존하는 과거 제도를 개혁해 천거제를 혼합적으로 적용하자는 제안(제3장 참조)은 최근 우리나라의 공무원 충원에서 고시 제도 이외에 개방직 임용을 넓히고자 하는 시도와 일맥 상통한다. 아전들의 성과관리에서도 고적과 주적의 균형(제4장 참조)을 주문하면서, 오늘날의 언어로 말하자면, 자기평가 이외에도 상급자평가와 외부평가의 중요성을 일깨워 주고 있다. 요즈음 공무원 평가에서 종합평가를 강조하는 것과 맥이 닿아 있다고 해도 과언이 아니다. 또한 그가 국가 위기관리에 민방위 체계를 확립할 것을 제안하고 있고(제7장 참조), 재난관리에서 대응 복구 단계에 현지 책임자 중심의 극복을 권하고 있다 (제8장 참조). 이런 지적은 현대적 행정의 관점에서 보아도 배워야 할 점이 많다.

다산이 직접 갈등관리에 대해 언급하고 있지 않지만, 그의 개혁안이 알고 보면 당시의 다양한 갈등을 해결하기 위한 제안이었다. 이들을 추상화한다면, 목민관의 솔선수범을 강조하고 있고, 정보관리를 통한 갈등의 예방과 갈등 당사자의 유인 구조 또는 동기의 중요성을 일깨워 준다(제9장 참조). 이러한 갈등관리의 요령은 오늘날에도 그대로 응용할 수 있는 방안이다. 물론 목민관의 역할에 대해 강조하다 보니 갈등관리자와 관리 대상의 관계를 비대칭적·불균형적인 관계로만 인식하고 있기 때문에 갈등을 근본적으로 감소시킬 수 있는 역학 관계를 설정하려는 인식이 부족하다. 그는 불합리한 제도 속에서라도 목민관의 인격적 수련을 통해 개인적 덕목을 향상시킴으로써 민의를 수렴하고 백성에게 유익한 통치를 주문한다(제10장 참조). 그래도 백성을 아끼고 사랑하는 마음을『목민심서』전편에 기본 가치로 제시하고 있음은 오늘날의 행정관들에게도 귀감이 됨직하다.

다산의 탁견은 인간에 대한 이해에서 발견할 수 있다. 당시 주자학적 인간관은 천명이나 윤리적 인간을 당연한 것으로 받아들였지만, 다산은 인간을 능동적이고 독립적이며 이익을 추구하는 존재로 파악했다. 따라서 아전들을 교육훈련시킬 때에 교육 대상에 따라 교육 방식도 차별화해야 하며 피교육자들이 자율적이고 자발적으로 자기 연마를 할 방안을 찾도록 강조한다(제5장 참조). 모든 정책을 시행할 때 민의를 수렴해야 할 것을 주문하는(제10장 참조) 대목은 오늘날의 민주적 리더십이 갖추어야 할 기본 덕목을 강조하는 것처럼 들린다. 이밖에도 세세하게는 오늘날에도 적용 가능한 다산의 개혁안이 적지 않다.

다산의 개혁사상만 감안한다면 오늘날 우리가 참고해야 할 내용이 적지 않다. 인간의 이기심과 욕망을 지극히 자연스러운 인간의 본성으로 인식했기 때문에 다산은 백성이 더 나은 삶을 스스로 개척해 나가는 것을 도와 줄 수 있도록 법 제도를 개혁해야 한다고 보았다. 다산은 소인의 재물에 대한 욕심에 부합되는 제도 설계(조세 부담의 최소화)와 관리들의 벼슬 욕심을 충족시키는 제도 설계(공평한 인재 등용의 기회 확대)를 부국강병의 핵심으로 보았다. 다산은 이러한 인간성에 반하는 제도로 인해 당시 조선의 경제사회가 발전하지 못한다고 보았다. 백성의 안정된 경제적 삶을 보장해 주는 사유재산권이 확립되어 있지 않았기에 농업생산력이 저하하고 산업 발전이 정체되었다고 보았다. 또한 다산은 기술 발전이 이루어지지 않는 이유도 사회에서 적절한 경제적 유인이 존재하지 않은 데서 찾고 있다. 이러한 주장의 요체는 오늘날에도 그대로 받아들일 수 있는 사상이라 해도 과언이 아니다.

3 다산 행정개혁의 성공 조건

다산이 『경세유표』와 『목민심서』와 같은 개혁사상을 피력한 것은 누란의 위기에 처해 있는 조선을 바로 세우고자 하는 열망에서 비롯되었다. 그렇다면, 그의 개혁안대로 조선을 개조했다면, 과연 조선은 망하지 않고 굳건하게 발전했을까? 18세기 말에서 19세기 초의 조선 정치와 사회를 사후적(事後的)으로 바라볼 때에 우선 정치 역학상 다산의 개혁안이 수용되었을 가능성은 거의 없었다고 보아도 틀린 말이 아닐 것이다. 대부분의 당시 집권 세력과 유교적 인습에 찌든 지배 세력은 새로운 사상을 수용하기는커녕 다른 사람들이 그런 생각을 접하는 것마저 허용하지 못했다. 예컨대 천주교의 박해에서 우리는 그런 징후를 쉽게 볼 수 있다. 정약용이 오랜 동안 귀양살이를 했던 것도 다산 자신의 부인에도 불구하고 천주교를 받아들였을 가능성이 있다는 이유에 기인했다. 이렇게 볼 때에 아무리 『경세유표』나 『목민심서』가 유학의 경전에 기반을 두고 저술되었다고 하더라도, 그것은 기존의 제도와 사상을 상당 수준 배척해야 하는 제안이었기 때문에 수용되었을 가능성은 극히 희박하다고 보아야 할 것이다.

이런 현실적 제약에도 불구하고, 만일 현명한 군주가 다산의 개혁사상을 받아들여 당시에 새로운 제도를 도입했다고 하면, 그래서 다산의 정부 제도가 시행되었다면, 조선을 누란의 위기에서 구제할 수 있었을까? 다른 말로 표현하면, 다산의 개혁이 시행되었다면 성공할 수 있었을까? 이 질문에 대한 해답에는 수많은 가정이 필요하기 때문에 쉽게 결론을 찾지는 못하겠지만, 전반적으로 그의 개혁안이 성공해야 할 전제와 가정을 생각할 때 긍정적 대답을 도출하기는 곤란해 보인다.

1) 『경세유표』의 하드웨어 개혁의 성공 조건

우선 『경제유표』에 제시되고 있는 개혁안은 대체로 정부 제도의 기구적 개편을 담고 있다. 현대적 언어로 표현하자면, 정부의 하드웨어를 업그레이드(upgrade)하는 작업에 해당한다. 우선 유교적 정통성을 인정하는 주장을 전개할 수밖에 없었던 제약 때문이었겠지만, 2000년 이상된 유교 경전인 『주례』를 근간으로 제도를 설계했다는 점에서, 그 제도의 적실성에 대한 의문을 제기할 수 있다. 그리고 다산이 제시한 제도들은 『주례』의 이상적 정부를 상정하고 있기 때문에 현실적 제약을 지나치게 도외시하고 있다. 따라서 현실성이 부족한 주장이라는 비판을 피하기 어렵다. 이상적인 주장은 현실성이 부족하기 마련이다. 그러나 그의 주장의 정신만 살려서 개혁안을 입안했다면, 어느 정도 현실성이 큰 제도를 도입할 수 있을 것이다. 그렇더라도, 다산의 『경세유표』가 현실 속에서 성공적 정부로 작용하기 위해서는 너무나 다양한 가정이 보강되어야 한다.

한마디로 『경제유표』의 하드웨어가 성공적 제도로 정착하기 위해서는 그것을 운용할 소프트웨어가 받쳐 주어야 한다. 그 중에서도 제도 운영 요원인 관원들의 인적 자원이 충분히 그 제도를 이해하고 충실히 그의 사상을 구현하려는 역량을 갖추어야 한다. 그러기 위해서는 사회개혁의 주체가 될 전문성을 지닌 윤리적 인간을 양성해야 한다.

유교의 가르침이 대단히 규범적이고 당위성을 강조하고 있건만, 당시의 사회상과 관료 행태의 실상을 보면 다산의 『경세유표』를 옳게 운영할 인적 자원이 충분했다고 말하기는 어렵다.

제도가 성공하기 위해서는 조직문화와 운영규칙이 합리적이어야지 조직 구조의 개편만으로 그 효과를 기대하기는 어렵다. 즉 다산의 『경제유표』가 지향하는 개혁안이 실효를 거두기 위해서는 수많은 문화적 또는 관행적 조건이 충족되어야 한다. 그러나 다산이 살았던 시대에서 조선조 말기까지의 소프트웨어에 해당하는 조건은 다산의 개혁이 성공하기 위한 가정과는 상당한 괴리가 있었다.

어떤 의미에서 다산의 『목민심서』는 이런 소프트웨어를 구현할 인적 자원의 조건을 제시하고 있는 셈이다. 물론 『목민심서』는 지방 관헌의 지방정부 운용에 관한 지침서이다. 기본적으로 왕조의 관리로서 백성을 사랑하는 마음을 지니고 부정부패를 철저히 방어하며 합리적이고 계획적인 행정을 주문한다. 여기서는 철저히 개인 목민관으로서 갖추어야 할 덕목들을 제시하고 있다. 이 덕목을 확장하면 중앙정부의 관리들이 견지해야 할 자질과 역량도 추리할 수 있다. 따라서 『경세유표』에서 제시한 하드웨어를 운영할 소프트웨어 운영자들의 역량과 자질을 『목민심서』에서 읽을 수 있다. 위에서도 밝혔듯이, 『목민심서』에서 보여 주는 다양한 개혁의 방향과 그것을 운용할 목민관의 자질에 대해서는 오늘날에 적용해도 손색이 없을 만한 내용을 담고 있다. 그러나 다산도 이런 자질과 역량을 갖추는 일은 목민관 개인이 다듬어야 할 일로 보고 있다. 물론 그가 인력 확보 방법으로 과거제에 천거제를 결합해 인력 풀을 늘이는 방안을 제시했지만, 필요한 인력을 확보하기 위해 체계적으로 인력을 양성하고 새로운 제도를 이해시키고 문화를 진흥시킬 방안에 대해서는 전혀 언급이 없다.

현대 민주국가에서도 다양한 방법으로 공무원을 채용하고 주기적으로 그들을 교육훈련하고 있어도, 항상 새로운 시대의 변화에 공무원들이 충실히 적응하지 못하며, 선도적으로 사회를 이끌어 나갈 그들의 자질을 담보하지 못한다는 비평을 받고 있다. 하물며 200년 이전의 전제군주 국가에서 그런 인력 확보 체제를 기대하는 일은 부질없어 보인다.

2) 다산이 보지 못한 개혁의 성공 조건으로서 학습 기제

그래도 『목민심서』에서 요청하는 덕목을 지닌 인재를 확보했다고 가정하자. 그러고 나서도, 다산의 개혁이 성공하기 위해서는 하나의 가정이 더 필요하다. 아무리 완벽한 개혁이라 하더라도, 시대의 변화에 따라 계속 새로운 도전은 나타나기 마련이고, 새로운 변화는 지속적으로 시도되어야 하는 것이 나라의 일이다. 다산의 『경제유표』와 『목민심서』가 저술 당시에는 완벽한 개혁안이라고 말하더라도, 그의 개혁안은 하나의 이상적 모형을 제시하는 것으로 끝나고 있다. 그의 제도 속에는 오늘날의 이론으로 말하자면, 기관의 학습 기제가 내장되어 있지 않다. 조선왕조와 같은 정체된 사회에서 바라보았기 때문인 것으로 보이지만, 다산도 하나의 제도와 사회가 상호작용하면서 진화하고 변용한다는 사실까지는 넘겨보지 못했다. 그렇기 때문에 그의 개혁안이 아무리 이상적이라 하더라도, 실현하고 나면 조만간 낡아져서 당대와 미래의 문제를 해결하는 데 불충분한 제도로 전락하게 될 운명을 피하기 어렵다.

어느 개혁안이나 그것이 성공하기 위해서는 제도의 틀 안에서 실패와 오차를 수정하고 새로운 문제를 포착해서 새로운 실험적 변화가 시도될 수 있는 기제가 내장되어 있어야 한다. 왜냐하면 어떤 제도라도 짧은 순간에만 운영하고자 하는 것이 아니고 장구한 세월 동안 안정적으로 작동해야 할 기제이기 때문이다. 이런 의미에서 다산의 개혁도 도전과 응전의 학습 기제를 담고 있지 못해, 세월이 흐르면서 성공적인 제도로 귀착하기는 어려워 보인다. 결론적으로 다산이 살았던 당대에 그의 개혁안이 채택되었다 하더라도 그것도 멀지 않아 성공적이지 못하다는 평가를 받으면서 또 다른 개혁안을 부르게 될 것이다.

3) 개혁의 필수적 성공 조건으로서 유능한 관료들

이런 학습적 기제를 다산의 개혁안에 추가했다면, 그의 개혁으로 조선을 누란의 위기에서 구할 수 있었을까? 바라기로는 사태를 개선하는 데 어느 정도 도움을 주었을 것이다. 그러나 이런 효과를 얻으려면 제도만으로는 부족하고 창의적 역량과 헌신적 목적 의식에 충일한 관료들이 효과적이고 적절한 정책을 차질 없이 집행할 수 있어야 한다. 그런 역량과 헌신이 필요한 이유는 당시의 정책 결정의 핵심 주체였던 그들이 시대의 변화를 읽고 세계의 흐름을 파악하면서 당시의 조선을 일으켜 세울 적절한 정책을 합심해 추진해야 했기 때문이다. 적절한 정책이 만들어지고 그것이 차질 없이 집행되어야만 쓰러져 가는 조선을 재건할 수 있다. 개혁도 알고 보면 이런 가능성을 키우기 위한 조치이다. 제도와 조직의 개혁이든지 소프트웨어의 개선이든지, 그 자체로서 더 나은 미래를 담보하는 것은 아니다. 옳은 정책이 실현되어 국가 사회를 구성하는 사람들(백성이든 시민이든)이 각자의 노력을 최대화하고, 그들의 노력이 결합해 공동의 자산을 증식할 때에야 국가의 발전이 가능하다.

그러나 불행하게도 지금 우리가 보는 당시의 조선은 다산이 제시한 개혁을 채택했을지라도, 옳은 정책을 합심해 결정하고 효과적으로 집행할 관료들을 확보할 가능성이 극히 낮았다. 개혁이 성공해 누란의 위기에 처한 조선을 일으켜 세울 가능성은 이렇게 여러 가지 조건이 충족되어야만 바랄 수 있다. 개혁은 더 좋은 정책을 만들고 집행할 가능성을 키우는 방법이지만, 아직도 효과성을 담보할 수는 없는 가설에 불과하다.

4 다산 행정개혁 논의의 가치

우리는 위에서 다산의 개혁안이 실현가능성도 크지 않고, 수용했다고 가정하더라도 그것으로 조선이라는 국가를 재건하는 일 또한 수많은 조건이 충족되어야 가능할 것으로 보았다. 한마디로 다산의 개혁안이 해법이 될 수 있는 가능성은 극히 낮아 보인다. 그런데 이미 민주주의 국가인 지금에 와서 전제군주 체제의 강화를 주창하는 다산의 정부개혁안을 되돌아보아야 할 이유가 있는가? 그것은 과연 어떤 가치를 지니는 일인가? 이 질문은 우리가 단순히 고전을 읽고 온고이지신(溫故而知新)의 정신으로 깨달음을 얻는 일과는 다른 차원이다. 그것은 "우리가 개혁을 어떻게 이해해야 하는가?"라는 질문과 직결되어 있다.

1) 한국 지성사에서 다산의 위치

우선 다산의 정부개혁안(『경세유표』와 『목민심서』를 모두 포함하는)은 한국 지성사(知性史)에서 아주 중요한 위치를 차지하고 있다. 다산이 살았던 당시는 잘 알려진 바와 같이 성리학, 그 중에서도 주자학을 근간으로 모든 학문적 논의가 전개되었다. 너무 지나칠 정도로 주자학에만 매달렸다는 인상을 지우기 어렵다. 막상 주자학의 발생지인 중국에서는 다양한 서양의 지식을 흡수하고 실용적 학문을 확장하기 위한 노력이 적지 않았으나, 조선에서는 주자학의 중심 사상에서 한 발짝만 벗어나도 큰 일이 날 것처럼 다른 이론을 배척했다. 다산이 살았던 당시에는 실학사상이 조금씩 논의되고 있었으나, 극히 소수의 학자들에 국한되었다. 실학사상이라 해도 경세후용(經世厚用)의 학문을 중심으로 했기 때문에, 성리학을 버리는 것이 아니라 그것을 더 강화하는 방법이었다. 그렇기 때문에 현재의 것을 버리고 새것으로 전환하는 데 대한 관심이기보다 현재의 것을 더 풍부하게 하는 데 관심을 두었다. 다산의 많은 주장도 실학의 이런 범위를 크게 벗어나지 못했지만, 『경세유표』와 『목민심서』에 이르러서는 옛것과 현재의 것을 벗어 버리고 새로운 것을 입으라고 주장한다. 개혁과 변화를 내세웠다는 점에서 다산의 개혁안은 지금까지의 지성적 요구와는 차이가 있다. 개혁의 대상도 사회와 문화와 기술과 같은 사적 분야가 아니라 왕권을 행사하고 권력의 중심부라 할 수 있는 정부의 개혁을 주창한다. 개혁 자체를 논의의 중심으로 끌어들였다는 점에서 지성적 논의에 새로운 획을 긋고 있다.

개혁이라 함은 인위적 변화를 끌어들이는 노력이다. 성리학에서는 모든 사물의 관계가 고정되어 있다고 보기 때문에 인위적으로 그 관계를 변화시키는 일은 사리에 맞지 않은 것으로 보았다.[4] 비록 유교의 경전을 인용하는 방법으로 주장을 전개하고 있지만, 다산은 정부의 구성에서 목민관과 백성의 관계에까지 근본적인 변화를 추구한다. 그리고 그것을 자연스러운 추세로서 변화를 받아들이는 것이 아니라 적극적으로 그런 변화를 만들어 내야 한다고 주장한다. 더 중요하게는 이런 개혁을 일궈내지 못하면 누란의 위기에서 조선을 구하지 못할 것이라고 강변한다. 이 얼마나 놀라운 지성적 항변이며 이론의 도약인가.

다산이 인식했는지 알 수 없지만, 정부의 구성을 개혁 대상으로 보았다는 것은 현상에 대한 인식에서 사물의 관계를 폐쇄 체계에서 벗어나 개방 체계로 인정하는 것이다. 인과 관계의 구성이 다르게 변화할 수 있다는 점을 인정하는 것이다. 그렇기 때문에 지금까지 보지 못

4) 성리학의 세계관과 대비되는 다산의 세계관에 대해서는 임형택(2000). 『실사구시의 한국학』. 서울: 창작과비평사; 임형택(2009). 『문명의식과 실학』. 서울: 돌베개; 송재소(2005). 『한국 한문학의 사상적 지평』. 서울: 돌베개 등을 참조. 이 밖에도 박석무, 김기엽 교수 등 다산연구소 연구이사들과의 교우적 대화에서 많은 시사를 받았다.

하던 새로운 인과 관계의 귀결을 얻기 위한 다양한 사고 실험이 필요하다는 것을 전제하고 있다. 하나의 옳은 이론(성리학)이 있음을 확신하는 것이 아니라 새로운 인과 관계와 새로운 다른 이론이 만들어질 수 있음을 용인하는 인식의 체계이다. 그래서 미래의 계속적 변화 추구가 자연스러운 인간의 활동 영역임을 인정하는 것이다. 발전을 당연한 것이며 사리에 맞는 대상으로 논의할 수 있다. 한국 지성사에서 발전에 대한 논의의 시발을 다산의 개혁 논의에서 찾아야 한다는 주장이 필자들의 가설이다.

2) 다산이 남긴 지성인의 역할에 대한 훈시

다산의 개혁에 대한 논의가 지금도 중요한 가치를 견지하는 두 번째 이유는 『경세유표』와 『목민심서』를 저술한 다산의 지성인으로서 역할에서 찾을 수 있다. 이 두 가지 저술은 모두 그가 유배 생활을 하면서 착상되고 저술되었다. 그가 안락한 생활을 하면서 저술한 것이 아니라 곤고한 시간 속에서 자아낸 지성의 산물이다. 최악의 상황에서도 국가의 안위와 장래를 걱정하는 그의 모습을 쉽게 읽을 수 있다. 죄도 없는 자신을 질곡으로 추방한 국가에 대해 원망이나 냉소를 보내기는커녕 오히려 따뜻한 애정으로 더 나은 길을 모색해 주고 있다. 대들보까지 썩어서 곧 허물어질 것 같은 나라를 다시 반듯하게 세워 보고자 하는 일념이 이 저술들에 서려 있다. 비록 자신의 개혁안이 현실화될 가능성이 극히 희미한데도 그는 자신이 할 수 있는 최선을 다했다. 비록 보상이 없고 알아 주는 사람이 없을지라도, 지성인이 할 수 있는 최선은 자신의 이론으로 더 나은 세상을 터득해 개선할 수 있는 방도를 펼치는 것임을 보여 주었다. 그것이 그에게는 지성인으로서의 책임을 다하는 것이었다. 이는 오늘의 지성인에게도 책임을 다하는 면모를 가르쳐 준다. 그것이 진리의 근원에 닿아 있으면 먼 훗날에라도 세상을 밝히는 심지가 될 것이다. 누가 이론의 진리치를 미리 알 수 있겠는가. 자신이 할 수 있는 최선을 할 수 있을 뿐이지.

다산의 개혁에 관한 저술을 읽으면서, 다산 개인에게는 귀양살이가 참담한 생활이었겠으나, 조선의 지성사를 위해서는 그의 귀양살이가 큰 기여를 했다. 만일 그가 귀양을 가지 않았다면 이렇게 아름다운 저술들을 남기지 않았을 가능성이 훨씬 크다. 유배라는 처벌 방법이 그로 하여금 시간의 제약을 받지 않고 지성적 사유에 몰입할 수 있는 기회를 제공한 셈이 되었다. 그의 천재성이 빛을 발할 수 있는 여건을 제공한 셈이 되었다. 물론 이것이 그를 처벌한 사람들의 의도는 아니었다. 그러나 결과를 놓고 볼 때 후세 사람들에게는 그가 유배 생활에서 남긴 저술에서 얻는 이익이 너무도 풍성하다. 수많은 조선의 선비가 유배를 당했으되, 이렇게 아름다운 저술을 남긴 사람은 많지 않다. 정약용과 같이 조선 시대가 자랑할 만한 지성이 시대의 핍박의 결실이라는 사실은 아이러니가 아닐 수 없다. 그렇더라도 다산이 남긴 지성의 탑을 볼 때에, 오늘날의 지성인들에게 뚜렷한 귀감이 아닐 수 없다. 어떤 어려움 속에서도 지성인이 이룩해야 할 일은 자신의 학덕을 후세 사람들이 섭렵할 수 있는 방도를 남겨 두어야 한다는 점이다. 그것은 저술일 수도 있고, 문학 작품일 수도 있고, 예술적 발현일 수 있다. 그 형태가 무엇이건 후세와의 교감이 가능한 방도를 최선을 다해 마련하는 것이 지성인의 소임임을 다산은 우리에게 보여 준다.

3) 개혁의 보편성에 대한 함축

다산의 개혁에 대한 논의가 오늘날에도 중요한 가치를 지니는 세 번째 이유는 그의 개혁안을 통해 개혁의 보편적 근거를 찾아볼 수 있다. 보편성이란 시간과 공간을 관통해 합당한 속성이다. 다산의 개혁안이 그가 살던 시대에도 타당한 제안일 수 있고, 오늘날에도 타당한 것이라면 보편성이 큰 제안일 것이다. 우리나라에서 쓰인 개혁안이 어느 선진국이나 후진국에도 합당하게 쓰일 수 있는 제안이라면 보편성이 높다고 할 수 있다. 대부분의 개혁안은 개혁 대상의 속성에 적합해야 하기 때문에 보편성을 중요하게 보지 않고, 문제 해결 역량을 중시한다. 그러나 개혁을 추진하는 사람이라면, 자신의 개혁이 일회용의 단기 처방이기를 원하는 사람은 많지 않을 것이다. 자신의 철학과 비전이 오래도록 미래 세대에게도 적용되기를 원할 것이다. 보편성은 단순히 개인적 차원에서만 가치 있는 속성이 아니다. 개혁안이 오랜 동안 생명력을 지닌다면, 그것은 안정적인 제도로 정착하면서 사회 전체적으로 전환 비용(또는 개혁 비용)을 크게 지불하지 않아도 된다. 보편성이 낮아 단기적 처방의 효과를 가진 개혁안이라면, 또 다른 개혁을 불러들일 것이고, 따라서 사회는 전반적으로 불필요한 개혁을 계속하게 될 것이다. 그렇기 때문에 개혁의 보편성은 상당히 중요한 개념이다.[5]

우리가 위에서 살펴보았듯이, 다산의 개혁안이라고 모두 타당하거나 보편적인 것은 아니다. 다산만이 아니라 세상의 어느 누구라고 타당하고 보편적인 개혁안만을 제시할 수 있겠는가? 더구나 200년 이상의 세월의 간극을 이어 줄 수 있는 개혁의 보편성은 어느 사람의 천재성이나 진정성으로도 분명하게 인식하기 어렵다. 그러나 시간이 지난 뒤에 우리는 그것을 어느 정도 평가할 수 있다.

다산의 개혁안들을 살펴볼 때에, 『경세유표』에서 제시하는 정부조직 개편안이나 왕권을 강화하기 위한 지방행정 단위의 개편 등은 다산이 살았던 19세기 초에도 수용되기 어려웠지만, 오늘날에도 그 기본 철학을 답습하거나 인과적 효과성을 용인할 만한 대상은 아닌 것으로 보인다. 오늘날에도 조직 개편을 행정개혁의 대상으로 하는 경우가 적지 않다.[6] 기구 개편이라는 하드웨어의 개혁이 타당하고 불가피할지

5) 미국 헌법의 골격이 200년 이상 지속되고 있고, 거의 모든 민주주의 국가에서 그 중요한 내용을 답습하고 있다. 이 사실은 개혁의 보편성이 주는 이익의 크기를 잘 예시하고 있다.

라도 그것만으로 성공을 얻을 수 없고, 그것을 운용할 인력이 동시에 확보되어야 한다. 그 인재들은 공공적 가치관, 규범적 엄격성, 합리적 문제 해결 능력에서 기구 개편이라는 개혁의 타당성을 구체화시켜야 할 주체이다. 조직구조 개편이나 기구 개편 자체가 스스로 타당성을 만들어 내지 못한다.

다산의 개혁안들 중에서 200년이 지난 현재의 시각에서 보아도 쓸 만한 내용은 주로 인력관리에 관련된 내용이다. 예컨대, 공직자 채용 방식을 과거제에 천거제를 혼합하자는 주장, 아전(공직자)을 평가할 때에 고적과 주적의 균형을 유지하라는 권고, 아전을 교육시킬 때에 교육 대상에 따른 교육 방식의 차별화와 피교육자의 자율성과 자발성을 중시하는 교육의 강조 등은 오늘날에도 개방직 임용, 상하급자의 종합평가, 필요성과 인간성을 중시하는 교육 등과 일맥 상통한다. 그리고 이런 개혁안들은 인재의 육성을 강조하거니와 그것도 개인의 편견이 강화되는 것을 방어할 수 있는 방향의 개혁을 주문하는 것이다. 이 점으로 미루어 볼 때, 인재 육성에서나 제도의 변화를 시도할 때에 한 가지 방법에만 매달리는 개혁은 개인과 사회의 편견과 자폐(自斃)적 시각을 강화할 수 있기 때문에, 그것을 방어하기 위한 방도가 필요하다는 것을 다산은 우리에게 교시하고 있다. 다양한 채용 방식, 다각적 시각의 반영, 개별적 속성의 존중 등 폐쇄적 시각을 벗어날 수 있는 개혁이야말로 보편성을 키울 수 있는 방향이다.

---

6) 한국의 최근세사만 보아도 거의 모든 정권이 기구 개편을 단행했다. 이명박 정부에서 교육인적자원부와 과학기술부를 합해 교육과학기술부로 통합하고, 정보통신부를 해체해 여러 부서로 분산시킨 것이 좋은 사례이다. 그런데 새로운 정권이 들어서면 다른 기구 개편을 시도하고, 이전의 제도적 배열을 어그러뜨리는 것만 보아도, 이런 조직구조 개편이라는 개혁은 전반적으로 보편성이 높지 못해서, 시간적으로 지속성도 길지 않고, 공간적으로 다른 국가나 사회에의 적용가능성도 낮다고 단언할 수 있다. 실은 이런 조직 개편의 개혁안들은 인과 지식에 기반을 둔 개선이라고 보기 어렵고, 오히려 개혁을 추진하는 사람의 권력을 강화하기 위한 정치적 술수라고 보는 것이 더 타당한 설명일 것이다. 왜냐하면 아직도 조직의 배열을 정당화시킬 만한 인과 지식이 정립되어 있다고 보기 어렵기 때문이다.

다산의 『경세유표』가 당시의 제도를 개혁하고 국가 기구를 개편하려는 시도였다면, 『목민심서』는 당시의 법과 제도를 주어진 것으로 보고 지방 수령인 목민관이 백성을 위해 더 나은 행정을 수행할 방도를 제시한다. 전자는 거시적이고 대폭적인 변화를 시도하고 있는 반면, 후자는 가능한 한 미시적이고 소폭적인 변화를 통해 백성의 안위를 도모하고 있다고 말할 수 있다. 그런데 위에서도 보았듯이, 『경세유표』의 개혁은 보편성을 찾기가 쉽지 않다. 이와 대조적으로 『목민심서』의 여러 대목은 현대적 맥락에서 원용할 만한 부분이 적지 않고, 다른 나라의 지방정부 수장에게도 추천할 만한 내용을 많이 담고 있다. 이것으로 미루어 보건대, 행정개혁의 보편성은 거시적이고 대폭적인 제도의 변혁에서보다, 미시적이고 소폭적인 변화에서 더 쉽게 찾을 수 있을 것으로 보인다. "백성을 위하는 정치를 하려면 청렴해야 하고, 청렴하기 위해서는 검소해야 하는 것이 수령의 덕목이다 …… 한 고을의 수장으로서 수령은 행정 실무를 파악하고 이를 합리적으로 처리해야 한다. 다산은 이 점을 강조하고 있다"(송재소, 2005: 203에서 재인용). 다산의 『목민심서』를 이와같이 요약하면, 목민관 또는 행정수장 개인의 변화를 통한 행정개혁이 가장 보편성이 높고, 실현가능성도 크며, 개혁의 효과성을 극대화하는 데 유리한 방안으로 보인다. 거창한 개혁보다는 겸허한 개혁이 훨씬 보편성이 높다는 것이 우리의 가설이다.

4) 개혁의 가치 또는 다산이 오늘에도 아름다운 이유

끝으로, 다산의 개혁에 대한 논의가 오늘날에도 아름다운 이유는 그것이 성취하고자 하는 궁극적 가치를 국민의 실질적 복리에 두고 있기 때문이다. 다산의 개혁안이래야 조선 왕조의 전제군주제를 공고히 하려는 데 의도를 두고 있다. 따라서 지금과 같은 민주주의 체제에서 전제군주제를 강화하려는 개혁안에 큰 의미를 부여할 이유가 많지 않다. 그럼에도 우리가 다산의 논의를 중시하는 것은 그의 근본 철학이 오늘날 민주주의 체제에서도 새롭게 반추해야 할 실용적 애민사상에 기초를 두고 있기 때문이다.

사실상 성리학을 이념으로 하는 조선조에서 "애민사상은 새롭게 내세울 것이 못된다. 『서경(書經)』의 '백성은 나라의 근본이니, 근본이 튼튼해야 나라가 편안하다'[7]는 구절 이래로, 그리고 맹자(孟子)가 이를 거듭 강조한 이래 애민사상은 모든 유학자가 지향해야 할 절대적 명제였다"(송재소, 2005: 198에서 재인용).

민주주의 체제에서는 애민사상만으로 충분치 않다. 애민은 어디까지나 지배자의 시혜적 가치관이다. 그것은 쉽게 '그저 표방하는 구호'로 전락하기 쉽다. 민주주의에서는 주권이 국민에게 있기 때문에, 시혜적 애민으로 부족하다. 집권자나 지도자의 개념도 국민의 공복이기 때문에 시혜로서가 아니라 주인으로 모셔야 하는 관계로 정립되어 있다. 단순히 애민사상 때문에 다산의 저술이 아름다운 것은 아니다.

민주주의 체제의 권력 관계가 국민을 주인으로 모셔야 하기 때문에, 민주 정부에서 추진하는 모든 개혁이 국민의 이익을 최대화하는 방향으로 이끌지는 못한다. 민주 정부에 의한 개혁들 중에서도 쓸모없는 개혁이 드물지 않다. 민주주의에서도 잘못된 개혁은 얼마든지 가능하다. 다만 잘못된 선택의 가능성을 줄일 뿐이다. 대조적으로 전제군주 아래서의 개혁 중에서도 역사에 남을 만한 아름다운 것들을 종종 발견할 수 있다. 세종의 한글 창제는 600년이 지난 지금 보아도 아름답다. 그것이 아름다운 이유는 당대만이 아니라 수백 수천 년을 두고 미래 세대에게 이익이 되는 방도이기 때문이다. 그 개혁의 의미를 충분히 이해하지 못한 당대의 사람들이 저항하기도 하고 훼방하기도 했지만, 세월이 가면서 그 개혁의 가치는 더 찬연하게 빛나고 있다. 우리가 개혁을 옹호할 이유는 그 내용이 한글 창제처럼 아름다울 것이라

7) 書經, 『夏書』, "民惟邦本 本固邦寧."

는 가능성 때문이다. 민주적 개혁은 미래 세대에도 유익할 아름다운 내용을 담기 위한 충분 조건은 아니다.

다산이 『목민심서』에서 제안하고 있는 개혁안들도, 한글 창제와 같은 수준은 아니지만, 상당 부분이 200년이 지난 지금 보아도 미래 세대에 유익하고 다른 후진국 지도자들도 유념해야 할 만 한 내용으로 충일하다. 그가 강조한 부패 없는 행정은 오늘의 대한민국에서도 한 치의 부족함이 없는 중요한 명제이다. 모든 행정 활동에 합리적 계획을 강조한 점이나, 개인적 편견을 극복할 수 있는 방도를 강조한 점은 오늘날 행정개혁 교과서로 써도 손색이 없을 정도이다. 이런 내용은 이미 이 책에서 다양하게 개진되었기 때문에 여기서 반복하지 않겠다. 이 모든 다산의 작업이 국가로부터 핍박을 받으면서도 국가와 백성을 사랑하는 지극한 마음에서 자아낸 소산이라는 사실은 후대의 서생들을 숙연하게 만든다. 곤고한 생활 속에서도 자신의 이익이 아니라 공중의 이익을 먼저 아로새긴 그의 지극한 지성이 그의 천재성을 더 아름답게 채색하고 있다.

우리가 오늘날에도 다산을 읽어야 하는 이유는 그 어려운 문장과 난해한 서술 때문이 아니라 그가 우리에게 던져 주는 내용의 실용성과 함께 그의 숭고한 정신의 고매성이 지금의 우리를 새롭게 일깨우기 때문이다. 그렇기 때문에 그의 책들은 그의 일생을 엮은 일대기와 함께 읽어야 그들의 아름다움을 한껏 더 음미할 수 있다. 200년 전에 적어둔 현실 개혁안이 지금도 적실성을 안고 있다면, 그 현실의 정체성(停滯性)을 얼마나 한스러워해야 할 것인가! 그렇지만 정체된 현실로서가 아니라 정제된 영혼의 함성으로서 그 적실성을 찾을 수 있다면, 우리의 가슴이 훈훈한 숨결로 그와 연결될 수 있음을 느낄 것이다. 다산이 남겨놓은 이야기와 가까워지면, 우리도 그의 정신의 숭고함에, 노력의 아름다움에, 그리고 문제 해결에 얽매이는 집요함에 조금 더 가까워질 수 있게 될 것이다. 우리도 그와 함께 고결해지는 느낌을 즐길 수 있을 것이다.

참고 문헌

김영평(1986). 지방자치의 정치경제론. 『사회과학연구』, 9: 195-204, 조선대학교 사회과학연구소.

김태영(1997). 『경세유표』에 나타난 정약용의 국가개혁론. 정약용(이익성 역). 『경세유표』. 서울: 한길사.

송재소(2005). 『한국 한문학의 사상적 지평』. 서울: 돌베개.

임형택(2000). 『실사구시의 한국학』. 서울: 창작과비평사.

임형택(2009). 『문명의식과 실학』. 서울: 돌베개.

용어 정리

〔ㄱ〕

가집(加執)
조선 시대에, 지방관이 백성에게 지방 관아의 양곡을 팔 때 지정된 액수보다 높은 가격으로 팔아 그 차액을 착복하던 일. 가분(加分)과 같은 의미로 쓰인다.

간색미(看色米)
조선 후기에, 세곡(稅穀)을 검사하고 관리하는 사람들의 보수로 세곡에 부가해 받던 곡식. 세곡을 검사하기 위해 곡식 섬에서 일부 빼내어 보던 곡식에서 유래했다.

감사(監司)
관찰사를 칭하는 말.

감진어사(監賑御使)
조선 시대에, 기근이 들었을 때 임금이 지방에 파견하던 특명사신. 기근의 실태를 조사하고 지방관들의 구제 활동을 감독하기 위한 것으로, 주로 당하관 중에서 선발했는데, 특별히 당상관이 선발될 경우에는 '사(史)' 대신 '사(使)'를 썼다.

강상(綱常)
유교 도덕에서 사람이 지켜야 할 도리인 삼강(三綱)과 오상(五常). 삼강은 군신(君臣)·부자(父子)·부부(夫婦)이고, 오상은 인(仁)·의(義)·예(禮)·지(知)·신(信)을 일컫는다.

검장(檢狀)
살인사건의 검시장을 칭하는 말.

경과(慶科)
국가의 경사가 있을 때 실시하는 시험.

경관(京官)
서울 안에 있는 각 관직과 개성·강화·수원·광주의 유수(留守)를 의미. 중앙의 관리를 칭한다.

경아전(京衙前: 錄事, 胥吏)
조선 시대 중앙 각사(各司)에 소속된 하급관리. 일반적으로 2,600일을 근무해야 승진할 수 있었고, 승진되는 자리도 종7품이나 종8품 등과 같은 하위직에 한정되어 있었다.

경용(經用)
날마다 계속해 일정하게 쓰는 비용.

경장(更張)
정치적·사회적으로 묵은 제도를 개혁해 새롭게 고침.

경저리(京邸吏)
조선 시대 중앙과 지방 관청의 연락사무를 담당하기 위해 지방 수령이 서울에 파견한 아전 또는 향리.

견아상입지(犬牙相入地)
땅의 경계가 일직선으로 되어 있지 않고 개의 이빨처럼 들쭉날쭉 서로 어긋난 모양.

〔ㄴ〕

낙정미(落庭米)
되나 말 따위로 곡식을 되다가 땅에 떨어뜨린 곡식.

남행(南行)
남행은 문음자제(門蔭子弟)나 은일지사(隱逸志士)를 관직에 임명하던 제도. 많은 문음자제가 남행직으로 지정된 각 관아의 하급 관직에 진출해 행정실무를 습득했다. 조선 후기에는 남행으로 관료가 된 자가 문·무과 출신보다 더 많았다.

낭관(郎官)
조선 시대 육조(六曹)의 정랑(正郎)과 좌랑(佐郎)을 합쳐 부르던 말. 정5품 정랑과 그를 보좌한 정6품 좌랑이 있었는데, 이들을 합쳐서 낭관 또는 조랑(曹郎)이라고 했는데 이들은 육조에 설치한 각 사(司)의 실무책임자이다.

농기도보(農器圖報)
『농정전서(農政全書)』 권21에서 권24까지에 수록된 것으로, 여러 농기구의 용도와 제작법을 설명하고 그림을 붙였다.

〔ㄷ〕

당상관(堂上官)
문관은 정3품인 통정대부(通政大夫) 이상의 품계를 말하며, 무관은 정3품인 절충장군(折衝將軍) 이상의 품계를 말한다.

대간(臺諫)
사헌부와 사간원을 가리키는데 사헌부는 정사를 논의하고 관리의 비행(非行)을 조사하며 그 책임을 규탄하고 풍기를 바르게 하고 백성의 누명을 풀어 주는 일 등을 관장하는 기관.

대도호부(大都護府)
대도호부는 중국의 한당제(漢唐制)로서 군사상의 진호(鎭護)가 주요 임무였으나, 조선의 경우는 다만 지방행정구역상의 이름에 불과했다. 대도호부에는 정3품의 대도호부사를 두었다.

대비(大比)
도목정사 때 작성하던 목록.

도목정사(都目政事)
관리의 치적을 조사해 출척(黜陟)과

이동(異動)을 행하던 인사 제도로서, 도정(都政)으로도 불리었다.

도백(道伯)
조선 시대에 둔 각 도의 으뜸 벼슬. 그 지방의 경찰권·사법권·징세권 따위의 행정상 절대적인 권한을 가진 종2품 벼슬로, 도관찰출척사를 세조 12년(1446)에 바꾼 것이다. 도신(道臣), 방백(方伯)으로도 불린다.

도서원(都書員)
서원의 우두머리.

도어사(都御史)
어사의 우두머리.

도호부(都護府)
도호부는 목의 다음 가는 지방행정구역의 격칭(格稱). 도호부에는 종3품의 도호부사가 파견되며, 도호부사를 약칭해 부사라고 불렀다.

돈령부(敦寧府)
국왕의 친족과 외척들을 위한 관청.

동국통감(東國通鑑)
조선 성종 때 서거정(徐居正) 등이 단군조선에서 고려 때까지의 역사 사실을 모아 편찬한 책.

둔거
누거(耬車)로 씨를 뿌린 뒤에 땅을 다지는 데 쓰이는 농기구.

등제(等第)
조선 시대에 관리들의 근무 성적을 사정(査定)하는 일.

등제포폄(等第褒貶)
근무 성적을 평정해 인사 조치를 취하는 일.

〔ㅁ〕

마감(磨勘)
중국에서 관리들의 성적을 매기던 제도.

막빈(幕賓)
비장(裨將).

만민(萬民)
공족(公族) 이외의 국자(國子)로부터 농민을 제외한 계층까지를 포함하며, 직업적으로는 선비(士)와 상공 계층을 뜻한다. 하지만 『경세유표』의 개혁안에서는 만민에 농민이 포함된다.

명부사(命婦司)
조선 시대 궁중에서 봉직한 빈(嬪)·귀인(貴人)·소의(昭儀)·숙의(淑儀) 등을 통틀어 일컫는 여관(女官)의 명칭이다. 내명부(內命婦).

모곡(耗穀)
환자(還子)를 받을 때, 곡식을 쌓아 둘 동안 축이 날 것을 미리 셈하여 한 섬에 몇 되씩 덧붙여 받던 곡식. 모미(耗米)라고도 불린다.

목(牧)
목은 군읍의 이름이 주(州)로 된 지방 행정구역의 격칭(格稱). 전국에 20개의 목이 있었으며, 그 수령을 목사(牧使: 또는 목백(牧伯)이라고도 불림)라고 했다. 목사는 정3품으로 임명하는 것이 원칙이었으나, 정2품과 종2품이 임명되기도 했다. 정2품이 목사인 경우를 영(領)목사, 종2품이 목사인 경우를 판(判)목사라 칭했다.

무녹관(無祿官)
녹봉이 없는 관리.

문보(文報)
보고문의 다른 말.

문졸(門卒)
문졸은 예전의 조례(皁隸)로 일수(日守), 사령(使令), 나장(羅將)이라고 불리며, 혼권(閽權), 장권(杖勸), 옥권(獄權), 저권(邸權), 포권(捕權)을 가지고 있어 백성들이 두려워했다.

문첩(文牒)
관청의 서류.

민고(民庫)
각 지방에 정규의 납세가 아닌 갖가지 잡역(雜役) 및 기타 비용을 담당하기 위해 설치되었다. 원래의 취지는 백성의 부담을 줄이고 업무를 간편하게 하자는 것이었으나 결국 수탈의 한 방법으로 변했다.

〔ㅂ〕

반백(半白)
이속(吏屬)들이 환곡에 겨를 섞어 양을 늘려 부정을 행하던 행위. 반 섬의 곡식을 아전이 이유 없이 훔치고 반 섬의 곡식을 백성이 이유 없이 바치는 것이라는 의미.

반류반분(半留半分)
환곡 따위를 반은 창고에 남겨 두고 반은 나누어 주는 행위.

발거(撥車)
실을 감아 두는 기구.

방보(防報)
상급 관청의 지시에 따를 수 없는 이유를 해명하는 보고.

번롱(翻弄)
이리저리 마음대로 놀리는 행위.

번작(反作)
겨울철이 되어 환곡을 수납할 때 아직 수납을 끝내지 못한 것을 아전이 포탈하는 행위로, 환곡 제도의 폐단 가운데 아전들이 환곡을 사사로이 써버리고 그것을 메우기 위해 농민에게서 강제로 금품을 거두어 분식(分食)하던 행위.

변장(邊將)
첨사(僉使), 만호(萬戶), 권관(權管)을 통틀어 이르는 말.

별시(別試)
국가에 경사가 있을 때 실시하는 시험으로, 실제로 양반이 독점하던 시험. 시험이 가까워져야 시험 기일이 발표되기 때문에 일반인들은 쉽게 알 수도 없고, 또 안다고 해도 여러 제약 때문에 합격에 불리한 점이 많았다.

보(堡)
적의 습격을 막기 위해서 설치한 요새 또는 보루.

보속(步粟)
이무(移貿)하게 되면 곡가가 비싼 고을의 곡식은 줄어들고 곡가가 싼 고을의 곡식은 늘어나기 때문에 한 고을에서 다른 고을로 곡식이 옮겨지는 것과 다름없이 된다. 이런 현상을 곡식이 걸어서 옮겨간다는 것에 비유해 이런 명칭이 생겼다.

복명(復命)
명령을 받고 일을 처리한 사람이 그 결과를 보고함.

복례(僕隷)
사내종 또는 종살이하는 남자로, 남노(男奴)·노복(奴僕)·노자(奴子)·노재(奴才)·복노(僕奴)·종복(從僕)·창두(蒼頭) 등과 같은 의미를 지닌 말.

부(府)
수령이 파견된 지방행정구역 중에서 가장 상위 관아가 관할하는 지역으로, 부에는 관찰사와 동격인 종2품의 부윤(지금의 광역시장에 해당)을 두었으며, 감영 소재지가 부인 경우에는 관찰사가 부윤(府尹)을 겸직하기도 했다.

부(賦)와 요(徭)
부(賦)와 요(徭)는 부역·부세·요부 등과 함께 국가의 여러 가지 수취(收取) 형태를 범칭(汎稱)해 쓰기도 하지만, 또는 전세(田稅), 대동(大同) 등 전결(田結)을 대상으로 부과되는 국납(國納), 선급(船給), 읍징(邑徵) 따위와는 달리, 가호(家戶)를 대상으로 부과되는 여타 여러 형태의 부담을 지칭한다.

부렴(賦斂)
겨를 섞어 1석을 2석으로 만드는 것. 집신(執新)이란 환곡을 나눠 줄 때 절반은 아전이 삼키고 절반은 곡식을 창고에 둔 채로 있다가 환상(還上)할 시기가 되면 백성이 이유 없이 아전이 삼킨 절반을 부담하는 것이다.

분석(分石)
조선 시대 지방의 아전들이 환곡에 돌이나 쭉정이를 섞어서 분량을 늘려 곡식을 횡령하는 것.

비변사(備邊司)
비변사가 설치되고 관원이 임명된 것은 1555년이었다. 이때에는 변방의 군무 외에도 전국의 군무를 모두 처리했기 때문에, 주무대신인 병조판서와 국가 최고행정기관인 의정대신(議政大臣)도 군사기밀·군무를 알지 못하는 폐단이 생겨, 행정 체제가 무너진다는 비판이 일어 폐지론이 대두되기도 했다. 그러나 1592년(선조 25) 임진왜란이 일어나 국가의 모든 행정이 전쟁 수행에 직결되자, 비변사의 권한이 강화되고 기구도 크게 확대되었다. 따라서 의정(議政)·판서(判書)·오군문(五軍門)의 장, 사도유수(四都留守) 등 국가 주요 기관의 장이 모두 도제조(都提調)·제조(提調)가 되어 이에 참여했으며, 국방 문제뿐만 아니라 외교·산업·교통·통신 등 주요 국정(國政) 전반을 비변사 회의에서 토의·결정했다.

빈석(賓蓆)
성주·지주(城主·地主)라고도 일컬어지는 수령에게 좌수(座首)·별감(別監) 등은 원래 빈객(賓客)으로 대우된다는 뜻으로, 향청(鄕廳)을 가리킨다.

〔ㅅ〕

사간원(司諫院)
임금에게 간(諫)하는 일을 전업으로 하는 기관.

사문(赦文)
나라의 경사로 죄인을 사면할 때 임금이 내리는 글.

사사(死士)
죽음도 겁내지 않는 사람.

사직(社稷)
사(社)는 토지신(土地神)에게 제사하는 곳, 직(稷)은 곡신(穀神)에게 제사하는 곳.

사혼(私混)
면서원(面書員)이 환곡(還穀)과 함께 보수나 사례비로 곡식을 받아 착복하던 일. 원래 뜻은 아전이 백성에게 다니면서 곡식을 구걸하는 것인데 사실 구걸이 아니라 수탈의 한 형태를 말한다.

삼고수령(三考守令)
세 차례에 걸쳐서 고적을 받은 수령.

삼공(三公)
영의정, 좌의정, 우의정의 삼정승을 칭하는 말.

삼관(三館)
교서관(校書館), 홍문관(弘文館), 예문관(禮文館)을 말하는데, 문과에 급제한 33인을 그 출신에 따라 구분해 앞의 삼관에 차례로 갈라 배치하는 것을 말한다.

삼천(三薦)
선전천(宣傳薦), 부장천(部將薦), 수문장천(守門將薦)으로, 무과에 급제한 33명을 갈라 붙이는 것이다.

삼정(三政)
나라의 정사 가운데 가장 중요한 전정(田政), 군정(軍政), 환곡(還穀)의 세 가지를 칭하는 것으로, 전정은 토지세, 군정은 군역의 부과, 그리고 환곡은 양곡 대여와 환수를 이른다.

삼정(三政)의 문란
조선 후기에, 전정·군정·환곡이 안동 김씨의 세도정치로 문란해진 일로서, 이를 둘러싼 정치 부패와 농민 착취로 홍경래의 난과 같은 농민 반란이 일어났다.

상대(相代)
여러 종류의 곡식 중에 어떤 것은 풍년인데 또 다른 것은 흉년일 경우 징수하는 곡식의 종류를 다른 것으로 대체할 수 있었는데 이 과정에서 관리들이 임의로 환산 비율을 정하거나 변경해 농간을 부렸다. 『대전통편(大典通編)』에서는 이를 '준절(準折)'이라 불렀다.

상정(詳定)
나라의 제도나 관아에서 쓰는 물건의 가격, 세액, 공물액 등을 심사하고 정해서 오랫동안 변경하지 못하게 하던 행위.

상정가(詳定價)
상정례로 정한 가격.

상정례(詳定例)
상정에 관한 규례.

쌍기(雙冀)
후주(後周) 사람으로 대리평사(大理評事)로 고려 광종(光宗) 7년에 봉책사(封冊使)를 따라왔다가 병이 생겨 돌아가지 못하다가, 광종의 눈에 들어 한림학사(翰林學士)에 제수되었고, 다시 1년도 못 되어 문병(文柄)을 잡았다. 광종 9년에 중국 제도들 중 과거를 건의해 그 해 5월에 처음으로 과거를 실시했는데 그가 지공거(知貢擧)가 되었다.

선화(宣化)
덕화(德化)를 널리 펴냄.

성시(省試)
12성에 나누어서 시험하는 것.

세자시강원(世子侍講院)
조선 전기에, 왕세자의 교육을 담당했던 관청.

세전(稅錢)
환곡을 바꾸어 세미(稅米)로 삼거나 세미로 바꾸어 환곡으로 삼는 것.

속유(俗儒)
식견이나 행실이 변변하지 못하고 속된 선비.

속전(贖錢)
죄를 면하기 위해 바치는 돈.

솔권(率眷)
집안 식구를 거느리고 가거나 옴.

수령칠사(守令七事)
수령의 일곱 가지 주요 임무로 농잠성(農桑盛), 호구증(戶口增), 학교흥(學校興), 군정수(軍政修), 부역균(賦役均), 사송간(詞訟簡), 간활식(奸猾息)이 포함된다.

순력(巡歷)
관찰사가 도 내의 각 고을을 순회하던 일.

순분법(巡分法)
환곡을 농민에게 분급할 때 한 번에 나누어 주지 않고 여러 차례로 나누어 주는 것. 이는 백성이 어리석어서 계획 없이 양식을 소비하는 것을 막고 절용케 하려는 것이라고 하나, 다산은 순분이 오히려 타러 갈 때마다 비용이 들고, 그 때문에 순분을 하면 아전과 창노가 살찌고 주막이 덕 볼 뿐, 백성은 더욱 피폐하게 된다고 비판하고 있다.

순영(巡營)
관찰사가 직무를 보던 관아.

순찰사(巡察使)
도(道) 안의 군무를 순찰하는 일을 맡아보던 관원.

승지(承旨)
조선 시대 승정원(承政院)의 6승지 중 수석 승지로 도령(都令)이라고도 불린다. 정3품 당상관(堂上官)이 맡았으며, 승정원의 6방(房) 중 이방(吏房)의 사무를 관장했다. 6승지는 모두 경연참찬관·춘추관수찬관을 겸임했으며, 특히 도승지는·홍문관·예문관의 직제학과 상서원(尙瑞院)의 정(正)을 겸임하도록 되어 있었다. 왕이 내리는 교서(敎書)나 신하들이 왕에게 올리는 글 등 모든 문서가 승정원을 거치게 되어 있어, 도승지는 왕의 비서장 격으로서 그 임무가 매우 중대했다. 1392년(태조 1) 개국과 함께 중추원에 도승지를 두었다가, 태종 때 지신사(知申事)로 개칭했고, 세종 때부터 승정원에 도승지 1명과 그 밑으로 좌승지·우승지·좌부승지·우부승지·동부승지의 5명을 두었다.

승류(承流)
(임금의 은덕 따위를) 받들어 흐르게 함.

시권(試券)
과거 시험을 본 답안지.

〔ㅇ〕

아경(亞卿)
종2품 벼슬을 높여 이르던 말. 정2품 벼슬을 이르는 경(卿)에 버금간다는 의미이다.

안찰사(按察使)
중국 송나라·명나라 때에, 지방 군현을 다스리며 풍속과 교육을 감독하고 범법(犯法)을 단속하던 관리.

알성과(謁聖科)
봄, 가을 두 차례에 걸쳐 행해지는 시험. 국왕이 성균관의 문묘석 존례에 참석한 뒤 실시하는 특별시험이기 때문에 단 한 번의 시험으로 합격이 결정되는 경우가 많았다.

암류(暗留)
조선 후기에, 환곡을 제때에 대부하지 아니하고 창고에 쌓아 두었다가 값이 오르면 팔고 내리면 사들여 사사로운 이익을 꾀하는 행위.

앙마(秧馬)
모내기할 때 쓰는 기구.

양서(兩西)
황해도와 평안도를 아울러 이르는 말.

양선(颺扇)
쭉정이나 껍질을 제거하는 데 쓰이는 풍차와 풍구를 칭하는 말.

어린도(魚鱗圖)
송나라 때 시작해서 명나라 때 완비한 근세 중국의 토지대장. 토지의 모양을 그림으로 나타내어 면적, 세액, 소유자의 이름을 적었다. 지형의 구분이 물고기의 비늘과 비슷한 데서 나온 이름이다.

억배(抑配)
환곡을 원하지 않는 백성들에게까지 억지로 배정하는 것.

연어(淵魚)
못이나 개울의 깊은 곳에서 사는 물고기.

연호잡역(煙戶雜役)
조선 시대에 민가마다 부과하던 여러 가지 부역으로, 연역(煙役) 또는 호잡역(戶○雜役)으로도 불린다.

역역(礰驛)
바깥쪽에 톱니바퀴가 있고 수전(水田)에만 사용하는 도구.

염문(廉問)
남의 사정(事情)이나 비밀 따위를 몰래 알아냄. 문생(門生)이나 연고 있는 아전 가운데 단정·결백하며 마음이 곧은 사람을 택해 몰래 민간을 다니며 조목조목 염찰(廉察)하도록 하는 것을 일컫는다.

영문(營門)
감영(監營).

영속(營屬)
각 군영(軍營)이나 영명(營名)이 있는 관아에 속한 영리(營吏)와 영노(營奴)를 통틀어 이르던 말.

영저리(營邸吏)
조선 시대 감영(監營)에서 각 군현의 연락 업무를 맡았던 향리를 이르는 말.

예도(銳刀)
황지(荒地)를 개간하는 데 쓰이는 농기구.

예문관(藝文館)
조선 시대에는 칙령(勅令)과 교명(敎命)을 기록하는 일을 맡아 보았으며, 개국 초 고려의 관제에 따라 예문춘추관으로 합쳐졌던 것을 1401년(태종 1) 춘추관을 분리해서 예문관으로 개편했다. 예문관은 예조(禮曹)의 동반(東班) 정3품 속아문(屬衙門)으로, 영사

(領事: 정1품)·대제학(정2품)·제학(종2품) 등은 모두 타관(他官)이 겸임했으며, 직제학(정3품)도 승정원(承政院)의 도승지(都承旨)가 겸했고, 응교(정4품)는 홍문관(弘文館)의 관원이 겸임했다. 그 밑에 봉교(奉教: 정7품)·대교(待教: 정8품) 각 2명, 검열(정9품) 4명을 두었는데, 이들은 모두 춘추관의 기사관(記事官)을 겸하고 전문적으로 춘추관의 일을 전담해 이들을 사관(史官) 또는 한림(翰林)이라고 했다.

와환(臥還)
봄에 관아에서 백성들에게 대여했던 환자(還子) 곡식을 가을에 거두어들이지 아니하고 해마다 모곡(耗穀)만을 받아들이는 것.

외관(外官)
지방의 관리.

외아전(外衙前)
조선 시대 지방관사와 군영에서 서기·사역·잡무 등에 종사하던 하급관리.

요합(徭合)
관고(官庫)와 민고(民庫)의 곡식을 서로 섞는 것으로, 용역을 충당하기 위해 바치는 벼는 민고에 속하는데 이것과 관곡을 한데 섞어 주어 곡식을 횡령하는 행위.

요해처(要害處)
전쟁에서, 자기편에는 꼭 필요하면서도 적에게는 해로운 지점.

원곡(元穀)
사환곡제(社還穀制) 하에서 농가에 꾸어 주던 곡식.

원악대간(元惡大奸)
악독하고 간활한 자의 우두머리.

월경지(越境地)
군현 행정구역의 하나로서 임내(任內)의 범위에 속하지만 소속 읍의 경계 내에 있거나 접경해 있는 것이 아니라, 경계를 넘어 다른 군현 내에 위치하면서도 소속 군현의 지배를 받는 지역을 의미한다.

월름(月廩)
봉록(俸祿)과 같은 말.

육독(磟碡)
써레질하고 난 후에 흙덩이를 잘게 부수는 농기구.

윤음(綸音)
임금의 말씀. 윤지(綸旨)라고도 불린다.

음직(蔭職)
고려·조선 시대 부(父)나 조부(祖父)가 관직 생활을 했거나 국가에 공훈을 세웠을 경우에 그 자손을 과거에 의하지 않고 특별히 서용하는 제도. 남행(南行)·백골남행·음사(蔭仕)도 같은 의미를 지닌 말이다.

읍거(邑擧)
주, 군, 현, 읍에서 천거한 거인(擧人).

읍선(邑選)
거인을 처음 선발하는 것.

응분(應分)
규정에 따라 마땅히 분급(分級)할 액수.

응류(應留)
규정에 따라 마땅히 유고(留庫)할 액수.

의빈부(儀賓府)
국왕의 딸인 공주와 옹주에게 장가든 자들을 위한 관청.

이무(移貿)
조선 후기에, 지방의 벼슬아치가 값이 비싼 제 고을의 환곡을 내다 팔고 대신 다른 고을의 싼 곡식을 사서 환곡으로 채워 넣은 뒤, 거기서 남는 이익을 사사로이 차지하는 행위.

이민(吏民)
지방의 아전과 백성.

이환(里還)
마을 단위로 환곡을 분배하는 것.

인아족당(姻婭族黨)
사위 쪽으로 사돈이 되거나 남자끼리 동서가 되는 인척. 인아지친(姻婭之親)이란 말로 불리기도 한다.

임술민란(壬戌民亂)
조선 철종 13년(1862)에 진주에서 시작되어 전국으로 확산된 민란으로, 삼정(三政)의 문란 등 국내 정치의 혼란과 병마절도사 백낙신의 가혹한 탄압을 견디지 못한 농민들이 일으켰다. 진주민란이라고 불리기도 한다.

입본(立本)
고을 원이 봄에 쌀값을 싸게 쳐서 백성에게 돈을 빌려 주고, 가을에 쌀을 받아 이익을 취하던 행위.

〔ㅈ〕

작전(作錢)
현물부세(現物賦稅)를 금납화(金納化)하는 것으로, 즉 전세(田稅)를 받을 때 곡식 대신에 돈으로 환산해서 바치게 하는 것. 원작전과 별작전의 구별이 있었고 쌀 한 섬에 다섯 냥, 보리 한 섬에 넉 냥, 콩 한 섬에 두 냥 다섯 돈으로 했다.

장참(長鑱)
긴 삽으로 쟁기와 비슷한 용도로 사용하던 도구.

절제(節製)
인일절(人日節), 칠석절(七夕節), 중양절(重陽節) 등 명절에 성균관 및 지방의 유생을 시취(試取)하던 일.

전부(田賦)
예전에 중국에서 토지에 부과하던 조세.

정시(庭試)
증광이나 별시 때에 대궐 뜰에서 시행하던 과거.

정유구(政由舊)
정사(政事)는 옛것을 따라야 한다는 뜻.

정퇴(停退)
기한을 뒤로 물리는 일.

제조(提調)
조선 시대 잡무와 기술 계통 기관에 겸직으로 임명되었던 고위관직으로, 각 사(司)·원(院)의 관제상(官制上) 우두머리가 아닌 종1품 또는 2품의 품계(品階)를 가진 사람이 겸직으로 임명되고, 그 관청의 일을 지휘·감독한 관직이다. 제조 위에 도제조(都提調)를 둘 때에는 정1품으로 임명하고, 제조 밑에 부제조(副提調)를 둘 때에는 정3품 당상관(堂上官)으로 임명했다. 또, 나라에 큰일이 있을 때 임시로 설치한 기구에도 도제조·제조 및 부제조를 두어 그 일을 총괄하게 했다.

조고(朝考)
최종 과거 시험 후에 삼관학사(三館學士)가 조당(朝堂)에서 새로 과거에 급제한 40명과 경사(經史)를 토론하며 학업 정도를 알아보는 것.

종사랑(從仕郎)
조선 시대 정9품.

종친부(宗親府)
국왕의 아들을 비롯한 모든 남자 종친들이 정부 관리, 즉 조관(朝官)과는 구별되는 특수한 벼슬을 가진 이들로 구성된 기구.

주시(州試)
1성 안에 혹은 4주(泗川省)가 있고 혹은 3주(完南省·武南省)가 있는데 여러 고을 사람을 합동으로 영솔하는 주에서 시험하는 것.

주적(奏積)
관리 스스로가 자신의 공적을 보고하는 행위.

중군(中軍)
각 군영(軍營)에서 대장이나 절도사, 통제사 등의 밑에서 군대를 통할하던 장수.

중추부(中樞府)
직무 없는 문무 당상관들을 우대하기 위해 설치한 관청.

증광(增廣)
나라에 경사가 있을 때, 이를 기념하기 위해 치르던 과거 시험.

증고(增估)
값을 올려 받는다는 뜻으로, 조선 후기 고을 원이 환곡을 돈으로 대신 받으면서 백성에게서는 시가(時價)로 받고 나라에는 상정한 가격대로 바쳐서 그 나머지를 가로채던 부정행위.

직기도보(織機圖譜)
『농정전서(農政全書)』 권35 · 권36에 실려 있으며, 여러 직기(織機)의 용도와 제작법이 그림과 함께 설명되어 있다.

집재(執災)
수령이 소관 내 전지의 재결(災結)을 조사 파악하는 것. 당시에는 서원(書員)이 전지를 돌아다니면서 재결을 파악하고 재결장부(災結帳簿)를 작성했다.

〔ㅊ〕

차술(借述)
남의 답안을 베끼거나 대리 시험을 보는 부정행위.

찰물(察物)
물정을 살핀다는 뜻. 여기서는 지방관이 아전 등의 부정과 작폐, 민간의 동태와 실정 등을 탐지하는 것을 가리킨다.

채륵(債勒)
아전과 짜고 관곡을 빌려 장사를 하여 그 차액을 착복하는 것. 이채(吏債) · 저채(邸債)를 환곡과 함께 거두어들이던 조선 후기 부정부패의 한 유형이다.

첨사(僉使)
고려 시대에 내시부(內侍府)에 속한 종3품 관직으로, 공민왕 때에 만들어진 직책.

첩문(帖文)
수령이 향교의 유생들에게 유시하는 글이나 나라에서 발급하는 증명서.

청직(淸職)
주로 홍문관, 예문관을 포함해서 관각(館閣)과 대간(臺諫)을 통칭하는 말.

체대(遞代)
어떤 일을 서로 번갈아가며 대신한다는 말.

체직(遞職)
현직을 떠난 문무관에게 계속해서 녹봉을 주려고 만든 벼슬.

초실(稍實)
흉년에 유독 농사가 잘된 것.

춘추관(春秋館)
조선 시대에 시정(時政)을 기록하는 일을 맡아보던 관청. 조선 개국 당시까지는 예문춘추관이라 하다가 1401년(태종 1) 예문관과 분리해 춘추관으로 독립했다.

충훈부(忠勳府)
공신을 위한 관청.

출척(黜陟)
임명과 파면을 뜻하는 것. 출(黜)은 벼슬자리를 좌천 또는 파면하는 것이고, 척(陟)은 승진하는 것을 말한다.

취각마기(吹角磨旗)
뿔피리를 불고 깃발을 흔드는 행위.

취모보용(取耗補用)
지방 관아에서 장리(長利)를 주고받으면서 생겨난 우수리를 자체의 경비로 쓰던 일. 모곡(耗穀)을 거두어들여서 부족한 관아 재정을 보충하는 것을 말한다.

〔ㅌ〕

타석미(打石米)
세곡(稅穀)을 거둘 때에 마질하는 사람의 보수로 덧붙여 받던 곡식.

탄정(呑停)
환곡 제도에서 발생하던 부정행위로, 흉년에 환곡 수량을 감해 주는 것을 악용해서 부패한 구실아치들이 미리 환곡을 독촉해 받아낸 뒤, 감량 지시가 내려지면 그 몫을 가로채는 행위.

탐묵(貪墨)
욕심이 많고 하는 짓이 더럽다는 말.

통환(統還)
호구 수에 따라 환곡을 배분하는 것으로, 통(統)을 단위로 환곡을 빌려 주고 이자를 받던 제도. 호환(戶還)이라고도 불린다.

〔ㅍ〕

폄출(貶黜)
남을 나쁘게 말해 벼슬을 박탈하고 물리친다는 뜻.

평부(平賦)
온갖 부역(賦役)을 공평히 한다는 뜻. 여기서의 부역은 관의 백성에 대한 수취(收取)에서 전세(田稅)·대동(大同)·환곡(還穀) 이외의 각종 잡역(雜役)·잡세(雜稅)를 포괄한 것이다.

포폄(褒貶)
옳고 그름이나 선하고 악함을 판단해서 결정한다는 뜻. 고적(考績) 결과를 기초로 인사상의 조치를 취하는 것을 말한다. 전최(殿最)라 불리기도 한다.

포흠(逋欠)
조세의 미납과 포탈로 인한 재정 결손. 포흠은 이서(吏胥)에 의한 조세의 포탈을 의미하는 이포(吏逋)와 민간의 조세 미납을 의미하는 민포(民逋)가 있다.

표재(俵災)
집재(執災)에 근거해서 수령이 감사에 재결을 보고하면, 감사는 호조(戶曹)가 비총법(比總法)에 의해 나누어 준 재결 수와 대조해 일정한 수량의 재결을 그 군·현에 나누어 주는 것. 수령은 할당받은 재결과 자기가 집재한 재결을 대조해 관내의 전지에 재결을 나누어 인정한다. 이렇게 재결을 나누어 인정해 주는 것을 표재라고 한다. 또한 감사가 각 군현에 재결을 나누어 주는 것도 표재라고 한다.

〔ㅎ〕

한림천법(翰林薦法)
예문관 검열을 한림이라고 하는데, 이 한림을 뽑는 방법. 전임 또는 현임 한림과 의정, 제학 등이 검열 후보자의 명단에서 가장 적격한 사람을 선발했다.

행수법(行守法)
품계와 관직이 상응하지 아니하는 벼슬아치를 구별해 부르던 방법. 품계가 높은 사람을 낮은 관직에 임용하는 경우는 관직명 앞에 행(行)을, 그 반대의 경우는 수(守)를 붙여 불렀다.

향공(鄕貢)
고려 시대에 지방의 계수관(界首官)이 주재한 시험에 합격한 사람. 과거 1차 시험에서 중앙(개경)에서 선발한 자를 상공(上貢), 지방에서 선발한 자를 향공(鄕貢), 외국인 중에서 선발한 자를 빈공(賓貢)이라고 했다.

향반(鄕班)
향반(鄕班)은 토반(土班)이라고도 불리며, 관직에서 은퇴한 양반, 진사, 생원 등 지역사회에 경제적 기반을 가지며, 향촌 사회를 지배하던 계층. 조선 후기 이러한 향반들이 급증해서 많은 폐단이 생겨났다.

향임(鄕任)
향소(鄕所)의 일을 맡아보던 사람. 여기에는 좌수(座首), 별감(別監) 따위가 포함된다.

허류(虛留)
창고에 있어야 할 환곡은 없고 장부나 문서에 거짓 기록만 남아 있던 일로, 조선 후기 환곡의 폐단 중 하나.

현(縣)
현은 대현(大縣)과 소현(小縣)으로 구분해, 대현에는 현령(종5품), 소현에는 현감(종6품)이 파견되었다.

현부(賢否)
현명함과 그렇지 못함을 뜻함.

현량과(賢良科)
조선 중종 때 조광조(趙光祖)의 건의에 따라 실시된 관리등용 제도. 현량방정과(賢良方正科)를 줄인 말로, 천거과(薦擧科)라고도 한다. 조광조는 과거 제도가 문장의 수려함과 문벌에 치중되어 왔다고 지적하고, 한(漢)나라의 현량방정과를 본떠서 대책(對策)으로써 시험을 보아 채용하도록 건의했다. 이에 따라 1519년(중종 14) 4관(四館: 成均館·藝文館·校書館·承文院) 및 중추부(中樞府)·육조(六曹)·한성부(漢城府)·홍문관(弘文館)과 지방에서 천거한 자 120명을 왕의 친림 하에 근정전(勤政殿)에서 시험을 치러 28명을 뽑았다.

호종(瓠種)
박에 구멍을 내어 씨앗을 저장하는 기구.

호총(戶總)
민가의 총 수효.

홍문관(弘文館)
조선 시대에 궁중의 경서(經書)·사적(史籍)의 관리, 문한(文翰)의 처리 및 왕의 자문에 응하는 일을 맡아보던 관청으로 사헌부(司憲府)·사간원(司諫院)과 더불어 삼사(三司)라고 한다. 홍문관의 일은 본래 정종 때 설치한 집현전(集賢殿)에서 맡아 했는데, 세조 초에 집현전 학자 가운데 세조에 반대하는 사육신이 나와, 세조는 그 기구까지도 못마땅하게 여겨 폐지했다가, 1463년(세조 9)에 홍문관이라는 이름으로 설치한 것이다. 왕의 자문에 응하는 임무 때문에 자주 왕에게 조정(朝政)의 옳고 그름을 논하거나 간언하는 입장에 있었으므로 사헌부와 사간원의 합계(合啓)에도 왕이 그 간언(諫言)을 듣지 않으면 마지막으로 홍문관을 합쳐서 3사 합계로 간언했다.

화응(和應)
화답해 응한다는 뜻.

환총(還總)
환곡 총액.

회록법(會錄法)
환곡 모곡의 일부를 호조, 비변사, 균역청 등 중앙아문이 재원으로 사용하기 위해 공부에 등록하는 것.

회시(會試)
인재들을 서울에 모아서 시험하는 것.

회초성첩(回草成帖)
수령이 올린 마감성책(磨勘成冊)에 대한 감영의 회답 문서. 결제장부를 뜻한다.

휼전(恤典)
나라에서 이재민을 구제하는 은전(恩典).

흥판(興販)
한꺼번에 많은 물건을 흥정해서 사고 파는 일.

찾아보기

저자 소개(가나다 순)

김근식
고려대학교 행정학과 박사과정

김성현
경제인문사회연구회 전문위원

김영평
고려대학교 행정학과 명예교수

김태영
경희대학교 행정학과 교수

송하중
경희대학교 행정학과 교수

심준섭
중앙대학교 행정학과 교수

명성준
경상대학교 행정학과 교수

정재동
한국정보화진흥원 연구위원

진종순
명지대학교 행정학과 교수

채경석
호서대학교 행정학과 교수

홍준현
중앙대학교 행정학과 교수